경찰행정법

내일을여는지식 / 법 14

Police

경찰행정법

한만봉 · 이필호 · 고일한 공저

Law

한국학술정보㈜

| 머리말

이 책은 경찰행정에 대한 법령을 주로 기록하였다. 그리고 경찰의 개념, 경찰제도, 경찰의 종류, 경찰작용, 경찰조직 등에 관련된 경찰행정법규의 이해와 실무에 적용하는 기술을 습득시키고자 다양한 의미를 해석, 적용하였다. 경찰공무원 일을 하는 일반인, 종사자 또는 학생, 일반인이 알기 쉽게 법조문을 밝혀 놓은 책이다.

주로 법조문을 기술한 이유는 법조문을 여러 번 읽고, 이해하면 법에 대한 구체적인 정황과 상황을 적용할 수 있는 능력이 길러지기 때문이다. 단순하게 이러한 법조문을 왜 기록하여 책으로 만들었을까 하는 의구심은 안 가져도 된다. 왜냐하면 법조문 자체가 법의 근본이기 때문이다. 해석과 풀이는 개인의 사건이 들어갈 소지가 많으나 법조문은 있는 그대로이기에 더 정확할 수 있다.

모쪼록 본 책을 통하여 맡은 바 분야에서 진정한 경찰공무원법의 전문가가 되길 바란다. 이 책을 공부함으로써 내적 성공, 외적 성공, 자아실현이 동시에 모두 이루며 행복한 삶이 되었으면 한다. 본 책을 출판함에 있어서 전적으로 도움을 주신 한국학술정보(주) 채종준 사장님과, 강태우 팀장님께 감사드리며, 늘 지식적인 면에서 도움을 주신 고려대학교 인문대학 학장님이셨던 김동규 박사님, 고려대학교 부총장님 이셨던 표시열 박사님, 성균관대학교 정덕희 박사님, 성남기능대학 학장님이셨던 민영오 박사님, 혜전대학 이재오 총장님께도 감사를 드린다. 또한 자료를 찾아 주고 도움을 주신 최선월 선생님께도 고마움을 표한다.

　　훌륭한 경찰인은 강압적이거나 권력의 시녀 역할을 하거나, 불법적인 지도자가 아니라 민생안전의 책임자이면서 시민들의 삶에 의욕을 북돋아 주고, 희망을 주며, 자부심을 북돋아 주는 자이다. 21세기 진정한 신의성실한 경찰행정인이 우리나라에서 많이 나오길 바란다.

2009년 5월 성균관대학교 중앙도서관에서
저자 일동

I

경찰공무원 이론적 토대

1. 경찰공무원 개념 정의

　경찰공무원은 국민의 생명과 신체, 재산을 보호하고 사회 질서 유지를 위하여 만들어진 공무원 조직으로, 여타 공무원 직종과는 달리 그 업무 범위가 정보, 수사, 형사, 교통, 방범, 경무, 경비, 보완, 해양, 항공, 통신, 경호, 운전 등 다방면에 걸쳐 있으며 매우 방대한 조직으로 구성되어 있다. 경찰공무원은 능력과 일정한 근무연한에 따라 자동 및 시험승진을 할 수 있는 길이 확실하게 보장되어 있고 신분보장이 철저하게 되는 가장 안전한 직업으로 점차 그 인기가 높아 가고 있는 실정이다.[1]

　한마디로 경찰공무원은 국민이 국민다운 삶을 누릴 수 있도록 도움을 주는 역할을 하는 공무원이다. 일반직 공무원도 마찬가지이겠지만 경찰공무원은 법질서를 통하여 편안하고, 안정된 삶을 누릴 수 있도록 지도하기도 하고, 보조자 역할도 하며 행동으로 실천하는 역할도 한다. 이러한 임무를 수행하는 경찰공무원은 공개채용과 특별채용 두 가지가 있으며, 계급별로도 요건에 따라 다양하게 채용되고 있다. 때때로 결원 보충을 원활히 하기 위하여 직무 분야별·근무예정 지역 또는 근무예정 기관별로 구분하여 경찰관을 채용하기도 한다. 경찰공무원은 업무의 특성상 시험과정이 있다. 일반 공무원 시험과는 달리, 경찰공무원 시험은 필기시험(1차)을 실시하고, 다시 신체검사(2차), 체력검사(3차)와 종합적성검사(4차)를 거쳐 면접시험(5차)을 치르도록 규정되어 있다.

　경찰공무원의 임무는 다음과 같다.

　경무 = 경찰조직, 인사, 재무 등을 관리하는 업무로 일반기업체의 총무와 비슷한 기능이다.

　생활안전 = 풍속, 생활안전(범죄예방), 외근경찰(경찰서나 지구대 등 활동), 소년경찰(청소년보호, 단속) 활동을 한다.

---

1) http://blog.naver.com/taylor07?Redirect=Log&logNo=60010896431

교통＝도로에서 발생하는 위해의 예방과 단속, 교통정리(운전면허, 사이카, 고속도로 순찰대 활동 포함) 등의 활동을 한다.

경비＝사회공공의 안녕, 질서를 위태롭게 하는 각종 사태를 예방, 진압하는 활동 등

작전＝대간첩작전, 전투경찰대운영, 예비군동원의 일을 한다.

수사＝범죄를 수사하고 증거를 수집하는 경찰활동(형사근무, 피의자조사, 감식, 컴퓨터운용) 등의 일을 한다.

정보＝국가사회의 기본질서를 파괴하는 행위를 예방, 단속하는 경찰활동(국가안보에 관련된 정보수집) 등의 일을 한다.

보안＝대간첩 용공분자색출 및 검거, 반국가적, 반사회적 사범에 대한 첩보 수집 및 이의 예방활동을 한다.

외사＝외국인범죄, 외국인동향조사, 밀항 단속 등의 활동이다.

통신＝경찰의 유선, 무선통신 전송업무 등을 수행하는 특수분야이다.

해양＝해양경찰청에 소속되어 해상경비, 해상범죄단속 등의 업무를 수행하는 특수분야이다.

항공＝경찰항공기 운항, 정비 업무 등의 업무를 수행하는 특수분야이다.

운전＝경찰차량의 운행, 정비 업무 등의 업무를 수행하는 특수분야이다.

경찰공무원의 조직

1차장 7국 4관 1심의관 7담당관 31과로 구성되어 있다

부속기관: 경찰대학, 경찰종합학교, 중앙경찰학교, 경찰수사연수원, 경찰병원, 운전면허 시험관리단을 두고 있다.

14개 지방경찰청 > 235개 경찰서 > 825개 지구대 및 533개 파출소: 치안업무를 지역적으로 분담 수행하기 위하여 특별지방행정기관으로 14개 지방경찰청을 두고 지방경찰청장 소속하에 235개 경찰서, 경찰서 산하에 825개 지구대 및 533개 파출소를 두고 있다.

경찰위원회와 국립과학연구소: 경찰의 정치적 중립성 확보와 민주적 통제를 위하여 행정안전부에 경찰위원회를 두고 경찰행정 전반에 대한 의결기

능을 수행하고 있다. 그리고 소속은 현재 행정안전부로 되어 있으나 경찰청장의 지휘, 감독하에서 경찰과학수사의 중추적인 역할을 수행하고 있는 국립과학연구소가 있다.

경찰공무원의 계급은 다음과 같다.
순경→ 경장 1년 경장→ 경사 1년 경사 → 경위 2년
경위 → 경감 2년 경감 → 경정 3년 경정 → 총경
경찰공무원은 경찰직을 수행하는 공무원으로서 국민과 국가를 위해 봉사하며 질서를 유지하는 역할을 한다.

Ⅱ

경찰행정 법령

　법조문을 살펴보는 이유는 법조문대로 경찰행정이 움직이기 때문이다. 법조문에 대한 해석은 상관관계, 상호관계로서 이해하여야 하며, 시대와 국가 체제에 따라 달라지기도 한다. 그러나 그 모든 것은 법률의 공포와 실행에 따라 움직인다는 것을 알아야 한다. 그러하기에 각 조문별 법을 그대로 기록한다.

1. 경찰공무원법

[시행 2009.1.1] [법률 제9295호, 2008.12.31, 일부개정]

경찰청 (인사과), 02 - 313 - 0586

제1조 (목적) 이 법은 국가경찰공무원의 책임 및 직무의 중요성과 신분 및 근무조건의 특수성에 비추어 그 임용·교육훈련·복무·신분보장 등에 관하여 「국가공무원법」에 대한 특례를 규정함을 목적으로 한다. <개정 2006.7.19>

제2조 (계급구분) 국가경찰공무원(이하 '경찰공무원'이라 한다)의 계급은 다음과 같이 구분한다.

치안총감	치안정감	치안감	경무관	총경
경정	경감	경위	경사	경장
순경				

제3조 (경과구분) ① 경찰공무원은 그 직무의 종류에 따라 경과에 의하여 구분할 수 있다.

② 경과의 구분에 관하여 필요한 사항은 대통령령으로 정한다.

제4조 (경찰공무원인사위원회의 설치) ① 경찰공무원의 인사에 관한 중요사항에

관하여 경찰청장 또는 해양경찰청장의 자문에 응하기 위하여 경찰청 및 해양경찰청에 경찰공무원인사위원회(이하 '인사위원회'라 한다)를 둔다. <개정 1991.5.31, 1996.8.8>

② 인사위원회의 구성 및 운영에 관하여 필요한 사항은 대통령령으로 정한다.

제5조 (인사위원회의 기능) 인사위원회는 다음 각 호의 사항을 심의한다. <개정 1991.5.31, 1996.8.8>

1. 경찰공무원의 인사행정에 관한 방침과 기준 및 기본계획

2. 경찰공무원의 인사에 관한 법령의 제정 또는 개폐에 관한 사항

3. 기타 경찰청장 또는 해양경찰청장이 부의하는 사항

제6조 (임용권자) ① 총경 이상의 경찰공무원은 경찰청장 또는 해양경찰청장의 추천에 의하여 행정안전부장관 또는 국토해양부장관의 제청으로 국무총리를 거쳐 대통령이 임용한다. 다만, 해양경찰청장은 국토해양부장관의 제청으로 국무총리를 거쳐 대통령이 임명하고, 총경의 전보·휴직·직위해제·정직 및 복직은 경찰청장 또는 해양경찰청장이 행한다. <개정 1996.8.8, 1998.9.19, 2008.2.29>

② 경정 이하의 경찰공무원은 경찰청장 또는 해양경찰청장이 임용한다. 다만, 경정에의 신규채용·승진임용 및 면직은 경찰청장 또는 해양경찰청장의 제청으로 국무총리를 거쳐 대통령이 행한다. <개정 1996.8.8>

③ 경찰청장 또는 해양경찰청장은 대통령령이 정하는 바에 의하여 경찰공무원의 임용에 관한 권한의 일부를 소속 기관의 장과 지방경찰청장 또는 지방해양경찰관서의 장에게 위임할 수 있다. <개정 1996.8.8>

④ 경찰청장 또는 해양경찰청장 또는 제3항의 규정에 의하여 임용권의 위임을 받은 자는 행정안전부령 또는 국토해양부령이 정하는 바에 의하여 소속 경찰공무원의 인사기록을 작성·보관하여야 한다. <개정 1996.8.8, 1998.9.19, 2008.2.29>

[전문개정 1991.5.31]

제7조 (임용자격 및 결격사유) ① 경찰공무원은 신체 및 사상이 건전하고, 품행

이 방정한 자 중에서 임용한다.

② 다음 각 호의 1에 해당하는 자는 경찰공무원으로 임용될 수 없다. <개정 2005.3.31>

1. 대한민국국적을 가지지 아니한 자

2. 금치산자 또는 한정치산자

3. 파산선고를 받은 자로서 복권되지 아니한 자

4. 자격정지 이상의 형의 선고를 받은 자

5. 자격정지 이상의 형의 선고유예를 받고 그 선고유예기간 중에 있는 자

6. 징계에 의하여 파면 또는 해임의 처분을 받은 자

제8조 (신규채용) ① 경정 및 순경의 신규채용은 공개경쟁시험에 의하여 행한다.

② 경위의 신규채용은 경찰대학을 졸업한 자 및 대통령령이 정하는 자격을 갖추고 공개경쟁시험에 의하여 선발된 자(이하 '경찰간부후보생'이라 한다)로서 교육훈련을 마치고 소정의 시험에 합격한 자 중에서 행한다.

③ 다음 각 호의 1에 해당하는 경우에는 특별채용시험에 의하여 경찰공무원을 신규채용(이하 '특별채용'이라 한다)할 수 있다. <개정 2001.3.28, 2006.7.19>

1. 퇴직한 경찰공무원을 퇴직한 날로부터 2년 이내에 퇴직 시에 재직한 계급의 경찰공무원으로 재임용하는 경우

2. 공개경쟁시험에 의하여 임용하는 것이 부적당한 경우에 임용예정 직무에 관련된 자격증소지자를 임용하는 경우

3. 임용예정직에 상응한 근무실적 또는 연구실적이 있거나 전문지식을 가진 자를 임용하는 경우

4. 「국가공무원법」에 의한 5급 공무원의 공개경쟁채용시험이나 「사법시험법」에 의한 사법시험에 합격한 자를 경정 이하의 경찰공무원으로 임용하는 경우

5. 「국가공무원법」 제85조의 규정에 의하여 재학 중 장학금을 받고 졸업한 자를 임용하는 경우

6. 도서·벽지 등 특수지역에 근무할 자를 임용하는 경우

7. 외국어에 능통한 자를 임용하는 경우

8. 제주특별자치도의 자치경찰공무원(이하 '자치경찰공무원'이라 한다)을 그 계급에 상응하는 경찰공무원으로 임용하는 경우

④ 제3항의 규정에 의한 특별채용에 있어서는 동일한 사유에 해당하는 다수인을 제한경쟁의 방법에 의하여 채용할 수 있다.

⑤ 제2항의 규정에 의한 경찰간부후보생의 교육훈련, 제3항의 규정에 의하여 특별채용할 수 있는 경찰공무원의 계급·임용예정직에 관련된 자격증의 구분, 근무실적 또는 연구실적, 전보제한 등에 관하여 필요한 사항은 대통령령으로 정한다.

제9조 (채용후보자명부 등) ① 경찰청장 또는 해양경찰청장(제6조제3항의 규정에 의하여 임용권의 위임을 받은 자를 포함한다)은 신규채용시험에 합격한 자(경찰대학을 졸업한 자 및 경찰간부후보생을 포함한다)를 대통령령이 정하는 바에 의하여 성적순위에 따라 채용후보자명부에 등재하여야 한다. <개정 1991.5.31, 1996.8.8>

② 경찰공무원의 신규채용은 제1항의 규정에 의한 채용후보자명부의 등재순위에 의한다. 다만, 채용후보자가 경찰교육기관에서 신임교육을 받은 때에는 그 교육성적순위에 의한다.

③ 제1항의 규정에 의한 채용후보자명부의 유효기간은 2년의 범위 안에서 대통령령으로 정한다. 다만, 경찰청장 또는 해양경찰청장은 필요에 따라 1년의 범위 안에서 그 기간을 연장할 수 있다. <개정 1991.5.31, 1996.8.8>

④ 경찰청장 또는 해양경찰청장은 채용후보자명부의 유효기간을 연장하기로 결정한 때에는 이를 공고하여야 한다. <개정 1991.5.31, 1996.8.8>

⑤ 제1항의 규정에 의한 채용후보자명부의 작성과 운영에 관하여 필요한 사항은 대통령령으로 정한다.

⑥ 임용권자는 경찰공무원의 결원보충에 있어서 채용후보자명부 또는 승진후보자명부에 등재된 후보자 수가 결원 수에 부족하고, 인사행정운

영상 특히 필요하다고 인정하는 때에는 그 결원된 계급에 관하여 다른 임용권자가 작성한 자치경찰공무원의 신규임용후보자명부 또는 승진후보자명부를 해당 기관의 채용후보자명부 또는 승진후보자명부로 보아 해당 자치경찰공무원을 임용할 수 있다. 이 경우 임용권자는 해당 자치경찰공무원의 임용권자와 협의하여야 한다. <신설 2006.7.19>

제10조 (시보임용) ① 경정 이하의 경찰공무원을 신규채용하는 경우에는 1년의 기간 시보로 임용하고, 그 기간이 만료된 다음 날에 정규 경찰공무원으로 임용한다.

② 휴직기간·직위해제기간 및 징계에 의한 정직 또는 감봉처분을 받은 기간은 제1항의 규정에 의한 시보임용기간에 산입하지 아니한다.

③ 시보임용기간 중에 있는 경찰공무원이 근무성적 또는 교육훈련성적이 불량한 때에는 「국가공무원법」 제68조 및 이 법 제22조의 규정에 불구하고 면직시키거나 면직을 제청할 수 있다. <개정 2006.7.19>

④ 다음 각 호의 1에 해당하는 경우에는 시보임용을 거치지 아니한다. <개정 2006.7.19>

1. 경찰대학을 졸업한 자 또는 경찰간부후보생으로서 소정의 교육을 마친 자를 경위로 임용하는 경우
2. 경찰공무원으로서 대통령령이 정하는 상위계급에의 승진에 필요한 자격요건을 갖추고 임용예정계급에 상응한 공개경쟁채용시험에 합격한 자를 당해 계급의 경찰공무원으로 임용하는 경우
3. 퇴직한 경찰공무원으로서 퇴직 시에 재직한 계급의 채용시험에 합격한 자를 재임용하는 경우
4. 자치경찰공무원을 그 계급에 상응하는 경찰공무원으로 임용하는 경우

제10조의2 (경찰공무원과 자치경찰공무원 간의 인사교류) ① 경찰청장은 경찰공무원의 능력발전 및 국가경찰과 자치경찰 사무의 연계성을 높이기 위하여 국가경찰과 자치경찰 간에 긴밀한 인사교류가 될 수 있도록 노력하여야 한다.

② 제8조제3항제8호의 규정에 따라 자치경찰공무원을 경찰공무원으로 채용하는 경우에는 특별채용시험을 거치지 아니할 수 있다.

[본조신설 2006.7.19]

제11조 (승진) ① 경찰공무원의 승진은 바로 하위계급에 있는 경찰공무원 중에서 근무성적·경력평정 기타 능력의 실증에 의한다.

② 경무관 이하 계급에의 승진은 승진심사에 의한다. 다만, 경정 이하 계급에의 승진에 있어서는 대통령령이 정하는 비율에 따라 승진시험을 병행할 수 있다. <개정 1994.12.22>

③ 삭제 <1994.12.22>

④ 총경 이하의 경찰공무원에 대하여는 대통령령이 정하는 바에 의하여 계급별로 승진대상자명부를 작성하여야 한다. <개정 1994.12.22>

⑤ 경찰공무원의 승진에 필요한 계급별 최저근무연수, 승진의 제한 기타 승진에 관하여 필요한 사항은 대통령령으로 정한다.

제11조의2 (근속승진) ① 제11조제2항의 규정에 불구하고 해당 계급에서 일정 기간 재직한 자에 대하여는 경장·경사·경위로 각 근속승진임용을 할 수 있다.

② 경찰청장 또는 해양경찰청장은 근속승진임용대상자의 요건을 정함에 있어 순경을 경장으로 근속승진임용하고자 할 때에는 해당 계급 6년 이상 근속자로, 경장을 경사로 근속승진임용하고자 할 때에는 해당 계급 7년 이상 근속자로, 경사를 경위로 근속승진임용하고자 할 때에는 해당 계급 8년 이상 근속자로 한다.

③ 제1항의 규정에 의하여 근속승진한 경찰공무원이 근무하는 기간 동안에는 그에 해당하는 직급의 정원이 따로 있는 것으로 보고, 종전 직급의 정원은 감축된 것으로 본다.

[본조신설 2005.12.29]

제12조 (승진심사위원회) ① 제11조제2항의 규정에 의한 승진심사를 하기 위하여 경찰청 및 해양경찰청에 중앙승진심사위원회를, 경찰청·해양경찰청·지방경찰청·대통령령이 정하는 경찰기관 및 지방해양경찰관서에

보통승진심사위원회를 둔다. <개정 1991.5.31, 1996.8.8>

② 제1항의 규정에 의하여 설치된 승진심사위원회는 제11조제4항의 규정에 의하여 작성된 승진대상자명부의 선순위자(제11조제2항 단서의 규정에 의한 승진시험에 합격된 승진후보자를 제외한다)순으로 승진시키고자 하는 결원 수의 5배수의 범위 안에 있는 자 중에서 승진후보자를 심사·선발한다.

③ 승진심사위원회의 구성·관할 및 운영에 관하여 필요한 사항은 대통령령으로 정한다.

제13조 (승진후보자명부 등) ① 경찰청장 또는 해양경찰청장(제6조제3항의 규정에 의하여 임용권의 위임을 받은 자를 포함한다)은 제11조제2항 및 제3항의 규정에 의한 승진시험에 합격한 자와 제12조제2항의 규정에 의하여 승진후보자로 선발된 자를 대통령령이 정하는 바에 의하여 승진후보자명부에 등재하여야 한다. <개정 1991.5.31, 1996.8.8>

② 경무관 이하 계급에의 승진은 제1항의 규정에 의한 승진후보자명부의 등재순위에 의한다.

③ 승진후보자명부의 유효기간·작성과 운영에 관하여는 제9조의 규정을 준용한다.

제14조 (특별유공자 등의 특별승진) ① 경찰공무원으로서 다음 각 호의 1에 해당되는 자에 대하여는 제11조의 규정에 불구하고 1계급 특별승진시킬 수 있다. 다만, 경위 이하의 경찰공무원으로서 모든 경찰공무원의 귀감이 되는 공을 세우고 전사하거나 순직한 자에 대하여는 2계급 특별승진시킬 수 있다. <개정 1994.12.22, 2006.7.19>

1. 「국가공무원법」 제40조의4제1항제1호 내지 제4호의 1에 해당되는 자

2. 전사하거나 순직한 자

3. 직무수행 중 현저한 공적을 세운 자

② 특별승진의 요건 기타 필요한 사항은 대통령령으로 정한다.

제15조 (시험실시기관 및 응시자격 등) ① 경찰공무원의 신규채용시험 및 승진시험과 경찰간부후보생 선발시험은 경찰청장 또는 해양경찰청장이 실시

한다. 다만, 경찰청장 또는 해양경찰청장이 필요하다고 인정할 때에는 대통령령이 정하는 바에 의하여 그 권한의 일부를 소속 기관의 장과 지방경찰청장 또는 지방해양경찰관서의 장에게 위임할 수 있다. <개정 1991.5.31, 1991.11.30, 1996.8.8>

② 제1항의 규정에 의한 각종 시험의 응시자격·시험방법 기타 시험의 실시에 관하여 필요한 사항은 대통령령으로 정한다.

제16조 (보훈) 경찰공무원으로서 전투 기타 직무수행 또는 교육훈련 중 사망한 자(공무상 질병으로 사망한 자를 포함한다) 및 상이(공무상의 질병을 포함한다)를 입고 퇴직한 자와 그 유족 또는 가족은 「국가유공자등예우및지원에관한법률」이 정하는 바에 의하여 예우를 받는다. <개정 1997.1.13, 2006.7.19>

[전문개정 1985.12.28]

제17조 (교육훈련) ① 경찰청장 또는 해양경찰청장은 모든 경찰공무원에게 균등한 교육훈련의 기회가 부여되도록 교육훈련에 관한 종합적인 기획 및 조정을 하여야 한다. <개정 1991.5.31, 1996.8.8>

② 경찰청장 또는 해양경찰청장은 경찰공무원의 교육훈련을 위한 교육훈련기관을 설치·운영할 수 있다. <개정 1991.5.31, 1996.8.8>

③ 경찰청장 또는 해양경찰청장은 교육훈련을 위하여 필요한 때에는 대통령령이 정하는 바에 의하여 경찰공무원을 국내외의 교육기관에 위탁하여 일정 기간 교육훈련을 받게 할 수 있다. <개정 1991.5.31, 1996.8.8>

④ 제2항의 규정에 의한 경찰공무원 교육훈련기관의 설치 및 운영에 관하여 필요한 사항과 제3항의 규정에 의하여 교육훈련을 받은 경찰공무원의 복무에 관하여는 대통령령으로 정한다.

제18조 (허위보고 등의 금지) ① 경찰공무원은 직무에 관하여 허위의 보고나 통보를 하여서는 아니 된다.

② 경찰공무원은 직무를 태만히 하거나 유기하여서는 아니 된다.

제19조 (지휘권남용 등의 금지) 전시·사변 기타 이에 준하는 비상사태에 처하거나, 작전수행 중인 경우 또는 많은 인명손상이나 국가재산손실의 우려

가 있는 위급한 사태가 발생한 경우에 경찰공무원을 지휘·감독하는 자는 정당한 사유 없이 그 직무수행을 거부 또는 유기하거나 경찰공무원을 지정된 근무지에서 진출·퇴각 또는 이탈하게 하여서는 아니 된다.

제20조 (복제 및 무기휴대) ① 경찰공무원은 제복을 착용하여야 한다.

② 경찰공무원은 직무수행을 위하여 필요한 때에는 무기를 휴대할 수 있다.

③ 경찰공무원의 복제에 관하여 필요한 사항은 행정안전부령 또는 국토해양부령으로 정한다. <개정 1996.8.8, 1998.9.19, 2008.2.29>

제21조 (당연퇴직) 경찰공무원이 제7조제2항 각 호의 1에 해당하게 된 때에는 당연히 퇴직된다. 다만, 동조동항제5호에 해당하게 된 때에는 그러하지 아니하다. <개정 2003.5.29>

제22조 (직권면직) ① 경찰공무원이 다음 각 호의 1에 해당될 때에는 임용권자는 직권에 의하여 면직시킬 수 있다. <개정 1994.12.22, 2006.7.19>

1. 「국가공무원법」 제70조제1항제1호·제3호 내지 제5호의 1에 해당될 때

2. 경찰공무원으로서 부적합할 정도로 직무수행능력 또는 성실성이 현저히 결여된 자로서 대통령령이 정하는 사유에 해당된다고 인정될 때

3. 직무수행에 있어서 위험을 일으킬 우려가 있을 정도의 성격 또는 도덕적 결함이 있는 자로서 대통령령이 정하는 사유에 해당된다고 인정될 때

4. 당해 경과에서 직무를 수행하는 데 필요한 자격증의 효력이 상실되거나 면허가 취소되어 담당 직무를 수행할 수 없게 된 때

② 제1항제2호·제3호 또는 「국가공무원법」 제70조제1항제5호의 사유로 면직시킬 경우에는 제26조의 규정에 의한 징계위원회의 동의를 얻어야 한다. <개정 2006.7.19>

③ 「국가공무원법」 제70조제1항제4호의 사유로 인한 직권면직일은 휴직기간의 만료일 또는 휴직사유의 소멸일로 한다. <개정 2006.7.19>

제23조 (실종된 경찰공무원의 휴직기간 등) ① 「국가공무원법」 제71조제1항제4

호의 사유로 인한 경찰공무원의 휴직기간은 동법 제72조제3호의 규정에 불구하고 법원의 실종선고를 받는 날까지로 한다. <개정 2006.7.19>

② 제1항의 규정에 의한 휴직자가 있는 경우에는 그 휴직자의 계급에 해당하는 정원이 따로 있는 것으로 보고 결원을 보충할 수 있다.

제24조 (정년) ① 경찰공무원의 정년은 다음과 같다. <개정 1998.9.19, 2008.-12.31>

  1. 연령정년 - 60세

  2. 계급정년

    치안감 - 4년

    경무관 - 6년

    총경 - 11년

    경정 - 14년

② 삭제 <1998.9.19>

③ 수사·정보·외사·보안 등 특수부문에 근무하는 경찰공무원으로서 대통령령이 정하는 바에 의하여 지정을 받은 자는 총경 및 경정의 경우에는 3년의 범위 안에서 대통령령이 정하는 바에 의하여 제1항제2호의 규정에 의한 계급정년을 연장할 수 있다. <개정 1994.12.22, 1998.9.19>

④ 경찰청장 또는 해양경찰청장은 전시·사변 기타 이에 준하는 비상사태하에서는 2년의 범위 안에서 제1항제2호의 규정에 의한 계급정년을 연장할 수 있다. 이 경우 경무관 이상의 경찰공무원에 대하여는 행정안전부장관 또는 국토해양부장관과 국무총리를 거쳐 대통령의 승인을 얻어야 하고, 총경·경정의 경찰공무원에 대하여는 국무총리를 거쳐 대통령의 승인을 얻어야 한다. <개정 1991.5.31, 1996.8.8, 1998.9.19, 2008.2.29>

⑤ 경찰공무원은 그 정년에 달한 날이 1월에서 6월 사이에 있는 경우에는 6월 30일에, 7월에서 12월 사이에 있는 경우에는 12월 31일에 각각 당연퇴직된다.

⑥ 제1항제2호의 규정에 따른 계급정년을 산정함에 있어 자치경찰공무원으로 근무한 경력이 있는 경찰공무원의 경우에는 그 계급에 상응하는

자치경찰공무원에서의 근무연수를 산입한다. <신설 2006.7.19>

제25조 (고충심사위원회) ① 경찰공무원의 인사상담 및 고충을 심사하기 위하여 경찰청·해양경찰청·지방경찰청·대통령령이 정하는 경찰기관 및 지방해양경찰관서에 경찰공무원고충심사위원회를 둔다. <개정 1991.5.31, 1996.8.8>

② 경찰공무원고충심사위원회의 심사를 거친 재심청구와 경정 이상의 경찰공무원의 인사상담 및 고충심사는 「국가공무원법」에 의하여 설치된 중앙고충심사위원회에서 심사한다. <개정 2006.7.19>

③ 경찰공무원고충심사위원회의 구성·심사절차 및 운영에 관하여 필요한 사항은 대통령령으로 정한다.

제26조 (징계위원회) ① 경무관 이상의 경찰공무원에 대한 징계의 의결은 「국가공무원법」에 의하여 국무총리 소속하에 설치된 징계위원회에서 행한다. <개정 2006.7.19>

② 총경 이하의 경찰공무원에 대한 징계의 의결을 행하기 위하여 대통령령이 정하는 경찰기관 및 해양경찰관서에 경찰공무원징계위원회를 둔다. <개정 1996.8.8>

③ 경찰공무원징계위원회의 구성·관할·운영 및 징계의결의 요구절차 기타 필요한 사항은 대통령령으로 정한다.

제27조 (징계의 절차) 경찰공무원의 징계는 징계위원회의 의결을 거쳐 징계위원회가 설치된 소속 기관의 장이 행하되, 「국가공무원법」에 의하여 국무총리 소속하에 설치된 징계위원회에서 의결한 징계는 경찰청장 또는 해양경찰청장이 행한다. 다만, 파면·해임 및 정직은 징계위원회의 의결을 거쳐 당해 경찰공무원의 임용권자가 행하되, 경무관 이상의 정직과 경정 이상의 파면 및 해임은 경찰청장 또는 해양경찰청장의 제청으로 행정안전부장관 또는 국토해양부장관과 국무총리를 거쳐 대통령이 행하고, 총경 및 경정의 정직은 경찰청장 또는 해양경찰청장이 행한다. <개정 1991.5.31, 1996.8.8, 1998.9.19, 2006.7.19, 2008.2.29>

제28조 (행정소송의 피고) 징계처분이나 휴직·면직처분 기타 의사에 반한 불

리한 처분에 대한 행정소송에 있어서는 경찰청장 또는 해양경찰청장을 피고로 한다. 다만, 제6조제3항의 규정에 의하여 임용권을 위임한 경우에는 그 위임을 받은 자를 피고로 한다. <개정 1991.5.31, 1996.8.8>

제29조 (경찰간부후보생의 보수 등) 교육 중인 경찰간부후보생에 대하여는 대통령령이 정하는 바에 의하여 보수 기타 실비를 지급한다.

제30조 (「국가공무원법」과의 관계) ① 경찰공무원에 대하여는 「국가공무원법」 제73조의4, 동법 제76조제2항 내지 제5항의 규정을 적용하지 아니하며, 치안총감 및 치안정감에 대하여는 「국가공무원법」 제68조 본문을 적용하지 아니한다. <개정 2004.12.23, 2006.7.19>

② 「국가공무원법」을 경찰공무원에 적용함에 있어서는 다음 각 호에 의한다. <개정 1991.5.31, 1996.8.8, 1998.9.19, 2004.3.11, 2006.7.19, 2008.2.29>

  1. 「국가공무원법」 제32조의5 및 동법 제43조 중 '직급'은 '계급'으로 본다.

  2. 「국가공무원법」 제42조제2항, 동법 제85조제1항 및 제2항 중 '행정안전부장관'은 '경찰청장 또는 해양경찰청장'으로 본다.

  3. 「국가공무원법」 제67조, 동법 제68조, 동법 제78조제1항제1호 및 제2항, 동법 제80조제6항 및 제7항 중 '이 법'은 '이 법 및 「국가공무원법」'으로 본다.

  4. 「국가공무원법」 제71조제2항제3호 중 '중앙인사관장기관의 장'은 '경찰청장 또는 해양경찰청장'으로 본다.

제31조 (벌칙) ① 경찰공무원으로서 전시·사변 기타 이에 준하는 비상사태 하에 있거나 작전수행 중인 경우에 제18조제2항 또는 제19조, 「국가공무원법」 제58조제1항의 규정에 위반한 자는 3년 이상의 징역이나 금고에 처하며, 제18조제1항, 「국가공무원법」 제57조의 규정에 위반한 자는 7년 이하의 징역이나 금고에 처한다. <개정 2006.7.19>

② 제1항 외에 집단살상의 위급사태가 발생한 경우에 제18조 또는 제19조, 「국가공무원법」 제57조 및 동법 제58조제1항의 규정에 위반한 자는 7년 이하의 징역이나 금고에 처한다. <개정 2006.7.19>

③ 경찰공무원으로서 「국가공무원법」 제44조 또는 동법 제45조의 규정에 위반한 자는 1년 이하의 징역 또는 100만 원 이하의 벌금에, 「국가공무원법」 제65조 또는 동법 제66조의 규정에 위반한 자는 2년 이하의 징역 또는 200만 원 이하의 벌금에 처한다.

부칙 〈제3606호, 1982.12.31〉

제1조 (시행일) 이 법은 1983년 1월 1일부터 시행한다.

제2조 (징계처분 및 직위해제 중인 자에 대한 경과조치) 이 법 시행 당시 징계처분 또는 직위해제 중에 있는 경찰공무원에 대한 징계 및 직위해제의 효력은 종전의 규정에 의한다.

제3조 (조건부임용 중인 경찰공무원에 대한 경과조치) 이 법 시행 당시 종전의 규정에 의한 조건부임용 중인 경찰공무원은 제10조의 규정에 의하여 시보로 임용된 것으로 본다. 다만, 시보임용의 기간은 종전의 규정에 의한 조건부임용의 기간으로 한다.

제4조 (복제에 관한 경과조치) 경찰공무원의 복제에 관하여는 이에 관한 내무부령이 제정·시행될 때까지 종전의 규정에 의한다.

제5조 (계급정년에 관한 경과조치) 이 법 시행 당시 이미 제24조제1항제2호의 규정에 의한 계급정년기간이 경과된 자는 1983년 6월 30일에, 1983년 1월부터 6월 사이에 계급정년에 달하는 자는 1983년 12월 31일에 각각 당연퇴직된다.

제6조 (형사소송법과의 관계) 경정은 형사소송법 제196조의 규정에 의한 사법경찰관으로 경장은 동법동조의 규정에 의한 사법경찰리로 보며, 경찰청 및 해양경찰청에 근무하는 경무관은 동법동조의 적용을 받지 아니한다. <개정 1991.5.31, 1996.8.8>

부칙 〈제3799호, 1985.12.28〉

① (시행일) 이 법은 공포한 날로부터 시행한다. 다만, 제24조제1항제1호

의 경감·경위의 연령정년에 관한 규정은 1987년 1월 1일부터 시행한다.

② (정년의 연장을 받은 자에 대한 적용례) 제24조제1항의 규정은 이 법 시행 전에 종전의 규정 및 이 법 부칙 제3항의 규정에 의하여 정년의 연장을 받은 자에 대하여도 이를 적용한다.

③ (경감·경위의 연령정년의 연장에 관한 경과조치) 경감·경위의 연령정년은 제24조제2항의 개정규정에 불구하고 1986년 12월 31일까지 종전의 규정에 의하여 이를 연장할 수 있다.

부칙 〈제4369호, 1991.5.31〉 (경찰법)

제1조 (시행일) 이 법은 공포 후 60일이 경과한 날부터 시행한다.

제2조 및 제3조 생략

제4조 (다른 법률의 개정) ① 내지 ③ 생략

④ 경찰공무원법 중 다음과 같이 개정한다.

제4조제1항 중 '내무부장관'을 '경찰청장'으로, '내무부'를 '경찰청'으로 한다.

제5조제3호 중 '내무부장관'을 '경찰청장'으로 한다.

제6조를 다음과 같이 한다.

제6조 (임용권자) ① 총경 이상의 경찰공무원은 경찰청장의 추천에 의하여 내무부장관의 제청으로 국무총리를 거쳐 대통령이 임용한다. 다만, 총경의 전보·휴직·직위해제·정직 및 복직은 경찰청장이 행한다.

② 경정 이하의 경찰공무원은 경찰청장이 임용한다. 다만, 경정에의 신규채용·승진임용 및 면직은 경찰청장의 제청으로 국무총리를 거쳐 대통령이 행한다.

③ 경찰청장은 대통령령이 정하는 바에 의하여 경찰공무원의 임용에 관한 권한의 일부를 소속 기관의 장 및 지방경찰청장에게 위임할 수 있다.

④ 경찰청장 또는 제3항의 규정에 의하여 임용권의 위임을 받은 자는 내무부령이 정하는 바에 의하여 소속 경찰공무원의 인사기록을 작성·

보관하여야 한다.

제9조제1항 중 '내무부장관'을 '경찰청장'으로 하고, 동조제3항 단서 및 제4항 중 '내무부장관'을 각각 '경찰청장'으로 한다.

제12조제1항 중 '내무부에 중앙승진심사위원회를, 내무부·서울특별시·직할시·도'를 '경찰청에 중앙승진심사위원회를, 경찰청·지방경찰청'으로 한다.

제13조제1항 중 '내무부장관'을 '경찰청장'으로 한다.

제15조제1항 중 '내무부장관'을 각각 '경찰청장'으로 한다.

제17조제1항 내지 제3항 중 '내무부장관'을 각각 '경찰청장'으로 한다.

제24조제4항 전단 중 '내무부장관'을 '경찰청장'으로 하고, 동항 후단을 다음과 같이 한다.

이 경우 경무관 이상의 경찰공무원에 대하여는 내무부장관 및 국무총리를 거쳐 대통령의 승인을 얻어야 하고, 총경·경정의 경찰공무원에 대하여는 국무총리를 거쳐 대통령의 승인을 얻어야 한다.

제25조제1항 중 '내무부·서울특별시·직할시·도'를 '경찰청·지방경찰청'으로 한다.

제27조 본문 중 '내무부장관'을 '경찰청장'으로 하고, 동조 단서를 다음과 같이 한다.

다만, 파면·해임 및 정직은 징계위원회의 의결을 거쳐 당해 경찰공무원의 임용권자가 행하되, 경무관 이상의 정직과 경정 이상의 파면 및 해임은 경찰청장의 제청으로 내무부장관 및 국무총리를 거쳐 대통령이 행하고, 총경 및 경정의 정직은 경찰청장이 행한다.

제28조 본문 중 '내무부장관'을 '경찰청장'으로 한다.

제30조제2항제2호 및 제4호 중 '내무부장관'을 각각 '경찰청장'으로 한다.

법률 제3606호 부칙 제6조 중 '내무부'를 '경찰청'으로 한다.

⑤ 내지 <19> 생략

제5조 및 제6조 생략

부칙 〈제4406호, 1991.11.30〉

제1조 (시행일) 이 법은 공포한 날부터 시행한다.

제2조 (연령정년연장에 관한 경과조치) ① 이 법 시행 당시 재직 중인 경감·경위인 경찰공무원의 연령정년을 연장함에 있어서는 제24조제2항의 개정규정에 불구하고 1991년이 정년인 자의 경우에는 정년퇴직일부터 1년 범위 안에서, 1992년이 정년인 자의 경우에는 정년퇴직일부터 2년 범위 안에서 각각 이를 연장할 수 있다.

② 이 법 시행 당시 재직 중인 경사 이하 경찰공무원에 대하여는 제24조제1항제1호의 개정규정에 불구하고 1991년에 55세에 달하는 자는 1년 후에, 1992년에 55세에 달하는 자는 2년 후에 각각 제24조제1항제1호의 개정규정에 의한 연령정년에 달하는 것으로 본다.

③ 이 법 시행 당시 종전의 규정에 의하여 이미 연령정년이 연장된 경사 이하 경찰공무원에 대하여는 제24조제1항제1호의 개정규정 및 부칙 제2조제2항의 규정에 불구하고 당초 연장된 정년을 기준으로 한 정년이 1991년인 경우에는 정년퇴직일부터 1년 범위 안에서, 1992년인 경우에는 정년퇴직일부터 2년 범위 안에서, 1993년과 1994년인 경우에는 정년퇴직일부터 3년 범위 안에서 각각 이를 연장할 수 있다.

부칙 〈제4798호, 1994.12.22〉

① (시행일) 이 법은 공포한 날부터 시행한다.
② (다른 법률의 개정) 경찰대학설치법 중 다음과 같이 개정한다.
　　제10조제3항 중 '내무부장관'을 '경찰청장'으로 한다.

부칙 〈제5153호, 1996.8.8〉 (정부조직법)

제1조 (시행일) 이 법은 공포 후 30일 이내에 제41조의 개정규정에 의한 해양수산부와 해양경찰청의 조직에 관한 대통령령의 시행일부터 시행한다.

제2조 생략

제3조 (다른 법률의 개정) ① 내지 ⑧ 생략

⑨ 경찰공무원법 중 다음과 같이 개정한다.

제6조제1항 본문 중 '내무부장관'을 '내무부장관 또는 해양수산부장관'으로 하고, 동항 단서 중 '다만,'을 "다만, 해양경찰청장은 해양수산부장관의 제청으로 국무총리를 거쳐 대통령이 임명하고,"로 한다.

제6조제3항 및 제15조제1항 단서 중 '소속 기관의 장 및 지방경찰청장'을 각각 '소속 기관의 장과 지방경찰청장 또는 지방해양경찰관서의 장'으로 한다.

제6조제4항 및 제20조제3항 중 '내무부령'을 각각 '내무부령 또는 해양수산부령'으로 한다.

제12조제1항 및 제25조제1항 중 '경찰청·지방경찰청 및 대통령령이 정하는 경찰기관'을 각각 '경찰청·해양경찰청·지방경찰청·대통령령이 정하는 경찰기관 및 지방해양경찰관서'로 한다.

제24조제4항 후단 및 제27조 단서 중 '내무부장관 및 국무총리'를 각각 '내무부장관 또는 해양수산부장관과 국무총리'로 한다.

제26조제2항 중 '경찰기관'을 '경찰기관 및 해양경찰관서'로 한다.

제4조제1항, 제5조제3호, 제6조제1항 내지 제4항, 제9조제1항·제3항 단서, 동조제4항, 제13조제1항, 제15조제1항, 제17조제1항 내지 제3항, 제24조제4항 전단, 제27조, 제28조 본문 및 제30조제2항제2호·제4호 중 '경찰청장'을 각각 '경찰청장 또는 해양경찰청장'으로 한다.

제4조제1항, 제12조제1항 및 법률 제4369호 경찰법에 의하여 개정된 법률 제3606호 경찰공무원법개정법률 부칙 제6조 중 '경찰청'을 각각 '경찰청 및 해양경찰청'으로 한다.

⑩ 내지 <69> 생략

제4조 생략

부칙 〈제5291호, 1997.1.13〉 (국가유공자등예우및지원에관한법률)

제1조 (시행일) 이 법은 공포 후 6월이 경과한 날부터 시행한다.

제2조 및 제3조 생략

제4조 (다른 법률의 개정) ① 내지 ⑮ 생략

<16> 경찰공무원법 중 다음과 같이 개정한다.

제16조 중 '국가유공자예우등에관한법률'을 각각 '국가유공자등예우및지원에관한법률'로 한다.

<17> 내지 <21> 생략

제5조 생략

부칙 〈제5570호, 1998.9.19〉

제1조 (시행일) 이 법은 공포한 날부터 시행한다. 다만, 제24조제1항제2호의 계급정년에 관한 개정규정은 1999년 1월 1일부터 시행한다.

제2조 (연령정년에 관한 경과조치) ① 이 법 시행 당시 재직 중인 경찰공무원 중 종전의 제24조제1항제1호의 규정에 의한 정년퇴직일이 1998년 12월 31일인 자는 해당 일자에, 1999년 6월 30일인 자는 1998년 12월 31일에, 1999년 12월 31일인 자는 1999년 3월 31일에 각각 당연퇴직된다.

② 이 법 시행 당시 종전의 제24조제2항의 규정에 의하여 정년을 연장받아 재직 중인 경감 이하 경찰공무원의 정년연장기간은 1998년 9월 30일에 종료된다.

제3조 (계급정년에 관한 경과조치) ① 이 법 시행 당시 총경 또는 경정으로 재직 중인 경찰공무원 중 종전의 제24조제1항제2호의 규정에 의하여 1999년에 계급정년에 달하는 자는 제24조제1항제2호의 개정규정에 불구하고 2000년에 계급정년에 달하는 것으로 한다.

② 이 법 시행 당시 경정으로 재직 중인 경찰공무원 중 종전의 제24조제1항제2호의 규정에 의하여 2000년에 계급정년에 달하는 자는 제24조제1항제2호의 개정규정에 불구하고 2002년에 계급정년에 달하는 것으로

한다.

제4조 (명예퇴직수당에 관한 경과조치) 1999년 12월 31일 이전에 자진하여 정년
  전에 퇴직하는 공무원의 명예퇴직수당의 지급대상 및 지급액에 관하여는
  제24조제1항제1호의 개정규정에 불구하고 종전의 정년을 적용한다.

부칙 〈제6436호, 2001.3.28〉 (사법시험법)

제1조 (시행일) 이 법은 공포한 날부터 시행한다. <단서 생략>

제2조 및 제3조 생략

제4조 (다른 법률의 개정) ① 경찰공무원법 중 다음과 같이 개정한다.
  제8조제3항제4호 중 '사법시험령'을 '사법시험법'으로 한다.
  ② 및 ③ 생략

부칙 〈제6897호, 2003.5.29〉

  이 법은 공포한 날부터 시행한다.

부칙 〈제7187호, 2004.3.11〉 (국가공무원법)

제1조 (시행일) 이 법은 공포 후 3월이 경과한 날부터 시행한다. 다만, ……
  <생략>……부칙 제2조는 공포한 날부터 시행한다.

제2조 및 제3조 생략

제4조 (다른 법률의 개정) ① 내지 ③ 생략
  ④ 경찰공무원법 중 다음과 같이 개정한다.
  제30조제2항제2호 중 "'행정자치부장관'은"을 "'중앙인사위원회'는"으로
  한다.
  ⑤ 내지 ⑧ 생략

제5조 생략

부칙 〈제7249호, 2004.12.23〉

이 법은 공포한 날부터 시행한다.

부칙 〈제7428호, 2005.3.31〉 (채무자회생및파산에관한법률)

제1조 (시행일) 이 법은 공포 후 1년이 경과한 날부터 시행한다.
제2조 내지 제4조 생략
제5조 (다른 법률의 개정) ① 내지 ⑤ 생략
  ⑥ 경찰공무원법 일부를 다음과 같이 개정한다.
  제7조제2항제3호 중 '파산자'를 '파산선고를 받은 자'로 한다.
  ⑦ 내지 <145> 생략
제6조 생략

부칙 〈제7803호, 2005.12.29〉

이 법은 2006년 3월 1일부터 시행한다.

부칙 〈제7967호, 2006.7.19〉

  ① (시행일) 이 법은 공포한 날부터 시행한다.
  ② (다른 법률의 개정) 제주특별자치도 설치 및 국제자유도시 조성을 위
한 특별법 일부를 다음과 같이 개정한다.
  제137조제2항제1호 중 "'경찰공무원'은 '자치경찰공무원'으로"를 "'경찰
공무원'은 '자치경찰공무원'으로, '자치경찰공무원'은 '경찰공무원'으로"
로 한다.

부칙 〈제8852호, 2008.2.29〉 (정부조직법)

제1조 (시행일) 이 법은 공포한 날부터 시행한다. 다만, ……<생략>……,

부칙 제6조에 따라 개정되는 법률 중 이 법의 시행 전에 공포되었으나 시행일이 도래하지 아니한 법률을 개정한 부분은 각각 해당 법률의 시행일부터 시행한다.

제2조부터 제5조까지 생략

제6조 (다른 법률의 개정) ①부터 <706>까지 생략

<707> 경찰공무원법 일부를 다음과 같이 개정한다.

제6조제1항 본문 중 '행정자치부장관 또는 해양수산부장관'을 '행정안전부장관 또는 국토해양부장관'으로 하고, 같은 항 단서 중 '해양수산부장관'을 '국토해양부장관'으로 하며, 같은 조 제4항 중 '행정자치부령 또는 해양수산부령'을 '행정안전부령 또는 국토해양부령'으로 한다.

제20조제3항 중 '행정자치부령 또는 해양수산부령'을 '행정안전부령 또는 국토해양부령'으로 한다.

제24조제4항 후단 및 제27조 단서 중 '행정자치부장관 또는 해양수산부장관'을 각각 '행정안전부장관 또는 국토해양부장관'으로 한다.

<708>부터 <760>까지 생략

제7조 생략

부칙 〈제8857호, 2008.2.29〉 (국가공무원법)

제1조 (시행일) 이 법은 공포한 날부터 시행한다.

제2조 (다른 법률의 개정) ① 생략

② 경찰공무원법 일부를 다음과 같이 개정한다.

제30조제2항제2호 중 '중앙인사위원회는'을 '행정안전부장관은'으로 한다.

③부터 ⑨까지 생략

제3조부터 제5조까지 생략

부칙 〈제9295호, 2008.12.31〉

① (시행일) 이 법은 2009년 1월 1일부터 시행한다.

② (연령정년 연장에 관한 경과조치) 이 법 시행 당시 경감 이하의 연령
정년에 대하여는 제24조제1항제1호의 개정규정에도 불구하고 2009년부
터 2010년까지는 58세로, 2011년부터 2012년까지는 59세로, 2013년부
터 60세로 한다.

2. 경찰공무원급여품및대여품규칙

[시행 2004.9.21] [행정자치부령 제249호, 2004.9.21, 일부개정]

경찰청 (장비과), 02 - 313 - 0479

제1조 (목적) 이 규칙은 경찰공무원(전투경찰대설치법 제2조의3제1항 및 제2
항의 규정에 의한 전투경찰순경을 포함한다. 이하 같다)에게 그 직무수
행을 위하여 급여하는 물품(이하 '급여품'이라 한다)과 대여하는 물품(이
하 '대여품'이라 한다)에 관한 사항을 규정함을 목적으로 한다.
제2조 (급여품) ① 경찰공무원에 대하여 지급하는 급여품의 종류·수량 및
사용기간 등의 지급기준은 별표 1과 같다.
② 경찰청장 또는 해양경찰청장은 특히 필요하다고 인정할 때에는 급여
품의 수량과 사용기간을 변경할 수 있다.
③ 급여품은 현품으로 지급한다.
제3조 (대여품) 경찰공무원에 대하여 지급하는 대여품의 종류·수량 및 사용
기간 등의 지급기준은 별표 2와 같다.
제4조 (급여품 및 대여품의 보수) 급여품 및 대여품의 보수에 소요되는 비용은
당해 물품을 지급받은 자의 부담으로 한다.
제5조 (급여품 및 대여품의 재급여 등) ① 경찰공무원이 급여품 또는 대여품을
분실하거나 훼손하였을 때에는 대품을 지급한다.

② 제1항의 경우에 그 분실이나 훼손이 경찰공무원의 고의 또는 중대한 과실로 인한 것인 때에는 그 대가를 변상하게 하여야 한다.

제6조 (대여품의 반납) ① 경찰공무원이 퇴직하는 때에는 대여품을 반납하여야 한다.

② 제1항의 경우에 경찰공무원의 고의 또는 중대한 과실로 대여품을 분실하거나 훼손하여 현물을 반납할 수 없는 때에는 제5조제2항의 규정을 준용한다.

부칙 〈제114호, 2001.1.6〉

① (시행일) 이 규칙은 2001년 1월 1일부터 시행한다.

② (급여품 및 대여품에 관한 경과조치) 종전의 경찰공무원급여품및대여품규정에 의하여 지급된 급여품 및 대여품은 이 규칙에 의하여 지급된 급여품 및 대여품으로 본다.

부칙 〈제249호, 2004.9.21〉

① (시행일) 이 규칙은 공포한 날부터 시행한다.

② (급여품 및 대여품의 지급기준에 관한 적용례) 별표 1 및 별표 2의 개정규정은 이 규칙 시행 후 최초로 지급되는 급여품 및 대여품부터 적용한다.

3. 경찰공무원교육훈련규정

[시행 2007.9.20] [대통령령 제20284호, 2007.9.20, 일부개정]

경찰청 (교육과), 02 - 313 - 0588

제1조 (목적) 이 영은 경찰공무원 및 경찰공무원으로 임용될 자의 교육훈련에 관하여 필요한 사항을 규정함을 목적으로 한다. <개정 1973.12.31, 1983.5.30>

제2조 (정의) 이 영에서 사용하는 용어의 정의는 다음과 같다. <개정 1983.5.30, 1987.12.31, 1991.7.30, 1996.8.8, 1999.12.28, 2000.6.27, 2001.2.3, 2007.9.20>

1. '소속 기관 등'이란 경찰대학·경찰종합학교·중앙경찰학교·경찰수사연수원·경찰병원·운전면허시험관리단·지방경찰청 및 경찰서·운전면허시험장 또는 해양경찰학교·해양경찰연구개발센터·지방해양경찰청·해양경찰서 및 정비창을 말한다.

2. '경찰기관'이란 「경찰공무원임용령」 제26조제3항에 따른 경찰기관을 말한다.

3. '학교교육'이란 경찰대학·경찰종합학교·중앙경찰학교·경찰수사연수원 및 해양경찰학교(이하 '경찰교육기관'이라 한다)에서 실시하는 교육을 말한다.

4. '위탁교육'이란 「경찰공무원법」(이하 '법'이라 한다) 제17조제3항에 따른 국내외의 교육기관 등에 위탁하여 행하는 교육훈련을 말한다.

5. '직장훈련'이란 경찰기관의 장이 소속 경찰공무원의 직무수행능력을 향상시키기 위하여 일상업무를 통하여 행하는 훈련을 말한다.

6. '교수요원'이란 경찰교육기관에서 학생의 교육을 전담하는 자를 말한다.

제3조 삭제 <2003.3.25>

제4조 (교육훈련의 기회) ① 교육훈련의 기회는 모든 경찰공무원에게 균등하

게 부여하여야 한다. <개정 1983.5.30>

② 경찰청장 또는 해양경찰청장이 교육인원을 배정할 때에는 교육과정별 우선순위에 따라 소속 기관등별로 균등히 하여야 한다. <개정 1991.7.30, 1996.8.8>

제5조 (교육계획) ① 경찰청장 또는 해양경찰청장은 연도개시 2월 전까지 다음 연도의 경찰공무원 교육훈련에 관한 일반지침을 작성하고 교육인원의 배정을 하여야 한다. <개정 1983.5.30, 1991.7.30, 1996.8.8>

② 경찰교육기관의 장은 제1항의 일반지침 및 교육인원의 배정에 따라 연도개시 1월 전까지 다음 각 호의 사항을 포함한 교육계획을 작성하여야 한다. <개정 1973.12.31>

  1. 당해 연도의 교육훈련기본방향

  2. 교육훈련과정별 교육훈련의 목표·기간 및 대상

  3. 피교육자의 선발계획

  4. 교육훈련과정별 각 과목의 교수요목

  5. 교재편찬 및 교재심의계획

  6. 교육훈련의 평가방법

  7. 기타 필요한 사항

③ 경찰기관의 장은 제1항의 일반지침에 따라 직장훈련계획을 작성하여야 한다.

④ 소속 기관 등의 장은 제1항의 교육인원의 배정에 따라 교육대상자를 선발하고 그 순위를 정하여야 한다. <개정 1991.7.30>

제6조 (교육훈련실시의 의무) ① 경찰기관의 장은 소속 경찰공무원에게 그 직무와 관련된 학식·기술 및 응용능력을 배양할 수 있도록 교육훈련계획과 교육순위에 따라 교육훈련을 시켜야 한다.

② 임용권자(경찰공무원임용령 제4조제1항의 규정에 의하여 임용권의 위임을 받은 자를 포함한다) 임용제청권자 또는 임용추천권자는 경찰공무원임용령 제21조제1항의 규정에 의하여 경찰공무원으로 임용될 자에 대하여 임용 전에 경찰교육기관에서 신임교육을 받게 할 수 있다. <개정

1983.5.30, 1991.7.30>

제7조 (교육훈련의 구분) 경찰공무원의 교육훈련은 학교교육·위탁교육 및 직
   장훈련으로 나눈다. <개정 2000.6.27>

제8조 (신임·기본·전문교육 〈개정 2001.2.3〉) ① 경찰공무원으로 신규채용된
   자로서 제6조제2항의 규정에 의한 임용 전 신임교육을 받지 아니한 자
   는 신규채용된 후 신임교육을 받아야 한다. 다만, 경사 이상의 경찰공무
   원으로 신규채용된 자로서 제2항의 규정에 의한 해당 교육을 받은 자는
   그러하지 아니하다.

   ② 경정·경감·경위 및 경사(경찰공무원승진임용규정 제24조제1항 및 제
   36조제1항의 규정에 의하여 경정·경감·경위 및 경사 승진후보자명부
   에 등재된 자를 포함한다)는 해당 계급별 기본교육을 받아야 한다. <개
   정 2003.3.25>

   ③ 경찰청장 또는 해양경찰청장이 정하는 바에 의하여 교육훈련대상자
   로 선발된 총경(경찰공무원승진임용규정 제24조제1항의 규정에 의하여
   총경승진후보자명부에 등재된 자를 포함한다)은 기본교육으로 치안정책
   교육을 받아야 한다. <개정 2003.3.25>

   ④ 경정 이하 경찰공무원은 직무와 관련된 전문교육을 받아야 한다. <신
   설 2001.2.3>

   [전문개정 1983.5.30]

제9조 (직장훈련의 성과측정) ① 경찰청장 또는 해양경찰청장은 정기적으로 직
   장훈련에 대한 평가를 실시하여 개선발전시켜야 한다. <개정 1991.7.30,
   1996.8.8>

   ② 제1항의 평가의 방법은 경찰청장 또는 해양경찰청장이 정한다. <개
   정 1991.7.30, 1996.8.8>

제10조 (교육과정) 경찰공무원 및 경찰공무원으로 임용될 자의 교육훈련을
   위한 경찰교육기관별 교육과정, 교육기간과 그 대상은 경찰청장 또는 해
   양경찰청장이 정한다. <개정 1973.12.31, 1983.5.30, 1996.8.8, 2000.6.27,
   2001.2.3>

제11조 (수탁교육) ① 경찰청장 또는 해양경찰청장은 중앙행정기관의 장으로
부터의 요청이 있을 때에는 경찰교육기관에서 수탁교육을 할 수 있다.
<개정 1991.7.30, 1996.8.8>

② 제1항의 규정에 의하여 수탁교육을 할 때에는 당해 중앙행정기관의
장으로 하여금 그 교육에 필요한 비용을 납부하게 할 수 있다.

③ 해양경찰청 및 그 소속 기관의 경찰공무원에 대한 교육훈련은 경찰
교육기관에 위탁하여 실시한다. <신설 1996.8.8>

제12조 (위탁교육을 받을 자) 법 제17조제3항의 규정에 의한 위탁교육을 받을
자는 다음 각 호에 해당하는 자 중에서 경찰청장 또는 해양경찰청장이
따로 정하는 방법으로 선발한다. 다만, 교수요원은 그러하지 아니할 수
있다. <개정 1975.9.4, 1983.5.30, 1991.7.30, 1996.8.8, 2000.6.27, 2001.2.3>
1. 위탁교육분야에 대하여 경찰청장 또는 해양경찰청장이 정하는 기준에
해당하는 자
2. 공무원교육훈련법시행령 제32조 각 호에 해당하는 자
3. 징계처분을 받은 자는 그 집행이 종료된 날부터 1년이 경과된 자
4. 휴직 중이 아닌 자

제13조 (위탁교육과 학교교육과의 관계) ① 경감 또는 경위로서 당해 직무와 관
련된 전문분야의 위탁교육을 받은 자는 그에 상응하는 제8조제3항의 규
정에 의한 전문화교육을 받은 것으로 본다. <개정 1991.7.30>

② 위탁교육기관에서 받은 포상 또는 징계는 경찰교육기관에서 받은 포
상 또는 징계로 본다.

제14조 (위탁교육이수자 결과보고) 위탁교육을 이수한 자는 교육훈련결과보고서
를 그 이수 후 출근하는 날로부터 30일안에 경찰청장 또는 해양경찰청
장에게 제출하여야 한다. <개정 1975.9.4, 1991.7.30, 1996.8.8, 2000.6.27>

제15조 (의무복무) 경찰간부후보생과정을 졸업하고 경찰공무원으로 임용된 자
는 수업연한에 해당하는 기간 경찰공무원으로 복무할 의무가 있다. <개
정 1983.5.30>

제16조 (수당 등의 상환) 경찰간부후보생과정을 졸업한 자로서 제15조의 규정

에 의한 의무복무기간 중 다음 각 호의 1에 해당할 때에는 재교시의 사
비·식비·수당 기타의 학비를 상환하게 하여야 한다. <개정 1991.7.30>

1. 정당한 이유 없이 복무의무를 이행하지 아니한 때

2. 파면 또는 해임처분을 받은 때

제17조 (학칙 등) ① 학교교육에 관한 다음 사항은 경찰교육기관의 장이 학
칙 또는 교칙으로 정한다.

  1. 입학·퇴학·졸업·상벌에 관한 사항

  2. 시험·과정수료·인정에 관한 사항

  3. 수업시간 및 휴업일에 관한 사항

  4. 내무생활에 관한 사항

  5. 수탁생에 관한 사항

  6. 학생의 표지에 관한 사항

  7. 기타 경찰교육기관의 장이 필요하다고 인정하는 사항

② 경찰교육기관의 장이 제1항의 규정에 의하여 학칙 또는 교칙을 제
정·개폐하고자 할 때에는 경찰청장 또는 해양경찰청장의 승인을 얻어
야 한다. <개정 1991.7.30, 1996.8.8>

제18조 (내무생활) 경찰교육기관에서 교육훈련을 받는 경찰공무원과 경찰공
무원으로 임용될 자는 휴가 기타 학칙 또는 교칙이 정하는 기간을 제외
하고는 기숙사에 입사하여야 한다. 다만, 교육목적이나 원활한 교육운영
을 위하여 경찰교육기관의 장이 필요하다고 인정하는 경우에는 그러하
지 아니하다. <개정 1983.5.30, 2007.9.20>

제19조 (급식 등) ① 제18조의 규정에 의하여 기숙사에 입사 중인 경찰공무
원과 경찰공무원으로 임용될 자에게는 예산의 범위 안에서 경찰청장 또
는 해양경찰청장이 정하는 바에 의하여 급식을 한다. <개정 1983.5.30,
1991.7.30, 1996.8.8>

② 순경으로 임용될 자에 대하여는 예산의 범위 안에서 경찰청장 또는
해양경찰청장이 정하는 바에 의하여 경찰공무원에 준하여 급여품을 지
급할 수 있다. <개정 2003.3.25>

제20조 (수료점수미달자에 대한 인사조치) ① 교육훈련에서 수료점수에 미달된 경찰공무원은 1회에 한하여 다시 그 과정의 교육훈련을 받게 할 수 있다. <개정 1983.5.30>

② 임용권자는 제1항의 규정에 의하여 다시 교육훈련을 받은 경찰공무원이 재차 수료점수에 미달하고 직무수행능력 또는 성실성이 현저히 결여되어 법 제22조제1항제2호의 규정에 의한 직권면직사유에 해당된다고 인정하는 때에는 관할징계위원회에 직권면직의 동의를 요구할 수 있다. <개정 1983.5.30>

③ 소속 기관 등의 장은 제2항의 규정에 의한 처리결과를 당해 교육기관의 장에게 통보하여야 한다. <개정 1991.7.30>

제20조의2 (퇴학처분) ① 경찰교육기관의 장은 피교육자가 다음 각 호의 1에 해당하게 된 때에는 퇴학처분을 하고, 해당 소속 기관 등의 장에게 이를 통보하여야 한다. <개정 1991.7.30>

  1. 입교명령을 받은 자가 타인으로 하여금 대리로 교육훈련을 받게 한 때
  2. 정당한 이유 없이 결석한 때
  3. 수업을 극히 태만히 한 때
  4. 생활성적이 극히 불량한 때
  5. 시험 중 부정한 행위를 한 때
  6. 경찰교육기관의 장의 교육훈련에 관한 지시에 따르지 아니한 때
  7. 질병 기타 피교육자의 특수사정으로 인하여 교육훈련을 계속 받을 수 없게 된 때

② 소속 기관 등의 장은 제1항제1호 내지 제6호의 사유로 인하여 퇴학처분을 당한 자 또는 정당한 이유 없이 등록을 기피한 자로서 국가공무원법 제78조제1항 각 호의 1에 해당한다고 인정하는 때에는 관할징계위원회에 징계의결을 요구하고, 이를 경찰교육기관의 장에게 통보하여야 한다. <개정 1983.5.30, 1991.7.30>

③ 제1항의 규정에 의하여 퇴학처분을 받은 자는 차후 다시 교육훈련을 받아야 한다.

[본조신설 1979.5.8]

제21조 (교수요원 및 강사의 자격기준 〈개정 2001.2.3〉) ① 교수요원은 다음 각 호의 1에 해당하는 자이어야 한다. <개정 1979.5.8, 1983.5.30, 2000.6.27, 2001.2.3, 2006.6.12>

1. 경위 이상의 경찰공무원으로서 담당할 분야와 관련된 실무·연구 또는 강의경력이 3년 이상인 자

2. 경위 이상의 경찰공무원 또는 6급 이상의 일반직 공무원 또는 고위공무원단에 속하는 일반직 공무원(이에 상당하는 별정직 공무원을 포함한다)으로서 담당할 분야에 관련된 석사 이상의 학위를 가진 자

3. 사격·무도훈련 또는 생활지도를 담당하는 교수요원의 경우에는 경찰공무원으로서 담당할 분야와 관련된 실무·연구 또는 강의 경력이 있는 자

② 제1항에도 불구하고 중앙경찰학교에서 신임교육을 담당하는 교수요원 선발 과정에서 같은 항 제1호나 제2호에 해당하는 자가 없는 경우에는 경사 이상의 경찰공무원 중에서 담당할 분야와 관련된 실무·연구 또는 강의경력이 3년 이상이거나 담당할 분야와 관련된 석사 이상의 학위를 가진 자를 교수요원으로 할 수 있다. <신설 2007.9.20>

③ 경찰교육기관의 강사는 다음 각 호의 어느 하나에 해당하는 자이어야 한다. <개정 1979.5.8, 2001.2.3, 2007.9.20>

1. 제1항 각 호의 어느 하나에 해당하는 자

2. 「고등교육법」 제16조 및 「교수자격기준등에관한규정」에 따른 대학 전임강사 이상의 자격을 갖춘 자

3. 담당할 분야와 관련된 학식과 경험이 풍부한 자

④ 제3항의 규정에 의한 강사는 경찰교육기관의 장이 임명 또는 위촉한다. <개정 2007.9.20>

제22조 (교수요원의 결격사유〈개정 2001.2.3〉) 징계처분기간 중에 있거나 징계처분으로 인한 승진임용 제한기간이 경과하지 아니한 자는 교수요원으로

임용할 수 없다. <개정 2001.2.3>

제23조 (교수요원의 전보〈개정 2001.2.3〉) 교수요원으로서 경찰공무원임용령 제
27조제2항의 규정에 의한 복무기간이 만료된 자를 전보할 때에는 본인
의 희망을 고려한다. <개정 1983.5.30, 2001.2.3>
[전문개정 1973.12.31]

제24조 (교육훈련비의 지급) 경찰기관의 장은 소속 경찰공무원 중 이 영에 의
한 교육대상자로 선발된 자에게는 예산의 범위 안에서 공무원여비규정에
의하여 여비를 지급하여야 하며, 입학금·등록금 기타 교육훈련에 소요
되는 경비를 지급할 수 있다. <개정 1983.5.30, 1998.2.24, 2000.6.27>
[전문개정 1973.12.31]

제25조 (훈련담당관) ① 경찰공무원의 직장훈련에 관한 사항을 담당하게 하
기 위하여 경찰기관에 직장훈련담당관을 둔다. <개정 1983.5.30>
② 직장훈련담당관을 겸할 경찰공무원과 그 직무는 경찰청장 또는 해양
경찰청장이 정한다. <개정 1983.5.30, 1991.7.30, 1996.8.8>

제26조 (준용) ① 제22조·제23조의 규정은 경찰교육기관의 조교에 이를 준
용한다. <개정 1973.12.31>
② 공무원교육훈련법시행령 제22조 내지 제26조는 경찰공무원의 교육훈
련에 이를 준용한다. <개정 1983.5.30>

제27조 삭제 <1983.5.30>

부칙 〈제4846호, 1970.4.4〉

① (시행일) 이 영은 공포한 날로부터 시행한다.
② (경과조치) 이 영 시행 전에 경찰교육기관에서 신규채용자과정·기본
교육과정 또는 직무교육과정을 졸업 또는 수료한 자는 이 영에 의한 해
당 교육과정을 각각 졸업 또는 수료한 자로 본다.

부칙 〈제6990호, 1973.12.31〉

이 영은 공포한 날로부터 시행한다.

부칙 〈제7779호, 1975.9.4〉

① (시행일) 이 영은 공포한 날로부터 시행한다.
② (경과조치) 1974년 8월 16일부터 이 영 시행일까지 해양경찰대소속 경찰관으로서 당해 기술분야에 관하여 4주 이상 해군에서 위탁교육을 받은 자는 당해 계급별 기본교육을 이수한 자로 본다.

부칙 〈제8970호, 1978.4.24〉 (소방공무원교육훈련규정)

① (시행일) 이 영은 공포한 날로부터 시행한다.
② (다른 법령의 개정) 경찰공무원교육훈련규정 중 다음과 같이 개정한다.
  1. 제1조 중 '경찰공무원과 소방공무원'을 '경찰공무원'으로 한다.
  2. 제2조제1호 중 '경찰서 및 소방서'를 '경찰서'로 한다.
  3. 제19조제2항 중 '순경 및 소방원'을 '순경'으로 한다.
③ 생략

부칙 〈제9454호, 1979.5.8〉

① (시행일) 이 영은 공포한 날로부터 시행한다.
② (이 영 시행 당시 특수교육을 받고 있는 경찰관에 대한 경과조치) 이 영 시행 당시 특수교육을 받고 있는 경찰관은 이 영에 의하여 특수교육을 받고 있는 것으로 본다. 다만, 이 영에 의한 의무복무기간이 종전의 규정에 의한 의무복무기간보다 긴 경우에는 종전의 규정에 의한다.

부칙 〈제11135호, 1983.5.30〉

① (시행일) 이 영은 공포한 날로부터 시행한다.
② (경과조치) 이 영 시행 전에 종전의 규정에 의하여 해당 계급별 기본
교육을 받은 자 중 총경은 이 영에 의한 관리자 교육을, 경정 및 경감은
이 영에 의한 고급간부교육을, 경위는 이 영에 의한 초급간부교육을 각
각 받은 것으로 보며, 종전의 규정에 의하여 신임교육을 받은 경사는 이
영에 의한 초급간부교육을 받은 것으로 본다. 다만, 이 영 시행 이후에
경정 또는 경위로 승진한 경찰공무원은 각각 그에 해당하는 고급간부교
육 또는 초급간부교육을 받아야 한다.

부칙 〈제12343호, 1987.12.31〉 (경찰공무원임용령)

제1조 (시행일) 이 영은 공포한 날로부터 시행한다.
제2조 생략

부칙 〈제13439호, 1991.7.30〉

① (시행일) 이 영은 1991년 7월 31일부터 시행한다.
② (적용례) 제16조의 개정규정은 이 영 시행 전에 해임처분을 받은 자
에 대하여는 이를 적용하지 아니한다.

부칙 〈제15136호, 1996.8.8〉 (해양경찰청과그소속기관직제)

제1조 (시행일) 이 영은 공포한 날부터 시행한다.
제2조 내지 제4조 생략

부칙 〈제15680호, 1998.2.24〉 (공무원여비규정)

제1조 (시행일) 이 영은 공포한 날부터 시행한다.

제2조 및 제3조 생략

부칙 〈제16620호, 1999.12.28〉 (경찰청과그소속기관등직제)

제1조 (시행일) 이 영은 공포한 날부터 시행한다. <단서 생략>
제2조 내지 제4조 생략

부칙 〈제16866호, 2000.6.27〉

　① (시행일) 이 영은 공포한 날부터 시행한다.
　② (관리자교육에 대한 경과조치) 이 영 시행 전에 종전의 규정에 의하여 관리자교육을 받은 총경 또는 경정은 제8조제3항의 개정규정에 의한 경찰고위정책교육을 받은 것으로 본다.

부칙 〈제17122호, 2001.2.3〉

제1조 (시행일) 이 영은 공포한 날부터 시행한다.
제2조 (필수·선발교육에 대한 경과조치) 이 영 시행 전에 종전의 규정에 의하여 필수교육 또는 선발교육을 받은 자에 대하여는 각각 제8조의 개정규정에 의한 기본교육 또는 전문교육을 받은 것으로 본다. 다만, 종전의 규정에 의하여 경찰고위정책교육을 받은 자에 대하여는 제8조의 개정규정에 의한 기본교육을 받은 것으로 본다.
제3조 (교관에 대한 경과조치) 이 영 시행 당시 교관은 이 영에 의한 교수요원으로 본다.
제4조 (다른 법령의 개정) ① 경찰공무원임용령 중 다음과 같이 개정한다.
　제24조제2항 본문 및 단서, 제25조, 제27조제1항제9호, 동조제2항 본문 및 단서 중 '교관'을 각각 '교수요원'으로 한다.
　제30조제1항제5호 중 '교관요원'을 '교수요원'으로 한다.
　② 경찰공무원승진임용규정 중 다음과 같이 개정한다.

제7조제4항 및 제11조제2항제3호 중 '교관'을 각각 '교수요원'으로 한다.

③ 경찰대학의학사운영에관한규정 중 다음과 같이 개정한다.

제15조제1항 중 '교육법 제79조제3항'을 '고등교육법 제16조'로 하고, 동조제2항 중 '교관'을 '교수요원'으로, '교육법 제79조제3항'을 '고등교육법 제16조'로 하며, 동조제3항 중 '교관'을 '교수요원'으로 한다.

제16조의 제목 및 동조제2항 중 '교관'을 각각 '교수요원'으로 한다.

제17조 본문 중 '교육법 제111조'를 '고등교육법 제33조제1항'으로 한다.

제25조제1항 본문 중 '교육법시행령'을 '고등교육법시행령'으로 하고, 동조제2항 중 '대학설치기준령'을 '대학설립·운영규정'으로 한다.

부칙 〈제17947호, 2003.3.25〉

① (시행일) 이 영은 공포한 날부터 시행한다.

② (기본교육 등에 관한 경과조치) 이 영 시행 전에 종전의 규정에 의하여 고급간부교육 또는 초급간부교육을 받은 자는 제8조제2항의 개정규정에 의한 해당 계급별 기본 교육을 받은 것으로 보고, 경찰고위정책교육을 받은 자는 제8조제3항의 개정규정에 의한 치안정책교육을 받은 것으로 본다.

부칙 〈제19513호, 2006.6.12〉 (고위공무원단 인사규정)

제1조 (시행일) 이 영은 2006년 7월 1일부터 시행한다.

제2조 및 제3조 생략

제4조 (다른 법령의 개정) ① 내지 ⑦ 생략

⑧ 경찰공무원교육훈련 일부를 다음과 같이 개정한다.

제21조제1항제2호 중 '6급 이상의 일반직 공무원'을 '6급 이상의 일반직 공무원 또는 고위공무원단에 속하는 일반직 공무원'으로 한다.

⑨ 내지 <241> 생략

부칙 〈제20284호, 2007.9.20〉

제1조 (시행일) 이 영은 공포한 날부터 시행한다.

제2조 (다른 법령의 개정) ① 경찰공무원승진임용규정 일부를 다음과 같이 개정한다.

제11조제3항 중 '중앙경찰학교'를 '중앙경찰학교·경찰수사연수원'으로 한다.

② 경찰공무원임용령 일부를 다음과 같이 개정한다.

제4조제1항 및 제27조제2항 중 '중앙경찰학교'를 '중앙경찰학교·경찰수사연수원'으로 하고, 제26조제3항 중 '중앙경찰학교'를 '중앙경찰학교, 경찰수사연수원'으로 한다.

③ 경찰공무원징계령 일부를 다음과 같이 개정한다.

제3조제2항 중 '중앙경찰학교'를 '중앙경찰학교, 경찰수사연수원'으로 한다.

④ 공무원고충처리규정 일부를 다음과 같이 개정한다.

제3조의2 중 '경찰종합학교'를 '경찰종합학교·중앙경찰학교·경찰수사연수원'으로 한다.

⑤ 전투경찰대설치법 시행령 일부를 다음과 같이 개정한다.

제2조제1항제3호 중 '중앙경찰학교'를 '중앙경찰학교·경찰수사연수원'으로 한다.

⑥ 행정권한의 위임 및 위탁에 관한 규정 일부를 다음과 같이 개정한다.

제25조제1항제4호 중 '중앙경찰학교'를 '중앙경찰학교·경찰수사연수원'으로 한다.

제25조제2항 중 '중앙경찰학교장'을 '중앙경찰학교장·경찰수사연수원장'으로 한다.

4. 경찰공무원복무규정

[시행 2008.11.11] [대통령령 제21110호, 2008.11.11, 일부개정]

경찰청 (총무과), 02 - 313 - 0512

제1장 총칙

제1조 (목적) 이 영은 경찰공무원의 복무에 관한 사항을 규정함을 목적으로 한다.

제2조 (정의) 이 영에서 '경찰기관'이란 「경찰공무원징계령」 제3조제2항에 따른 경찰기관을 말한다.

[전문개정 2008.11.11]

제3조 (기본강령) 경찰공무원은 다음의 기본강령에 따라 복무하여야 한다.

1. 경찰사명

경찰공무원은 국가와 민족을 위하여 충성과 봉사를 다하며, 국민의 생명·신체 및 재산을 보호하고, 공공의 안녕과 질서를 유지함을 그 사명으로 한다.

2. 경찰정신

경찰공무원은 국민의 수임자로서 일상의 직무수행에 있어서 국민의 자유와 권리를 존중하는 호국·봉사·정의의 정신을 그 바탕으로 삼는다.

3. 규율

경찰공무원은 법령을 준수하고 직무상의 명령에 복종하며, 상사에 대한 존경과 부하에 대한 신애로써 규율을 지켜야 한다.

4. 단결

경찰공무원은 주어진 사명을 다하기 위하여 긍지를 가지고 한마음 한뜻으로 굳게 뭉쳐 임무수행에 모든 역량을 기울여야 한다.

5. 책임

경찰공무원은 창의와 노력으로써 소임을 완수하여야 하며, 직무수행의 결과에 대하여 책임을 진다.

6. 성실·청렴

경찰공무원은 성실하고 청렴한 생활태도로써 국민의 모범이 되어야 한다.

제2장 복무자세

제4조 (예절) ① 경찰공무원은 고운 말을 사용하도록 노력하여야 하며, 국민에게 겸손하고 친절하여야 한다.

② 경찰공무원은 상·하급자 및 동료 간에 서로 예절을 지켜야 한다.

제5조 (용모·복장) 경찰공무원은 용모와 복장을 단정히 하여 품위를 유지하여야 한다.

제6조 (환경정돈) 경찰공무원은 사무실과 그 주변환경을 항상 깨끗하게 정리·정돈하여 명랑한 분위기를 유지하여야 한다.

제7조 (일상행동) 경찰공무원은 공·사생활을 막론하고 국민의 모범이 되어야 하며, 다음과 같이 행동하여야 한다.

1. 상·하급자 및 동료를 비난·악평하거나 서로 다투는 행위를 하여서는 아니 되며, 항상 협동심과 상부상조의 동료애를 발휘하여야 한다.

2. 경솔하거나 난폭한 행동을 하여서는 아니 되며, 항상 명랑·활달하여야 한다.

3. 건전하지 못한 오락행위를 하여서는 아니 된다.

제3장 복무 등

제8조 (지정장소 외에서의 직무수행금지) 경찰공무원은 상사의 허가를 받거나 그 명령에 의한 경우를 제외하고는 직무와 관계없는 장소에서 직무수행을 하여서는 아니 된다.

제9조 (근무시간 중 음주금지) 경찰공무원은 근무시간 중 음주를 하여서는 아니 된다. 다만, 특별한 사정이 있는 경우에는 예외로 하되, 이 경우 주

기가 있는 상태에서 직무를 수행하여서는 아니 된다.

제10조 (민사분쟁에의 부당개입금지) 경찰공무원은 직위 또는 직권을 이용하여 부당하게 타인의 민사분쟁에 개입하여서는 아니 된다.

제11조 (상관에 대한 신고) 경찰공무원은 신규채용·승진·전보·파견·출장·연가·교육훈련기관에의 입교 기타 신분관계 또는 근무관계 또는 근무관계의 변동이 있는 때에는 소속상관에게 신고를 하여야 한다.

제12조 (보고 및 통보) 경찰공무원은 치안상 필요한 상황의 보고 및 통보를 신속·정확·간결하게 하여야 한다.

제13조 (여행의 제한) 경찰공무원은 휴무일 또는 근무시간 외에 2시간 이내에 직무에 복귀하기 어려운 지역으로 여행을 하고자 할 때에는 소속 경찰기관의 장에게 신고를 하여야 한다. 다만, 치안상 특별한 사정이 있어 경찰청장 또는 경찰기관의 장이 지정하는 기간 중에는 소속 경찰기관의 장의 허가를 받아야 한다. <개정 1991.7.30, 2008.11.11>

제14조 (비상소집) ① 경찰기관의 장은 비상사태에 대처하기 위하여 필요하다고 인정할 때에는 소속 경찰공무원을 긴급히 소집(이하 '비상소집'이라 한다)하거나 일정한 장소에 대기하게 할 수 있다.

② 제1항의 규정에 의한 비상소집의 요건·종류·절차 등에 관하여 필요한 사항은 경찰청장 또는 해양경찰청장이 정한다. <개정 1991.7.30, 1996.8.8>

제15조 (특수근무자의 근무수칙 등) ① 경찰청장 또는 해양경찰청장은 대간첩작전을 주 임무로 하는 경찰공무원, 해양경찰청의 해상근무경찰공무원, 경찰기동대의 대원 기타 특수근무경찰공무원에 대한 근무수칙·내무생활 기타 복무에 관하여 필요한 사항을 따로 정하여 실시할 수 있다. <개정 1991.7.30, 1996.8.8>

② 경찰청장 또는 해양경찰청장은 필요하다고 인정할 때에는 제1항의 규정에 의한 복무에 필요한 사항의 일부를 당해 경찰기관의 장이 정하여 실시하게 할 수 있다. <개정 1991.7.30, 1996.8.8>

제4장 사기진작 및 휴가 등

제16조 (사기진작) 경찰기관의 장은 소속 경찰공무원에 대한 인사상담·고충처리 기타의 방법으로 직무의욕을 고취시키고 사기진작에 노력하여야 한다.

제17조 (건강관리) ① 경찰기관의 장은 소속 경찰공무원의 건강유지와 체력향상에 관한 보건대책을 강구하여야 한다.

② 경찰공무원은 항상 보건위생에 유의하여 건강을 유지하고 체력을 증진하는 데 노력하여야 한다.

제18조 (포상휴가) 경찰기관의 장은 근무성적이 탁월하거나 다른 경찰공무원의 모범이 될 공적이 있는 경찰공무원에 대하여 1회 10일 이내의 포상휴가를 허가할 수 있다. 이 경우의 포상휴가기간은 연가일수에 산입하지 아니한다.

제19조 (연일근무자 등의 휴무 〈개정 2008.11.11〉) 경찰기관의 장은 특별한 사정이 없는 한 다음과 같이 휴무를 허가하여야 한다. <개정 2008.11.11>
1. 연일근무자 및 공휴일근무자에 대하여는 그다음 날 1일의 휴무
2. 당직 또는 철야근무자에 대하여는 다음 날 오후 2시를 기준으로 하여 오전 또는 오후의 휴무

제5장 보칙

제20조 (「국가공무원 복무규정」의 준용) 경찰공무원의 복무에 관하여 이 영에서 규정한 사항 외에는 「국가공무원 복무규정」을 적용한다.
[전문개정 2008.11.11]

부칙 〈제11144호, 1983.6.11〉

① (시행일) 이 영은 공포한 날로부터 시행한다.
② (법령의 개정) 경찰공무원법제29조의시행에관한규정 중 다음과 같이 개정한다.

1. 제명을 '경찰공무원법제16조의시행에관한규정'으로 한다.

2. 제1조 중 '제29조'를 '제16조'로 하고, 제2조제1항 본문, 제2조제2항 및 제2조제3항 중 '법 제29조'를 '법 제16조'로 한다.

3. 제2조제3항 중 '경찰관'을 '경찰공무원'으로 한다.

부칙 〈제13435호, 1991.7.30〉 (경찰공무원임용령)

제1조 (시행일) 이 영은 1991년 7월 31일부터 시행한다.

제2조 (다른 법령의 개정) ① 경찰공무원복무규정 중 다음과 같이 개정한다.

제13조단서 및 제14조제2항 중 '내무부장관'을 각각 '경찰청장'으로 한다.

제15조제1항 중 '내무부장관'을 '경찰청장'으로, '해양경찰대'를 '해양경찰청'으로 하고, 동조제2항 중 '내무부장관'을 '경찰청장'으로 한다.

② 내지 ⑬ 생략

제3조 생략

부칙 〈제15136호, 1996.8.8〉 (해양경찰청과그소속기관직제)

제1조 (시행일) 이 영은 공포한 날부터 시행한다.

제2조 생략

제3조 (다른 법령의 개정) ① 내지 ⑤ 생략

⑥ 경찰공무원복무규정 중 다음과 같이 개정한다.

제14조제2항 및 제15조제1항·제2항 중 '경찰청장'을 '경찰청장 또는 해양경찰청장'으로 한다.

⑦ 내지 〈19〉 생략

제4조 생략

부칙 〈제21110호, 2008.11.11〉

이 영은 공포한 날부터 시행한다.

5. 경찰공무원승진임용규정

[시행 2009.2.12] [대통령령 제21321호, 2009.2.12, 일부개정]

경찰청 (인사과), 02 - 313 - 0586

제1장 총칙

제1조 (목적) 이 영은 경찰공무원의 승진임용에 관한 기준 기타 승진임용에 관하여 필요한 사항을 규정함을 목적으로 한다.

제2조 (적용범위) 경찰공무원의 승진임용은 다른 법령에 특별한 규정이 있는 경우를 제외하고는 이 영이 정하는 바에 의한다.

제3조 (승진임용의 구분) 경찰공무원의 승진임용은 심사승진임용·시험승진임용 및 특별승진임용으로 구분한다.

제4조 (승진임용구분별 임용비율과 승진임용 예정인원수의 책정) ① 「경찰공무원법」(이하 '법'이라 한다) 제11조제2항 단서의 규정에 의하여 승진심사에 의한 승진(이하 '심사승진'이라 한다)과 승진시험에 의한 승진(이하 '시험승진'이라 한다)을 병행하는 경우에 그 승진임용방법별 임용비율은 계급별로 승진임용 예정인원수의 각 5할로 한다. 다만, 제4항의 규정에 의하여 특별승진임용 예정인원수를 따로 책정한 경우에는 승진임용 예정인원수에서 특별승진임용 예정인원수를 감한 인원수의 각 5할로 하며, 승진심사를 실시하기 전에 승진시험을 실시한 경우에 그 최종합격자가시험승진임용 예정인원수에 미달된 때에는 그 미달되는 인원수를 심사승진임용 예정인원수에 가산한다. <개정 2005.7.5>

② 승진임용 예정인원수는 당해 연도의 실제결원 및 예상되는 결원을 고려하여 경찰청장 또는 해양경찰청장이 계급별·직무분야별로 소요인원을 책정한다. <개정 1991.7.30, 1996.8.8>

③ 제2항의 규정에 의하여 책정되는 경무관에의 승진임용 예정인원수는

경무관 정원의 2.5할을 초과할 수 없고, 총경에의 승진임용 예정인원수
는 총경 정원의 2할을 초과할 수 없다. 다만, 책정된 승진임용 예정인원
수가 당해 연도 실제결원과 정년도래로 발생하는 결원에 미달된 때에는
그 미달되는 인원수를 책정된 승진임용 예정인원수에 가산할 수 있다.
<개정 1997.9.13>

④ 경찰청장 또는 해양경찰청장이 제2항의 규정에 의하여 경감 이하에
의 승진임용 예정인원수를 책정함에 있어서는 다음 각 호의 범위 안에
서 특별승진임용 예정인원수를 따로 책정할 수 있다. 다만, 제37조제1항
제1호·제4호, 동조제3항제1호 또는 제8호의 규정에 의한 특별승진에
있어서는 다음 각 호의 비율을 초과하여 특별승진임용 예정인원수를 책
정할 수 있다. <개정 1987.12.31, 1989.7.11, 1990.10.24, 1991.7.30, 1993.7.3,
1994.12.31, 1996.8.8, 2000.5.25, 2001.8.14, 2005.10.20>

  1. 경감에의 특별승진임용 예정인원수는 당해 계급에의 승진임용 예
     정인원수의 0.5할 이내

  2. 경위에의 특별승진임용 예정인원수는 당해 계급에의 승진임용 예
     정인원수의 1.5할 이내

  3. 경사 이하에의 특별승진임용 예정인원수는 당해 계급에의 승진임
     용 예정인원수의 2할 이내

⑤ 경찰청장 또는 해양경찰청장은 제2항의 규정에 의하여 책정된 승진
임용 예정인원수를 제11조제3항의 규정에 의한 소속 기관별로 승진대상
자명부에 등재된 인원수의 비율에 따라 배정하되, 당해 계급의 근속분포
등 소속 기관별 승진여건을 참작하여 조정할 수 있다. <신설 1989.7.11,
1991.7.30, 1996.8.8, 1997.9.13>

제5조 (승진소요최저근무연수) ① 경찰공무원이 승진함에 있어서는 다음의 기간
이상 당해 계급에 재직하여야 한다.

총경 4년   경정 3년   경감 3년   경위 2년
경사 2년   경장 1년   순경 1년

② 제1항의 기간에는 휴직기간·직위해제기간·징계처분기간 및 제6조

제1항제2호의 승진임용 제한기간을 포함하지 아니한다. 다만, 다음의 기간은 이를 산입한다. <개정 1991.7.30, 2004.8.30, 2005.7.5, 2005.10.20, 2006.12.21, 2007.10.23>

1. 「국가공무원법」 제71조에 따른 휴직 중 다음 각 목의 기간
    가. 「국가공무원법」 제71조제1항제1호에 따른 휴직 중 「공무원연금법」에 따른 공무상 질병 또는 부상으로 인한 휴직과 같은 항 제3호·제5호 또는 같은 조 제2항제1호에 따른 휴직의 경우에는 그 휴직기간
    나. 「국가공무원법」 제71조제2항제2호에 따른 휴직의 경우에는 그 휴직기간의 5할에 해당하는 기간
    다. 「국가공무원법」 제71조제2항제4호에 따른 휴직의 경우에는 그 휴직기간. 다만, 자녀 1명에 대하여 총 휴직기간이 1년을 넘는 경우에는 최초의 1년에 한정한다.
2. 「국가공무원법」 제73조의3제1항제3호의 규정에 의하여 직위해제처분을 받은 자의 경우에 그 처분의 사유가 된 징계처분이 소청심사위원회의 결정 또는 법원의 판결에 의하여 무효 또는 취소로 확정된 경우(징계의결 요구에 대하여 관할징계위원회가 징계하지 아니하기로 의결한 경우를 포함한다)와 동조동항제4호의 규정에 의하여 직위해제처분을 받은 자의 경우에 그 처분의 사유가 된 형사사건이 법원의 판결에 의하여 무죄로 확정된 경우의 그 직위해제기간

③ 제1항의 기간에는 경찰대학을 졸업하고 경위로 임용된 사람이 「전투경찰대설치법」 제2조의3제3항에 따라 전투경찰대의 대원으로 복무한 기간을 포함하지 아니한다. <신설 2009.2.12>

④ 법 제8조제3항제4호의 규정에 의하여 경찰공무원으로 채용된 자로서 그 채용 전에 5급 이상 공무원(이에 상당하는 특정직공무원을 포함한다)으로 5년 이상 근무한 경우에는 그 기간의 2할에 해당하는 기간을 채용 당시의 계급에서 근무한 것으로 보아 이를 제1항의 기간에 산입한다. <개정 2009.2.12>

⑤ 「법원조직법」 제72조의 규정에 의한 사법연수원의 연수생으로 수습한 기간은 제1항의 규정에 의한 경정 이하 경찰공무원에의 승진소요근무연수에 산입한다. <신설 1991.7.30, 2005.7.5, 2009.2.12>

⑥ 「국가공무원법」 제26조의2에 따라 통상적인 근무시간보다 짧게 근무하는 경찰공무원의 근무기간은 근무시간에 비례하여 제1항의 기간에 넣는다. <신설 2007.10.23, 2009.2.12>

제6조 (승진임용의 제한) ① 다음 각 호의 어느 하나에 해당하는 경찰공무원은 승진임용을 할 수 없다. <개정 1991.7.30, 2006.12.21>

  1. 징계의결요구·징계처분·직위해제·휴직 또는 시보임용기간 중에 있는 자

  2. 징계처분의 집행이 종료된 날로부터 다음의 기간이 경과되지 아니한 자
     정직 18월   감봉 12월   견책 6월

  3. 징계에 관하여 경찰공무원과 다른 법령의 적용을 받는 공무원이 경찰공무원으로 임용된 경우, 종전의 신분에서 강등의 징계처분을 받고 그 처분 종료일로부터 24월이 경과되지 아니한 자와 근신·영창 기타 이와 유사한 징계처분을 받고 그 처분종료일로부터 6월이 경과되지 아니한 자

  4. 법 제24조제3항의 규정에 의하여 정년의 연장을 받은 자

② 제1항의 규정에 의하여 승진임용 제한기간 중에 있는 자가 다시 징계처분을 받은 경우의 승진임용 제한기간은 전 처분에 대한 제한기간이 만료된 날로부터 기산한다.

③ 경찰공무원이 징계처분을 받은 후 당해 계급에서 훈장·포장·모범공무원포상·국무총리이상의 표창 또는 제안의 채택시행으로 포상을 받은 경우에는 제1항제2호 및 제3호의 규정에 의한 승진임용 제한기간의 2분의 1을 단축할 수 있다.

④ 삭제 <2006.12.21>

제2장 근무성적·경력 및 교육훈련성적의 평정

제7조 (근무성적평정) ① 총경 이하의 경찰공무원에 대하여는 근무성적을 평정하여야 하며, 근무성적평정의 결과는 승진·전보·특별승급 및 특별상여금 지급 등 각종 인사관리에 반영하여야 한다. <개정 1995.9.13>

② 근무성적은 제1평정요소에 의한 평정과 제2평정요소에 의한 평정을 종합하여 평가하되, 제1평정요소는 경찰업무 발전에의 기여도·포상실적 기타 행정안전부령 또는 국토해양부령이 정하는 평정요소로 구분하고, 제2평정요소는 근무실적, 직무수행능력 및 직무수행태도로 구분한다. 다만, 총경의 근무성적은 제2평정요소에 의하여만 평정한다. <개정 1989.7.6, 1996.8.8, 2000.5.25, 2008.2.29>

③ 제2평정요소에 의한 근무성적은 평정대상자의 계급별로 평정결과가 다음 각 호의 분포비율에 맞도록 평정하여야 한다. 다만, 제4호의 비율은 근무성적이 가에 해당하는 자가 없을 경우에는 이를 적용하지 아니할 수 있으며, 이 경우 제4호의 비율은 제3호에 가산한다. <개정 1987.-12.31, 1989.7.11>

1. 수 2할   2. 우 3할   3. 양 4할   4. 가 1할

④ 제11조제1항 단서의 규정에 해당하는 경찰공무원을 평정할 때에는 제3항의 비율을 적용하지 아니할 수 있다. <개정 2005.10.20>

⑤ 근무성적평정의 결과는 공개하지 아니한다.

⑥ 근무성적평정의 기준·시기·방법 기타 필요한 사항은 행정안전부령 또는 국토해양부령으로 정한다. <개정 1996.8.8, 2000.5.25, 2008.2.29>

제8조 (근무성적평정의 예외) ① 휴직·직위해제 등의 사유로 당해 연도의 평정기관에서 6월 이상 근무하지 아니한 경우에는 근무성적을 평정하지 아니한다. <개정 1991.7.30, 2005.10.20, 2006.12.21>

② 경찰공무원이 6월 이상의 육아휴직·국외파견 그 밖의 교육훈련으로 인하여 평정을 실시할 수 없는 때에는 직위에 복귀한 후 최초의 정기평정이 있을 때까지 전회의 근무성적평정결과를 당해 경찰공무원의 평정

으로 본다. <개정 2005.10.20>

③ 경찰공무원이 2월 이상 교육훈련 외의 사유로 국가기관·지방자치단
체 또는 행정안전부장관이 지정하는 기관에 파견근무하게 된 경우에는
파견받은 기관의 의견을 참작하여 근무성적을 평정하여야 한다. <신설
1991.7.30, 2000.5.25, 2005.10.20, 2008.2.29>

④ 평정대상자가 전보된 경우에는 당해 경찰공무원의 근무성적평정표를
그 전보된 기관에 이관하여야 한다. 다만, 평정기관을 달리하는 기관으
로 전보된 후 2월 이내에 정기평정을 실시할 때에는 전출기관에서 전출
전까지의 근무기간에 해당하는 평정을 실시하여 송부하여야 하며, 전입
기관에서는 송부된 평정결과를 참작하여 평정하여야 한다.

⑤ 정기평정 이후에 신규채용 또는 승진임용된 경찰공무원에 대하여는
2월이 경과한 후에 평정을 하여야 한다.

제9조 (경력평정) ① 경찰공무원의 경력평정은 당해 계급에서의 근무연수를
평정하여 승진대상자명부작성에 반영한다. <개정 1987.12.31, 1995.-
9.13>

② 경력평정의 대상은 제5조의 규정에 의한 승진소요최저근무연수가 경
과된 총경 이하의 경찰공무원(제11조제1항 단서의 규정에 해당하는 경
찰공무원을 제외한다)으로 한다. <개정 1987.12.31, 1989.7.11, 1994.-
12.31>

③ 제1항의 규정에 의한 경력평정은 당해 경찰공무원의 인사기록에 의
하여 실시하며, 필요하다고 인정될 때에는 인사기록의 정확성 여부를 조
회·확인할 수 있다.

④ 경력은 기본경력과 초과경력으로 구분하되, 계급별 기본경력과 초과
경력은 다음 각 호와 같다. <개정 2006.12.21>

　1. 기본경력

　　가. 총경·경정·경감·경위·경사: 평정기준일부터 최근 4년간

　　나. 경장·순경: 평정기준일부터 최근 3년간

　2. 초과경력

　　가. 총경·경사·경장: 기본경력 전 3년간

　　나. 경정: 기본경력 전 5년간

　　다. 경감·경위: 기본경력 전 6년간

　　라. 순경: 기본경력 전 2년간

　⑤ 경력평정의 시기·방법·기간계산 기타 필요한 사항은 행정안전부령 또는 국토해양부령으로 정한다. <개정 1996.8.8, 2000.5.25, 2008.2.29>

제10조 (교육훈련성적의 평정) ① 경찰공무원의 교육훈련성적의 평정은 총경 이하의 경찰공무원(제11조제1항 단서의 규정에 의한 경찰공무원을 제외한다)을 대상으로 하되, 경찰공무원 교육훈련기관에서 실시하는 교육훈련성적에 의한다. <개정 1987.12.31, 1989.7.11>

　② 삭제 <1989.7.11>

　③ 경찰공무원 교육훈련기관의 교육훈련성적이 만점의 6할 미만인 자에 대하여는 이를 평정하지 아니한다.

　④ 삭제 <1989.7.11>

제3장 승진대상자명부

제11조 (승진대상자명부의 작성) ① 승진에 필요한 요건을 갖춘 총경 이하 경찰공무원에 대하여 근무성적평정점 5할, 경력평정점 3.5할, 교육훈련성적평정점 1.5할의 비율에 따라 계급별로 승진대상자명부를 작성한다. 다만, 5급공무원 공개경쟁채용시험 또는 사법시험에 합격하여 법 제8조제3항제4호의 규정에 의하여 경정 이하의 경찰공무원으로 특별채용할 수 있는 자로서 「경찰공무원임용령」 제39조제1항의 연령에 달하지 아니한 경감 이하 경찰공무원에 대하여는 그가 경정에의 승진이 될 때까지 근무성적평정만으로 승진대상자명부를 작성할 수 있다. <개정 1987.-12.31, 1989.7.11, 1994.12.31, 1995.9.13, 2005.7.5>

　② 제1항의 규정에 의하여 승진대상자명부를 작성함에 있어서는 다음 각 호의 1에 해당하는 자에 대하여 행정안전부령 또는 국토해양부령이

정하는 바에 따라 가점을 부여할 수 있다. <개정 2000.10.23, 2001.2.3, 2008.2.29>

1. 도서·벽지 등 경찰공무원특수지근무수당의 지급대상인 지역에서 근무한 자
2. 민원 또는 감사담당부서에서 근무한 자
3. 교육훈련기관에서 교수요원으로 근무한 자
4. 전문성과 창의성 있는 업무추진으로 그 실적이 특히 우수하다고 인정되는 자
5. 자격증 소지자
6. 외국어능력이 우수하거나 석사 또는 박사학위를 취득한 자
7. 국외연수경력이 있거나 직무전문화교육을 이수한 자

③ 제1항의 규정에 의한 승진대상자명부는 경정 이상의 경찰공무원 및 경찰청소속 경찰공무원에 대하여는 경찰청장이, 경감 이하의 경찰공무원에 대하여는 경찰대학·경찰종합학교·중앙경찰학교·경찰수사연수원·경찰병원·운전면허시험관리단 및 지방경찰청(이하 '소속 기관 등'이라 한다)의 장이 작성하고, 해양경찰청·해양경찰학교·해양경찰연구개발센터·지방해양경찰청·해양경찰서·정비창소속 경찰공무원에 대하여는 해양경찰청장이 작성한다. 다만, 경찰청소속 경사 이하의 경찰공무원에 대하여는 경찰청의 각 국단위급 부서별로 국장급 부서장이 작성하고, 경찰서·운전면허시험장·해양경찰학교·해양경찰연구개발센터·지방해양경찰청·해양경찰서 또는 정비창소속 경사 이하의 경찰공무원에 대하여는 경찰서장·운전면허시험장장·해양경찰학교장·해양경찰연구개발센터장·지방해양경찰청장·해양경찰서장 또는 정비창장이 각각 작성한다. <개정 1991.7.30, 1996.8.8, 1999.12.28, 2004.8.30, 2006.12.21, 2007.9.20, 2007.10.23>

④ 제3항의 규정에 불구하고 경찰청장은 제2호의 규정에 의한 각 승진대상자명부를, 지방경찰청장·운전면허시험관리단장 및 해양경찰청장은 제3호의 규정에 의한 각 승진대상자명부를 그 명부의 총평정점 순위에

의하여 계급별로 이를 통합·작성한다. <신설 1993.2.24, 1996.8.8, 1997.9.13, 1999.12.28, 2004.8.30, 2006.12.21, 2007.10.23>

  1. 삭제 <1997.9.13>

  2. 경찰청소속 경위 이하에의 승진: 경찰청 국장급 부서장이 작성한 각 승진대상자명부

  3. 제17조 단서의 규정에 의한 경위 이하에의 승진: 지방경찰청장·운전면허시험관리단장·경찰서장·운전면허시험장장 또는 해양경찰청장·해양경찰학교장·해양경찰연구개발센터장·지방해양경찰청장·해양경찰서장·정비창장이 작성한 각 승진대상자명부

⑤ 제1항의 규정에 의한 승진대상자명부는 필요하다고 인정될 때에는 직무분야별로 작성할 수 있다.

⑥ 승진대상자명부는 매년 1월 1일을 기준으로 하여 이를 작성한다. 다만, 경무관에의 승진대상자명부는 매년 11월 1일을 기준으로 작성한다. <개정 1994.4.21, 1995.9.13>

제12조 (동점자의 순위) 승진대상자명부의 점수가 동일한 때에는 다음 각 호의 순위에 의하여 선순위자를 결정한다.

1. 당해 계급에서 장기근무한 자

2. 바로 하위계급에서 장기근무한 자

3. 근무성적이 우수한 자

제13조 (승진대상자명부의 조정) 승진대상자명부의 작성자는 다음 각 호의 1에 해당하는 사유가 있는 경우에는 승진대상자명부를 조정하여야 한다. <개정 1991.7.30>

1. 전출입자가 있는 경우

2. 교육훈련을 받은 자가 있는 경우

3. 징계처분 또는 직위해제처분을 받은 자가 있는 경우

4. 경력평정을 한 후에 평정사실과 다른 사실이 발견되는 등의 사유로 경력을 재평정한 경우

5. 휴직자 또는 퇴직자가 있는 경우

6. 제6조제1항제2호 내지 제4호의 규정에 의한 승진임용제한기간 중에 있는 자가 있는 경우

제4장 승진심사

제14조 (승진심사) ① 경찰공무원의 승진심사는 계급별로 실시한다. 다만, 경찰청장 또는 해양경찰청장이 필요하다고 인정할 때에는 계급별·직무분야별로 실시할 수 있다. <개정 1991.7.30, 1996.8.8>

② 경찰공무원의 총경 이하에의 승진심사는 연 1회 1월 2일부터 3월 31일 사이에 실시한다. 다만, 경찰청장 또는 해양경찰청장이 그 기간 내에 승진심사를 할 수 없다고 인정하는 때에는 그 기간을 연장할 수 있으며, 경찰공무원의 증원 기타 특별한 사유가 있는 경우에는 추가로 승진심사를 할 수 있다. <개정 1989.7.11, 1991.7.30, 1993.10.5, 1994.4.21, 1996.-8.8>

제15조 (중앙승진심사위원회의 구성) ① 법 제12조제1항의 규정에 의한 중앙승진심사위원회는 위원장을 포함한 위원 5인 이상 7인 이하로 구성한다.

② 경무관에의 승진심사를 위하여 구성되는 중앙승진심사위원회에 부의할 사항에 대한 사전심의를 위하여 당해 중앙승진심사위원회에 복수의 승진심의위원회를 둘 수 있으며, 승진심의위원회는 각각 위원장을 포함한 위원 5인 이상 7인 이하로 구성한다. <개정 1994.12.31>

③ 제1항 및 제2항의 규정에 불구하고 해양경찰청에 두는 중앙승진심사위원회 및 승진심의위원회의 위원은 위원장을 포함한 위원 3인 이상으로 구성할 수 있다. <신설 1996.8.8>

④ 제1항 및 제2항의 위원은 회의소집일 전에 승진심사대상자보다 상위의 계급인 경찰공무원 중에서 경찰청장 또는 해양경찰청장이 임명하며, 위원장은 위원 중 최상위계급 또는 선임 경찰공무원이 된다. 다만, 제2항의 규정에 의한 승진심의위원회를 두는 경우 중앙승진심사위원회의 위원은 승진심의위원회의 위원 중에서 임명한다. <개정 1994.12.31, 1996.-

8.8>

⑤ 제2항의 규정에 의한 승진심의위원회의 운영에 관하여 필요한 사항
은 행정안전부령 또는 국토해양부령으로 정한다. <신설 1993.10.5, 1996.-
8.8, 2000.5.25, 2008.2.29>

제16조 (보통승진심사위원회의 구성) ① 법 제12조제1항의 규정에 의한 보통승
진심사위원회는 경찰청·소속 기관 등·경찰서·해양경찰청·해양경찰
학교·해양경찰연구개발센터·지방해양경찰청·해양경찰서 및 정비창에
둔다. <개정 1987.12.31, 1991.7.30, 1996.8.8, 2004.8.30, 2007.10.23>
② 보통승진심사위원회는 위원장을 포함한 위원 5인 이상 7인 이하로 구
성한다.
③ 삭제 <1994.12.31>
④ 보통승진심사위원회의 위원은 당해 보통승진심사위원회가 설치된 경
찰기관의 장이 경감 이상이고 승진심사대상자보다 상위의 계급인 소속
경찰공무원 중에서 임명하며, 위원장은 위원 중 최상위계급 또는 선임
경찰공무원이 된다. <개정 1994.12.31, 1997.9.13>
⑤ 보통승진심사위원회가 설치된 경찰기관에 경감 이상의 경찰공무원이
제2항의 규정에 의한 위원 수에 부족될 때에는 제4항의 규정에 불구하
고 경위 이상의 경찰공무원 중에서 위원을 임명할 수 있다. <개정 1993.-
10.5, 1994.12.31>
⑥ 삭제 <1994.12.31>

제17조 (승진심사위원회의 관할) 중앙승진심사위원회는 총경 이상에의 승진심
사를, 보통승진심사위원회는 경정 이하에의 승진심사를 행하되, 경찰
서·해양경찰학교·해양경찰연구개발센터·지방해양경찰청·해양경찰
서 또는 정비창소속 경찰공무원 중 경위 이하에의 승진심사는 경찰서·
해양경찰학교·해양경찰연구개발센터·지방해양경찰청·해양경찰서 또
는 정비창의 보통승진심사위원회에서 행한다. 다만, 경찰청장 또는 해양
경찰청장은 승진예정인원수 등을 고려하여 부득이한 때에는 경찰서·해
양경찰학교·해양경찰연구개발센터·지방해양경찰청·해양경찰서 또는

정비창소속 경찰공무원 중 경위 이하에의 승진심사를 지방경찰청 또는 해양경찰청의 보통승진심사위원회에서 심사하게 할 수 있다. <개정 1987.-12.31, 1991.7.30, 1996.8.8, 1997.9.13, 2004.8.30, 2006.12.21, 2007.-10.23>

제18조 (승진심사위원회의 회의) ① 중앙승진심사위원회의 회의는 경찰청장 또는 해양경찰청장이 소집하며, 보통승진심사위원회의 회의는 당해 경찰기관의 장이 경찰청장 또는 해양경찰청장(경찰서의 보통승진심사위원회의 회의는 지방경찰청장)의 승인을 얻어 이를 소집한다. <개정 1987.12.31, 1991.7.30, 1996.8.8, 2004.8.30>

② 승진심사위원회의 회의는 재적위원 과반수의 찬성으로 의결한다.

③ 승진심사위원회의 회의는 비공개로 한다.

제19조 (승진심사위원회의 간사 등) ① 승진심사위원회에 간사 1인과 서기 약간인을 둔다.

② 간사와 서기는 소속인사담당 경찰공무원 중에서 당해 경찰기관의 장이 임명한다. <개정 1991.7.30>

③ 간사는 위원장의 명을 받아 위원회의 사무를 처리하며, 서기는 간사를 보조한다.

제20조 (승진심사대상) ① 승진심사는 제11조의 규정에 의한 승진대상자명부(승진시험 합격자가 있는 경우에는 이를 제외한다. 이하 이 조에서 같다)의 선순위자순으로 심사승진임용 예정인원수의 5배수를 대상으로 한다.

② 삭제 <1993.2.24>

③ 삭제 <1993.2.24>

④ 삭제 <1993.2.24>

⑤ 경찰청장 또는 해양경찰청장은 부득이한 사유가 있을 때에는 제1항의 규정에 의한 승진심사대상자의 범위를 심사승진 임용예정수의 5배수 이하로 하게 할 수 있다. <개정 1991.7.30, 1993.2.24, 1996.8.8>

제21조 (승진심사대상자에서의 제외) 승진심사위원회는 승진심사대상자로서 다음 각 호의 1에 해당하는 자에 대하여는 그 심사대상에서 제외한다.

<개정 2005.7.5>

1. 「경찰공무원교육훈련규정」 제8조제1항 또는 제2항의 규정에 의한 교육을 받지 아니하였거나 당해 교육성적이 만점의 6할 미만인 자

2. 제6조제1항 각 호의 1에 해당하는 자

3. 제35조의 규정에 의하여 승진시험에 응시할 수 없는 자

제22조 (승진심사의 기준 등) ① 승진심사위원회는 승진심사대상자가 승진될 계급에서의 직무의 수행능력을 평가하기 위하여 다음 각 호의 사항을 심사한다.

　　1. 경력

　　　가. 경험한 직책

　　　나. 승진기록

　　　다. 경찰직무와 관련된 교육경력

　　2. 근무성과

　　　가. 현 계급에서의 연도별 근무성적

　　　나. 상벌

　　　다. 소속 경찰기관의 장의 평가·추천

　　3. 적성

　　　가. 국가관

　　　나. 청렴도

　　　다. 적격성 및 발전성

　　　라. 인품

② 승진심사의 절차 기타 필요한 사항은 행정안전부령 또는 국토해양부령으로 정한다. <개정 1996.8.8, 2000.5.25, 2008.2.29>

제22조의2 (상급자·동료·하급자·민원인 등의 평가 반영) ① 임용권자 또는 임용제청권자는 소속 경찰공무원을 승진심사를 거쳐 승진임용하거나 승진임용제청하고자 하는 때에는 승진심사대상자의 상위·동일·하위 계급의 경찰공무원, 업무와 관련된 민원인 등의 평가를 실시하여 그 결과를 반영할 수 있다.

② 제1항의 방법에 의한 평가결과는 특별승급, 성과상여금 지급, 교육훈련, 보직관리 등 각종 인사관리에 반영할 수 있다.

③ 제1항 및 제2항의 규정에 의한 평가 방법 및 절차, 평가결과의 반영 등에 관한 사항은 경찰청장 또는 해양경찰청장이 정한다.

[본조신설 2005.10.20]

제23조 (승진심사결과의 보고) ① 승진심사위원회는 승진심사를 완료한 때에는 지체 없이 다음 각 호의 서류를 작성하여 중앙승진심사위원회에 있어서는 경찰청장 또는 해양경찰청장에게, 보통승진심사위원회에 있어서는 당해 위원회가 설치된 경찰기관의 장에게 보고하여야 한다. <개정 1991.7.30, 1996.8.8>

1. 승진심사의결서

2. 승진심사종합평가서

3. 승진임용예정자로 선발된 자 및 선발되지 아니한 자의 명부

② 제1항제3호의 규정에 의한 승진임용예정자로 선발된 자의 명부는 승진심사종합평가성적이 우수한 자 순으로 작성하여야 한다. 다만, 동점자가 있을 경우에는 제12조 각 호의 규정에 의한 순위에 의하여 선순위자를 결정한다.

제24조 (심사승진후보자명부의 작성) ① 임용권자(「경찰공무원임용령」 제4조제1항의 규정에 의하여 임용권의 위임을 받은 자를 포함한다. 이하 같다) 또는 임용제청권자(법 제6조제1항의 규정에 의한 추천이 필요한 경우에는 경찰청장 또는 해양경찰청장을 포함한다. 이하 같다)는 승진심사위원회에서 승진임용예정자로 선발된 자에 대하여 심사승진후보자명부를 작성하여야 한다. <개정 1991.7.30, 1996.8.8, 2005.7.5>

② 경찰청장 또는 해양경찰청장이 경정에의 심사승진후보자명부를 작성하는 경우와 지방경찰청장, 운전면허시험관리단장과 해양경찰청장이 당해 지방경찰청·운전면허시험관리단·경찰서·운전면허시험장·해양경찰학교·해양경찰연구개발센터·지방해양경찰청 또는 해양경찰서 소속 경찰공무원 중 경위 이하에의 심사승진후보자명부를 작성하는 경우에

있어서는 제23조제2항의 규정을 준용한다. <개정 1997.9.13, 1999.-
12.28, 2004.8.30, 2006.12.21, 2007.10.23>

③ 임용권자 또는 임용제청권자는 심사승진후보자명부에 등재된 자가
승진임용되기 전에 정직 이상의 징계처분을 받은 경우에는 심사승진후
보자명부에서 이를 삭제하여야 한다. <개정 2006.12.21>

제25조 (승진후보자의 승진임용 등) ① 심사승진후보자와 시험승진후보자가 있
을 때에는 그 승진임용인원은 각 5할로 한다.

② 심사승진임용은 제24조의 규정에 의한 심사승진후보자명부에 등재된
순으로 결원이 있을 때마다 수시로 행한다.

제26조 삭제 <1994.12.31>

제5장 승진시험

제27조 (시험실시의 원칙) ① 경찰공무원의 승진시험(이하 '시험'이라 한다)은
계급별로 실시한다. 다만, 경찰청장 또는 해양경찰청장이 필요하다고 인
정할 때에는 경과별·직무분야별로 실시할 수 있다. <개정 1991.7.30,
1996.8.8>

② 제1항 단서의 규정에 의하여 경과별·직무분야별로 시험을 실시하는
경우 승진임용 후 2년 이상 5년 이하의 범위 안에서 행정안전부장관 정
하는 기간은 경찰청장 또는 해양경찰청장이 지정하는 직무부서에서 근
무할 것을 조건으로 할 수 있다. <개정 1991.7.30, 1996.8.8, 2000.5.25,
2008.2.29>

제28조 (시험실시권의 위임) 경찰청장 또는 해양경찰청장은 법 제15조제1항의
규정에 의하여 경감 이하에의 시험을 소속 기관 등의 장에게 위임할 수
있다. <개정 1991.7.30, 1993.7.3, 1996.8.8>

제29조 (응시자격) 다음 각 호의 요건을 갖춘 자는 그 해당 계급에의 승진시
험에 응시할 수 있다. <개정 1994.4.21, 2005.7.5>

1. 시험을 실시하는 해의 1월 1일 현재 제5조제1항의 규정에 의한 승진

소요최저근무연수에 달할 것

2. 「경찰공무원교육훈련규정」 제8조제1항 또는 제2항의 규정에 의한 교육을 받은 자로서 당해 교육성적이 만점의 6할 이상일 것

3. 제6조제1항의 규정에 의한 승진임용의 제한을 받은 자가 아닐 것

제30조 (시험의 시행 및 공고) ① 시험은 매년 1회 실시한다.

② 시험을 실시하고자 할 때에는 그 일시·장소 기타 시험의 실시에 관하여 필요한 사항을 시험실시 15일 전까지 공고하여야 한다.

제31조 (시험의 방법 및 절차) ① 시험은 제1차시험, 제2차시험 및 제3차시험으로 구분하여 실시하되, 시험방법은 다음 각 호와 같다. <개정 1996.8.8>

　1. 제1차시험은 선택형으로 하는 것을 원칙으로 하되, 과목별로 기입형을 가미할 수 있다.

　2. 제2차시험은 논문형으로 하는 것을 원칙으로 하되, 과목별로 주관식 단답형을 가미할 수 있다. 다만, 특수경과 및 경찰청장 또는 해양경찰청장이 정하는 특수직무분야의 경찰공무원에 대하여는 실기시험에 의하거나 이를 병과할 수 있다.

　3. 제3차시험은 면접시험으로 하되, 직무수행에 필요한 응용능력과 적격성을 검정한다.

② 제1항 본문의 규정에 불구하고 경찰청장 또는 해양경찰청장이 필요하다고 인정할 때에는 제3차시험을 과하지 아니할 수 있으며, 제1차시험과 제2차시험은 이를 동시에 실시할 수 있다. <개정 1996.8.8>

③ 제1차시험에 합격하지 아니하면 제2차시험에 응시할 수 없고, 제2차시험에 합격하지 아니하면 제3차시험에 응시할 수 없다. 다만, 제2항의 규정에 의하여 제1차시험과 제2차시험을 동시에 실시하는 경우에는 그러하지 아니하다.

④ 제2항의 규정에 의하여 제1차시험과 제2차시험을 동시에 실시하는 경우에는 제1차시험에 불합격한 자의 제2차시험에 대하여는 이를 무효로 한다.

[전문개정 1995.9.13]

제31조의2 (경감 이하에의 시험방법 등의 특례) ① 경감 이하에의 시험에 있어서 행정안전부령 또는 국토해양부령이 정하는 직무분야에 대하여는 제31조 제1항의 규정에 불구하고 필기시험과 면접시험으로 구분하여 실시할 수 있다. 이 경우 경찰청장 또는 해양경찰청장이 필요하다고 인정할 때에는 면접시험을 과하지 아니할 수 있다. <개정 1996.8.8, 2000.5.25, 2008.-2.29>

② 제1항의 규정에 의한 필기시험과 면접시험의 방법은 다음 각 호와 같다.

　　1. 필기시험은 선택형으로 하는 것을 원칙으로 하되, 과목별로 기입형을 가미할 수 있다.

　　2. 면접시험은 직무수행에 필요한 응용능력과 적격성을 검정한다.

③ 필기시험에 합격하지 아니하면 면접시험에 응시할 수 없다.

[본조신설 1995.9.13]

제32조 (필기시험의 과목 등) 필기시험의 과목과 그 과목별 배점비율은 행정안전부령 또는 국토해양부령으로 정한다. <개정 1996.8.8, 2000.5.25, 2008.-2.29>

제33조 (시험의 합격결정) ① 제1차시험 및 제2차시험에 있어서는 매 과목 4할 이상 득점한 자 중에서 선발예정인원을 고려하여 고득점자순으로 합격자를 결정한다.

② 제3차시험은 합격·불합격만을 결정한다.

③ 최종합격자의 결정은 제3차시험합격자(제3차시험을 실시하지 아니하는 경우에는 제2차시험합격자) 중에서 제1차시험성적 3.6할, 제2차시험성적 2.4할(경비경찰의 경우에는 제1차시험성적 3할, 제2차시험성적 3할), 당해 계급에서의 근무성적 2.5할 및 교육훈련성적 1.5할의 비율로 합산한 성적의 고득점자순으로 합격자를 결정한다. 이 경우 당해 계급에서의 근무성적은 경장 이하는 시험실시연도 기준일부터 최근 1년 이내에 당해 계급에서 평정한 평정점에 의하여 산정하며, 경사 이상은 시험실시연도 기준일부터 최근 2년 이내에 당해 계급에서 평정한 평정점을

대상으로 다음의 계산방식에 의하여 산정한다.

(최근 1년 이내에 평정한 평정점 × 60 / 100) + (최근 1년 전 2년 이내에 평정한 평정점 × 40 / 100)

제33조의2 (시험의 합격결정) ① 제31조의2의 규정에 의하여 시험을 실시하는 경우에 필기시험 및 면접시험의 합격결정은 다음 각 호의 구분에 의한다.

1. 필기시험에 있어서는 매 과목 4할 이상 득점한 자 중에서 선발예정인원을 고려하여 고득점자순으로 합격자를 결정한다.

2. 면접시험에 있어서는 합격·불합격만을 결정한다.

② 최종합격자의 결정은 면접시험에 합격한 자(제31조의2제1항 본문 후단의 규정에 의하여 면접시험을 실시하지 아니한 경우에는 필기시험에 합격한 자) 중에서 필기시험성적 6할, 당해 계급에서의 근무성적 2.5할 및 교육훈련성적 1.5할의 비율로 합산한 성적의 고득점자순으로 합격자를 결정한다. 이 경우 근무성적의 계산방법에 관하여는 제33조제3항 후단의 규정을 준용한다.

[본조신설 1995.9.13]

제34조 (시험위원의 임명 등) ① 시험실시기관의 장은 시험에 관한 출제·채점·면접시험·실기시험·서류심사 기타 시험시행에 관하여 필요한 사항을 담당하게 하기 위하여 다음 각 호의 1에 해당하는 자를 시험위원으로 임명 또는 위촉할 수 있다.

1. 당해 시험분야에 전문적인 학식 또는 능력이 있는 자

2. 임용예정직무에 대한 실무에 정통한 자

② 시험위원에 대하여는 예산의 범위 안에서 경찰청장 또는 해양경찰청장이 정하는 바에 따라 수당을 지급한다. <개정 1991.7.30, 1996.8.8>

제35조 (부정행위자에 대한 조치) 시험에 있어서 부정행위를 한 경찰공무원에 대하여는 당해 시험을 정지 또는 무효로 하며, 5년간 이 영에 의한 시험에 응시할 수 없다.

제36조 (시험승진후보자명부의 작성 등) ① 임용권자 또는 임용제청권자는 시험에 합격한 자에 대하여는 제33조제3항의 규정에 의한 합산성적 고득점

자순으로 각 계급별 시험승진후보자명부를 작성하여야 한다. <개정 1991.7.30>

② 시험승진임용은 제1항의 규정에 의한 시험승진후보자명부의 등재순위에 의한다.

③ 임용권자 또는 임용제청권자는 시험승진후보자명부에 등재된 자가 승진임용되기 전에 정직 이상의 징계처분을 받은 경우에는 시험승진후보자명부에서 이를 삭제하여야 한다. <신설 1991.7.30, 2006.12.21>

제6장 특별승진

제37조 (특별유공자 등의 특별승진) ① 법 제14조제1항제1호의 규정에 의한 특별승진의 대상은 다음 각 호의 1에 해당하는 경찰공무원으로 한다. <개정 1990.10.24, 1991.7.30, 1993.2.24, 2001.8.14, 2005.7.5>

  1. 「국가공무원법」 제40조의4제1항제1호의 규정에 의한 경우에는 청백리포상에 관한 규정에 의하여 포상을 받은 자

  2. 「국가공무원법」 제40조의4제1항제2호의 규정에 의한 경우에는 소속 기관 등의 장이 행정의 능률을 향상시키고 예산을 절감하는 등 직무수행능력이 탁월하여 경찰행정 발전에 기여한 공이 매우 크다고 인정하는 자

  3. 「국가공무원법」 제40조의4제1항제3호의 규정에 의한 경우에는 창안등급 동상 이상을 받은 자로서 경찰행정발전에 기여한 실적이 뚜렷한 자

  4. 「국가공무원법」 제40조의4제1항제4호의 규정에 의한 경우에는 20년 이상 근속하고 정년 1년 전까지의 기간 중 자진하여 퇴직하는 자로서 재직 중 특별한 공적이 있다고 인정되는 자

② 법 제14조제1항제2호의 규정에 의한 특별승진의 대상은 전투·대간첩작전 기타 이에 준하는 업무수행 중 현저한 공을 세우고 사망하였거나 부상을 입어 사망한 자 또는 직무수행 중 다른 사람의 모범이 되는

공을 세우고 사망하였거나 부상을 입어 사망한 자로 한다.

③ 법 제14조제1항제3호의 규정에 의한 특별승진의 대상은 다음 각 호의 1에 해당하는 경찰공무원으로 한다. 이 경우 제1호, 제2호 또는 제4호에 해당하는 특별승진대상에는 첩보의 제공 등 공조수사를 하여 사건해결에 결정적인 기여를 한 자를 포함한다. <개정 1987.12.31, 1990.-10.24, 1991.7.30, 1994.12.31, 1996.8.8, 2000.5.25, 2001.8.14, 2008.-2.29>

1. 헌신적인 노력으로 간첩 또는 무장공비를 사살 또는 검거한 자
2. 국가안전을 해하는 중한 범죄의 주모자를 검거한 자
3. 전시·사변 또는 이에 준하는 비상사태하에서 위험을 무릅쓰고 헌신분투하여 사태진압에 특별한 공을 세운 자
4. 살인·강도·조직폭력 등 중한 범죄의 범인검거에 헌신분투하여 그 공이 특히 현저한 자
5. 천재·지변 기타 재난의 발생 시 위험을 무릅쓰고 인명을 구조하거나 재산을 보호한 공이 특히 현저한 자
6. 삭제 <2001.8.14>
7. 삭제 <2001.8.14>
8. 행정안전부령 또는 국토해양부령이 정하는 특별경비부서에서 헌신적으로 직무를 수행한 공이 있고, 상위직의 직무수행능력이 있다고 인정되는 자

제38조 (특별승진의 계급범위) 제37조의 규정에 의한 특별승진은 다음 각 호의 계급에의 승진에 한한다. <개정 1987.12.31, 1989.7.11, 1990.10.24, 1991.-7.30, 1993.7.30, 1996.8.8, 2000.5.25, 2001.8.14, 2008.2.29>

1. 제37조제1항제1호의 경우에는 경정 이하에의 승진
2. 제37조제1항제2호의 경우에는 경감 이하에의 승진
3. 제37조제1항제4호 또는 동조제2항의 경우에는 치안정감 이하에의 승진
4. 삭제 <2001.8.14>
5. 제37조제3항제1호의 경우에는 경감 이하에의 승진

6. 제37조제1항제3호, 동조제3항제2호 내지 제5호 및 제8호의 경우에는 경위 이하에의 승진. 다만, 행정안전부령 또는 국토해양부령이 정하는 공적자의 경우에는 경감 이하에의 승진

7. 삭제 <2001.8.14>

제39조 (특별승진의 실시) 경찰공무원의 특별승진은 경찰청장 또는 해양경찰청장이 특히 필요하다고 인정하는 경우에 수시로 이를 실시할 수 있다. 다만, 제37조제1항제2호의 규정에 의한 경찰공무원의 특별승진은 경찰청장 또는 해양경찰청장이 정하는 바에 따라 매 분기 또는 매월 실시한다. <개정 2004.5.10>

[전문개정 2001.8.14]

제40조 (승진소요최저근무연수 등의 적용배제) ① 제37조제1항제4호·제3항제2호 내지 제5호의 규정에 의한 특별승진에 있어서는 제5조제1항의 규정을 적용하지 아니한다. <개정 2005.7.5>

② 제37조제2항의 규정에 의한 특별승진에 있어서는 제5조제1항 및 제6조의 규정을 적용하지 아니한다.

③ 제37조제3항제1호의 규정에 의한 특별승진에 있어서는 제5조제1항 및 제6조제1항제4호의 규정을 적용하지 아니한다. <개정 2005.7.5>

제41조 (특별승진심사) ① 임용권자 또는 임용제청권자는 소속 경찰공무원을 특별승진시키고자 할 때에는 제15조의 규정에 의한 중앙승진심사위원회의 심사를 거쳐야 한다. 다만, 경사 이하의 경찰공무원을 특별승진시키고자 하는 경우에는 경찰청장 또는 해양경찰청장이 정하는 바에 의하여 제16조의 규정에 의한 해당 보통승진심사위원회의 심사로 중앙승진심사위원회의 심사를 갈음할 수 있다. <개정 1996.8.8, 2000.5.25, 2001.-8.14>

② 제37조의 규정에 해당하는 특별승진대상자가 「경찰공무원교육훈련규정」 제8조제1항·제2항의 규정에 의한 교육을 수료하지 아니한 경우에는 당해 교육을 수료한 후에 제1항의 규정에 의한 심사를 거치게 하여야 한다. 다만, 제37조제1항제4호, 제2항 또는 제3항제1호 내지 제5호의

규정에 해당하는 특별승진대상자의 경우에는 그러하지 아니하다. <신설 1994.12.31, 2005.7.5>

③ 제1항의 규정에 의한 특별승진심사에 관하여 필요한 사항은 행정안전부령 또는 국토해양부령으로 정한다. <개정 1996.8.8, 2000.5.25, 2008.-2.29>

제42조 (특별승진후보자명부의 작성 등) ① 임용권자 또는 임용제청권자는 특별승진임용예정자로 선발된 자에 대하여 특별승진후보자명부를 작성하여야 한다.

② 특별승진후보자명부의 등재순위는 승진심사위원회의 특별승진 의결일자순으로 하되, 의결일자가 같을 경우에는 근무성적 평정점순으로 작성한다.

③ 특별승진임용은 특별한 경우 외에는 제2항의 규정에 의한 특별승진후보자명부의 등재순위에 의한다.

④ 임용권자 또는 임용제청권자는 특별승진후보자명부에 등재된 자가 승진임용되기 전에 정직 이상의 징계처분을 받은 경우에는 특별승진후보자명부에서 이를 삭제하여야 한다. <신설 2000.5.25, 2006.12.21>

[본조신설 1987.12.31]

제7장 대우공무원 〈신설 2008.12.3〉

제43조 (대우공무원의 선발 등) ① 임용권자 또는 임용제청권자는 소속 경찰공무원 중 해당 계급에서 승진소요최저근무연수 이상 근무하고 승진임용의 제한사유가 없으며 근무실적이 우수한 자를 바로 상위계급의 대우공무원(이하 '대우공무원'이라 한다)으로 선발할 수 있다.

② 대우공무원의 선발에 필요한 사항은 행정안전부령 또는 국토해양부령으로 정한다.

③ 대우공무원에 대하여는 「공무원수당등에관한규정」에서 정하는 바에 따라 수당을 지급할 수 있다.

[본조신설 2008.12.3]

부칙 〈제11127호, 1983.5.12〉

① (시행일) 이 영은 공포한 날로부터 시행한다.

② (승진소요최저근무연수에 관한 경과조치) 경찰공무원의 승진소요최저근무연수는 1983년 6월 30일까지는 제5조제1항의 규정에 불구하고 종전의 규정에 의한다.

③ (승진대상자명부 및 승진후보자명부에 관한 경과조치) 이 영 시행 당시의 종전의 규정에 의하여 작성된 경찰공무원의 승진대상자명부 및 승진후보자명부는 이 영에 의한 승진대상자명부 및 승진후보자명부가 작성될 때까지는 그 효력을 가진다. 다만, 총경에 대한 승진대상자명부는 제9조의 규정에 의한 경력평정의 기준에 의하여 이를 조정할 수 있다.

④ (특별승진에 관한 경과조치) 이 영 시행 당시 특별경비부서에 배치되어 근무하고 있는 경위에 대하여는 제38조제6호의 규정에 불구하고 경감으로 특별승진시킬 수 있다.

부칙 〈제12344호, 1987.12.31〉

① (시행일) 이 영은 공포한 날로부터 시행한다.

② (근무성적평정에 관한 경과조치) 이 영 시행 후 최초로 승진후보자명부가 작성될 때까지 경찰공무원에 대한 근무성적평정은 제7조의 개정규정에 불구하고 종전의 규정에 의한다.

③ (승진대상자명부 및 승진후보자명부에 관한 경과조치) 이 영 시행 전에 종전의 규정에 의하여 작성된 승진대상자명부 및 승진후보자명부는 이 영 시행 후 최초로 승진대상자명부 및 승진후보자명부가 작성될 때까지 효력을 가진다.

부칙 〈제12753호, 1989.7.11〉

① (시행일) 이 영은 공포한 날로부터 시행한다. 다만, 제7조·제10조
및 제11조의 개정규정은 1989년 6월 30일부터 적용한다.
② (승진대상자명부 및 승진후보자명부에 관한 경과조치) 이 영 시행 전
에 종전의 규정에 의하여 작성된 승진대상자명부 및 승진후보자명부는
이 영 시행 후 최초로 승진대상자명부 및 승진후보자명부가 작성될 때
까지 효력을 가진다.
③ (특별승진에 관한 경과조치) 이 영 시행 당시 1988년도 창안등급 동
상이상의 수상자 중 경사에 대하여는 제38조제2호의 개정규정에 불구하
고 경위로 특별승진임용할 수 있다.

부칙 〈제13146호, 1990.10.24〉

이 영은 공포한 날부터 시행한다.

부칙 〈제13225호, 1990.12.31〉 (행정기관의조직과정원에관한통칙)

제1조 (시행일) 이 영은 공포한 날로부터 시행한다.
제2조 (다른 법령의 개정) ① 생략
② 경찰공무원승진임용규정 중 다음과 같이 개정한다.
제6조에 제4항을 다음과 같이 신설한다.
④ 행정기관의조직과정원에관한통칙 제26조제2하의 규정에 의하여 공무
원 정원을 통합·운영하는 경우 순경을 경장으로 승진임용하고자 할 때
에는 내무부장관은 승진임용대상자의 요건을 당해 직급 8년 이상 근속
자로 제한할 수 있다.
③ 생략

부칙 〈제13436호, 1991.7.30〉

① (시행일) 이 영은 1991년 7월 31일부터 시행한다.
② (승진임용에 관한 경과조치) 이 영 시행 당시 진행 중인 승진임용에 대하여는 제6조제1항제1호의 개정규정에 불구하고 종전의 규정에 의한다.
③ (승진대상자명부의 조정 등에 관한 경과조치) 이 영 시행 당시 종전의 규정에 의하여 작성된 승진대상자명부 및 시험승진후보자명부에 대하여는 제13조제6호 및 제36조제3항의 개정규정에 불구하고 종전의 규정에 의한다.

부칙 〈제13857호, 1993.2.24〉

이 영은 공포한 날부터 시행한다.

부칙 〈제13923호, 1993.7.3〉

이 영은 공포한 날부터 시행한다.

부칙 〈제13985호, 1993.10.5〉

① (시행일) 이 영은 공포한 날부터 시행한다.
② (다른 법령의 개정) 공무원채용후보자장학규정 중 다음과 같이 개정한다.
제1조 중 '국가공무원법 제88조 및 경찰공무원법 제16조의3'을 '국가공무원법 제85조 및 경찰공무원법 제30조제2항제2호'로, '내무부장관'을 '경찰청장'으로 하고, 제2조 중 '내무부장관'을 '경찰청장'으로 하며, 제16조 중 '국가공무원법 제88조제2항 또는 경찰공무원법 제16조의3'을 '국가공무원법 제85조제2항 또는 경찰공무원법 제30조제2항제2호'로 한다.

부칙 〈제14102호, 1994.1.17〉 (행정기관의조직과정원에관한통칙)

제1조 (시행일) 이 영은 공포한 날부터 시행한다.

제2조 (다른 법령의 개정) ① 생략

② 경찰공무원승진임용규정 중 다음과 같이 개정한다.

제6조제4항을 다음과 같이 한다.

④ 행정기관의조직과정원에관한통칙 제26조제2항의 규정에 의하여 공무원 정원을 통합·운영하는 경우 경찰청장은 순경을 경장으로 승진임용하고자 할 때에는 승진임용대상자의 요건을 당해 계급 8년 이상 근속자로, 경장을 경사로 승진임용하고자 할 때에는 승진임용대상자의 요건을 당해 계급9년 이상 근속자로 제한할 수 있다.

③ 생략

부칙 〈제14213호, 1994.4.21〉

① (시행일) 이 영은 공포한 날부터 시행한다.

② (총경 이하 승진대상자명부에 관한 경과조치) 이 영 시행 당시 종전의 규정에 의하여 작성된 총경 이하에의 승진대상자명부는 이 영 시행 후 최초로 승진대상자명부가 작성될 때까지 효력을 가진다.

③ (경무관 승진대상자명부의 조정에 관한 특례) 이 영 시행 당시 종전의 규정에 의하여 작성된 경무관에의 승진대상자명부는 제11조제5항의 개정규정에 불구하고 이 영 시행일을 기준으로 재작성하여야 한다.

부칙 〈제14479호, 1994.12.31〉

이 영은 공포한 날부터 시행한다. 다만, 제31조 및 제33조의 개정규정은 1996년 1월 1일부터 시행한다.

부칙 〈제14760호, 1995.9.13〉

이 영은 공포한 날부터 시행한다. 다만, 제31조·제31조의2·제33조 및 제33조의2의 개정규정은 1996년 1월 1일부터 시행한다.

부칙 〈제15136호, 1996.8.8〉 (해양경찰청과그소속기관직제)

제1조 (시행일) 이 영은 공포한 날부터 시행한다.

제2조 생략

제3조 (다른 법령의 개정) ① 내지 ④ 생략

⑤ 경찰공무원승진임용규정 중 다음과 같이 개정한다.

제4조제2항 제4항 본문·제5항·제6조제4항, 제14조제1항·제2항, 제15조제3항 본문, 제17조 단서, 제18조제1항, 제20조제5항, 제23조제1항 본문, 제24조제1항, 제27조제1항 단서·제2항, 제28조, 제31조제1항제2호 단서·제2항, 제31조의2제1항 후단, 제34조제2항, 제38조제7호 단서 및 제39조 단서 중 '경찰청장'을 각각 '경찰청장 또는 해양경찰청장'으로 한다.

제7조제2항 본문·제6항, 제9조제5항, 제11조제2항, 제15조제4항, 제22조제2항, 제31조의2제1항 본문, 제32조, 제37조제3항제8호, 제41조제1항 단서·제3항 중 '내무부령'을 각각 '내무부령 또는 해양수산부령'으로 한다.

제11조제3항 본문 중 '·해양경찰청'을 삭제하고, '작성한다'를 "작성하고, 해양경찰청·해양경찰서·정비창소속 경찰공무원 대하여는 해양경찰청장이 작성한다"로 하며, 동항 단서 중 '경찰서 또는 해양경찰서'를 '경찰서·해양경찰서 또는 정비창'으로 '경찰서장 또는 해양경찰서장'을 '경찰서장·해양경찰서장 또는 정비창장'으로 한다.

제11조제4항제3호 중 '해양경찰서'를 '해양경찰서·정비창'으로, '해양경찰서장'을 '해양경찰서장·정비창장'으로 한다.

제15조제3항 및 제4항을 각각 제4항 및 제5항으로 하고, 동조에 제3항

을 다음과 같이 신설한다.

③ 제1항 및 제2항의 규정에 불구하고 해양경찰청에 두는 중앙승진심사위원회 및 승진심의위원회 위원은 위원장을 포함한 위원 3인 이상으로 구성할 수 있다.

제16조제1항 중 '경찰서 및 해양경찰서'를 '경찰서·해양경찰청·해양경찰서 및 정비창'으로 한다.

제17조 본문 및 단서 중 '경찰서 또는 해양경찰서'를 각각 '경찰서·해양경찰서 또는 정비창'으로 한다.

⑥ 내지 <19> 생략

제4조 (경찰공무원승진임용규정의 개정에 따른 경과조치) 해양경찰청 소속 경찰공무원의 승진임용은 부칙 제3조제5항의 규정에 의하여 개정된 경찰공무원승진임용규정에 의한 승진대상자명부 및 승진후보자명부가 작성될 때까지 종전의 경찰공무원승진임용규정에 의하여 작성된 경찰공무원의 승진대상자명부 및 승진후보자명부에 의한다.

부칙 〈제15481호, 1997.9.13〉

이 영은 공포한 날부터 시행한다. 다만, 제6조제4항의 개정규정은 1998년 10월 1일부터 시행한다.

부칙 〈제16620호, 1999.12.28〉 (경찰청과그소속기관등직제)

제1조 (시행일) 이 영은 공포한 날부터 시행한다. [단서 생략]

제2조 및 제3조 생략

제4조 (다른 법령의 개정) ① 생략

② 경찰공무원승진임용규정 중 다음과 같이 개정한다.

제11조제3항 본문 중 '경찰병원'을 '경찰병원·운전면허시험관리단'으로 하고, 동항 단서 중 '경찰서'를 '경찰서·운전면허시험장'으로, '경찰서

장’을 ‘경찰서장·운전면허시험장장’으로 하며, 동조제4항 중 ‘지방경찰
청장’을 ‘지방경찰청장·운전면허시험관리단장’으로 하고, 동항제3호 중
‘지방경찰청장·경찰서장’을 ‘지방경찰청장·운전면허시험관리단장·경
찰서장·운전면허시험장장’으로 한다.
제24조제2항 중 지방경찰청장을 지방경찰청장, 운전면허시험관리단장으
로, ‘지방경찰청·경찰서’를 ‘지방경찰청·운전면허시험관리단·경찰서·
경찰서·운전면허시험장’으로 한다.
③ 내지 ⑥ 생략

부칙 〈제16818호, 2000.5.25〉

이 영은 공포한 날부터 시행한다.

부칙 〈제16989호, 2000.10.23〉

① (시행일) 이 영은 공포한 날부터 시행한다.
② (승진대상자명부에 관한 경과조치) 이 영 시행 당시 종전의 규정에
의하여 작성된 승진대상자명부는 이 영 시행 후 최초로 승진대상자명부
가 작성될 때까지 효력을 가진다.

부칙 〈제17122호, 2001.2.3〉 (경찰공무원교육훈련규정)

제1조 (시행일) 이 영은 공포한 날부터 시행한다.
제2조 및 제3조 생략
제4조 (다른 법령의 개정) ① 생략
　② 경찰공무원승진임용규정 중 다음과 같이 개정한다.
　제7조제4항 및 제11조제2항제3호 중 ‘교관’을 각각 ‘교수요원’으로 한다.
　③ 생략

부칙 〈제17340호, 2001.8.14〉

이 영은 공포한 날부터 시행한다.

부칙 〈제18386호, 2004.5.10〉

이 영은 공포한 날부터 시행한다.

부칙 〈제18533호, 2004.8.30〉

이 영은 공포한 날부터 시행한다.

부칙 〈제18936호, 2005.7.5〉

이 영은 공포한 날부터 시행한다. 다만, 제5조제1항 및 제33조제3항의 개정규정은 2006년 1월 1일부터 시행한다.

부칙 〈제19089호, 2005.10.20〉

① (시행일) 이 영은 공포한 날부터 시행한다. 다만, 7조제4항의 개정규정은 2006년 4월 1일부터 시행한다.

② (승진소요 최저근무연수에 관한 적용례) 제5조제2항제1호의 개정규정 중「국가공무원법」제71조제2항제2호의 규정에 의한 휴직기간의 5할에 해당하는 기간의 승진소요최저근무연수 산입은 이 영 시행 후 최초로 휴직하는 자부터 적용한다.

③ (근무성적평정의 예외에 관한 적용례) 제8조제1항 및 제2항의 개정규정은 이 영 시행 후 최초로 휴직·직위해제·국외파견 그 밖의 교육훈련의 명령을 받는 자부터 적용한다.

부칙 〈제19756호, 2006.12.21〉

이 영은 공포한 날부터 시행한다. 다만, 제5조제2항의 개정규정은 2008
년 1월 1일부터 시행한다.

부칙 〈제20284호, 2007.9.20〉 (경찰공무원교육훈련규정)

제1조 (시행일) 이 영은 공포한 날부터 시행한다.
제2조 (다른 법령의 개정) ① 경찰공무원승진임용규정 일부를 다음과 같이 개
    정한다.
    제11조제3항 중 '중앙경찰학교'를 '중앙경찰학교·경찰수사연수원'으로
    한다.
    ②부터 ⑥까지 생략

부칙 〈제20338호, 2007.10.23〉

이 영은 공포한 날부터 시행한다. 다만, 제5조제2항제1호 및 같은 조 제
5항의 개정규정은 2008년 1월 1일부터 시행한다.

부칙 〈제20692호, 2008.2.29〉 (경찰청과그소속기관직제)

제1조 (시행일) 이 영은 공포한 날부터 시행한다.
제2조 (다른 법령의 개정) ① 및 ② 생략
    ③ 경찰공무원승진임용규정 일부를 다음과 같이 개정한다.
    제7조제2항 본문·제6항, 제9조제5항, 제11조제2항 각 호 외의 부분, 제
    15조제5항, 제22조제2항, 제31조의2제1항 전단, 제32조, 제37조제3항제8
    호, 제38조제6호 단서 및 제41조제3항 중 '행정자치부령 또는 해양수산
    부령'을 각각 '행정안전부령 또는 국토해양부령'으로 한다.
    제8조제3항 중 '중앙인사위원회가'를 '행정안전부장관이'로 한다.
    제27조제2항 중 '행정자치부장관'을 '행정안전부장관'으로 한다.

④부터 ⑫까지 생략

부칙 〈제21145호, 2008.12.3〉

이 영은 2009년 1월 1일부터 시행한다.

부칙 〈제21321호, 2009.2.12〉

제1조 (시행일) 이 영은 공포한 날부터 시행한다.
제2조 (경과조치) 이 영 시행 전에 경찰공무원으로 임용된 사람의 승진소요최
저근무연수 산정은 종전의 규정에 따른다.

6. 경찰공무원승진임용규정 시행규칙

[시행 2009.2.19] [행정안전부령 제63호, 2009.2.19, 일부개정]

경찰청 (인사과), 02 - 313 - 0586

제1장 총칙

제1조 (목적) 이 규칙은 「경찰공무원승진임용규정」(이하 '영'이라 한다)의 시
행에 관하여 필요한 사항을 규정함을 목적으로 한다. <개정 2005.7.29>
제2조 (승진임용예정인원) ① 경찰청장이 영 제4조의 규정에 의하여 승진예정
인원수를 책정함에 있어서는 계급별, 경과별, 직무분야별 및 승진구분별
로 정하여야 한다. <개정 1989.7.13, 1991.8.12>
② 경찰청장은 영 제4조제4항의 규정에 의하여 특별승진임용예정인원수
를 따로 책정한 때에는 영 제37조제1항제2호 및 동조제3항의 규정에 의
한 경찰공무원의 경사 이하에의 특별승진임용예정인원수를 경찰대학・

경찰종합학교·중앙경찰학교·경찰수사연수원·경찰병원·운전면허시험관리단 및 지방경찰청(이하 '소속 기관 등'이라 한다)의 장에게 통지하여야 한다. <개정 1991.8.12, 1997.10.16, 1999.12.28, 2007.10.19>

제3조 (승진소요 최저근무연수의 계산) ① 영 제5조제1항의 규정에 의한 경찰공무원의 승진소요최저근무연수는 영 제11조제6항의 규정에 의한 승진대상자명부의 작성기준일(특별승진의 경우에는 영 제18조제2항의 규정에 의한 승진심사위원회 의결일)을 기준으로 계산한다. <개정 1994.4.18, 1995.9.15, 2005.10.20>

② 퇴직한 경찰공무원이 퇴직 당시의 계급 또는 그 이하의 계급에 재임용된 경우에는 재임용된 계급 이상에 해당되는 퇴직 전의 재직기간은 현 계급의 재직연수로 통산하여 승진소요최저근무연수에 산입하되, 제1항의 기준일 전 10년 이내의 재직기간에 한한다.

제2장 근무성적 등 평정

제4조 (근무성적평정 등의 시기) 영 제7조·제9조 및 제10조의 규정에 의한 근무성적·경력 및 교육훈련성적의 평정은 연 1회 실시하되 근무성적평정은 10월 말일, 경력 및 교육훈련성적의 평정은 12월 말일을 기준으로 한다. 다만, 총경의 경력 및 교육훈련성적의 평정은 10월 말일을 기준으로 한다. <개정 1994.4.18, 1995.9.15>

제5조 (근무성적평정표) 총경인 경찰공무원의 근무성적은 별지 제1호서식의 근무성적평정표에 의하여, 경정 이하의 경찰공무원의 근무성적은 별지 제2호서식의 근무성적평정표에 의하여 각각 평정한다. <개정 1989.-7.13>

[적용 1989.6.30부터]

제6조 (근무성적평정자) 근무성적의 평정자는 3인으로 하되, 제1차평정자는 피평정자의 직근감독자가, 제2차평정자는 제1차평정자의 직근감독자가, 제3차평정자는 제2차평정자의 직근감독자가 된다. 다만, 경찰청장은 평정

자를 특정하기가 곤란하다고 인정할 경우에는 따로 평정자를 지정할 수 있다. <개정 1991.8.12, 2006.10.31>

제7조 (근무성적의 평정점) ① 총경인 경찰공무원의 근무성적의 총평정점은 50점을 만점으로 하되, 제1차평정자와 제2차평정자는 각각 15점을, 제3차평정자는 20점을 최고점으로 하여 평정한다.

② 경정 이하의 경찰공무원의 근무성적의 총평정점은 50점을 만점으로 하되, 제1평정요소에 의한 평정점을 30점으로 하고, 제2평정요소에 의한 평정점을 20점으로 하며, 제2평정요소에 의한 평정에 있어서 제1차평정자와 제2차평정자는 각각 7.5점을, 제3차평정자는 5점을 최고점으로 하여 평정한다.

[전문개정 1989.7.13]

[적용 1989.6.30부터]

제8조 (적성·발전성 등의 평가) 제6조의 규정에 의한 제1차평정자 및 제2차평정자는 총경인 피평정자의 성격·적성 및 발전성 기타 필요한 사항을 평가하여 근무성적평정표의 소정란에 기재하여야 한다. <개정 1989.-7.13>

제9조 (근무성적평정점의 분포비율) ① 영 제7조제3항의 규정에 의한 수·우·양·가의 구분은 다음 표와 같은 평정점에 따라 정한다.

등급 \ 계급	총 경	경정이하
수	47점 이상	19점 이상
우	40점 이상 47점 미만	16점 이상 19점 미만
양	25점 이상 40점 미만	10점 이상 16점 미만
가	25점 미만	10점 미만

② 삭제 <2006.10.31>

[적용 1989.6.30부터]

제10조 (경력의 기간계산) ① 경력평정대상기간 중에 휴직·정직 또는 직위

해제기간이 있을 때에는 그 기간은 평정에서 제외한다. <개정 2005.-10.20>

② 경력평정대상기간 중에 「전투경찰대설치법」 제2조의3제3항에 따라 전투경찰대 대원으로 복무한 기간이 있을 때에는 그 기간은 평정에서 제외한다. <신설 2009.2.19>

③ 다음 각 호의 기간은 당해 계급의 경력평정대상기간에 이를 산입한다. <개정 1991.8.12, 2005.10.20, 2007.10.19, 2009.2.19>

 1. 영 제5조제2항제1호의 규정에 의하여 승진소요 최저근무연수에 산입되는 휴직기간
 2. 영 제5조제2항제2호의 규정에 의한 직위해제기간
 3. 퇴직한 경찰공무원으로서 퇴직 당시의 계급 또는 그 이하의 계급에 재임용된 자의 전 재직기간
 4. 시보임용기간
 5. 영 제5조제4항부터 제6항까지의 규정에 따라 승진소요연수에 산입되는 기간

④ 경력평정대상기간은 경력월수를 단위로 하여 계산하되, 15일 이상은 1월로 하고 15일 미만은 경력에 산입하지 아니한다. <개정 2009.2.19>

第11조 (평정자와 확인자) 경력평정과 교육훈련성적평정을 하는 경우 평정자는 피평정자의 소속 기관 등의 인사담당경찰공무원이 되고, 확인자는 평정자의 직근상급감독자가 된다. <개정 1991.8.12>

第12조 (재평정) 경력평정을 실시한 후에 평정된 사실과 다른 사실이 발견된 때에는 이를 재평정하여야 한다.

第13조 (경력의 평정점) ① 경력평정은 별지 제3호서식의 평정표에 의하여 평정하되, 총평정점은 기본경력평정점과 초과경력평정점을 합한 것으로 한다. <개정 1995.9.15>

② 기본경력평정점은 별표 1 및 별표 1의2, 초과경력평정점은 별표 2 내지 별표 4 및 별표 4의2의 기준에 의한다. <개정 2006.10.31>

第14조 (교육훈련성적평정의 기준) ① 영 제10조제1항의 규정에 의한 경찰공무

원교육훈련기관에서 실시하는 교육훈련의 성적이라 함은 총경의 경우에는 「경찰공무원교육훈련규정」 제8조제3항의 규정에 의한 경찰고위정책교육과정의 성적을, 경정 이하의 경우에는 「경찰공무원교육훈련규정」 제8조제1항 또는 제2항의 규정에 의한 신임교육과정 또는 당해 계급에 해당하는 필수교육과정의 성적을 말한다. <개정 2000.6.29, 2005.7.29>

② 제1항의 규정에 의한 교육훈련성적의 인정범위 및 점수 등에 관한 사항은 경찰청장이 정한다. <신설 2000.6.29>

③ 교육훈련성적은 총경 이하 경찰공무원에 대하여는 100분의 15를 평정점으로 한다. <개정 1995.9.15>

④ 제3항의 평정점 계산에 있어서 소수점 이하가 되는 경우에는 소수점 이하 세 자리에서 반올림한다. <개정 1989.7.13>

⑤ 제3항의 규정에 의한 교육훈련성적의 평점은 별지 제3호서식의 평정표에 의한다.

제15조 (가점평정) ① 경찰공무원이 경찰공무원특수지근무수당의 지급대상인 지역에서 근무한 경력(승진대상자명부작성기준일 전 10년 이내에 당해 계급에서 근무한 경력을 말한다)이 있는 경우에는 영 제11조제2항의 규정에 의하여 다음 각 호의 점수를 가점으로 평정한다.

  1. 특수지의 '가지' 또는 '나지'에서 근무한 경력: 1월마다 0.1점

  2. 특수지의 '다지'에서 근무한 경력: 1월마다 0.06점

  3. 특수지의 '라지'에서 근무한 경력: 1월마다 0.03점

② 다음 각 호의 1에 해당하는 근무경력이 있는 경찰공무원에 대하여는 1월마다 0.03점을 가점으로 평정한다. <개정 2005.10.20>

  1. 경찰공무원교육훈련기관의 교수요원으로 근무한 경력

  2. 각급 경찰기관의 민원실에서 근무한 경력

  3. 자체감사담당부서에서 근무한 경력

③ 업무에 관한 전문성·창의성 등을 발휘하여 경찰행정의 발전에 기여하는 등으로 전국단위 평가결과 그 실적이 특히 우수하다고 경찰청장이 인정하는 경찰공무원에 대하여는 0.5점을 가점으로 평정한다.

[적용 1989.6.30부터]

④ 제1항 내지 제3항에 의한 가산점은 모두 합하여 1.5점을 초과할 수
없다.

⑤ 경찰공무원이 외국어능력 또는 국외연수경력이 있거나 자격증을 소지
한 경우 또는 직무전문화교육(지방경찰청장이 실시하는 직무교육과정을
포함한다)을 이수하거나 학위를 취득한 경우에는 영 제11조제2항의 규
정에 의하여 별표 7 내지 별표 9에 규정된 점수를 가점으로 평정한다.
다만, 하위계급에서 가점으로 평정한 것에 대하여는 다시 가점으로 평정
하지 못하며, 별표 9에 규정된 자격증을 2 이상 소지한 경우에는 그중
당해 경찰공무원에게 유리한 것 하나만을 가점으로 평정한다.

⑥ 제5항에 의한 가산점은 1.5점을 초과할 수 없다.

⑦ 제1항 내지 제6항에 의한 가점평정은 별지 제3호서식에 의한다.

[전문개정 2000.10.31]

제16조 (근무성적평정표 등의 제출 등) ① 경찰기관의 장은 소속 경찰공무원에
대한 근무성적평정표, 경력평정표 및 교육훈련성적평정표를 평정일로부
터 20일 이내에 소속 기관 등의 장에게 제출하여야 하며, 소속 기관 등
의 장은 총경 및 경정에 대한 각 평정표를 지체 없이 경찰청장에게 제
출하여야 한다. <개정 1991.8.12>

② 경찰기관의 장은 피평정자의 요구가 있는 때에는 경력평정결과와 교
육훈련성적평정결과를 본인에게 알려 주어야 한다.

제3장 승진대상자명부

제17조 (승진대상자명부의 작성) ① 승진대상자명부는 승진에 필요한 요건을
갖춘 총경 이하 경찰공무원에 대하여 100점을 총평정점의 만점으로 하
여 영 제11조제6항의 규정에 의한 승진대상자명부작성기준일부터 20일
이내에 별지 제4호서식에 의하여 작성하여야 한다. 다만, 제15조의 규정
에 의하여 가점평정을 한 경우에는 3점의 범위 안에서 그 가점을 합산

한 점수를 명부의 총평정점으로 한다. <개정 1995.9.15>

② 영 제11조제1항의 근무성적평정점은 명부작성기준일부터 최근 3년 이내에 당해 계급에서 평정한 평정점을 대상으로 하여 다음의 계산방식에 의하여 산정한다. 다만, 경장 및 순경의 근무성적평정점은 최근 2년 이내에 당해 계급에서 평정한 평정점을 대상으로 다음의 계산방식에 의하여 산정한다.

(최근 1년 이내에 평정한 평정점 × 60/100) + (최근 1년 전 2년 이내에 평정한 평정점 × 40/100)

③ 제2항의 규정에 의하여 근무성적평정점을 산정함에 있어서 평정단위연도 중 평정점이 없는 연도가 있는 때에는 제2항의 평정대상기간에 불구하고 당해 경찰공무원의 전회 평정점 또는 전·후에 평정한 평정점의 평균 중 높은 점수를 그 평정단위연도의 평정점으로 한다. 다만, 평정점이 없는 연도의 전 또는 후의 평정점이 없는 때에는 그전 또는 후의 평정점은 37.5점으로 한다. <신설 2005.10.20>

④ 승진대상자명부작성일 현재 영 제6조의 규정에 의한 승진임용의 제한사유에 해당되는 자가 있거나 영 제24조의 규정에 의한 심사승진후보자명부 또는 영 제36조의 규정에 의한 시험승진후보자명부에 등재된 자가 있는 경우에는 그 사람을 승진대상자명부에서 삭제하고 명부의 난 외에 그 사유와 사유발생일을 붉은 글자로 기재한다. <개정 1995.9.15>

제18조 (승진대상자명부의 조정) 영 제13조의 규정에 의한 승진대상자 명부의 조정은 승진심사 착수일 전까지 조정사유가 확인된 경우에 한하되, 다음 각 호에 의하여 행한다. <개정 1991.8.12>

1. 전출입자가 있는 경우에는 전출기관은 승진대상자명부에서 전출자를 삭제하고 그 전출자의 평정관계서류를 전입기관에 이관하며, 전입기관은 이관받은 평정관계서류에 따라 승진대상자명부의 해당 순위에 전입자를 기재한다.

2. 교육훈련을 받은 자가 있는 경우에는 그 교육훈련성적의 평정결과에 따라 승진대상자명부의 순위를 조정한다.

3. 영 제6조의 규정에 의한 승진임용의 제한사유에 해당되는 자가 있는 경우에는 이를 승진대상자명부에서 삭제하고 승진대상자명부의 난 외에 제한사유와 제한사유발생연월일을 붉은 글자로 기재한다.

4. 경력평정을 재평정한 경우에는 정정인을 찍고 난 외에 정정사유를 기재한다.

5. 퇴직자가 있는 경우에는 승진대상자명부에서 이를 삭제하고 난 외에 퇴직연월일과 그 사유를 붉은 글자로 기재한다.

제19조 (승진대상자명부의 효력) ① 승진대상자명부는 그 작성기준일 다음 날로부터 효력을 가진다.

② 제18조의 규정에 의하여 승진대상자명부를 조정한 경우에는 제1항의 규정에 불구하고 조정한 날로부터 효력을 가진다.

제20조 (승진대상자명부의 제출) 경찰서장은 영 제17조 단서의 규정에 의한 승진심사가 있는 때에는 소속 경찰공무원 중 순경 또는 경장에 대한 승진대상자명부를 지방경찰청장에게, 경찰청의 각 국장급 부서장은 소속 경찰공무원 중 경장 이하에 대한 승진대상자명부를 경찰청장에게 각각 작성 기준일부터 25일 이내에 제출하여야 한다.
[전문개정 1997.10.16]

제4장 승진심사

제21조 (승진심사자료) 승진심사는 다음 각 호의 서류에 의하여야 한다.

1. 승진심사계획서

2. 승진대상자명부

3. 개인별 인사기록

4. 근무성적평정표

5. 승진심사표

6. 기타 승진심사에 필요한 서류

제22조 (승진심사장소) 승진심사는 비밀이 보장되는 장소에서 실시하여야 하

며, 그 장소에는 관계경찰공무원 외의 자가 접근하지 아니하도록 하여야
한다.

제22조의2 (승진심의위원회의 회의 등) 영 제15조제4항의 규정에 의한 승진심
의위원회의 운영에 관하여는 승진심사위원회의 운영에 관한 영 제18조
및 제19조의 규정을 준용한다. <개정 1994.12.31>

[본조신설 1993.10.8]

제23조 (승진심사위원 등의 준수사항 등) ① 영 제15조·영 제16조·영 제18
조·영 제19조 및 제22조의2의 규정에 의하여 임명·소집된 승진심사
위원·승진심의위원·간사 및 서기는 회의개시와 동시에 별지 제5호서
식의 서약서를 경찰청장·소속 기관 등의 장 또는 경찰서장에게 제출하
여야 한다. <개정 1991.8.12, 1993.10.8, 1997.10.16>

② 승진심사위원·승진심의위원·간사 및 서기는 승진심사를 종료할 때
까지 심사장소 외의 장소에 출입하거나 외부와의 연락을 하여서는 아니
된다. <개정 1993.10.8>

③ 간사는 승진심사개시 전에 별표 5의 승진심사수칙을 심사위원 또는
심의위원에게 배부하여 이를 주지시켜야 한다. <개정 1993.10.8>

④ 간사와 서기는 당해승진심사위원회 및 승진심의위원회의 의결에 영
향을 미치는 행위나 발언을 하여서는 아니 된다. <개정 1993.10.8>

제24조 (승진심사의 절차 및 방법) ① 승진심사위원회의 승진심사는 제21조의
규정에 의한 심사자료를 기초로 하여 3단계로 구분하여 실시하되, 단계
별 심사기준은 경찰청장이 따로 정한다. 다만, 단계별 심사기준을 적용
함이 부적당하다고 인정되는 때에는 승진심사위원회의 의결에 따라 심
사기준을 조정하여 적용할 수 있다. <개정 1991.8.12, 1993.10.8,
1994.12.31>

② 제1단계 심사에서는 승진심사대상자에 대하여 제1단계 심사기준에
따라 부적격자를 배제한다.

③ 제2단계 심사에서는 제2항의 규정에 의하여 부적격자로 배제된 자를
제외한 승진심사대상자에 대하여 제2단계 심사기준에 따라 별지 제6호

서식의 승진심사표에 수·우·양·가의 4등급으로 평가하고, 그 평가
결과에 따라 개인별 성적을 집계하여, 고득점자순으로 별지 제7호서식의
승진심사종합평가서를 작성하여 심사승진임용예정인원의 2배수 범위 안
의 인원수를 제3단계 심사에 회부한다.

④ 제3단계 심사에서는 제3항의 규정에 의하여 회부된 자를 대상으로
하여, 제3단계심사기준에 따라 승진심사위원 전원의 합의에 의하되, 합
의에 이르지 못한 경우에는 무기명투표에 의하여 최종심사승진임용예정
자를 선발한다. <개정 1991.8.12, 1993.10.8, 1994.12.31>

⑤ 삭제 <1994.12.31>

제24조의2 (승진심의위원회의 승진심의절차 및 방법) ① 영 제15조제2항의 규정
에 의한 승진심의위원회의 사전심의에 관하여는 제24조의 규정을 준용
한다. 이 경우 '승진심사위원회'는 '승진심의위원회'로, '승진심사'는 '승
진심의'로, '승진심사위원'은 '승진심의위원'으로 본다.

② 제1항의 규정에 의하여 승진심의위원회의 사전심의를 거친 경우에
있어서 승진심사위원회는 각 승진심의위원회에서 중복선발한 자를 최종
심사승진임용예정자로 선발한다. 이 경우 중복선발된 자가 심사승진임용
예정인원수에 미달한 때에는 각 승진심의위원회에서 선발된 자 중 나머
지 인원 중에서 제24조제4항의 선발방법에 준하여 이를 선발한다.

[본조신설 1994.12.31]

제25조 (승진임용 예정자명부 등의 작성) ① 영 제23조제1항제1호의 승진심사의
결서는 별지 제8호서식에 의하여 작성한다.

② 영 제23조제1항제3호의 규정에 의한 승진임용예정자로 선발된 자의
명부는 별지 제9호서식에 의하여, 승진임용예정자로 선발되지 아니한 자
(이하 '탈락자'라 한다)의 명부는 별지 제10호서식에 의하여 각각 작성
한다.

제26조 (승진심사결과보고) ① 영 제23조제1항의 규정에 의한 승진심사 결과
보고에는 다음 각 호의 서류를 첨부한다.

1. 제24조의 규정에 의한 승진심사방법 및 기준

2. 별지 제11호서식의 승진심사대상자 및 승진임용예정자 선발통계표

② 경찰서장은 영 제23조제1항의 규정에 의한 승진심사결과의 보고를 받은 때에는 영 제23조제1항 각 호의 서류에 제1항의 서류를 첨부하여 소속 기관 등의 장에게 이를 보고하여야 한다. <개정 1991.8.12, 1997.10.16>

제27조 (심사승진후보자명부사본의 제출) ① 소속 기관 등의 장은 영 제24조제1항의 규정에 의하여 작성한 경감에의 심사승진후보자명부의 사본을 경찰청장에게 제출하여야 한다. <개정 1991.8.12>

② 소속 기관 등의 장은 제26조제1항 및 제2항의 규정에 의한 보고를 받은 때에는 제26조제1항제2호의 승진심사대상자 및 승진임용예정자선발통계표의 사본을 경찰청장에게 제출하여야 한다. <개정 1991.8.12>

제5장 승진시험

제28조 (승진시험과목 및 배점비율) 영 제31조의 규정에 의한 승진시험의 과목(동조제1항제2호 단서의 규정에 의한 실기시험과목을 포함한다)과 그 과목별 배점비율은 별표 6과 같고, 영 제31조의2의 규정에 의한 승진시험의 과목과 그 과목별 배점비율은 별표 6의2와 같다.

[전문개정 1995.9.15]

제29조 (실기시험은 평가내용 등) 영 제31조제1항제2호 단서의 규정에 의한 실기시험의 평가내용 및 평가방법은 경찰청장이 정하는 바에 의한다.

[전문개정 1995.9.15]

제29조의2 (동점자의 합격결정) 영 제33조제3항 및 제33조의2제2항의 규정에 의하여 최종합격자를 결정함에 있어서 동점자가 있는 경우에는 다음 각 호의 순위에 따라 선순위자를 합격자로 한다. <개정 1995.9.15>

1. 당해 계급에서 장기근무한 자

2. 바로 하위계급에서 장기근무한 자

3. 근무성적이 우수한 자

[본조신설 1993.7.8]

제30조 (준용규정)「경찰공무원임용령 시행규칙」제38조의 규정은 각 계급에의 승진시험에 이를 준용한다. <개정 1993.7.8, 2005.7.29>

제6장 특별승진

제31조 (특별경비부서의 범위) 영 제37조제3항제8호의 규정에 의한 특별경비부서는 서울특별시지방경찰청 101경비단, 22경찰경호대 및 정부중앙청사 경비대 국무총리공관경비파견대로 한다. <개정 1990.2.21, 1991.8.12, 2001.8.14, 2005.10.20>

제31조의2 (동료 및 하급자 등의 평가 반영) ① 임용권자 또는 임용제청권자는 소속 경찰공무원에 대하여 영 제38조제2호의 규정에 의한 특별승진임용을 하는 때에는 승진심사의 대상 경찰공무원과 동일 또는 하위 계급의 경찰공무원의 평가를 실시하여 그 결과를 심사에 반영할 수 있다.
② 제1항의 규정에 의한 평가의 방법 및 절차와 평가결과의 반영 등에 관하여 필요한 사항은 경찰청장이 정한다.
[전문개정 2001.8.14]

제31조의3 (특별공적자의 특별승진) 영 제38조제6호 단서에서 '행정안전부령이 정하는 공적자'라 함은 영 제37조제3항제2호 내지 제4호의 1의 규정에 해당하는 행위에 대하여 경찰청장이 특별승진의 실시를 공약한 경우로서 공약한 기간 중 특별승진의 대상이 되는 행위를 한 자를 말한다. <개정 2008.3.6>
[본조신설 2001.8.14]

제32조 삭제 <2004.5.10>

제33조 (특별승진심사절차) ① 임용권자 또는 임용제청권자는 영 제41조의 규정에 의하여 소속 경찰공무원에 대하여 특별승진심사를 받게 하고자 할 때에는 당해 경찰공무원의 공적조서와 인사기록카드를 관할승진심사위원회가 설치되는 기관의 장에게 제출하여야 한다. 이 경우 승진심사위원회를 관할하는 기관의 장은 승진심사에 필요하다고 인정되는 공적의 내

용을 현지 확인하게 하거나 그 공적을 증명할 수 있는 자료를 제출하게
할 수 있다.

② 특별승진심사에 의한 승진임용예정자의 결정은 찬·반 투표로써 한다.

③ 관할승진심사위원회는 제2항의 심사가 끝난 때에는 다음 각 호의 서
류를 중앙승진심사위원회의 경우에는 경찰청장에게, 보통승진심사위원회
의 경우에는 경찰청장과 소속 기관 등의 장에게 각각 보고하여야 한다.
<개정 1991.8.12>

   1. 승진심사의결서

   2. 별지 제12호서식의 특별승진임용예정자명부 및 특별승진심사탈락
      자명부

제34조 삭제 <2001.8.14>

제7장 대우공무원 〈신설 2008.12.24〉

제35조 (대우공무원 선발을 위한 근무기간) ① 영 제43조제1항에 따라 대우공무
      원으로 선발되기 위해서는 영 제5조제1항에 따른 승진소요최저근무연수
      를 경과한 경위 이하 경찰공무원으로서 해당 계급에서 5년 이상 근무하
      여야 한다.

      ② 제1항에 따른 근무기간의 산정은 영 제5조제2항부터 제6항까지 및
      이 규칙 제3조제2항에 따른다. 이 경우 제3조제2항에 따라 근무기간을
      산정하는 때에는 재임용된 계급 이상에 해당하는 퇴직 전의 재직기간은
      현 계급의 재직기간에 합하여 근무기간에 산입하되, 제36조제1항에 따
      른 대우공무원 발령 기준일(매분기 첫 달의 1일을 말한다) 전 10년 이내
      의 재직기간에 한한다. <개정 2009.2.19>

      [본조신설 2008.12.24]

제36조 (대우공무원의 선발 절차 및 시기) ① 임용권자 또는 임용제청권자는 매
      분기말 5일 전까지 대우공무원 발령일을 기준으로 하여 대우공무원 선
      발요건에 적합한 대상자를 결정하여야 하고, 그다음 분기 첫 달 1일(1월

1일, 4월 1일, 7월 1일, 10월 1일)에 일괄하여 대우공무원으로 발령하여
야 한다.

② 제1항에 따른 대우공무원의 발령사항은 인사기록카드에 기재하여야
한다.

[본조신설 2008.12.24]

제37조 (대우공무원수당의 지급) ① 대우공무원으로 선발된 경찰공무원에 대하
여는 「공무원수당등에관한규정」에 따라 대우공무원수당을 지급한다.

② 대우공무원이 징계 또는 직위해제 처분을 받거나 휴직하여도 대우공
무원수당은 계속 지급한다. 다만, 「공무원수당등에관한규정」으로 정하는
바에 따라 대우공무원수당을 감액하여 지급한다.

③ 대우공무원의 선발 또는 수당 지급에 중대한 착오가 발생한 경우에
는 임용권자 또는 임용제청권자는 이를 정정하고 대우공무원수당을 소
급하여 지급할 수 있다.

[본조신설 2008.12.24]

제38조 (대우공무원의 자격 상실) 대우공무원이 상위계급으로 승진임용되는 경
우 승진임용일자에 대우공무원의 자격은 당연히 상실된다.

[본조신설 2008.12.24]

부칙 〈제399호, 1983.7.27〉

이 규칙은 공포한 날로부터 시행한다.

부칙 〈제494호, 1989.7.13〉

이 규칙은 공포한 날로부터 시행한다. 다만, 제5조, 제7조, 제9조, 제15
조제3항 및 [별지 제1호서식] 내지 [별지 제3호서식]의 개정규정은
1989년 6월 30일부터 적용한다.

부칙 〈제504호, 1990.2.21〉

이 규칙은 공포한 날부터 시행한다.

부칙 〈제540호, 1991.8.12〉

① (시행일) 이 규칙은 공포한 날부터 시행하되, 1991년 7월 31일부터 적용한다.
② (기본경력 및 초과경력평정에 관한 경과조치) 이 규칙 시행 당시 종전의 규정에 의한 경력평정점은 이 규칙 시행 후 최초로 경력평정을 할 때까지는 제13조제2항 및 [별표 1] 내지 [별표 4]의 개정규정에 불구하고 종전의 규정에 의한다.
③ (가점평정에 대한 경과조치) 이 규칙 시행 당시 종전의 규정에 의한 특수근무경력의 가점은 이 규칙 시행 후 최초로 경력평정을 할 때까지는 제14조제1항의 개정규정에 불구하고 종전의 규정에 의한다.

부칙 〈제584호, 1993.3.2〉

이 규칙은 공포한 날부터 시행한다.

부칙 〈제588호, 1993.7.8〉

이 규칙은 공포한 날로부터 시행한다.

부칙 〈제593호, 1993.10.8〉

이 규칙은 공포한 날부터 시행하되, 제17조제2항의 개정규정은 1994년 6월 30일부터 시행한다.

부칙 〈제615호, 1994.4.18〉

① (시행일) 이 규칙은 공포한 날부터 시행한다.

② (경정 이하 경찰공무원의 근무성적·경력 및 교육훈련성적평정에 관한 경과조치) 이 규칙 시행 당시 종전의 규정에 의하여 평정된 경정 이하 경찰공무원의 근무성적·경력 및 교육훈련성적은 이 규칙 시행 후 최초로 평정될 때까지 효력을 가진다.

③ (총경의 근무성적·경력 및 교육훈련성적평정에 관한 특례) 이 규칙 시행 당시 종전의 규정에 의하여 평정된 총경의 근무성적·경력 및 교육훈련성적은 제4조의 개정규정에 불구하고 이 규칙 시행일을 기준으로 재평정하여야 한다.

부칙 〈제637호, 1994.12.31〉

이 규칙은 공포한 날부터 시행한다. 다만, 별표 6 및 별지 제2호서식(부표 1 내지 부표 5를 포함한다)의 개정규정은 1995년 10월 31일부터 시행한다. <개정 1995.9.15>

부칙 〈제661호, 1995.9.15〉

① (시행일) 이 규칙은 공포한 날부터 시행한다. 다만, 별표 6 및 별표 6의2의 개정규정은 1996년 1월 1일부터 시행한다.

② (1995년도 근무성적평정에 관한 특례) 제4조의 개정규정에 의한 1995년도 근무성적평정에 있어서는 1995년 1월 1일부터 1995년 10월 31일까지의 기간을 대상으로 하되, 별지 제2호서식 부표 1 및 부표 4의 평가기준에 의한 점수는 최고점수를 초과하지 아니하는 범위 안에서 그 12/10를 근무성적평정표에 반영한다.

부칙 〈제719호, 1997.10.16〉

① (시행일) 이 규칙은 공포한 날부터 시행한다.
② (포상평정에 관한 경과조치) 이 규칙 시행 전에 받은 포상 등에 대한 평정은 별지 제2호서식 부표 2의 개정규정에 불구하고 종전의 규정에 의한다.
③ (가점평정에 관한 경과조치) 이 규칙 시행 전의 근무경력에 대한 가점평정은 제15조의 개정규정에 불구하고 종전의 규정에 의한다.

부칙 〈제77호, 1999.12.28〉 (경찰청과그소속기관직제시행규칙)

제1조 (시행일) 이 규칙은 공포한 날부터 시행한다. <단서 생략>
제2조 및 제3조 생략
제4조 (다른 법령의 개정) ① 생략
② 경찰공무원승진임용규정시행규칙 중 다음과 같이 개정한다.
제2조제2항 중 '경찰병원'을 '경찰병원·운전면허시험관리단'으로 한다. 부표 2상의 훈격별란 중 '중앙경찰학교장'을 '중앙경찰학교장·운전면허시험관리단장'으로, 벌의 징계·계고 구분란 중 '중앙경찰학교장'을 '중앙경찰학교장·운전면허시험관리단장'으로 한다.
③ 생략

부칙 〈제97호, 2000.5.29〉

이 규칙은 공포한 날부터 시행한다.

부칙 〈제102호, 2000.6.29〉

① (시행일) 이 규칙은 공포한 날부터 시행한다.
② (교육훈련성적에 관한 경과조치) 이 규칙 시행 당시 종전의 규정에 의하여 평정된 총경 이하 경찰공무원의 교육훈련성적은 제14조제2항의

개정규정에 의하여 재평정하여야 한다.

부칙 〈제109호, 2000.10.31〉

① (시행일) 이 규칙은 공포한 날부터 시행한다.
② (근무성적 및 경력평정 등에 관한 경과조치) 이 규칙 시행 당시 종전의 규정에 의하여 평정된 근무성적 및 경력은 별표 1 내지 별표 4 및 별지 제2호서식 부표 2의 개정규정에 불구하고 이 규칙 시행 후 최초로 평정할 때까지 효력을 가지며, 이 규칙 시행 당시 종전의 규정에 의하여 작성된 승진대상자명부는 제15조제3항의 개정규정에 불구하고 이 규칙 시행 후 최초로 승진대상자명부가 작성될 때까지 효력을 가진다.

부칙 〈제146호, 2001.8.14〉

① (시행일) 이 규칙은 공포한 날부터 시행한다.
② (직장훈련의 평가기준에 관한 경과조치) 2001년도 근무성적평정의 직장훈련 평가기준 중 체력단련 및 직장교육의 평가점수는 평가의 적용기간 중 2001년 7월까지의 무도 및 교양참석의 평가점수[이 규칙 시행 당시를 기준으로 종전의 부표 3의 규정에 의하여 평가한 무도 또는 교양참석의 점수 × (9/12)]와 2001년 8월 이후의 체력단련 및 직장교육의 평가점수(부표 3의 개정규정에 의한 체력단련 및 직장교육의 점수)를 합산한 점수로 한다.

부칙 〈제175호, 2002.7.11〉 (경찰공무원임용령시행규칙)

① (시행일) 이 규칙은 공포한 날부터 시행한다.
② (다른 법령의 개정) 경찰공무원승진임용규정시행규칙 중 다음과 같이 개정한다.
별표 6 및 별표 6의2의 분야별란 중 '통신경찰'을 각각 '정보통신경찰'

로 한다.

부칙 〈제192호, 2003.1.28〉

① (시행일) 이 규칙은 공포한 날부터 시행한다.
② (포상 등 평가기준에 관한 경과조치) 이 규칙 시행 전에 받은 포상 등에 대한 평가기준은 별지 제2호서식 부표 2의 개정규정에 불구하고 종전의 규정에 의한다.

부칙 〈제227호, 2004.5.10〉

이 규칙은 공포한 날부터 시행한다.

부칙 〈제258호, 2004.12.6〉

이 규칙은 2005년 12월 1일부터 시행한다.

부칙 〈제294호, 2005.7.29〉

이 규칙은 2005년 12월 1일부터 시행한다.

부칙 〈제299호, 2005.10.20〉

① (시행일) 이 규칙은 공포한 날부터 시행한다. 다만, 별표 7 내지 별표 9의 개정규정은 2006년 4월 1일부터 시행한다.
② (경력평정의 기간계산에 관한 경과조치) 제10조의 개정규정은 이 규칙 시행 후 휴지명령을 받은 자부터 적용한다.
③ (가점평정에 관한 경과조치) 제15조제2항의 개정규정은 동조동항 각 호의 부서 또는 직위에서 2006년 4월 1일 이후 근무하는 경력부터 적용한다.

④ (포상에 관한 경과조치) 이 규칙 시행 당시 경찰공무원이 차하위 계급 승진후보자명부에 등재된 기간 중 받은 포상은 현 계급에서 받은 포상으로 본다.

부칙 〈제353호, 2006.10.31〉

이 규칙은 공포한 날부터 시행한다.

부칙 〈제398호, 2007.10.19〉

제1조 (시행일) 이 규칙은 공포한 날부터 시행한다. 다만, 제10조제2항제5호의 개정규정은 2008년 1월 1일부터 시행하고, 별표 6 및 별표 6의2의 개정규정은 2009년 1월 1일부터 시행한다.
제2조 (경찰수사연수원장으로부터 받은 표창에 관한 경과조치) 별지 제2호서식 부표 2의 개정규정은 이 규칙 시행 전에 경찰수사연수원장으로부터 받은 표창에 대하여도 적용한다.

부칙 〈제4호, 2008.3.6〉 (경찰청과그소속기관직제시행규칙)

제1조 (시행일) 이 규칙은 공포한 날부터 시행한다.
제2조 생략
제3조 (다른 법령의 개정) ① 생략
② 경찰공무원승진임용규정 시행규칙 일부를 다음과 같이 개정한다.
제31조의3 중 '행정자치부령'을 '행정안전부령'으로 한다.
③부터 ⑦까지 생략

부칙 〈제28호, 2008.8.8〉

이 규칙은 2008년 11월 1일부터 시행한다.

부칙 〈제48호, 2008.12.24〉

이 규칙은 2009년 1월 1일부터 시행한다.

부칙 〈제63호, 2009.2.19〉

제1조 (시행일) 이 규칙은 공포한 날부터 시행한다.
제2조 (경과조치) 이 규칙 시행 전에 경찰공무원으로 임용된 사람의 경력평정
    대상기간 산정은 종전의 규정에 따른다.

7. 경찰공무원임용령

[시행 2008.2.29] [대통령령 제20692호, 2008.2.29, 타법개정]

경찰청 (인사과), 02 - 313 - 0586

제1장 총칙

제1조 (적용범위) 경찰공무원의 임용은 다른 법령에 특별한 규정이 있는 경우
    를 제외하고는 이 영이 정하는 바에 의한다.
제2조 (정의) 이 영에서 사용되는 용어의 정의는 다음과 같다.
    1. '임용'이라 함은 신규채용·승진·전보·파견·휴직·직위해제·정
    직·복직·면직·해임 및 파면을 말한다.
    2. '복직'이라 함은 휴직·직위해제 또는 정직 중에 있는 경찰공무원을
    직위에 복귀시키는 것을 말한다.
    3. '전과'라 함은 경과의 변경을 말한다.
제3조 (경과 및 특기) ① 총경 이하의 경찰공무원은 다음의 경과로 구분한다.
    다만, 제2호의 수사경과 및 제3호의 보안경과는 경정 이하 경찰공무원

으로, 제4호 나목의 운전경과는 경사 이하 경찰공무원으로 한다. <개정
1987.12.31, 1994.12.31, 2002.7.10, 2004.12.18>

　　1. 일반경과

　　2. 수사경과

　　3. 보안경과

　　4. 특수경과

　　　가. 해양경과

　　　나. 운전경과

　　　다. 항공경과

　　　라. 정보통신경과

② 임용권자(제4조제1항의 규정에 의하여 임용권의 위임을 받은 자를
포함한다. 이하 같다) 또는 임용제청권자(경찰공무원법 제6조제1항의 규
정에 의한 추천이 필요한 경우에는 경찰청장 또는 해양경찰청장을 포함
한다. 이하 같다)는 경찰공무원을 신규채용할 때에 경과를 부여하여야
한다. <개정 1991.7.30, 1996.8.8>

③ 임용권자 또는 임용제청권자는 일정한 요건을 갖춘 경위 이상 경정
이하의 경찰공무원에 대하여 그 경과별 직무분야에 따라 일반특기 또는
전문특기를 부여할 수 있다. <개정 1987.12.31>

④ 경찰청장 또는 해양경찰청장은 전시·사변 또는 이에 준하는 비상사
태에 있어서 필요하다고 인정될 때에는 경과 및 특기의 일부를 폐지 또
는 병합하거나 신설할 수 있다. <개정 1991.7.30, 1996.8.8>

⑤ 경과 및 특기별 직무의 종류, 전과, 특기의 부여 및 변경 등에 관하
여 필요한 사항은 행정안전부령 또는 국토해양부령으로 정한다. <개정
1996.8.8, 1998.12.31>

제4조 (임용권의 위임) ① 「경찰공무원법」(이하 '법'이라 한다) 제6조제3항의
규정에 의하여 경찰청장은 경찰대학·경찰종합학교·중앙경찰학교·경
찰수사연수원·경찰병원, 운전면허시험관리단 및 지방경찰청(이하 '소속
기관 등'이라 한다)의 장에게 그 소속 경찰공무원 중 경정의 전보·파

견·휴직·직위해제 및 복직에 관한 권한과 경감 이하의 임용권을 위임할 수 있다. <개정 1991.7.30, 1996.8.8, 1999.12.28, 2005.5.13, 2007.9.20>

② 지방경찰청장은 소속경감 이하의 경찰공무원에 대한 당해 경찰서 안에서의 전보권을 경찰서장에게 다시 위임할 수 있다. <개정 1987.12.31, 1991.7.30, 1996.8.8>

③ 제1항의 규정에 의하여 임용권의 위임을 받은 소속 기관 등의 장은 경감 또는 경위를 신규채용하거나 경위 또는 경사를 승진시키고자 할 때에는 미리 경찰청장의 승인을 얻어야 한다. <개정 1991.7.30>

④ 경찰청장은 경찰공무원의 정원의 조정·인사교류 또는 파견을 위하여 필요한 때에는 제1항의 규정에 불구하고 임용권을 행사할 수 있다. <개정 1991.7.30>

⑤ 법 제6조제3항의 규정에 의하여 해양경찰청장은 소속경감 이하의 경찰공무원에 대한 당해 해양경찰학교·해양경찰연구개발센터·지방해양경찰청·해양경찰서 또는 정비창안에서의 전보권을 해양경찰학교장·해양경찰연구개발센터장·지방해양경찰청장·해양경찰서장 또는 정비창장에게 위임할 수 있다. <신설 1996.8.8, 2004.12.18, 2007.10.4, 2008.2.29>

제5조 (임용시기) ① 경찰공무원은 임용장 또는 임용통지서에 기재된 일자에 임용된 것으로 본다. 다만, 사망으로 인한 면직은 사망한 다음 날에 면직된 것으로 본다.

② 임용일자는 그 임용장이 피임용자에게 송달되는 기간 및 사무인계에 필요한 기간을 참작하여 정하여야 한다.

제6조 (임용일자 소급의 금지) 경찰공무원의 임용에 있어서 다음 각 호의 1에 해당되는 경우를 제외하고는 그 임용일자를 소급하여서는 아니 된다. <개정 1991.7.30, 2005.5.13>

1. 재직 중 공적이 특히 현저한 자가 공무로 사망한 때에는 그 사망 전일을 임용일자로 하여 추서하는 경우

2. 형사사건으로 기소된 때에 그 기소된 날을 임용일자로 하여 직위해
제하는 경우

3. 「국가공무원법」 제70조제1항제4호의 규정에 의하여 직권면직하는 때
에 휴직기간의 만료일 또는 휴직사유의 소멸일을 임용일자로 하여 면직
하는 경우

제7조 (결원의 적기보충) 임용권자 또는 임용제청권자는 당해 기관에 결원이
있는 경우에는 지체 없이 결원보충에 필요한 조치를 하여야 한다.

제8조 (계급정년 연한의 계산) 법 제8조제3항제1호의 규정에 의하여 재임용된
경찰공무원의 계급정년연한의 계산에 있어서는 재임용 전에 당해 계급
의 경찰공무원으로 근무한 연수를 합산한다.

제2장 경찰공무원인사위원회

제9조 (경찰공무원인사위원회의 구성) ① 법 제4조의 규정에 의한 경찰공무원인
사위원회(이하 '인사위원회'라 한다)는 위원장을 포함한 5인 이상 7인
이하의 위원으로 구성한다.

② 위원장은 경찰청 및 해양경찰청 인사담당국장이 되고, 위원은 경찰
청 및 해양경찰청 소속 총경 이상의 경찰공무원 중에서 경찰청장 또는
해양경찰청장이 임명한다. <개정 1991.7.30, 1996.8.8>

제10조 (위원장의 직무) ① 위원장은 인사위원회를 대표하며, 인사위원회의
사무를 총괄한다. <개정 1998.2.2>

② 위원장이 부득이한 사유로 직무를 수행할 수 없는 때에는 위원 중에
서 최상위계급 또는 선임의 경찰공무원이 그 직무를 대행한다. <개정
2002.7.10>

제11조 (회의) ① 위원장은 인사위원회의 회의를 소집하고 그 의장이 된다.

② 회의는 재적위원 과반수의 찬성으로 의결한다.

제12조 (간사) ① 인사위원회에 간사 약간인을 둔다.

② 간사는 경찰청 및 해양경찰청 소속 경찰공무원 중에서 위원장이 지

명한다. <개정 1991.7.30, 1996.8.8>

③ 간사는 위원장의 명을 받아 인사위원회의 사무를 처리한다.

제13조 (심의사항의 보고) 위원장은 인사위원회에서 심의된 사항을 지체 없이 경찰청장 또는 해양경찰청장에게 보고하여야 한다. <개정 1991.7.30, 1996.8.8>

제14조 (운영세칙) 이 영에 규정된 것 외에 인사위원회의 운영에 관하여 필요한 사항은 인사위원회의 의결을 거쳐 위원장이 이를 정한다.

제3장 신규채용

제15조 (특별채용에 있어서의 임용직위 제한) 법 제8조제3항의 규정에 의한 특별채용에 있어서는 그 시험실시 당시의 임용예정직위 외의 직위에 임용할 수 없다.

제16조 (특별채용의 요건) ① 다음 각 호의 1에 해당하는 자에 대하여는 법 제8조제3항의 규정에 의한 특별채용을 할 수 없다.

　1. 종전의 재직기관에서 감봉 이상의 징계처분을 받은 자

　2. 법 제24조제1항제2호의 규정에 의하여 정년퇴직한 자

② 법 제8조제3항제2호의 규정에 의한 특별채용을 하고자 하는 경우에는 「국가기술자격법」 기타 법령에 의한 자격증 소지자이어야 한다. <개정 2005.5.13>

③ 법 제8조제3항제3호의 규정에 의한 특별채용을 하고자 하는 경우에는 국가기관·지방자치단체·공공기관 기타 이에 준하는 기관의 임용예정직에 관련성이 있는 직무분야에서 임용예정계급에 상응하는 근무 또는 연구경력이 3년(별표 1에 의한 특수기술부문에 근무할 자를 임용하고자 하는 경우에는 2년) 이상인 자이어야 한다. 다만, 전투경찰순경으로 임용되어 소정의 복무를 마친 자로서 순경으로 특별채용되는 경우를 제외하고는 시험요구일 현재 종전의 재직기관에서 퇴직한 날로부터 3년이 경과된 자는 특별채용될 수 없다. <개정 1993.8.23, 1998.12.31>

④ 제3항의 규정에 의한 특별채용에 있어서 다음 각 호의 1에 해당하는 경우에는 3년의 근무 또는 연구경력을 요하지 아니한다. <개정 1991.7.30, 1994.12.31, 1996.8.8, 1998.12.31, 2008.2.29>

1. 전투경찰순경으로 임용되어 소정의 복무를 마친 자를 순경으로 임용하는 경우
2. 4년제 대학의 경찰행정학과 또는 해양경찰학과를 졸업하고 현역 또는 보충역의 복무를 마친 자(법률의 규정에 의하여 현역의 복무를 마친 것으로 보는 자 및 여자를 포함한다)를 경사 이하의 경찰공무원으로 임용하는 경우
3. 군인으로서 2년 이상 복무한 경력이 있는 자 또는 전투경찰순경 중 특경으로 근무한 경력이 있는 자를 3년 이상 5년 이하(전투경찰대에서 근무할 경사 이하의 경찰공무원의 경우에는 2년 이상 5년 이하)의 범위 안에서 경찰청장 또는 해양경찰청장이 정하는 기간은 전투경찰대 또는 행정안전부령 또는 국토해양부령이 정하는 특별경비부서에 근무할 조건으로 경정 이하의 경찰공무원으로 임용하는 경우
4. 보안공작업무와 관련 있는 자를 보안공작요원으로 근무하게 하기 위하여 경장 이하의 경찰공무원으로 임용하는 경우
5. 임용예정직에 관련된 전문지식을 가진 자를 경찰공무원으로 임용하는 경우

⑤ 법 제8조제3항제5호의 규정에 의한 특별채용을 하고자 하는 경우에는 본인의 귀책사유로 장학금의 지급이 중단된 자가 아니어야 하며, 이 경우의 임용예정계급은 경위 이하로 한다.

⑥ 법 제8조제3항제6호의 규정에 의한 특별채용을 하고자 하는 경우에는 당해 기관이 관할 또는 소재하는 읍·면지역에서 본인·배우자 또는 직계존속이 5년 이상 거주하고 있거나 거주한 자이어야 하며, 이 경우의 임용예정계급은 순경으로 한다.

⑦ 법 제8조제3항제7호의 규정에 의한 특별채용을 하고자 하는 경우에

는 행정안전부령이 정하는 임용예정계급별 외국어 능력기준에 해당하여
야 한다. <개정 1998.12.31, 2008.2.29>

⑧ 제2항 및 제3항의 규정에 의한 임용예정계급별 자격증의 구분, 근무
또는 연구경력의 기준 등에 관하여 필요한 사항은 행정안전부령 또는
국토해양부령으로 정한다. <개정 1996.8.8, 1998.12.31, 2008.2.29>

제17조 (채용후보자의 등록) ① 법 제8조의 규정에 의한 공개경쟁채용시험, 경
찰간부후보생 공개경쟁선발시험 및 특별채용시험에 합격한 자는 행정안
전부령 또는 국토해양부령이 정하는 바에 의하여 임용권자 또는 임용제
청권자에게 채용후보자등록을 하여야 한다. <개정 1996.8.8, 1998.12.31,
2008.2.29>

② 제1항의 채용후보자등록을 하지 아니한 자는 경찰공무원으로 임용될
의사가 없는 것으로 본다.

제18조 (채용후보자명부의 작성) ① 법 제9조제1항의 규정에 의한 채용후보자
명부는 임용예정계급별로 작성하되, 채용후보자의 서류를 심사하여 임용
적격자만을 등재한다.

② 임용권자 또는 임용제청권자는 제1항의 규정에 의한 채용후보자명부
에의 등재 여부를 본인에게 알려야 한다.

③ 채용후보자명부의 유효기간은 2년으로 하되, 경찰청장 또는 해양경
찰청장은 필요에 따라 1년의 범위 안에서 그 기간을 연장할 수 있다.
<개정 1991.7.30, 1996.8.8>

제19조 (채용후보자의 자격상실) 채용후보자가 다음 각 호의 1에 해당하는 경
우에는 채용후보자로서의 자격을 상실한다.

1. 채용후보자가 임용 또는 임용제청에 불응한 때

2. 채용후보자로서 받아야 할 교육훈련에 불응한 때

3. 채용후보자로서 받은 교육훈련성적이 수료점수에 미달되거나 교육훈
련 중 질병·병역복무 기타 교육훈련을 계속할 수 없는 불가피한 사정
외의 사유로 퇴학처분을 받은 때

제20조 (시보임용경찰공무원) ① 임용권자 또는 임용제청권자는 시보임용기간

중의 경찰공무원(이하 '시보임용경찰공무원'이라 한다)에 대하여 근무사항을 항상 지도·감독하여야 한다.

② 임용권자 또는 임용제청권자는 시보임용경찰공무원이 다음 각 호의 1에 해당하여 정규경찰공무원으로 임용함이 부적당하다고 인정되는 경우에는 제3항의 규정에 의한 정규임용심사위원회의 심사를 거쳐 당해 시보임용경찰공무원을 면직시키거나 면직을 제청할 수 있다. <개정 1991.7.30, 2005.5.13>

 1. 징계사유에 해당할 때
 2. 제21조제1항의 규정에 의한 교육훈련성적이 만점의 6할 미만이거나 생활기록이 극히 불량할 때
 3. 「경찰공무원승진임용규정」 제7조제2항의 규정에 의한 제2평정요소에 대한 근무성적평정점이 만점의 5할 미만일 때

③ 시보임용경찰공무원을 정규경찰공무원으로 임용함에 있어서 그 적부를 심사하게 하기 위하여 임용권자 또는 임용제청권자소속하에 정규임용심사위원회를 둔다.

④ 정규임용심사위원회의 구성 및 운영에 관하여 필요한 사항은 행정안전부령 또는 국토해양부령으로 정한다. <개정 1996.8.8, 1998.12.31, 2008.2.29>

제21조 (시보임용경찰공무원 등에 대한 교육훈련) ① 임용권자 또는 임용제청권자는 시보임용경찰공무원 또는 시보임용예정자에 대하여 일정한 기간 교육훈련을 시킬 수 있다. 이 경우 시보임용예정자에 대하여는 교육훈련을 받는 기간 동안 예산의 범위 안에서 임용예정계급의 1호봉에 해당하는 보수에 상당하는 금액을 지급할 수 있다. <개정 2003.3.25>

② 임용권자 또는 임용제청권자는 시보임용예정자가 제1항의 규정에 의한 교육훈련성적이 만점의 6할 미만이거나 생활기록이 극히 불량할 때에는 시보임용을 하지 아니할 수 있다.

제4장 보직관리

제22조 (보직관리의 원칙) ① 임용권자 또는 임용제청권자는 법령에서 따로 정하거나 다음 각 호의 1에 해당하는 경우를 제외하고는 소속 경찰공무원에 대하여 하나의 직위를 부여하여야 한다. <개정 2005.5.13>

    1. 「국가공무원법」 제43조의 규정에 의하여 별도정원이 인정되는 휴직자의 복직, 파견된 자의 복귀 또는 파면·해임·면직된 자의 복귀 시에 그에 해당하는 계급의 결원이 없어 그 계급의 정원에 최초로 결원이 생길 때까지 당해 계급에 해당하는 경찰공무원을 보직 없이 근무하게 하는 경우

    2. 직제의 신설·개폐 시 2월 이내의 기간 기관의 신설준비 등을 위하여 보직 없이 근무하게 하는 경우

② 경찰공무원을 보직함에 있어서는 경과·특기·교육훈련·근무경력 등을 고려하여 능력을 적절히 발전시킬 수 있도록 하여야 한다.

③ 상위계급의 직위에 하위계급자를 보직하는 경우에는 당해 기관에 상위계급의 결원이 있고, 「경찰공무원승진임용규정」에 의한 승진임용후보자가 없는 경우에 한한다. <개정 2005.5.13>

④ 경찰공무원은 특별한 사정이 없는 한 연고지를 고려하여 보직하여야 한다.

⑤ 경찰청장 또는 해양경찰청장은 「국가공무원법」 제32조의5제2항 및 이 영이 정하는 바에 의하여 경찰공무원에 대한 보직관리기준을 정하여야 한다. <개정 1991.7.30, 1996.8.8, 2005.5.13>

제23조 (초임 경찰공무원의 보직) ① 경위 이상으로 신규채용된 경찰공무원은 관리능력을 배양할 수 있도록 전공 및 적성을 고려하여 합리적으로 보직하여야 한다. <개정 1987.12.31>

② 신규채용에 의하여 순경으로 임용된 자는 최하급 경찰기관에 보직하되, 수사 및 정보업무를 제외한 외근부서에 보직하여야 한다.

③ 특수기술요원으로 신규채용된 경찰공무원은 제2항의 규정에 불구하

고 임용예정직위에 보직하여야 한다. <개정 1987.12.31>

제24조 (교육훈련이수자의 보직) ① 국외훈련·국내위탁교육 등 특별훈련을 받은 경찰공무원은 특별한 사정이 없는 한 그 교육훈련내용과 관련되는 직위에 보직하여야 한다.

② 법 제17조제3항의 규정에 의한 위탁교육훈련을 받은 경찰공무원의 최초 보직은 교육훈련기관의 교수요원으로 하여야 한다. 다만, 교수요원으로 보직할 수 없거나 곤란한 경우에는 교육훈련과 관계되는 직위에 보직하여야 한다. <개정 2001.2.3>

제25조 (전문특기자의 보직) 제3조제3항의 규정에 의하여 전문특기를 부여받은 경찰공무원은 당해 전문부서 또는 당해 전문분야의 교육을 위한 교수요원으로 보직하여야 한다. <개정 2001.2.3>

제26조 (전보) ① 임용권자 또는 임용제청권자는 경찰공무원의 동일직위에서의 장기근무로 인한 직무수행의 침체현상을 방지하여 창의적이며 활력 있는 직무성과의 증진을 기하도록 하는 한편, 지나치게 잦은 전보로 인한 능률저하를 방지하여 안정적인 직무수행을 기할 수 있도록 특별한 사정이 없는 한 정기적으로 전보를 실시하여야 한다.

② 삭제 <2007.10.4>

③ 삭제 <2007.10.4>

제27조 (전보의 제한) ① 임용권자 또는 임용제청권자는 소속공무원을 당해 직위에 임용된 날부터 1년 이내(감사업무를 담당하는 경찰공무원의 경우에는 2년 이내)에 다른 직위에 전보할 수 없다. 다만, 다음 각 호의 1에 해당하는 경우에는 그러하지 아니하다. <개정 1989.7.11, 1991.7.30, 1996.8.8, 2001.2.3, 2004.2.9>

  1. 직제상의 최저단위 보조기관(담당관을 포함한다) 내에서의 전보

  2. 경찰청 및 해양경찰청과 소속 기관 등 또는 소속 기관 등 상호간의 교류를 위한 전보

  3. 기구의 개편, 직제 또는 정원의 변경으로 인한 해당 경찰공무원의 전보

  4. 당해 경찰공무원을 승진시키는 경우

  5. 특수한 기술을 가진 경찰공무원 또는 전문특기자를 당해 직무분야
     에 보직하는 경우

  6. 징계처분을 받은 경우

  7. 형사사건에 관련되어 수사기관에서 조사를 받고 있는 경우

  8. 경찰기동대 기타 특수임무부서와의 정기적인 교체에 의하는 경우

  9. 교육훈련기관의 교수요원으로 보직하는 경우

  10. 시보임용 중인 경우

  11. 신규채용된 경위 이상 경찰공무원으로서 제22조제5항의 규정에 의
      한 보직관리기준에 따라 순환보직 중인 자의 전보 및 이와 관련
      한 전보

  12. 감사담당 경찰공무원 가운데 부적격자로 인정되는 경우

② 경찰대학·경찰종합학교·중앙경찰학교·경찰수사연수원 또는 해양
경찰학교의 교수요원으로 임용된 자는 그 임용일로부터 1년 이상 3년
이하의 범위 안에서 경찰청장 또는 해양경찰청장이 정하는 기간 안에는
다른 직위에 전보할 수 없다. 다만, 기구의 개편, 직제·정원의 변경 또
는 교육과정의 개폐가 있거나 교수요원으로서 부적당하다고 인정될 때
에는 그러하지 아니하다. <개정 1987.12.31, 1991.7.30, 2001.2.3, 2004.-
12.18, 2007.9.20>

③ 법 제8조제3항제6호의 규정에 의하여 특별채용된 경찰공무원은 그
채용일로부터 5년의 범위 안에서 경찰청장 또는 해양경찰청장이 정하는
기간 안에는 채용조건에 해당하는 기관 또는 부서 외의 기관 또는 부서
로 전보할 수 없다. <개정 1991.7.30, 1996.8.8>

④ 다음 각 호의 1에 해당하는 임용은 제1항의 규정에 의한 전보제한기
간을 계산함에 있어서는 새로운 임용으로 보지 아니한다.

  1. 직제상의 최저단위 보조기관(담당관을 포함한다)내에서의 전보

  2. 시보임용 중인 경찰공무원의 정규경찰공무원으로의 임용

  3. 기구의 개편, 직제 또는 정원의 변경으로 인하여 소속·직위만을

변경하여 재발령하는 경우의 그 임용. 다만, 담당직무의 변경이 없
는 경우에 한한다.

제28조 (인사교류) ① 임용권자 또는 임용제청권자는 인력의 균형 있는 배치
와 효율적인 활용 및 경찰공무원의 종합적 능력발전기회의 부여 등을
위하여 경찰공무원의 인사교류계획을 수립하고 이를 실시하여야 한다.
② 소속 기관 등의 장은 그 소속 경찰공무원과 다른 소속 기관 등의 경
찰공무원의 인사교류를 할 때에는 미리 경찰청장 또는 해양경찰청장의
승인을 얻어야 한다. <개정 1991.7.30, 1996.8.8>

제29조 (특수지근무경찰공무원의 인사교류) ① 임용권자는 2년의 범위 안에서 경
찰청장 또는 해양경찰청장이 정하는 기간 이상 특수지에서 근무한 총경
이하 경찰공무원에 대하여는 따로 인사교류계획을 수립하여 당해 지역
외의 지역으로 전보를 하여야 한다. 이 경우 전보는 경찰청장 또는 해양
경찰청장이 정하는 범위 안에서 본인이 희망하는 기관 또는 부서로 함
을 원칙으로 한다. <개정 1991.7.30, 1996.8.8>
② 제1항의 경우 본인이 다른 지역으로의 전보를 희망하지 아니하거나
기타 부득이한 사유가 있는 경우에는 전보대상에서 제외할 수 있다.
③ 제1항 및 제2항의 규정에 의한 특수지의 범위, 교류대상·방법 기타
교류에 관하여 필요한 사항은 경찰청장 또는 해양경찰청장이 정한다.
<개정 1991.7.30, 1996.8.8>

제30조 (파견근무) ① 임용권자 또는 임용제청권자는 다음 각 호의 1에 해당
하는 경우에는 「국가공무원법」 제32조의4의 규정에 의하여 경찰공무원
을 파견할 수 있다. <개정 2001.2.3, 2005.5.13, 2007.10.4>
　1. 국가기관 외의 기관·단체에서의 국가적사업의 수행을 위하여 특
　　히 필요한 경우
　2. 다른 기관의 업무폭주로 인한 행정지원의 경우
　3. 관련기관간의 긴밀한 협조를 요하는 특수업무의 공동수행을 위하
　　여 필요한 경우
　4. 「공무원교육훈련법」에 의한 교육훈련을 위하여 필요한 경우

5. 「공무원교육훈련법」에 의한 공무원교육훈련기관의 교수요원으로
   선발된 경우

6. 국제기구, 외국의 정부 또는 연구기관에서의 업무수행 및 능력개발
   을 위하여 필요한 경우

7. 국내의 연구기관·민간기관 및 단체에서의 관련업무수행·능력개
   발이나 국가 정책수립과 관련된 자료수집 등을 위하여 필요한 경우

② 제1항의 규정에 의한 파견의 기간은 다음 각 호와 같다. <개정
2007.10.4>

1. 제1항제1호·제2호 및 제7호에 따른 파견기간은 2년 이내, 동항제
   3호 및 제5호의 규정에 의한 파견기간은 1년 이내. 다만, 특히 필
   요한 경우에는 1년의 범위 안에서 이를 연장할 수 있다.

2. 제1항제4호 및 제6호에 따른 파견기간은 그 교육훈련·업무수행
   및 능력개발을 위하여 필요한 기간

3. 삭제 <2007.10.4>

③ 제1항제1호부터 제3호까지 및 제5호에 따른 파견의 경우에는 미리
파견받을 기관 또는 단체의 장의 요청이 있어야 하며, 제1항제1호부터
제3호까지, 제6호 및 제7호에 따라 소속 경찰공무원을 1년 이상 파견하
거나 그 파견기간을 연장하고자 하는 경우에는 행정안전부장관과 협의
하여야 한다. 다만, 행정안전부장관과 협의된 파견기간 범위 안에서 경
감 이하 경찰공무원의 파견기간을 연장하거나 경감 이하 경찰공무원의
파견기간이 종료된 후 그 파견자를 교체하는 때에는 행정안전부장관과
의 협의를 생략할 수 있다. <개정 2005.11.4, 2007.10.4, 2008.2.29>

④ 소속 기관 등의 장은 제1항제1호부터 제3호까지, 제6호 및 제7호에
따른 파견을 하거나 그 기간을 연장하고자 할 때에는 경찰청장 또는 해
양경찰청장의 승인을 얻어야 한다. <개정 1991.7.30, 1996.8.8,
2007.10.4>

⑤ 삭제 <2008.2.29>

제30조의2 (육아휴직 및 시간제근무 <개정 2007.10.4>) ① 「국가공무원법」 제71

조제2항제4호의 사유로 인한 휴직명령은 그 경찰공무원이 원하는 경우
이를 분할하여 할 수 있다. <개정 2007.10.4>

② 임용권자 또는 임용제청권자는 「국가공무원법」 제71조제2항제4호에
정한 사유에 해당하는 경찰공무원이 원하는 경우에는 「국가공무원법」
제26조의2에 따라 시간제근무 경찰공무원으로 지정할 수 있다. <개정
2007.10.4>

③ 제2항에 따른 시간제근무 경찰공무원의 근무시간은 「경찰공무원복무
규정」 제15조 및 제20조의 규정에 불구하고 1주당 15시간 이상 35시간
이하의 범위에서 경찰청장 또는 해양경찰청장이 정한다. <개정 2007.-
10.4>

④ 제2항 및 제3항의 규정에서 정한 사항 외에 시간제근무 경찰공무원
의 지정에 관하여 필요한 사항은 행정안전부령 또는 국토해양부령으로
정한다. <개정 2007.10.4, 2008.2.29>

[본조신설 2005.11.4]

제30조의3 (출산휴가 또는 육아휴직자 등의 업무를 대행하는 경찰공무원) ① 임용권
자 또는 임용제청권자는 경찰공무원이 출산휴가 또는 육아휴직을 하거
나 시간제근무 경찰공무원으로 지정된 때에는 그 공무원의 업무(시간제
근무 경찰공무원의 경우에는 시간제근무 경찰공무원의 근무시간 외의
업무에 한정한다)를 소속 경찰공무원에게 대행하도록 명할 수 있다. 다
만, 해당 경찰공무원의 육아휴직으로 인하여 「국가공무원법」 제43조제1
항에 따라 결원을 보충한 때에는 그러하지 아니하다.

② 제1항에 따라 출산휴가 또는 육아휴직 중인 경찰공무원의 업무를 대
행하는 경찰공무원 및 시간제근무 경찰공무원의 근무시간 외의 업무를
대행하는 경찰공무원에 대하여는 예산의 범위에서 「공무원수당등에관한
규정」으로 정하는 바에 따라 수당을 지급할 수 있다.

[전문개정 2007.10.4]

제31조 (별도정원의 범위) ① 「국가공무원법」 제43조제2항의 규정에 의하여
정원이 따로 있는 것으로 보는 경우는 다음 각 호와 같다. <개정 1991.-

7.30, 1999.12.28, 2005.5.13, 2007.10.4>

1. 제30조제1항에 따른 1년(제30조제1항제4호에 따른 파견의 경우에는 6개월) 이상의 파견

2. 국방대학교 입교

3. 삭제 <2007.10.4>

4. 정년잔여기간이 1년 이내에 있는 자의 퇴직 후의 사회적응능력 배양을 위한 연수(계급정년해당자는 본인의 신청이 있는 경우에 한한다)

② 제1항제1호에 따른 별도정원은 미리 행정안전부장관과 협의하여야 한다. <개정 2007.10.4, 2008.2.29>

③ 출산휴가와 연계하여「국가공무원법」제71조제2항제4호에 따라 3개월 이상 휴직하는 경우에는「국가공무원법」제43조제1항 단서에 따라 정원이 따로 있는 것으로 보고 결원을 보충할 수 있다. <신설 2007.10.4>

제5장 채용시험

제32조 (시험실시의 원칙) 경찰공무원의 채용시험은 계급별로 실시한다. 다만, 결원보충을 원활히 하기 위하여 필요하다고 인정될 때에는 직무분야별·근무예정지역 또는 근무예정기관별로 구분하여 실시할 수 있다.

제33조 (시험실시권) 경찰청장 또는 해양경찰청장은 법 제15조제1항의 규정에 의하여 순경(항공경찰분야에 종사할 자를 제외한다)의 공개경쟁채용시험의 실시권과 전투경찰순경으로 임용되어 소정의 복무를 마친 자에 대한 순경으로의 특별채용시험의 실시권을 소속 기관 등의 장에게, 경찰간부후보생의 공개경쟁선발시험의 실시권을 경찰종합학교의 장에게 각각 위임한다. 다만, 경찰청장 또는 해양경찰청장은 시험출제수준의 균형을 유지하기 위하여 특히 필요하다고 인정하는 경우에는 시험출제업무를 행할 수 있다. <개정 1991.7.30, 1993.8.23, 1996.8.8>

제34조 (공개경쟁채용시험의 공고) ① 경찰청장 또는 해양경찰청장 또는 제33조의 규정에 의하여 시험실시권의 위임을 받은 자(이하 '시험실시권자'

라 한다)는 공개경쟁채용시험을 실시할 때에는 임용예정계급, 응시자격, 선발예정인원, 시험의 방법·시기·장소, 시험과목 및 배점에 관한 사항을 시험실시 20일 전까지 공고하여야 한다. <개정 1991.7.30, 1996.-8.8>

② 제1항의 규정에 의한 공고내용을 변경하고자 할 때에는 시험실시 7일 전까지 그 변경내용을 공고하여야 한다.

제35조 (시험의 방법) ① 경찰공무원의 채용시험은 다음 각 호의 방법에 의한 신체검사·체력검사·필기시험·종합적성검사·면접시험 또는 실기시험과 서류전형에 의한다. 다만, 시험실시권자는 업무내용의 특수성 기타 사유로 필요하다고 인정하는 경우에는 체력검사를 실시하지 아니할 수 있다. <개정 1993.8.23>

  1. 신체검사

    직무수행에 필요한 신체조건 및 건강상태를 검정하는 것으로 한다.

  2. 체력검사

    직무수행에 필요한 민첩성·지구력 등 체력을 검정하는 것으로 한다.

  3. 필기시험

    교양부문과 전문부문으로 구분하되, 교양부문은 일반교양 정도를, 전문부문은 직무수행에 필요한 지식과 그 응용능력을 검정하는 것으로 한다.

  4. 종합적성검사

    직무수행에 필요한 적성과 자질을 종합검정하는 것으로 한다.

  5. 면접시험

    직무수행에 필요한 능력, 발전성 및 적격성을 검정하는 것으로 한다.

  6. 실기시험

    직무수행에 필요한 지식 및 기술을 실습 또는 실기의 방법에 의하여 검정하는 것으로 한다.

  7. 서류전형

    직무수행에 관련되는 자격 및 경력 등을 서면에 의하여 심사하는 것으로 한다.

② 법 제8조제2항의 규정에 의하여 교육훈련을 마친 경찰간부후보생에 대한 경위에의 채용시험은 그 교육훈련과정에서 이수한 과목을 검정하는 것으로 한다.

③ 제2항의 규정에 의한 시험의 방법·합격자의 결정 등에 관하여 필요한 사항은 경찰청장 또는 해양경찰청장의 승인을 얻어 경찰종합학교장이 정한다. <개정 1991.7.30, 1996.8.8>

제36조 (시험의 구분 등) ① 경정 및 순경의 공개경쟁채용시험은 다음의 구분에 의한 단계에 따라 순차적으로 실시한다. 다만, 시험실시권자는 업무내용의 특수성 기타 사유로 필요하다고 인정될 때에는 그 순서를 변경하여 실시할 수 있다. <개정 1993.8.23>

  1. 제1차시험: 신체검사

  2. 제2차시험: 체력검사

  3. 제3차시험: 선택형 필기시험. 다만, 기입형을 가미할 수 있다.

  4. 제4차시험: 논문형 필기시험. 다만, 과목별로 기입형을 가미할 수 있다.

  5. 제5차시험: 종합적성검사

  6. 제6차시험: 면접시험. 다만, 실기시험을 병과할 수 있다.

② 순경의 공개경쟁채용시험은 제1항의 규정에 불구하고 제1항제4호의 시험을 실시하지 아니한다. <개정 1994.12.31>

③ 제1항의 규정에 의한 시험에 있어서 전단계의 시험에 합격하지 아니하면 다음 단계의 시험에 응시할 수 없다. 다만, 시험실시권자가 필요하다고 인정할 때에는 전단계의 시험의 합격결정 전에 다음 단계의 시험을 실시할 수 있으며, 이 경우 전단계의 시험에 합격되지 아니한 자의 다음 단계 시험은 이를 무효로 한다.

제37조 (경찰간부후보생의 공개경쟁선발시험) 법 제8조제2항의 규정에 의한 경찰간부후보생의 공개경쟁선발시험은 제34조·제35조제1항 및 제36조에 준하여 실시한다. <개정 1994.12.31, 1998.12.31, 2003.2.11>

제38조 (특별채용시험) ① 법 제8조제3항의 규정에 의한 특별채용시험은 신체검사 및 체력검사와 다음 각 호의 구분에 의한 방법에 의한다. 다만, 경무관 이상의 경찰공무원을 특별채용함에 있어서는 서류전형의 방법에 의하며, 총경 이하의 경찰공무원을 특별채용하는 경우 시험실시권자는 업무내용의 특수성 기타 사유로 필요하다고 인정하는 경우에는 체력검사를 실시하지 아니할 수 있다. <개정 1993.8.23, 1998.12.31, 2007.-2.28>

  1. 법 제8조제3항제1호·제2호 및 제5호의 규정에 의한 특별채용에 있어서는 서류전형과 면접시험. 다만, 필기시험 또는 실기시험을 병과할 수 있고, 업무의 특수성 등을 고려하여 특히 필요하다고 인정되는 경우에는 두 시험을 모두 병과하여 실시할 수 있다.

  2. 법 제8조제3항제3호·제6호 및 제7호의 규정에 의한 특별채용에 있어서는 서류전형·필기시험 또는 실기시험과 면접시험. 다만, 업무의 특수성 등을 고려하여 특히 필요하다고 인정되는 경우에는 필기시험과 실기시험을 모두 병과하여 실시할 수 있다.

  3. 법 제8조제3항제4호의 규정에 의한 특별채용에 있어서는 필기시험과 면접시험. 이 경우 5급공무원 공개경쟁채용시험 또는 사법시험과 중복되는 과목은 이를 면제한다.

② 제1항의 규정에 의한 신체검사는 경찰청장 또는 해양경찰청장이 지정하는 기관에서 발부하는 신체검사서에 의한다. <개정 1991.7.30, 1996.8.8>

③ 제1항 각 호의 규정에 의한 필기시험은 선택형으로 하되, 기입형 또는 논문형을 가미할 수 있다. <개정 2007.2.28>

④ 제한경쟁특별채용시험의 공고에 관하여는 제34조제1항 및 제2항을 준용한다. 다만, 그 시험의 공고는 시험실시 10일 전까지 하여야 한다. <신설 2007.2.28>

제39조 (응시연령 및 신체조건 등) ① 경찰공무원의 채용시험에 응시하고자 하는 자는 최종시험예정일이 속한 연도에 다음 표의 응시연령에 해당하여

야 한다. 다만, 다음 표의 응시상한연령을 1세 초과한 자로서 1월 1일 출생자는 응시할 수 있다. <개정 1993.8.23, 2000.5.25, 2002.7.10, 2004.12.18, 2005.5.13>

계급별	공개경쟁채용시험	특별채용시험
경정 이상	25세 이상 40세 이하	27세 이상 40세 이하
경감 · 경위		23세 이상 40세 이하 (정보통신 및 항공분야는 23세 이상 45세 이하)
경사 · 경장		20세 이상 40세 이하
순 경	18세 이상 30세 이하	20세 이상 40세 이하 (함정요원은 18세 이상 40세 이하, 전투경찰순경으로 임용되어 소정의 복무를 마친 것을 요건으로 특별채용하는 경우에는 21세 이상 30세 이하)

② 경찰간부후보생의 공개경쟁선발시험에 응시할 수 있는 자의 연령은 21세 이상 30세 이하로 한다. <개정 1994.12.31, 1998.12.31>

③ 경찰공무원의 채용시험 및 경찰간부후보생의 공개경쟁선발시험에 응시할 수 있는 신체조건 및 체력검사의 평가기준과 방법은 행정안전부령 또는 국토해양부령으로 정한다. <개정 1993.8.23, 1996.8.8, 1998.12.31, 2008.2.29>

④ 경찰간부후보생공개경쟁선발시험 또는 순경공개경쟁채용시험에 응시하고자 하는 자는 「도로교통법」 제80조제2항제1호의 규정에 의한 제1종 운전면허 중 대형면허 또는 보통면허를 받은 자이어야 한다. 다만, 해양경찰청 소속 경찰공무원의 채용시험에 있어서는 해양경찰청장이 정하는 바에 따라 그러하지 아니할 수 있다. <신설 2000.11.28, 2005.5.13, 2006.5.30>

⑤ 경찰청장 또는 해양경찰청장은 경사 이하 경찰공무원의 특별채용시험에 응시하고자 하는 자에 대하여도 제4항 본문의 규정에 의한 응시자격을 갖추도록 할 수 있다. <신설 2000.11.28>

제40조 (학력) 경찰공무원의 채용시험 및 경찰간부후보생공개경쟁선발시험에 응시하고자 하는 자는 「초 · 중등교육법」에 의한 고등학교를 졸업하였거

나 이와 동등 이상의 학력을 가진 자이어야 한다. 다만, 「1980년 해직공무원의 보상 등에 관한 특별조치법」 제4조의 규정에 의하여 경찰공무원으로 특별채용하는 경우에는 그러하지 아니하다. <개정 1990.3.3, 1998.-12.31, 2005.5.13>

제40조의2 (응시자격의 예외) 경찰청장 또는 해양경찰청장은 법 제8조제4항의 규정에 의하여 동일한 사유에 해당하는 다수인을 대상으로 제한경쟁의 방법에 의하여 경찰공무원을 특별채용하는 경우 임용예정 직위의 직무수행상 특히 필요하다고 인정되는 때에 한하여 연령·학력 및 거주요건 등 응시자격을 제한하여 시험을 실시할 수 있다.

[본조신설 2005.11.4]

제41조 (시험과목) 경찰공무원의 공개경쟁채용시험의 필기시험과목은 별표 2와 같고, 경찰간부후보생공개경쟁선발시험의 필기시험과목은 별표 3과 같으며, 경찰공무원의 특별채용시험의 필기시험과목은 별표 4와 같다. <개정 1998.12.31>

[전문개정 1994.12.31]

제42조 (출제수준) 경찰공무원의 채용시험의 출제수준은 경위 이상 및 경찰간부후보생공개경쟁선발시험에 있어서는 경찰행정의 기획 및 관리에 필요한 능력·지식을 검정할 수 있는 정도로 하고, 경사 및 경장에 있어서는 경찰업무수행에 필요한 전문적 능력·지식을 검정할 수 있는 정도로 하며, 순경에 있어서는 경찰업무수행에 필요한 기본적 능력·지식을 검정할 수 있는 정도로 한다.

[전문개정 1998.12.31]

제43조 (시험의 합격결정) ① 경찰공무원의 공개경쟁채용시험 및 경찰간부후보생공개경쟁선발시험에 있어서는 체력검사의 경우 매 종목 실격 없이 전평가종목 총점의 4할 이상의 득점자를 합격자로 결정하며, 필기시험의 경우 매 과목 4할 이상, 전 과목 총점의 6할 이상의 득점자 중에서 선발예정인원과 시험성적을 고려하여 고득점자순으로 합격자를 결정한다. 다만, 순경의 공개경쟁채용시험에 있어서는 필기시험의 경우 매 과목 4

할 이상의 득점자 중에서 선발예정인원을 고려하여 고득점자순으로 합격자를 결정한다. <개정 1993.8.23>

② 경찰공무원의 특별채용시험에 있어서는 체력검사의 합격자 결정에 관하여는 제1항 본문의 규정을 준용하며, 필기시험 또는 실기시험의 경우에는 전 과목 총점의 6할 이상의 득점자 중에서 선발예정인원과 시험성적을 고려하여 고득점자순으로 합격자를 결정한다. 다만, 전투경찰순경으로 임용되어 소정의 복무를 마친 자의 순경으로의 특별채용시험에 있어서 필기시험의 합격자 결정에 관하여는 제1항 단서의 규정을 준용한다. <개정 1993.8.23>

③ 종합적성검사의 결과는 면접시험에 반영한다. <개정 1993.8.23>

④ 최종합격자의 결정은 면접시험합격자 중에서 다음 각 호의 방법에 의하여 산정한 성적의 순위에 의한다. <개정 1993.8.23, 2004.12.18, 2007.-2.28>

1. 체력검사·필기시험 또는 실기시험 및 면접시험을 실시하는 경우: 체력검사성적 1할, 필기시험성적(제36조제1항의 규정에 의하여 제3차시험과 제4차시험을 구분하여 실시할 때에는 이를 합산한 성적을 말한다. 이하 같다) 또는 실기시험성적 6.5할 및 면접시험성적 2.5할의 비율로 합산한 성적

1의2. 체력검사, 필기시험, 실기시험 및 면접시험을 실시하는 경우: 체력검사성적 1할, 필기시험성적 3할, 실기시험성적 3.5할 및 면접시험성적 2.5할의 비율로 합산한 성적

1의3. 필기시험, 실기시험 및 면접시험을 실시하는 경우: 필기시험성적 3할, 실기시험성적 4.5할 및 면접시험성적 2.5할의 비율로 합산한 성적

2. 필기시험 또는 실기시험 및 면접시험을 실시하는 경우: 필기시험성적 또는 실기시험성적 7.5할 및 면접시험성적 2.5할의 비율로 합산한 성적

3. 체력검사 및 면접시험을 실시하는 경우: 체력검사성적 2.5할 및 면

접시험성적 7.5할의 비율로 합산한 성적

  4. 면접시험을 실시하는 경우: 면접시험성적 10할

제44조 (응시수수료) ① 경찰공무원의 채용시험 및 경찰간부후보생공개경쟁선발시험의 응시자는 다음의 구분에 의한 응시수수료를 납부하여야 한다. <개정 1994.12.31>

  1. 경정 이상의 경찰공무원의 채용시험: 1만 원

  2. 경사 이상 경감 이하 경찰공무원의 채용시험: 7천 원

  3. 경찰간부후보생공개경쟁선발시험: 7천 원

  4. 경장 이하 경찰공무원의 채용시험: 5천 원

② 제1항의 규정에 의한 응시수수료는 수입인지로 응시원서에 붙여 납부하여야 하며, 납부한 응시수수료는 이를 반환하지 아니한다. 다만, 시험실시권자는 정보통신망을 이용하여 전자화폐·전자결제 등의 방법으로 이를 납부하게 할 수 있다. <개정 2004.3.17>

제45조 (시험위원의 임명 등) ① 시험실시권자는 경찰공무원의 채용시험 및 경찰간부후보생공개경쟁선발시험의 출제, 채점, 면접시험, 실기시험, 서류전형 기타 시험의 실시에 관하여 필요한 사항을 담당하게 하기 위하여 다음 각 호의 1에 해당하는 자를 시험위원으로 임명 또는 위촉할 수 있다.

  1. 당해 직무분야의 전문적인 학식 또는 능력이 있는 자

  2. 시험출제에 관하여 전문적인 지식이 있는 자

  3. 임용예정직무에 관한 실무에 정통한 자

② 제1항의 규정에 의하여 시험위원으로 임명 또는 위촉된 자는 시험실시권자가 요구하는 시험문제 작성상의 유의사항 및 서약서 등에 의한 준수사항을 성실히 이행하여야 한다.

③ 시험실시권자는 제2항의 규정을 위반함으로써 시험의 신뢰도를 크게 떨어뜨리는 행위를 한 시험위원이 있을 때에는 그 명단을 다른 시험실시권자에게 통보하고, 당해 시험위원이 소속하고 있는 기관의 장에게 당해인에 대한 징계 등 적절한 조치를 할 것을 요청하여야 한다.

④ 시험실시기관의 장은 제3항의 규정에 의한 통보를 받은 자에 대하여

는 그로부터 5년간 당해인을 경찰공무원채용시험 및 경찰간부후보생공
개경쟁선발시험의 시험위원으로 임명 또는 위촉할 수 없다.

⑤ 제1항의 규정에 의하여 시험위원으로 임명 또는 위촉된 자에 대하여
는 예산의 범위 안에서 경찰청장 또는 해양경찰청장이 정하는 바에 의
하여 수당을 지급할 수 있다. <개정 1991.7.30, 1996.8.8>

제46조 (부정행위자에 대한 조치) ① 경찰공무원의 채용시험 또는 경찰간부후
보생공개경쟁선발시험에서 부정행위를 한 응시자에 대하여는 당해 시험
을 정지 또는 무효로 하고, 그로부터 5년간 이 영에 의한 시험에 응시
할 수 없게 한다.

② 다른 법령에 의한 국가공무원 또는 지방공무원의 임용시험에서 부정
행위를 하여 당해 시험에의 응시자격이 정지 중에 있는 자는 그 기간
중 이 영에 의한 시험에 응시할 수 없다.

③ 시험실시권자는 부정행위를 한 응시자의 명단을 관보에 게재하여야
한다.

④ 부정행위를 한 응시자가 공무원일 경우에는 시험실시권자는 관할징
계위원회에 징계의결을 요구하거나 그 공무원이 소속하고 있는 기관의
장에게 이를 요구하여야 한다.

제6장 신분보장

제47조 (직권면직사유) ① 법 제22조제1항제2호에서 '대통령령이 정하는 사
유'라 함은 다음 각 호의 경우를 말한다.

　1. 지능저하 또는 판단력의 부족으로 경찰업무를 감당할 수 없는 경우

　2. 책임감의 결여로 직무수행에 성의가 없고 위험한 직무에 당하여
　　고의로 직무수행을 기피 또는 포기하는 경우

② 법 제22조제1항제3호에서 '대통령령이 정하는 사유'라 함은 다음 각
호의 경우를 말한다. <개정 2004.12.18>

　1. 인격장애, 알코올·약물중독 그 밖의 정신장애로 인하여 경찰업무

　　　　를 감당할 수 없는 경우

　　2. 사행행위 또는 재산의 낭비로 인한 채무과다, 부정한 이성관계 등
　　　도덕적 결함이 현저하여 타인의 비난을 받는 경우

제48조 (정년의 연장) ① 법 제24조제3항의 규정에 의한 정년의 연장은 임용
　　권자 또는 임용제청권자가 인력수급관계, 직무의 특수성, 연장대상자의
　　건강상태 및 직무수행능력 등을 고려하여 경찰청장 또는 해양경찰청장
　　이 정하는 기준에 의하여 행한다. <개정 1991.7.30, 1996.8.8, 1998.-
　　12.31>

　　② 임용권자 또는 임용제청권자가 제1항의 규정에 의하여 정년의 연장
　　을 하고자 할 때에는 제3항의 규정에 의한 정년연장심사위원회의 심사
　　를 거쳐야 한다.

　　③ 경찰공무원의 정년연장에 관한 사항을 심사하게 하기 위하여 임용권
　　자 또는 임용제청권자소속하에 경찰공무원정년연장심사위원회를 둔다.

　　④ 제3항의 규정에 의한 경찰공무원정년연장심사위원회의 구성 및 운영
　　에 관하여 필요한 사항과 정년의 연장신청 등에 관하여 필요한 사항은
　　행정안전부령 또는 국토해양부령으로 정한다. <개정 1996.8.8,
　　1998.12.31, 2008.2.29>

제49조 (정년연장의 대상) 법 제24조제3항에서 '대통령령이 정하는 바에 의하
　　여 지정을 받은 자'라 함은 제3조제3항의 규정에 의하여 전문특기를 부
　　여받은 자를 말한다.

　　[전문개정 1998.12.31]

제50조 (정년연장인원의 조정) 경찰청장 또는 해양경찰청장은 연도별 인력수급
　　의 원활을 기하기 위하여 필요하다고 인정될 때에는 소속 기관등별로
　　정년연장인원을 조정할 수 있다. <개정 1991.7.30, 1996.8.8>

부칙 〈제11106호, 1983.4.20〉

　　① (시행일) 이 영은 공포한 날로부터 시행한다.

② (전투경과를 부여받은 경찰공무원에 대한 경과조치) 이 영 시행 전에 종전의 규정에 의하여 전투경과를 부여받은 경찰공무원은 이 영에 의한 일반경과를 부여받은 것으로 본다.

부칙 〈제12343호, 1987.12.31〉

제1조 (시행일) 이 영은 공포한 날로부터 시행하되, 별표 1 및 별표 2의 개정규정은 1988년 7월 1일부터 시행한다.

제2조 (다른 법령의 개정) ① 경찰공무원교육훈련규정 중 다음과 같이 개정한다.
제2조제1호 중 '경찰종합학교 및 경찰서'를 '경찰종합학교·중앙경찰학교 및 경찰서'로 하고, 동조제3호 중 '경찰대학 및 경찰종합학교'를 '경찰대학·경찰종합학교 및 중앙경찰학교'로 한다.
제3조제4항제3호를 제4호로 하고, 동항에 제3호를 다음과 같이 신설한다.
3. 중앙경찰학교장
② 경찰공무원징계령 중 다음과 같이 개정한다.
제3조제2항 중 '경찰종합학교, 경찰서'를 '경찰종합학교, 중앙경찰학교, 경찰서'로 한다.
③ 전투경찰대설치법시행령 중 다음과 같이 개정한다.
제2조제1항제3호 중 '경찰대학 및 경찰종합학교'를 '경찰대학·경찰종합학교 및 중앙경찰학교'로 한다.
제14조제1항 단서 중 '경찰종합학교 등'을 '중앙경찰학교 등'으로 한다.
제38조제1항·제39조제1항 및 제61조제2항 중 '경찰대학장 또는 경찰종합학교장'을 각각 '경찰대학장, 경찰종합학교장 또는 중앙경찰학교장'으로 한다.
[별표 2] 제2호 가목 중 '경찰대학장·해경대장·경찰국장·경찰종합학교장표창'을 '경찰대학장·해경대장·경찰국장·경찰종합학교장·중앙경찰학교장표창'으로 한다.

부칙 〈제12752호, 1989.7.11〉

이 영은 공포한 날로부터 시행한다.

부칙 〈제12938호, 1990.3.3〉

이 영은 공포한 날부터 시행한다.

부칙 〈제13435호, 1991.7.30〉

제1조 (시행일) 이 영은 1991년 7월 31일부터 시행한다.

제2조 (다른 법령의 개정) ① 경찰공무원복무규정 중 다음과 같이 개정한다.

제13조 단서 및 제14조제2항 중 '내무부장관'을 각각 '경찰청장'으로 한다.

제15조제1항 중 '내무부장관'을 '경찰청장'으로, '해양경찰대'를 '해양경찰청'으로 하고, 동조제2항 중 '내무부장관'을 '경찰청장'으로 한다.

② 전투경찰대설치법시행령 중 다음과 같이 개정한다.

제2조제1항제1호 중 '휴직' 다음에 '·해임'을 삽입하고, 동조제3호를 다음과 같이 한다.

3. '소속 기관 등'이라 함은 경찰청·경찰대학·경찰종합학교·중앙경찰학교·경찰병원·해양경찰청 및 지방경찰청을 말한다.

제4조제1항 중 '내무부장관에 의하여 위임받은 소속 기관의 장'을 '경찰청장에 의하여 위임받은 소속 기관 등의 장'으로 하고, 동조제2항 중 '내무부장관은'을 '경찰청장은'으로 하며, 동조제3항 중 '소속 기관의 장'을 '소속 기관 등의 장'으로, '내무부장관'을 '경찰청장'으로 한다.

제20조 중 '전투경찰대의 대장'을 '전투경찰대의 대장 또는 경찰기관의 장'으로 한다.

제35조제1항 중 '소속 기관'을 '소속 기관 등'으로 하고, 동조제2항 중 '경감 이상의 간부 중에서 소속 기관의 장'을 '경감 이상의 경찰공무원 중에서 소속 기관 등의 장'으로 하며, 동조제6항 중 '내무부장관'을 '경

찰청장’으로 한다.

제18조, 제27조의3, 제36조 및 제36조의2제1항·제3항 중 ‘소속 기관’을 각각 ‘소속 기관 등’으로 한다.

제38조제1항, 제39조제1항 및 제61조제2항 중 ‘내무부치안본부장·서울특별시·직할시·도의 경찰국장, 해양경찰대장, 경찰대학장, 경찰종합학교장 또는 중앙경찰학교장’을 각각 ‘소속 기관 등의 장’으로 한다.

제57조제4항 단서 중 ‘내무부장관은 내무부소속병원’을 ‘경찰청장은 경찰병원’으로 한다.

제58조제1항 중 ‘원호’를 ‘보상’으로 한다.

제5조제1항·제2항 단서, 제6조제1항, 제7조제1항·제2항, 제8조제1항·제2항 단서, 제9조 본문, 제10조, 제12조, 제13조, 제14조제1항 단서, 제16조제4항, 제19조제2항, 제23조제1항, 제31조제3항, 제32조의2제1항제4호, 제34조제2항, 제36조의3, 제48조제2항, 제53조 본문, 제56조제5항, 제59조, 제60조 및 제62조 중 ‘내무부장관’을 각각 ‘경찰청장’으로 한다.

[별표 2] 중 제2호 ‘가’의 구분란 중 ‘치안본부장’을 ‘경찰청장’으로, ‘해경대장’을 ‘해양경찰청장’으로, ‘경찰국장’을 ‘지방경찰청장’으로, ‘지구대장’을 ‘해양경찰서장’으로 한다.

[별지 제1호서식] 의무경찰응시표 <19> 접수관란 중 ‘경찰국’을 ‘지방경찰청’으로 한다.

[별지 제3호서식] 중 ‘소속 기관의 장’을 각각 ‘소속 기관 등의 장’으로, ‘내무부장관’을 ‘경찰청장’으로, ‘원호처장’을 ‘국가보훈처장’으로 한다.

③ 경찰공무원기장령 중 다음과 같이 개정한다.

제4조제1항 중 ‘내무부장관’을 ‘경찰청장’으로 하고, 동조제2항 중 ‘매년 6월 30일과 12월 31일에’를 ‘매년 경찰의 날에’로 한다.

제6조 중 ‘내무부장관’을 ‘경찰청장’으로 한다.

[별지 제1호서식] 중 ‘내무부장관’을 ‘경찰청장’으로, 뒷면 주의사항란 중 ‘소속 기관의 장’을 ‘소속 기관 등의 장’으로 한다.

④ 경찰관유족기장령 중 다음과 같이 개정한다.

제5조 중 '내무부장관'을 '경찰청장'으로 한다.

[별지 서식] 중 '내무부장관(성명)'을 '경찰청장(성명)'으로 한다.

⑤ 총포·도검·화약류등단속법시행령 중 다음과 같이 개정한다.

제2조제11호 및 제9조제3항제1호 단서 중 '내무부장관'을 각각 '경찰청장'으로 한다.

제12조제1항제6호 중 '서울특별시장·직할시장 또는 도지사(이하 '시·도지사'라 한다)'를 '지방경찰청장'으로 한다.

제26조제3항 중 '시·도지사는'을 '지방경찰청장은'으로 한다.

제28조제1항 본문 중 '시·도지사'를 '지방경찰청장'으로 한다.

제68조의2, 제77조, 제80조제1항 중 '내무부장관'을 각각 '경찰청장'으로 한다.

제82조 본문 중 '내무부장관 또는 시·도지사'를 '경찰청장 또는 지방경찰청장'으로 한다.

제83조제1항 본문 중 '내무부장관'을 '경찰청장'으로, '시·도지사'를 '지방경찰청장'으로 하고, 동조제2항 본문 및 후단 중 '시·도지사'를 각각 '지방경찰청장'으로 한다.

제84조제2항 중 '내무부장관, 시·도지사'를 '경찰청장, 지방경찰청장'으로 한다.

⑥ 사격및사격장단속법시행령 중 다음과 같이 개정한다.

제4조제1항제2호 중 '자동차도'를 '자동차전용도로'로, '동조제2호의2'를 '동조제3호'로 한다.

제5조제1항 본문 중 '서울특별시장·부산시장 또는 도지사(이하 '도지사'라 한다)를 '지방경찰청장'으로 하고, 동조제3항 중 '도지사'를 '지방경찰청장'으로 한다.

제13조제2항 중 '서울특별시·부산시 또는 도의 수입증지'를 '수입인식'로 한다.

[별지 제1호서식] 중 '(서울특별시장, 부산시장, 도지사, 경찰서장)'을

‘(지방경찰청장, 경찰서장)’으로 하고, 뒷면 처리기관란 중 ‘경찰국보안과’를 ‘지방경찰청방범부 또는 방범과’로, ‘(경찰국장)’을 각각 ‘(지방경찰청장)’으로 한다.

[별지 제2호서식] 중 ‘(서울특별시장, 부산시장, 도지사, 경찰서장)’을 ‘(지방경찰청장, 경찰서장)’으로 한다.

[별지 제3호서식] · [별지 제4호서식] 및 [별지 제5호서식] 중 ‘(서울특별시장, 부산시장, 도지사, 경찰서장)’을 ‘(지방경찰청장, 경찰서장)’으로 하고, 뒷면 처리기관란 중 ‘경찰국보안과’를 ‘지방경찰청방범부 또는 방범과’로, ‘(경찰국장)’을 ‘(지방경찰청장)’으로 각각 한다.

⑦ 신용조사업법시행령 중 다음과 같이 개정한다.

제3조 중 ‘서울특별시장 · 직할시장 또는 도지사(이하 ‘도지사’라 한다)’를 ‘지방경찰청장’으로 한다.

제4조 본문 및 제7조 중 ‘도지사’를 각각 ‘지방경찰청장’으로 한다.

제5조, 제13조의3제1항 및 제16조의2제2항 · 제3항 중 ‘도지사는’을 각각 ‘지방경찰청장은’으로 한다.

⑧ 청원경찰법시행령 중 다음과 같이 개정한다.

제2조제1항 본문 중 ‘서울특별시장 · 직할시장 또는 도지사(이하 ‘도지사’라 한다)’를 ‘지방경찰청장’으로 하고, 동항 후단 중 ‘관할도지사’를 ‘관할지방경찰청장 ‘으로 한다.

제8조제1항 본문 중 ‘내무부장관’을 ‘경찰청장’으로 한다.

제12조제1항 중 ‘도지사’를 ‘지방경찰청장’으로 하고, 동조제2항 중 ‘도지사가’를 ‘지방경찰청장이’로 하며, 동조제4항 중 ‘내무부장관’을 ‘경찰청장’으로 한다.

제13조제1항 중 ‘도지사’를 ‘지방경찰청장’으로 하고, 동조제2항 중 ‘도지사가’를 ‘지방경찰청장이’로 한다.

제16조의2 중 ‘도지사가’를 ‘지방경찰청장이’로 한다.

제17조제3항 중 ‘관할도지사’를 ‘관할지방경찰청장’으로 하고, 동조제4항 중 ‘도지사는’을 ‘지방경찰청장은’으로 한다.

제4조, 제11조제3항, 제16조제2항 및 제20조 본문 중 '도지사'를 각각 '지방경찰청장'으로 한다.

[별지 제1호서식] 중 '도지사 귀하'를 '지방경찰청장 귀하'로 하고, 뒷면 처리기관란 중 '시·도지사(경찰국경비과)'를 '지방경찰청(경비과)'로, '경찰국담당자'를 '지방경찰청담당자'로, '경찰국장 전결'을 '지방경찰청장'으로 한다.

[별지 제1호의2서식] 중 '도지사'를 '지방경찰청장'으로 한다.

[별지 제2호서식] 중 '도지사 귀하'를 '지방경찰청장 귀하'로 하고, 뒷면 처리기관란 중 '시·도지사(경찰국경비과)'를 '지방경찰청(경비과)'로, '경찰국담당자'를 '지방경찰청담당자'로, '경찰국장 전결'을 '지방경찰청장'으로 한다.

[별지 제5호서식] 중 '도지사 귀하'를 '지방경찰청장 귀하'로 하고, 뒷면 처리기관란 중 '시·도지사(경찰국경비과)'를 '지방경찰청(경비과)'로, '경찰국장 전결'을 '지방경찰청장'으로 한다.

[별지 제6호서식] 및 [별지 제7호서식] 중 '도지사'를 각각 '지방경찰청장'으로 한다.

⑨ 용역경비업법시행령 중 다음과 같이 개정한다.

제9조 중 '서울특별시장·직할시장 또는 도지사(이하 '도지사'라 한다)는'을 '지방경찰청장은'으로 한다.

제19조제1항 본문 및 제2항 중 '내무부장관'을 각각 '경찰청장'으로 한다.

⑩ 도로교통법시행령 중 다음과 같이 개정한다.

제2조제1항 본문 중 '서울특별시장·직할시장 또는 도지사(이하 '시·도지사'라 한다)가'를 '지방경찰청장이'로 한다.

제23조제1항 중 '시·도지사'를 '지방경찰청장'으로 하고, 동조제2항 및 제4항 중 '시·도지사는'을 각각 '지방경찰청장은'으로 한다.

제25조 중 '시·도지사는'을 '지방경찰청장은'으로, '내무부장관'을 '경찰청장'으로 한다.

제22조제2항, 제43조제1항 본문 및 제2항 중 '시·도지사'를 각각 '지방

경찰청장'으로 한다.

제45조제2항 본문 및 단서 중 '시·도지사가'를 각각 '지방경찰청장이'로 하고, 동조제3항 중 '시·도지사는'을 '지방경찰청장은'으로 한다.

제52조제1항 중 '시·도지사'를 '지방경찰청장'으로 하고, 동조제2항·제3항 및 제6항 중 '시·도지사는'을 각각 '지방경찰청장은'으로 하며, 동조제4항 중 '시·도지사가'를 '지방경찰청장이'로 한다.

제6조의2제1항 본문, 제10조제1항제3호, 제12조제4호, 제13조제2항, 제15조제2항 단서, 제44조 및 제65조제1항 '시·도지사가'를 각각 '지방경찰청장이'로 한다.

제24조제1항, 제41조, 제53조제1항, 제63조의2제4항 및 제76조제3항 중 '시·도지사는'을 각각 '지방경찰청장은'으로 한다.

제37조, 제59조, 제63조제1항, 제68조제1항 및 제70조제1항 중 '내무부장관'을 각각 '경찰청장'으로 한다.

[별표 2] 제29호 자목 중 '시·도고시'를 '지방경찰청고시'로 한다.

⑪ 병역의무의특례규제에관한법률시행령 중 다음과 같이 개정한다.

제3조제1항, 제4조제1항 본문·제2항·제3항·제5항, 제6조, 제8조제1항, 제9조제1항·제2항 및 제39조제1항 중 '내무부장관'을 각각 '경찰청장'으로 한다.

⑫ 해상교통안전법시행령 중 다음과 같이 개정한다.

제5조 중 '내무부장관'을 '경찰청장'으로 한다.

제6조제1항 본문 중 '내무부장관'을 '경찰청장'으로, '지구해양경찰대장'을 '해양경찰서장'으로 하고, 동조제4항 중 '해양경찰대장'을 '해양경찰청장'으로 한다.

⑬ 소방공무원임용령 중 다음과 같이 개정한다.

제31조제1항제4호 중 '연수'를 '연수(계급정년 해당자는 본인의 신청이 있는 경우에 한한다)'로 한다.

제3조 (다른 법령의 폐지) 다음의 대통령령은 이를 폐지한다.

1. 경찰공무원법제16조의시행에관한규정

2. 경찰기동대원에대한특례

3. 밀항단속법제8조의규정에의한상금지급규정

부칙 〈제13526호, 1991.12.30〉

이 영은 공포한 날부터 시행한다.

부칙 〈제13960호, 1993.8.23〉

이 영은 공포한 날부터 시행하되, 제35조 · 제36조 · 제38조제1항 본문 · 제39조 · 제43조 · 별표 1 및 별표 2의 개정규정은 1993년 11월 1일부터 시행한다.

부칙 〈제14485호, 1994.12.31〉

① (시행일) 이 영은 공포한 날부터 시행한다. 다만, 제39조 및 별표 1 의2의 개정규정은 1996년 1월 1일부터 시행한다.

② (보안경과부여에 관한 특례) 이 영 시행 당시 보안업무를 담당하는 경찰공무원에 대하여는 제3조제2항의 규정에 불구하고 본인의 신청이 있는 경우에는 경찰청장이 정하는 기준에 의하여 보안경과를 부여할 수 있다.

부칙 〈제15136호, 1996.8.8〉 (해양경찰청과그소속기관직제)

제1조 (시행일) 이 영은 공포한 날부터 시행한다.

제2조 생략

제3조 (다른 법령의 개정) ① 내지 ③ 생략

④ 경찰공무원임용령 중 다음과 같이 개정한다.

제3조제2항 · 제4항, 제9조제2항, 제13조, 제16조제4항제3호, 제18조제3 항, 제22조제5항, 제26조제2항 · 제3항, 제27조제3항, 제28조제2항, 제29

조제1항·제3항, 제30조제4항, 제33조, 제34조제1항, 제35조제3항, 제38조제2항, 제45조제5항, 제48조제1항, 제50조 및 별표 4제1호 중 '경찰청장'을 각각 '경찰청장 또는 해양경찰청장'으로 한다.

제3조제5항, 제16조제4항제3호·제8항, 제17조제1항, 제20조제4항, 제39조제3항, 제48조제4항 및 제49조제2항 중 '내무부령'을 각각 '내무부령 또는 해양수산부령'으로 한다.

제4조제1항 중 '·해양경찰청'을 삭제하고, 동조제2항 중 '지방경찰청장과 해양경찰청장은'을 '지방경찰청장은'으로, '당해 경찰서 또는 해양경찰서 안에서의'를 '당해 경찰서 안에서의'로, '각각 경찰서장 또는 해양경찰서장에게'를 '경찰서장에게'로 하며, 동조에 제5항을 다음과 같이 신설한다.

⑤ 법 제6조제3항의 규정에 의하여 해양경찰청장은 소속경감 이하의 경찰공무원에 대한 당해 해양경찰서 또는 정비창 안에서의 전보권을 해양경찰서장 또는 정비창장에게 위임할 수 있다.

제9조제2항, 제12조제2항 및 제27조제1항제2호 중 '경찰청'을 각각 '경찰청 및 해양경찰청'으로 한다.

제16조제4항제2호 중 '경찰행정학과'를 '경찰행정학과 또는 해양경찰학과'로 한다.

제26조제3항 중 '해양경찰서,' 다음에 '정비창,'을 삽입한다.

⑤ 내지 <19> 생략

제4조 생략

부칙 〈제15618호, 1998.2.2〉

이 영은 1998년 7월 1일부터 시행한다.

부칙 〈제16036호, 1998.12.31〉

이 영은 공포한 날부터 시행한다. 다만, 제39조제2항 및 별표 2 내지 별

표 4의 개정규정은 2000년 1월 1일부터 시행한다.

부칙 〈제16620호, 1999.12.28〉 (경찰청과그소속기관등직제)

제1조 (시행일) 이 영은 공포한 날부터 시행한다. <단서 생략>
제2조 및 제3조 생략
제4조 (다른 법령의 개정) ① 경찰공무원임용령 중 다음과 같이 개정한다.
　　제4조제1항 중 '경찰병원'을 '경찰병원, 운전면허시험관리단'으로 한다.
　　제26조제3항 중 '경찰병원, 경찰서'를 '경찰병원, 운전면허시험관리단,
　　경찰서, 운전면허시험장'으로 한다.
　　② 내지 ⑥ 생략

부칙 〈제16626호, 1999.12.28〉 (국방대학교설치법시행령)

제1조 (시행일) 이 영은 2000년 1월 1일부터 시행한다.
제2조 및 제3조 생략
제4조 (다른 법령의 개정) ① 생략
　　② 경찰공무원임용령 중 다음과 같이 개정한다.
　　제31조제1항제2호 중 '국방대학원'을 '국방대학교'로 한다.
　　③ 내지 ⑥ 생략

부칙 〈제16817호, 2000.5.25〉

　　이 영은 공포한 날부터 시행한다. 다만 별표 2 내지 별표 4의 개정규정
은 2001년 1월 1일부터 시행한다.

부칙 〈제17007호, 2000.11.28〉

　　이 영은 2001년 7월 1일부터 시행한다.

부칙 〈제17122호, 2001.2.3〉 (경찰공무원교육훈련규정)

제1조 (시행일) 이 영은 공포한 날부터 시행한다.

제2조 및 제3조 생략

제4조 (다른 법령의 개정) ① 경찰공무원임용령 중 다음과 같이 개정한다.

　　제24조제2항 본문 및 단서, 제25조, 제27조제1항제9호, 동조제2항 본문
및 단서 중 '교관'을 각각 '교수요원'으로 한다.

　　제30조제1항제5호 중 '교관요원'을 '교수요원'으로 한다.

　　② 및 ③ 생략

부칙 〈제17662호, 2002.7.10〉

　　① (시행일) 이 영은 공포한 날부터 시행한다.

　　② (통신경과를 부여받은 경찰공무원에 대한 경과조치) 이 영 시행 전에
종전의 규정에 의하여 통신경과를 부여받은 경찰공무원은 제3조제1항제
3호의 개정규정에 의한 정보통신경과를 부여받은 것으로 본다.

부칙 〈제17902호, 2003.2.11〉

　　이 영은 2004년 1월 1일부터 시행한다.

부칙 〈제17946호, 2003.3.25〉

　　이 영은 공포한 날부터 시행하되, 2003년 1월 1일부터 적용한다.

부칙 〈제18274호, 2004.2.9〉

　　① (시행일) 이 영은 공포한 날부터 시행한다.

　　② (감사담당 경찰공무원의 전보제한에 관한 적용례) 제27조제1항의 개
정규정은 이 영 시행 후 감사업무를 담당하는 직위에 임용되는 경찰공

무원부터 적용한다.

부칙 〈제18312호, 2004.3.17〉 (전자적민원처리를위한가석방자관리규정등중개정령)

이 영은 공포한 날부터 시행한다.

부칙 〈제18416호, 2004.6.11〉 (공무원임용령)

제1조 (시행일) 이 영은 2004년 6월 12일부터 시행한다.
제2조 생략
제3조 (다른 법령의 개정) ① 내지 ④ 생략
　　⑤ 경찰공무원임용령 중 다음과 같이 개정한다.
　　제31조제2항 중 '행정자치부장관'을 '중앙인사위원회'로 한다.
　　⑥ 내지 ⑫ 생략

부칙 〈제18600호, 2004.12.18〉

① (시행일) 이 영은 공포한 날부터 시행한다. 다만, 제47조제2항의 개
정규정은 2005년 7월 1일부터 시행한다.
② (면접시험 등의 배점비율 조정에 관한 적용례) 제43조제4항의 개정
규정은 이 영 시행 후 최초로 실시하는 채용시험부터 적용한다.

부칙 〈제18826호, 2005.5.13〉

① (시행일) 이 영은 공포한 날부터 시행한다.
② (응시연령 조정에 관한 적용례) 제39조제1항의 개정규정은 이 영 시
행 후 최초로 공고되어 실시하는 순경의 공개경쟁채용시험부터 적용한다.

부칙 〈제19113호, 2005.11.4〉

제1조 (시행일) 이 영은 공포한 날부터 시행한다.

제2조 (다른 법령의 개정) ① 「행정기관의조직과정원에관한통칙」 일부를 다음과 같이 개정한다.

제24조의2제1항제1호 중 '「공무원임용령」 제41조제6항'을 '「공무원임용령」 제41조제6항 및 「경찰공무원임용령」 제30조제5항'으로 한다.

② 「공무원보수규정」 일부를 다음과 같이 개정한다.

제30조의3 중 '「계약직공무원규정」 제9조의4제3항 및 「고용직공무원규정」 제7조의3제3항'을 '「계약직공무원규정」 제9조의4제3항, 「고용직공무원규정」 제7조의3제3항 및 「경찰공무원임용령」 제30조의2제2항'으로 한다.

③ 「공무원수당등에관한규정」 일부를 다음과 같이 개정한다.

제14조의2 본문 중 '「공무원임용령」 제57조의3제1항'을 '「공무원임용령」 제57조의3제1항 및 「경찰공무원임용령」 제30조의3제1항'으로 한다.

제22조제1항 본문 중 '「계약직공무원규정」 제9조의4제3항 및 「고용직공무원규정」 제7조의3제3항'을 '「계약직공무원규정」 제9조의4제3항, 「고용직공무원규정」 제7조의3제3항 및 「경찰공무원 임용령」 제30조의2제2항'으로 한다.

부칙 〈제19493호, 2006.5.30〉 (도로교통법 시행령)

제1조 (시행일) 이 영은 2006년 6월 1일부터 시행한다.

제2조 및 제3조 생략

제4조 (다른 법령의 개정) ① 경찰공무원임용령 일부를 다음과 같이 개정한다.

제39조제4항 중 '제68조제2항제1호'를 '제80조제2항제1호'로 한다.

② 내지 ⑩ 생략

부칙 〈제19906호, 2007.2.28〉

이 영은 공포한 날부터 시행한다. 다만, 별표 2 내지 별표 4는 2008년 1월 1일부터 시행한다.

부칙 〈제20284호, 2007.9.20〉 (경찰공무원교육훈련규정)

제1조 (시행일) 이 영은 공포한 날부터 시행한다.
제2조 (다른 법령의 개정) ① 생략
  ② 경찰공무원임용령 일부를 다음과 같이 개정한다.
  제4조제1항 및 제27조제2항 중 '중앙경찰학교'를 '중앙경찰학교·경찰수사연수원'으로 하고, 제26조제3항 중 '중앙경찰학교'를 '중앙경찰학교, 경찰수사연수원'으로 한다.
  ③부터 ⑥까지 생략

부칙 〈제20311호, 2007.10.4〉

제1조 (시행일) 이 영은 공포한 날부터 시행한다. 다만, 제30조의2 및 제30조의3의 개정규정은 2008년 1월 1일부터 시행한다.
제2조 (출산휴가와 연계한 3개월 이상의 육아휴직에 따른 결원보충에 관한 적용례) 제31조제3항의 개정규정은 이 영 시행 후 최초로 3개월 이상의 육아휴직을 하는 경찰공무원부터 적용한다.
제3조 (부분근무에 관한 경과조치) 2008년 1월 1일 당시 종전의 제30조의2에 따른 부분근무를 하고 있는 경찰공무원은 2008년 1월 1일에 이 영에 따른 시간제근무 경찰공무원으로 지정된 것으로 본다.

부칙 〈제20692호, 2008.2.29〉 (경찰청과그소속기관직제)

제1조 (시행일) 이 영은 공포한 날부터 시행한다.
제2조 (다른 법령의 개정) ①부터 ③까지 생략

④ 경찰공무원임용령 일부를 다음과 같이 개정한다.

제3조제5항, 제16조제4항제3호·제8항, 제17조제1항, 제20조제4항, 제30조의2제4항, 제39조제3항 및 제48조제4항 중 '행정자치부령 또는 해양수산부령'을 각각 '행정안전부령 또는 국토해양부령'으로 한다.

제16조제7항 중 '행정자치부령'을 '행정안전부령'으로 한다.

제30조제3항 본문 중 '중앙인사위원회와'를 '행정안전부장관과'로 하고, 같은 항 단서 중 '제5항의 규정에 의하여'를 '행정안전부장관과'로, '중앙인사위원회와의'를 '행정안전부장관과의'로 하며, 같은 조 제5항을 삭제한다.

제31조제2항 중 '중앙인사위원회와'를 '행정안전부장관과'로 한다.

⑤부터 ⑫까지 생략

8. 경찰공무원임용령 시행규칙

[시행 2008.7.1] [행정안전부령 제9호, 2008.3.20, 일부개정]

경찰청 (인사과), 02 - 313 - 0586

제1장 임용과 발령

제1조 (인사발령을 위한 구비서류) ① 경찰공무원을 임용 또는 임용제청(「경찰공무원법」 제6조제1항의 규정에 의한 추천을 포함한다. 이하 같다)할 때에는 별표 1의 서류를 갖추어야 한다. <개정 1991.8.12, 2005.11.4>

② 제1항의 구비서류는 원본을 첨부하되, 특별한 사유로 인하여 사본을 첨부할 때에는 원본과의 대조확인을 하여야 한다.

제2조 (임용 및 임용제청서식) ① 임용권자(「경찰공무원임용령」 제4조의 규정에 의하여 임용권의 위임을 받은 자를 포함한다. 이하 같다) 또는 임용

제청권자(「경찰공무원법」 제6조제1항의 규정에 의한 추천이 필요한 경우에는 경찰청장을 포함한다. 이하 같다)가 경찰공무원을 임용 또는 임용 제청할 때에는 별지 제1호서식의 경찰공무원임용서에 의한다. <개정 1991.8.12, 2005.11.4>

② 경감 이하의 경찰공무원을 신규채용 또는 승진임용할 때에는 별지 제2호서식의 임용조사서를 첨부하여야 한다.

③ 경정 이상의 경찰공무원의 임용제청을 할 때에는 「공무원인사기록 및 인사사무처리 규정」 제16조제1항의 규정에 의한다. <개정 2004.12.18, 2005.11.4>

제3조 (임명장 또는 임용장) 임용권자는 정규경찰공무원으로 임용하거나 승진 또는 전보임용할 때에는 당해 경찰공무원에게 다음의 구분에 의한 임명장 또는 임용장을 수여한다.

1. 정규경찰공무원으로의 임용 또는 승진임용의 경우: 별지 제3호서식의 임명장

2. 경위 이상의 전보의 경우: 별지 제4호서식의 임용장

3. 경사 이하의 전보의 경우: 별지 제5호서식의 임용장

제4조 (인사발령통지서) ① 임용권자는 제3조의 규정에 의한 임용 외의 모든 임용과 승급 기타 각종 인사발령을 할 때에는 당해 경찰공무원에게 별지 제6호서식의 인사발령통지서를 교부하여야 한다. 다만, 승급은 회보에 의하여 통지할 수 있다.

② 직위해제를 함에 있어서는 「공무원인사기록 및 인사사무처리 규정」 제26조제3항의 규정에 의한 직위해제처분사유설명서를 첨부하여야 한다. <개정 2004.12.18, 2005.11.4>

③ 임용권자는 인사발령을 한 때에는 지체 없이 별지 제7호서식에 의하여 관계기관의 장에게 통지하여야 한다.

제5조 (발령대장) ① 임용권자 또는 임용제청권자는 소속 소속 경찰공무원에 대한 인사발령사항을 기재하기 위하여 별지 제8호서식의 발령대장을 비치·보관하여야 한다. 다만, 승급발령에 관하여는 그 기재를 생략할 수

있다.

② 제1항의 발령대장은 필요하다고 인정할 때에는 계급별 또는 발령내용별로 구분하여 비치·보관할 수 있다.

제6조 (전력조회) ① 임용권자 또는 임용제청권자는 전직공무원이나 정부투자기관 기타 공공기관에서 근무한 경력을 가진 자를 임용할 경우에는 전에 근무하였던 기관의 장에게 별지 제9호서식의 공무원 전력조회서에 의하여 전력을 조회하여야 한다. 다만, 경찰공무원의 채용시험을 실시함에 있어서 필요하다고 인정될 경우에는 시험실시기관의 장이 전력을 조회할 수 있다.

② 제1항의 규정에 의하여 공무원전력조회서를 받은 기관의 장은 별지 제10호서식의 전력조사회보에 의하여 20일 이내에 회보하여야 한다.

제7조 (인사사무의 전산관리서식 등) 인사사무를 전산관리하는 데 필요한 서식 및 사무절차는 경찰청장이 따로 정할 수 있다. <개정 1991.8.12>

제8조 (증명서 등의 발급) ① 경찰기관(「경찰공무원임용령」 제26조제3항의 규정에 의한 경찰기관을 말한다. 이하 같다)의 장은 재직 중인 경찰공무원이 재직증명서의 발급을 신청할 경우에는 제12조의 규정에 의한 인사기록 카드에 의하여 재직증명서를 발급하여야 한다. <개정 2005.11.4>

② 경찰기관의 장은 퇴직한 경찰공무원이 경력증명서의 발급을 신청할 경우에는 제5조의 규정에 의한 발령대장 또는 제12조의 규정에 의한 인사기록카드에 의하여 경력증명서를 발급하여야 한다. 다만, 최종퇴직 경찰기관 외의 경력이 있는 경우에는 본인의 원에 의하여 제6조의 규정에 의한 전력조회의 방법에 의하여 최종퇴직 경찰기관 외의 재직경력에 대하여도 증명서를 발급할 수 있다. <개정 1988.1.20>

③ 제1항 및 제2항의 규정에 의한 재직증명서 및 경력증명서의 서식은 「공무원인사기록 및 인사사무처리 규정」 제33조제1항의 규정에 의하여 중앙인사위원회가 정한 서식에 따른다. <개정 2004.12.18, 2005.11.4>

제9조 (정규임용심사위원회) ① 「경찰공무원임용령」(이하 '영'이라 한다) 제20조제3항의 규정에 의한 정규임용심사위원회(이하 '위원회'라 한다)는 위

원장 1인을 포함한 위원 5인 이상 7인 이하로 구성한다. <개정 2005.-11.4>

② 위원장은 위원 중 최상위계급 또는 선임의 경찰공무원이 된다.

③ 위원은 소속경감 이상의 경찰공무원 중에서 위원회가 설치된 기관의 장이 임명하되, 심사대상자보다 상위의 계급자로 한다.

④ 위원회는 재적위원 3분의 2 이상의 출석과 출석위원 과반수의 찬성으로 의결한다.

⑤ 이 규칙에서 정한 사항 외에 위원회의 운영에 관하여 필요한 사항은 위원회의 의결을 거쳐 위원장이 정한다.

제10조 (정규임용심사) ① 시보임용경찰공무원을 정규경찰공무원으로 임용함에 있어서 그 적부를 심사함에 있어서는 다음 사항을 고려하여야 한다.

  1. 시보임용 기간 중의 근무실적 및 직무수행 태도

  2. 영 제20조제2항 각 호에의 해당 여부

  3. 영 제47조 각 호에의 해당 여부

  4. 소속 상사의 소견

② 경찰기관의 장은 시보임용경찰공무원에 대한 제1항 각 호의 자료를 시보임용기간만료 10일 전까지 임용권자 또는 임용제청권자에게 제출하여야 한다.

③ 시보임용경찰공무원의 면직 또는 면직제청에 따른 동의의 절차는 해당 징계위원회의 파면의결에 관한 절차를 준용한다.

제2장 인사기록

제11조 (인사기록의 작성·유지·보관 등) ① 경찰청장 및 영 제4조제1항 및 제2항의 규정에 의하여 임용권을 위임받은 자(이하 '인사기록관리자'라 한다)는 소속 경찰공무원에 대한 인사기록을 작성·유지·관리하여야 한다. <개정 1988.1.20, 1991.8.12>

② 인사기록관리자는 인사기록의 적정한 관리를 위하여 관리담당자를

지정하여야 한다.

제12조 (인사기록의 종류) ① 인사기록은 원본과 부본으로 구분한다.

② 원본은 다음 각 호의 서류로 한다. <개정 1988.1.20, 2005.11.4>

1. 경찰공무원인사기록카드(별지 제11호서식)

2. 복무선서

3. 공무원연금카드(부본)

4. 공무원건강카드

5. 신원증명서

6. 신원조사회보서

7. 삭제 <2006.9.7>

8. 최종학교졸업증명서 또는 학력을 증명하는 서류

9. 삭제 <2006.9.7>

10. 면허 기타 자격증명서

11. 경력증명서

12. 전력조사회보서

13. 채용신체검사서

14. 재정보증서(「예산회계법」에 의한 회계관계 공무원에 한한다)

15. 경찰대학졸업자의 학생생활기록부(사본)

16. 기타 인사기록관리자가 필요하다고 인정하는 서류

③ 부본은 경찰공무원인사기록카드의 사본으로 한다.

④ 제2항의 인사기록은 별지 제12호서식의 경찰공무원인사기록철에 편철하여야 한다.

제13조 (인사기록의 작성) ① 인사기록의 최초 작성자는 다음 각 호와 같다. <개정 1988.1.20>

1. 경찰대학·경찰종합학교 또는 중앙경찰학교에서 신임교육기간 중 또는 수료와 동시에 임용되는 경찰공무원에 대하여는 경찰대학장·경찰종합학교장 또는 중앙경찰학교장

2. 경찰대학·경찰종합학교 또는 중앙경찰학교의 신임교육과정을 수

료한 후 임용되는 경찰공무원과 신임교육을 받지 아니하고 임용되는 경찰공무원에 대하여는 그 초임보직 기관의 장

② 제1항의 규정에 의하여 작성하는 인사기록의 부수는 다음 각 호와 같다. <개정 1991.8.12, 2004.12.18>

　1. 경정 이상은 원본 1부, 부본 2부

　2. 경감 이하는 원본 1부, 부본 1부

③ 인사기록관리자는 퇴직한 경찰공무원을 재임용한 경우에는 퇴직 당시의 인사기록 관리자에게 당해 경찰공무원의 인사기록의 송부를 요청할 수 있으며, 그 요청을 받은 인사기록관리자는 지체 없이 이를 송부하여야 한다.

④ 인사기록 관리자는 다음 각 호의 경우에는 인사기록을 재작성할 수 있다.

　1. 분실한 때

　2. 파손 또는 심한 오손으로 사용할 수 없게 된 때

　3. 정정 부분이 많거나 기록이 명확하지 아니하여 착오를 일으킬 염려가 있을 때

제14조 (인사기록의 관리) ① 인사기록은 다음 각 호의 구분에 따라 관리한다. <개정 1988.1.20, 1991.8.12, 1999.8.3, 1999.12.28, 2005.11.4, 2007.10.19>

　1. 경찰청장

　　가. 전국 경정 이상의 경찰공무원의 인사기록 원본

　　나. 삭제 <2004.12.18>

　　다. 경찰청 소속경정 이상 경찰공무원의 인사기록 부본 및 경감 이하 경찰공무원의 인사기록 원본과 부본

　2. 지방경찰청장

　　가. 소속경정 이상 경찰공무원의 인사기록 부본

　　나. 지방경찰청 소속경감 이하 경찰공무원의 인사기록 원본 및 부본

　　다. 경찰서 소속경감·경위의 인사기록 원본과 경사 이하의 인사기록 부본

　　3. 경찰대학장·경찰종합학교장·중앙경찰학교장·경찰수사연수원장·
　　　 운전면허시험관리단장·경찰병원장
　　　　가. 소속경정 이상의 경찰공무원의 인사기록 부본
　　　　나. 소속경감 이하 경찰공무원의 인사기록 원본 및 부본
　　4. 경찰서장·운전면허시험장장
　　　　가. 소속경위 이상의 인사기록 부본
　　　　나. 소속경사 이하의 인사기록 원본
　　5. 삭제 <2005.11.4>
② 인사기록 관리자가 아닌 경찰기관의 장은 직근 상급인사기록 관리자
의 승인을 얻어 소속 경찰공무원의 인사기록부본을 관리할 수 있다.
③ 경찰공무원이 승진·전출 등으로 인사기록 관리자를 달리하게 된 때
에는 전 소속 인사기록 관리자는 신소속인사기록 관리자에게 5일 이내
에 인사기록을 송부하여야 한다. 이 경우 인사기록을 본인에게 지참시켜
서는 아니 된다.

제15조 (인사기록의 정리 및 변경) ① 인사기록 관리자는 소속 경찰공무원에
대한 임용·징계·포상 기타의 인사발령이 있는 때에는 지체 없이 이를
당해 경찰공무원 인사기록카드에 기록하여야 한다.
② 경찰공무원은 성명·주소 기타 인사기록의 기록내용을 변경하여야
할 사유가 있을 때에는 그 사유가 발생한 날로부터 30일 이내에 소속
인사기록 관리자에게 신고하여야 한다.
③ 인사기록 관리자는 인사기록 카드를 기록·정리하였거나 변경한 때
에는 당해 경찰공무원의 인사기록의 원본 및 부본을 보관하는 인사기록
관리자에게 제7조의 규정에 의하여 정하여진 서식에 따라 5일 이내에
보고 또는 통보하여야 한다.
④ 경정 이상 경찰공무원의 기록변경사항에 대하여는 제3항의 규정에 의
한 통보 외에 「공무원인사기록 및 인사사무처리 규정」 제28조의 규정에
의하여 중앙인사위원회에 이를 통보하여야 한다. <개정 1999.8.3, 2004.-
12.18, 2005.11.4>

제15조의2 (징계 등 처분기록의 말소) ① 인사기록관리자는 징계처분을 받은 경찰공무원이 다음 각 호의 1에 해당하는 때에는 제15조제1항의 규정에 의하여 당해 경찰공무원의 인사기록카드에 등재된 징계처분의 기록을 말소하여야 한다.

  1. 징계처분의 집행이 종료된 날로부터 다음의 기간이 경과한 때. 다만, 징계처분을 받고 그 집행이 종료된 날로부터 다음의 기간이 경과하기 전에 다른 징계처분을 받은 때에는 각각의 징계처분에 대한 해당 기간을 합산한 기간이 경과하여야 한다.

    가. 정직: 7년

    나. 감봉: 5년

    다. 견책: 3년

  2. 소청심사위원회나 법원에서 징계처분의 무효 또는 취소의 결정이나 판결이 확정된 때

  3. 징계처분에 대한 일반사면이 있은 때

② 인사기록관리자는 직위해제처분을 받은 경찰공무원이 다음 각 호의 1에 해당하는 때에는 제15조제1항의 규정에 의하여 당해 경찰공무원의 인사기록카드에 등재된 직위해제처분의 기록을 말소하여야 한다.

  1. 직위해제처분의 종료일로부터 2년이 경과한 때. 다만, 직위해제처분을 받고 그 집행이 종료된 날로부터 2년이 경과하기 전에 다른 직위해제처분을 받은 때에는 각 직위해제처분마다 2년을 가산한 기간이 경과하여야 한다.

  2. 소청심사위원회나 법원에서 직위해제처분의 무효 또는 취소의 결정이나 판결이 확정된 때

③ 제1항 및 제2항의 규정에 의한 기록의 말소는 인사기록카드상의 당해 처분기록 위에 말소된 사실을 표기하는 방법에 의한다. 다만, 제1항제2호 또는 제2항제2호에 해당되고 그 해당 사유 발생일 이전에 징계 또는 직위해제처분을 받은 사실이 없는 때에는 당해 사실이 나타나지 아니하도록 인사기록카드를 재작성하여야 한다.

④ 징계처분 및 직위해제처분의 말소방법·절차 등에 관하여 필요한 사항은 경찰청장이 정한다. <개정 1991.8.12>

[본조신설 1986.12.19]

제16조 (인사기록카드의 열람) ① 인사기록은 다음 각 호의 자를 제외하고는 이를 열람할 수 없다.

　　1. 인사기록관리자

　　2. 인사사무취급자

　　3. 본인

　　4. 기타 경찰공무원 인사자료의 보고 등을 위하여 필요한 자

② 제1항제3호 및 제4호의 경우에는 인사기록관리자의 허가를 받아 인사기록담당자의 입회하에 소정의 장소에서 열람하여야 한다.

③ 제1항제1호 및 제2호의 자는 소관 업무를 수행하기 위하여 필요하다고 인정되는 경우에는 「전자정부구현을위한행정업무등의전자화촉진에관한법률」 제21조제1항의 규정에 의한 행정정보의 공동이용을 통하여 병적증명서 및 호적 등본을 확인하여야 한다. 다만, 본인이 확인에 동의하지 아니하는 경우에는 이를 제출하도록 하여야 한다. <신설 2006.9.7>

④ 인사기록을 열람한 자는 인사기록의 내용을 누설하여서는 아니 된다. <개정 2006.9.7>

제17조 (인사기록의 수정) ① 인사기록은 다음 각 호의 경우를 제외하고는 이를 수정하여서는 아니 된다.

　　1. 오기한 것으로 판명된 때

　　2. 본인의 정당한 요구가 있을 때

② 제1항제2호의 경우 인사기록관리자는 법원의 판결, 국가기관의 장이 발행한 증빙서류 기타 정당한 관계서류에 의하여 확인한 후 수정하여야 한다.

제18조 (교육훈련성적의 보고·통보) 경찰대학장·경찰종합학교장·중앙경찰학교장 또는 경찰수사연수원장은 교육훈련을 이수한 자의 교육훈련성적을 교육훈련을 마친 날로부터 10일 이내에 제7조의 규정에 의하여 정하여

진 서식에 따라 인사기록관리자에게 보고 또는 통보하여야 한다. <개정 1988.1.20, 2007.10.19>

제3장 경과 및 특기

제19조 (경과별 직무의 종류) 경찰공무원의 경과별 직무의 종류는 다음과 같다. <개정 1991.8.12, 1994.12.31, 2002.7.11, 2004.12.18, 2005.11.4>
1. 일반경과는 기획·감사·경무·생활안전·교통·경비·작전·정보·외사 기타의 직무로서 수사경과·보안경과 및 특수경과에 속하지 아니하는 직무
2. 수사경과는 범죄수사에 관한 직무
3. 보안경과는 보안경찰에 관한 직무
4. 특수경과 중 항공경과는 경찰항공기의 운영·관리에 관한 직무, 해양경과는 해양경찰에 관한 직무, 정보통신경과는 경찰정보통신의 운영·관리에 관한 직무, 운전경과는 경찰차량의 운전 및 정비에 관한 직무

제20조 (특기분류) ① 영 제3조제3항의 규정에 의한 일반특기 및 전문특기는 다음과 같이 분류한다. <개정 1991.8.12, 2002.7.11, 2005.11.4>
1. 일반특기는 기획·감사·경무·생활안전·형사·수사·교통·경비·작전·정보·보안 및 외사 특기로 분류한다.
2. 전문특기는 형사, 조사, 과학수사, 정보관리, 정보분석, 보안수사공작·보안수사신문, 외사 및 기술(정보통신·항공·해양) 특기로 분류한다.

② 전문특기를 부여하여 전문화관리를 할 수 있는 범위는 해당 일반특기분야 정원의 3할 이내로 하되, 경찰교육훈련기관에 해당 분야 전문화교육과정이 설치되어 있는 경우에는 그 교육을 받은 자에 한하여 전문특기를 부여한다. <개정 1989.7.13>

③ 특기부호는 다음과 같이 세 자리 숫자로 구성하며 각 자릿수에 따른 번호 구분은 별표 2에 의한다.

1. 첫째 자리는 경과번호

2. 둘째 자리는 일반특기번호

3. 셋째 자리는 전문특기번호

제21조 (전문특기별 직무의 종류) 경찰공무원의 전문특기별 직무의 종류는 다음과 같다. <개정 1991.8.12, 1999.8.3, 2002.7.11, 2005.11.4>

1. 형사전문특기는 범죄수사에 따른 범죄수법, 수사에 관한 기획 및 외근에 관한 직무

2. 조사전문특기는 범죄조사에 관한 직무

3. 과학수사 전문특기는 화재, 지문, 발자국 기타의 흔적 또는 사진의 감식기술, 컴퓨터 및 거짓말탐지기의 작동에 관한 직무

4. 정보관리전문특기는 정보기획 · 정보수집 및 정보자료 관리에 관한 직무

5. 정보분석전문특기는 정보의 분석 및 판단에 관한 직무

6. 보안수사공작 전문특기는 보안수사기획 · 보안수사공작 및 보안수사분석에 관한 직무

7. 보안수사신문 전문특기는 보안수사신문에 관한 직무

8. 외사전문특기는 외사정보의 수집 · 분석 · 판단, 외사공작, 외사수사, 외국어 번역 및 통역기술에 관한 직무

9. 기술전문특기 중 정보통신기술전문특기는 정보통신의 관리 및 장비운영에 관한 직무, 항공기술전문특기는 항공조종 및 항공정비에 관한 직무, 해양기술전문특기는 경비함정의 조종 및 정비 · 해난구조를 위한 잠수에 관한 직무

제22조 (경과부여) 경찰공무원을 신규채용할 때에는 채용구분에 따라 경과를 부여하되, 일반 요원으로 채용된 자에 대하여는 일반경과를, 수사요원으로 채용된 자에 대하여는 수사경과를, 보안요원으로 채용된 자에 대하여는 보안경과를, 특수기술요원으로 채용된 자에 대하여는 해당 특수경과를 부여한다. <개정 1994.12.31, 2004.12.18>

제23조 (특기분류) ① 특기는 예비분류와 확정분류의 2단계를 거쳐서 분류한다.
② 예비분류단계에서는 적성에 맞는 기능분야에서 육성될 수 있도록 기

능을 확정함에 앞서 미리 분류하는 것으로서 해당 분야의 지식을 개발할 수 있도록 관리하여야 하며, 그 특기가 적성에 적합한지의 여부를 관찰하고 확인한다.

③ 확정분류는 예비분류 기간 중 개발한 적성에 따라 기능을 확정한다.

제24조 (일반특기의 예비분류 및 확정분류) ① 경위에 대한 일반특기의 예비분류는 경위로 임용되어 2년이 경과한 때에 하고, 확정분류는 예비분류 후 5년이 경과하고 해당 특기분야에 적성과 능력이 있다고 인정될 때 또는 경감으로 승진 임용할 때에 한다.

② 경감 이상으로 신규 채용된 자에 대한 일반 특기의 예비분류는 채용 후 1년이 경과한 때에 하고, 확정분류는 예비분류 후 2년이 경과한 때에 한다.

제25조 (전문특기의 예비분류 및 확정분류) ① 경위에 대한 전문특기의 예비분류는 다음 각 호의 1에 해당하는 자에 대하여 한다. <개정 2005.11.4>

1. 일반특기의 예비분류 후 2년 이상 경과된 자로서 해당 특기분야에서 경험한 지식과 능력이 우수한 자
2. 「경찰공무원교육훈련규정」 제8조제3항 또는 제12조의 규정에 의하여 해당 특기분야와 관련된 전문화 교육 또는 위탁교육을 받은 자
3. 해당 특기분야와 관련된 학위 또는 기술자격소지자

② 경위에 대한 전문특기의 확정분류는 예비분류 후 3년이 경과하고, 해당 특기분야에의 적성과 능력이 우수하다고 인정될 때 또는 경감으로 승진임용할 때에 한다.

③ 경감 이상으로 신규채용된 자에 대한 전문특기의 예비분류는 일반특기의 예비분류 후 1년이 경과된 자로서 해당 특기분야에 적성과 능력이 있다고 인정된 자에 대하여 하고, 확정분류는 예비분류 후 2년이 경과된 때에 한다.

제26조 (특별채용된 경찰공무원에 대한 특기분류) 해당 특기분야에 근무할 것을 조건으로 특별채용된 경찰공무원에 대하여는 제24조 및 제25조의 규정에 불구하고 일반특기와 전문특기의 분류를 동시에 할 수 있으며, 예비

분류는 채용 후 1년이 경과한 때에 하고, 확정분류는 예비분류 후 2년이 경과한 때에 한다.

제27조 (전과 및 특기변경의 범위) ① 전과는 일반경과에서 수사경과·보안경과 또는 특수경과로 전과하는 것에 한하여 인정한다. 다만, 정원감축 등으로 인하여 부득이한 경우에는 보안경과·수사경과·정보통신경과 또는 운전경과에서 일반경과로 전과하는 것을 인정할 수 있다. <개정 1994.-3.11, 1994.12.31, 2002.7.11, 2004.12.18>

② 특기의 변경은 예비분류기간 중 일반특기상호간 또는 전문특기상호간 1회에 한하여 할 수 있다. 다만, 특기분류에 중대한 흠이 있다고 인정될 때에는 재분류하여 이를 변경할 수 있다.

제28조 (전과 및 특기변경의 제한 등) ① 전과 또는 특기의 변경은 다음 각 호의 1에 해당하는 자에 한한다.

  1. 현재의 경과 또는 특기분야에서는 업무수행 능력이 현저히 부족하나 다른 경과 또는 특기분야에서는 더욱 발전할 수 있다고 인정되는 자

  2. 보충을 요하는 경과 또는 특기에 필요한 직무교육을 이수한 자

  3. 변경하고자 하는 경과 또는 특기분야와 관련된 자격증 소지자

  4. 변경하고자 하는 경과 또는 특기와 관련된 분야의 시험(국가에서 시행하는 시험에 한한다)에 합격한 자

② 다음 각 호의 1에 해당하는 자는 전과 및 특기의 변경을 할 수 없다. 다만, 제1항제3호에 해당하는 경우에는 예외로 한다. <개정 1994.12.31>

  1. 현재의 경과 및 특기분야에서 1년을 경과하지 아니한 자

  2. 특수경과 또는 전문 특기분야에 근무할 것을 조건으로 채용된 자로서 5년을 경과하지 아니한 자

제29조 (특기분류 심사) ① 특기를 분류할 때에는 다음 사항을 고려하여 심사한다.

  1. 본인의 희망

  2. 근무경험

3. 적성(전공분야 및 자격증 등)

4. 전문화교육

5. 소속 상사의 의견 등

② 특기의 분류는 신규채용자의 임용 등 특별한 사유가 있는 경우 또는 보직의 전문화를 위하여 필요한 경우에 실시할 수 있다. <개정 2002.7.11>

제4장 보직관리

제30조 (보직의 기준) ① 경찰공무원을 보직함에 있어서는 경과에 적합하게 하여야 하며, 특기·교육훈련·근무경력·근무성적 및 적성 등을 고려하여야 한다. <개정 1989.7.13>

② 임용권자 또는 임용제청권자는 업무량, 직위의 중요도, 희망경향, 지역실정 등에 맞도록 계급별로 보직군을 설정하고 소속 경찰공무원의 경력과 실적에 따라 능력을 적절히 발전시킬 수 있도록 보직하여야 한다.

③ 일반특기자의 보직은 경찰지휘관, 참모부서 및 상급기관과 하급기관의 직위를 고루 경험할 수 있도록 하여야 한다.

④ 전문특기자의 보직은 당해전문특기분야 내에서 상급기관과 하급기관의 직위를 고루 경험할 수 있도록 하며, 경찰지휘관과 당해전문특기분야의 참모부서를 순환하도록 하여야 한다.

⑤ 영 제24조제2항에서 규정한 교관은 경정 이하의 경찰공무원에게 적용하며, 그 보직기간은 다음과 같다.

1. 6월 이상의 장기교육이수자는 2년 이상

2. 외국의 경찰교육기관의 기본교육 또는 2월 이상의 전문화 교육을 받은 자는 1년 이상

제31조 (초임경찰공무원의 보직) ① 영 제23조제2항에서 '최하급경찰기관'이라 함은 경찰청, 경찰대학, 경찰종합학교, 중앙경찰학교, 경찰수사연수원, 국립과학수사연구소,경찰병원, 운전면허시험관리단, 지방경찰청을 제외한 경

찰기관을 말한다. <개정 1988.1.20, 1991.8.12, 1999.8.3, 1999.12.28, 2007.10.19>

② 영 제23조제2항에서 '외근부서'라 함은 전투경찰대, 지구대·파출소 또는 출장소 기타 경비업무를 수행하는 부서를 말한다. <개정 2005.-11.4>

제32조 (전보의 제한) ① 특정한 직무분야에 근무할 것을 조건으로 신규채용 또는 승진임용된 자는 5년 이내에 채용조건 또는 승진임용조건과 다른 직무분야에 전보할 수 없다. 다만, 전투경찰대기간요원 등 기간을 정하여 임용한 경우에는 그 기간에 의한다. <개정 1994.3.11>

② 승진임용후보자로 확정된 자는 임용권자를 달리하는 기관에 전보할 수 없다. 다만, 승진임용되는 계급에 결원이 있는 기관으로의 전보는 예외로 한다.

③ 3월 이내에 정년으로 퇴직할 자는 다음 각 호의 직위에 보직할 수 없다. 다만, 이미 보직된 자는 퇴직예정일 3월 전에 보직을 변경하여야 한다.

  1. 회계관계직 공무원의 직위

  2. 민원사무를 취급하는 부서의 직위

제33조 (승인에 의한 전·출입) ① 영 제28조제2항의 규정에 의하여 경찰대학·경찰종합학교·중앙경찰학교·경찰병원·운전면허시험관리단 및 지방경찰청(이하 '소속 기관 등'이라 한다)의 장이 경찰공무원의 인사교류를 위하여 경찰청장의 승인을 얻고자 할 때에는 별지 제13호서식의 경찰공무원 전입·전출 승인신청서에 의한다. <개정 1991.8.12, 1999.8.3, 1999.12.28>

② 삭제 <1991.8.12>

③ 삭제 <1991.8.12>

제33조의2 (시간제근무 〈개정 2007.10.19〉) ① 영 제30조의2제2항에 따른 시간제근무명령은 당해 경찰공무원이 원하는 경우 분할하여 할 수 있다. <개정 2007.10.19>

② 시간제근무 경찰공무원으로 지정하거나 시간제근무 기간의 종료, 육아휴직사유 소멸 등으로 시간제근무를 해제하는 경우에는 별지 제24호 서식에 따른 시간제근무명령서 또는 시간제근무해제 명령서를 교부하여야 한다. <개정 2007.10.19>

③ 영 제30조의2제3항의 규정에 의한 시간제근무 시간은 1일 최소 3시간 이상이어야 한다. <개정 2007.10.19>

[본조신설 2005.11.4]

제33조의3 (업무대행 경찰공무원) ① 영 제30조의3제1항의 규정에 의하여 업무를 대행하는 경찰공무원을 지정하거나 업무대행 기간의 종료, 육아휴직자의 복귀 등으로 업무대행을 해제하는 경우에는 별지 제25호서식에 의한 업무대행 명령서 또는 업무대행해제 명령서를 교부하여야 한다.

② 업무대행 경찰공무원은 1인으로 지정함을 원칙으로 하고 업무의 특성상 다수인을 지정할 필요가 있는 경우에는 최소한의 인원으로 하되, 5인을 초과할 수 없다.

[본조신설 2005.11.4]

제5장 채용시험

제34조 (응시자격 등의 기준) ① 영 제16조제2항의 규정에 의한 특별채용에 있어서의 임용예정직에 상응한 자격증의 구분은 별표 3과 같다. 이 경우의 계급환산에 관하여는 제2항의 규정을 준용한다.

② 영 제16조제3항의 규정에 의하여 근무경력 또는 연구경력을 평가함에 있어서 다른 경력과의 계급환산기준은 별표 4와 같다. 이 경우 연구경력은 다음 각 호의 1에 해당하는 경력이어야 한다. <개정 1994.-3.11>

  1. 국가 또는 지방자치단체의 연구기관에서의 연구경력

  2. 박사·석사학위소지자로서 그 학위의 취득을 위한 연구경력(이 경우의 연구경력은 박사학위소지자는 5년, 석사학위소지자는 2년으로

한다)

  3. 대학부설연구기관에서의 연구경력

  4. 외국의 국·공립연구기관(대학부설연구기관을 포함한다)에서의 연구경력

③ 영 제16조제4항제3호에서 '특별경비부서'라 함은 서울특별시지방경찰청 101경비단 및 22경찰경호대를 말한다. <개정 1991.8.12, 2005.-11.4>

④ 영 제16조제4항제5호의 규정에 의한 전문지식의 범위는 전문특기 분야의 기능 기타 특수 직무분야의 전문지식에 한하며, 이 경우에는 채용예정분야와 관련된 학사학위소지자를 경위 이하 경찰공무원으로 채용하는 경우에 한한다. 다만, 대공공작·대공신문분야에 있어서 채용예정직급이 경사 이하인 경우에는 인문사회과학분야의 학사학위소지자를 당해분야의 전문지식을 가진 자로 본다. <개정 1986.12.29>

⑤ 영 제16조제7항의 규정에 의한 외국어에 능통한 자를 채용하는 경우에는 경위 이하 경찰공무원으로 채용하는 경우에 한하며, 그 능통의 정도는 모국어를 사용하는 국민의 고등학교교육을 마치고 작문이나 회화를 하는 수준에 달한 경우를 말한다. <개정 2006.11.8>

⑥ 삭제 <2004.12.18>

⑦ 영 제39조제3항의 규정에 의한 경찰공무원의 채용시험 또는 경찰 간부후보생의 공개경쟁선발시험에 응시할 수 있는 신체조건은 별표 5와 같다. 다만, 별표 5에 정하지 아니한 사항은 공무원채용신체검사규정에 의하며, 특수부서에 근무할 자 또는 업무내용의 특수성 등을 고려하여 특히 필요하다고 인정되는 자에 대한 신체조건은 경찰청장이 따로 정할 수 있다. <개정 1991.8.12, 2006.11.8>

제34조의2 (체력검사의 평가기준 및 방법) 영 제39조제3항의 규정에 의한 체력검사의 평가기준과 방법은 별표 5의2와 같다.

[본조신설 1993.8.26]

제35조 (종합적성검사의 방법) ① 종합적성검사는 인성검사와 정밀신원 조회로

구분하여 실시한다.

② 삭제 <1993.8.26>

제36조 (면접시험의 평정요소와 합격자 결정) ① 면접시험은 25점 만점으로 하되, 제1호의 평정요소는 1점부터 10점까지 정수로 평정하고, 제2호 내지 제4호의 평정요소는 1점부터 5점까지 정수로 평정한다. <개정 2004.12.18, 2006.11.8>

1. 경찰공무원으로서의 적성

2. 의사발표의 정확성과 논리성 및 전문지식

3. 품행·예의·봉사성·정직성·성실성·발전가능성

4. 무도·운전 그 밖의 경찰업무관련 특수기술 능력

② 면접시험의 합격자결정은 각 시험위원이 평정한 점수를 합산하여 총점의 4할 이상의 득점자로 한다. 다만, 시험위원의 과반수가 어느 하나의 평정요소(제1항제1호 및 제4호를 제외한다)에 대하여 1점으로 평정한 경우에는 불합격으로 한다. <개정 1993.8.26, 2000.3.25>

③ 시험실시권자는 제1항의 평점을 위하여 필요한 참고자료를 수집하여 시험위원에게 제공하여야 한다.

제37조 (동점자의 합격결정) ① 경찰공무원의 채용시험 중 필기시험의 합격결정에 있어서 필기시험선발예정인원을 초과하여 동점자가 있는 경우에는 그 인원에 불구하고 모두 당해필기시험의 합격자로 한다.

② 최종합격자의 결정에 있어서 동점자가 있는 경우에는 다음 각 호의 순위에 따라 선순위자를 합격자로 한다. 다만, 제1호의 경우 동점자가 있는 때에는 제2호·제3호 및 제4호의 순위에 의한다. <개정 1999.8.3, 2000.3.25, 2002.12.10, 2005.11.4, 2006.11.8>

1. 「국가유공자등예우및지원에관한법률」 제29조 또는 「독립유공자예우에관한법률」 제16조의 규정에 의한 취업보호대상자

2. 필기시험성적

3. 면접시험성적

4. 체력검사성적

③ 제1항 및 제2항의 동점자 계산은 소수점 이하 둘째 자리까지 계산한다. [전문개정 1994.6.28]

제38조 (시험위원명단의 비공개) 시험위원으로 임명 또는 위촉된 자의 명단은 이를 공개하지 아니한다.

제39조 (응시서류의 제출 등) ① 경찰공무원의 공개경쟁채용시험 또는 경찰간부후보생의 공개경쟁선발시험에 응시하고자 하는 자는 경찰청장이 정하는 응시원서를 제출하여야 하며, 제4차 시험에 합격한 자는 다음 각 호의 서류를 제출하여야 한다. <개정 1993.8.26, 1999.8.3, 2000.3.25, 2004.12.10, 2004.12.18, 2005.11.4, 2006.9.7>

1. 민간인 신원진술서 3통

2. 삭제 <2006.9.7>

3. 지문대조표 1통

4. 공무원채용신체검사서 1통

5. 삭제 <2006.9.7>

6. 취업보호대상자증명서(「국가유공자등예우및지원에관한법률」 제29조 또는 「독립유공자예우에관한법률」 제16조의 규정에 의한 취업보호대상자에 한한다) 1통

7. 고등학교생활기록부 1부

8. 개인신용정보에 관한 조회서 1부

② 제1항에 따른 응시원서를 제출받은 담당 공무원은 「전자정부구현을위한행정업무등의전자화촉진에관한법률」 제21조제1항에 따라 행정정보의 공동이용을 통하여 다음 각 호의 서류를 확인하여야 한다. 다만, 응시하고자 하는 자가 이에 동의하지 아니하는 경우에는 이를 첨부하도록 하여야 한다. <신설 2006.9.7>

1. 호적 등본(편제사유가 기재된 것)

2. 병적증명서

③ 소속 기관 등의 장이 특별채용시험에 의하여 경찰공무원을 채용하고자 할 때에는 별지 제17호서식의 특별채용시험요구서에 다음 각 호의

서류를 첨부하여 특별채용시험 실시권자에게 요구하여야 한다. <개정
1991.8.12, 2004.12.10, 2004.12.18, 2005.11.4, 2006.9.7>

1. 응시원서 1통
2. 민간인 신원진술서 3통(경정 이상은 4통)
3. 삭제 <2006.9.7>
4. 공무원채용신체검사서 1통
5. 삭제 <2006.9.7>
6. 지문대조표 1통
7. 자격증명서 1통(법 제8조제3항제2호의 규정에 의하여 특별채용하
   는 경우에 한한다)
8. 경력증명서 1통
9. 고등학교생활기록부 1부
10. 개인신용정보에 관한 조회서 1부

④ 제3항에 따른 특별채용시험요구서를 제출받은 특별채용시험실시권자
는 「전자정부구현을위한행정업무등의전자화촉진에관한법률」 제21조제1
항의 규정에 의하여 행정정보의 공동이용을 통하여 다음 각 호의 서류
를 확인하여야 한다. 다만, 특별채용시험요구대상자가 확인에 동의하지
아니하는 경우에는 이를 첨부하도록 하여야 한다. <신설 2006.9.7>

1. 호적 등본(편제사유가 기재된 것)
2. 병적증명서

⑤ 특별채용시험실시권자는 제2항의 서류를 심사하여 응시자격이 있다
고 인정될 때에는 시험시행 7일 전에 시험일시·장소 등 시험시행에 관
하여 필요한 사항을 그 소속 기관 등의 장을 거쳐 응시자에게 통보하여
야 한다. <개정 1991.8.12, 2006.9.7>

제40조 (채용후보자 등록) ① 영 제17조의 규정에 의하여 채용후보자 등록을
하고자 하는 자는 별지 제18호서식의 채용후보자 등록원서에 소정의 서
류를 첨부하여 지정된 기한 내에 임용권자 또는 임용제청권자에게 등록
하여야 한다.

② 임용권자 또는 임용제청권자는 제1항의 규정에 의한 서류를 심사하여 임용적격자에 한하여 별지 제19호서식의 채용후보자명부에 등재하고 별지 제20호서식의 등록필증을 본인에게 송부한다. 다만, 교육훈련통지서로 등록필증에 갈음할 수 있다.

③ 채용후보자가 법 제7조 또는 영 제16조제1항의 규정에 의한 결격사유에 해당되는 때에는 등록을 하지 아니하거나 이를 취소하고 지체 없이 그 사유를 본인에게 통지하여야 한다.

제6장 정년의 연장

제41조 (정년의 연장신청) ① 법 제24조제3항의 규정에 의한 정년연장을 받고자 하는 자는 별지 제22호서식의 정년연장신청서에 의하여 경찰청장 또는 소속 기관 등의 장에게 신청하여야 한다. <개정 1988.1.20, 1991.-8.12, 1999.8.3>

② 제1항의 규정에 의한 정년연장 신청기간은 각각 그 정년에 달하는 날이 1월에서 6월 사이인 경우에는 2월 말일까지 7월에서 12월사이인 경우에는 8월 말일까지로 한다.

③ 정년연장을 신청할 때에는 별표 6에 의한 서류를 첨부하여야 한다.

제41조의2 삭제 <1999.8.3>

제42조 (계급정년 연한의 계산) 법 제24조제1항제2호의 규정에 의한 계급정년에는 시보임용 중의 기간은 이를 산입하지 아니한다.

제43조 (정년연장의 심사시기) 정년연장의 심사는 연 2회(3월 및 9월) 정기적으로 실시한다. 다만, 경찰청장이 부득이한 사정이 있다고 인정할 경우에는 2월을 초과하지 아니하는 범위 안에서 심사시기를 조정할 수 있다. <개정 1991.8.12>

제44조 (심사기준 및 방법 등) ① 다음 각 호의 1에 해당하는 자는 정년을 연장할 수 없다.

　1. 신체검사 결과 별표 5의 신체조건(신장·체중·흉위부문을 제외한

다)에 적합하지 아니한 자. 다만, 혈압에 관하여는 의사의 소견을
참작하여 정한다.

2. 직무수행능력이 극히 부족하거나 근무태도가 심히 불성실하다고
인정되는 자

3. 기억력 또는 판단력의 현저한 감퇴로 인하여 직무수행에 지장이
있다고 인정되는 자

4. 근무성적 평정점이 만점의 6할 미만인 자

② 정년연장 심사위원회의 심사는 제1항 각 호의 해당 여부에 관하여
행하며, 그 평가방법은 가・부로 한다.

③ 제2항의 규정에 의한 심사는 관계서류에 의하여 하되, 그 사실 여부
를 확인하기 위하여 필요한 경우에는 관계기관에 조회하거나 본인, 그
직근 상급자 또는 인사담당자를 출석시켜 의견을 들을 수 있다.

④ 영 제48조제2항의 규정에 의한 정년연장심사위원회의 구성과 운영 등
에 관하여는 제9조를 준용한다.

제45조 (정년연장 발령 등) ① 정년연장권자는 정년연장이 결정된 때에는 정
년연장기간을 명시하여 발령하고, 그 발령사항을 관계기관 및 본인에게
통지하여야 한다.

② 제1항의 규정에 의하여 정년연장발령을 받은 자는 연장기간 중 성실
히 근무할 것을 별지 제23호서식의 서약서에 의하여 정년연장권자 또는
소속 경찰기관의 장에게 서약하여야 한다.

③ 인사기록관리자는 정년연장발령사항을 인사기록카드 1면 상단에 별
표 7의 주인으로 표시하여야 한다.

제46조 삭제 <1991.12.31>

부칙 〈제395호, 1983.5.28〉

제1조 (시행일) 이 규칙은 공포한 날로부터 시행한다.

제2조 (법령의 폐지) 경찰공무원인사기록관리규칙은 이를 폐지한다.

제3조 (전과에 관한 경과조치) 이 규칙 시행 당시 특수경과를 부여받은 자 중 일반경과에 해당하는 부서에 근무하고 있는 자는 제27조제1항의 개정규정에 불구하고 그 능력과 적성에 따라 일반경과로 전과를 할 수 있다.

제4조 (특기분류에 관한 경과조치) ① 1984년 12월 31일 이전에 계급정년이 도래하는 경위에 대하여는 제24조 및 제25조의 개정규정에 불구하고 일반특기 및 전문특기의 예비분류를 동시에 한다.

② 제1항의 규정에 의하여 일반특기 및 전문특기의 예비분류를 동시에 하여야 하는 경찰공무원은 전문특기분야에 해당하는 분야에 경위로 5년 이상 근무한 경력이 있는 자(연령정년 연장 중에 있거나 계급정년과 연령정년이 동시에 도래하는 자를 포함한다)이어야 한다.

제5조 (경감 이상의 경과 및 경위 이상의 일반특기분류에 관한 경과조치) 이 규칙 시행 당시의 경감 이상 경찰공무원에 대한 경과와 경위 이상 경찰공무원에 대한 일반특기의 예비분류는 제22조 및 제24조의 개정규정에 불구하고 내무부장관이 따로 정하는 기준에 의한다.

부칙 〈제449호, 1986.12.29〉

이 규칙은 공포한 날로부터 시행한다. 다만, 제15조의2의 개정규정은 1987년 1월 1일부터 시행한다.

부칙 〈제466호, 1988.1.20〉

이 규칙은 공포한 날로부터 시행한다.

부칙 〈제479호, 1988.12.29〉

1. (시행일) 이 규칙은 공포한 날로부터 시행한다.
2. (경과조치) 이 규칙 시행 전에 종전의 규정에 의하여 작성되어 사용 중인 서식은 계속하여 사용하되 이 규칙에 의하여 삭제된 난은 기재하

지 아니한다.

부칙 〈제493호, 1989.7.13〉

1. (시행일) 이 규칙은 공포한 날로부터 시행한다.
2. (전과에 관한 특례) 이 규칙 시행 당시 특수경과를 부여받은 자 중 일반경과에 해당하는 부서에 근무하는 자로서 당해특수경과에의 적성이 현저히 부적합하다고 인정되는 자는 제27조제1항의 규정에 불구하고 그 능력과 적성에 따라 일반경과로 전과를 할 수 있다.

부칙 〈제521호, 1991.1.26〉

1. (시행일) 이 규칙은 공포한 날부터 시행한다.

부칙 〈제539호, 1991.8.12〉

① (시행일) 이 규칙은 공포한 날부터 시행하되, 1991년 7월 31일부터 적용한다.
② (일반경과에 관한 경과조치) 이 규칙 시행 당시 일반경과 중 종전의 규정에 의하여 보안 또는 대공직무를 부여받은 자는 각각 제19조제1호의 개정규정에 의한 방범 또는 보안직무를 부여받은 것으로 본다.
③ (일반특기 및 전문특기에 관한 경과조치) 이 규칙 시행 당시 일반특기 중 종전의 규정에 의하여 보안 또는 대공특기를 부여받은 자는 각각 제20조제1항제1호의 개정규정에 의한 방범 또는 보안특기를 부여받은 것으로 보며, 전문특기 중 종전의 규정에 의하여 대공공작 또는 대공신문특기를 부여받은 자는 각각 제20조제1항제2호의 개정규정에 의한 보안수사공작 또는 보안수사신문특기를 부여받은 것으로 본다.

부칙 〈제548호, 1991.12.31〉

① (시행일) 이 규칙은 공포한 날로부터 시행한다.
② (1991년 12월 31일 정년퇴직예정자의 정년연장에 관한 특례) 1991년 12월 31일 정년퇴직예정자의 정년연장을 위한 신청 및 심사는 제41조제2항 및 제43조의 규정에 불구하고 1991년 12월 31일까지 할 수 있다.

부칙 〈제591호, 1993.8.26〉

이 규칙은 공포한 날부터 시행하되, 제34조의2, 제35조제2항, 제36조제1항·제2항, [별표 5] 및 [별표 5의2]의 개정규정은 1993년 11월 1일부터 시행한다.

부칙 〈제612호, 1994.3.11〉

① (시행일) 이 규칙은 공포한 날부터 시행한다.
② (전보제한기간 연장에 관한 경과조치) 이 규칙시행 당시 특정한 직무분야에 근무할 것을 조건으로 신규채용 또는 승진임용된 자의 전보제한기간은 제32조제1항의 개정규정에 불구하고 종전의 규정에 의한다.

부칙 〈제617호, 1994.6.28〉

이 규칙은 공포한 날부터 시행한다.

부칙 〈제636호, 1994.12.31〉

① (시행일) 이 규칙은 공포한 날부터 시행한다.
② (전과 및 특기변경의 제한기간연장에 관한 경과조치) 이 규칙시행 당시 특수경과 또는 전문특기분야에 근무할 것을 조건으로 채용된 자의 전과 및 특기변경의 제한기간은 제28조제2항제2호의 개정규정에 불구하

고 종전의 규정에 의한다.

부칙 〈제62호, 1999.8.3〉

이 규칙은 공포한 날부터 시행한다.

부칙 〈제77호, 1999.12.28〉

제1조 (시행일) 이 규칙은 공포한 날부터 시행한다. <단서 생략>
제2조 및 제3조 생략
제4조 (다른 법령의 개정) ① 경찰공무원임용령시행규칙 중 다음과 같이 개정
한다.
제14조제1항제3호 중 '중앙경찰학교장'을 '중앙경찰학교장·운전면허시
험관리단장'으로 하고, 동항제4호 중 '해양경찰서장'을 '해양경찰서장·
운전면허시험장장'으로 한다.
제31조제1항 중 '경찰병원'을 '경찰병원, 운전면허시험관리단'으로 한다.
제33조제1항 중 '해양경찰청'을 '해양경찰청·운전면허시험관리단'으로
한다.
② 및 ③ 생략

부칙 〈제95호, 2000.3.25〉

이 규칙은 공포한 날부터 시행한다.

부칙 〈제150호, 2001.12.3〉

이 규칙은 공포한 날부터 시행한다.

부칙 〈제175호, 2002.7.11〉

① (시행일) 이 규칙은 공포한 날부터 시행한다.
② (다른 법령의 개정) 경찰공무원승진임용규정시행규칙 중 다음과 같이
개정한다.
별표 6 및 별표 6의2의 분야별란 중 '통신경찰'을 각각 '정보통신경찰'
로 한다.

부칙 〈제186호, 2002.12.10〉

이 규칙은 공포한 날부터 시행한다.

부칙 〈제223호, 2004.3.17〉

① (시행일) 이 규칙은 공포한 날부터 시행한다.
② (합기도 유단자 자격증에 관한 적용례) 별표 3의 개정규정은 이 규칙
시행 후 경찰공무원특별채용시험에 응시하는 사람부터 적용한다.
③ (합기도 단체에 관한 경과조치) 이 규칙 시행 당시 종전의 규정에 의
하여 합기도 유단자 자격증을 인정을 할 수 있는 합기도 단체로서 별표
3의 개정규정에 적합하지 아니한 합기도 단체는 동 개정규정에 불구하
고 2004년 12월 31일까지는 동 개정규정에서 정한 기준을 갖춘 것으로
본다.

부칙 〈제259호, 2004.12.10〉 (전자적민원처리를위한경비업법시행규칙등중개정령)

이 규칙은 공포한 날부터 시행한다.

부칙 〈제260호, 2004.12.18〉

① (시행일) 이 규칙은 공포한 날부터 시행한다.

② (면접시험의 점수조정에 관한 적용례) 제36조제1항의 개정규정은 이 규칙 시행 후 최초로 실시하는 채용시험부터 적용한다.
③ (수사경과로의 전과에 관한 임시특례) 이 규칙 시행 후 최초로 일반경과에서 수사경과로 전과를 하는 경우에는 제28조제2항제1호의 규정을 적용하지 아니한다.

부칙 〈제301호, 2005.11.4〉

① (시행일) 이 규칙은 공포한 날부터 시행한다.
② (경과조치) 이 규칙 시행 당시 방범일반특기로 분류된 경찰공무원은 생활안전일반특기를, 감식전문특기로 분류된 경찰공무원은 과학수사전문특기를 부여받은 것으로 본다.

부칙 〈제345호, 2006.9.7〉 (행정정보의 공동이용 및 문서감축을 위한 경비업법 시행규칙 등 일부개정령)

이 영은 공포한 날부터 시행한다.

부칙 〈제355호, 2006.11.8〉

이 규칙은 공포한 날부터 시행한다.

부칙 〈제397호, 2007.10.19〉

이 영은 공포한 날부터 시행한다. 다만, 제33조의2제1항부터 제3항까지 및 별지 제24호서식의 개정규정은 2008년 1월 1일부터 시행한다.

부칙 〈제9호, 2008.3.20〉

이 규칙은 2008년 7월 1일부터 시행한다.

9. 경찰공무원징계령

[시행 2009.1.1] [대통령령 제21166호, 2008.12.17, 일부개정]

경찰청 (감찰담당관실), 02 - 362 - 0493

제1조 (목적) 이 영은 「경찰공무원법」(이하 '법'이라 한다) 제26조 및 제27조의 규정에 의하여 경찰공무원의 징계에 관하여 필요한 사항을 규정함을 목적으로 한다. <개정 2006.7.21>

[전문개정 1983.5.12]

제2조 (정의) 이 영에서 사용하는 용어의 정의는 다음과 같다.

1. '중징계'라 함은 파면·해임 또는 정직을 말한다.

2. '경징계'라 함은 감봉 또는 견책을 말한다.

[본조신설 1991.7.30]

제3조 (징계위원회의 종류 및 설치) ① 경찰공무원징계위원회는 경찰공무원 중앙징계위원회(이하 '중앙징계위원회'라 한다)와 경찰공무원보통징계위원회(이하 '보통징계위원회'라 한다)로 구분한다.

② 중앙징계위원회는 경찰청 및 해양경찰청에 두고, 보통징계위원회는 경찰청, 해양경찰청, 지방경찰청, 지방해양경찰청, 경찰대학, 경찰종합학교, 중앙경찰학교, 경찰수사연수원, 해양경찰학교, 경찰병원·운전면허시험관리단, 경찰서, 경찰기동대, 전투경찰대, 해양경찰서, 정비창, 경비함정 및 경찰청장 또는 해양경찰청장이 지정하는 경감 이상의 경찰공무원을 장으로 하는 기관(이하 '경찰기관'이라 한다)에 둔다. <개정 1987.12.31, 1991.7.30, 1996.8.8, 1999.12.28, 2006.7.21, 2007.9.20, 2008.12.17>

[전문개정 1983.5.12]

제4조 (징계위원회의 관할) ① 중앙징계위원회는 총경 및 경정에 대한 징계사건을 심의·의결한다.

② 보통징계위원회는 해당 징계위원회가 설치된 경찰기관 소속 경감 이하의 경찰공무원에 대한 징계사건을 심의·의결한다. 다만, 경찰서, 경찰기동대 및 해양경찰서 등 총경 이상의 경찰공무원을 장으로 하는 경찰기관과 정비창에 설치된 보통징계위원회는 해당 기관 소속 경위 이하의 경찰공무원에 대한 징계사건을 심의·의결하고, 전투경찰대 및 경비함정 등 경찰청장 또는 해양경찰청장이 지정하는 경감 이상의 경찰공무원을 장으로 하는 경찰기관에 설치된 보통징계위원회는 해당 기관 소속 경사 이하의 경찰공무원에 대한 징계사건을 심의·의결한다. <개정 2008.-12.17>

③ 경찰청 및 해양경찰청에 설치된 보통징계위원회는 제2항의 규정에 불구하고 경찰청장 또는 해양경찰청장이 징계의결을 요구하는 경찰공무원에 대한 징계사건을 심의·의결한다. <개정 1976.5.27, 1983.5.12, 1991.-7.30, 1996.8.8>

④ 삭제 <1983.5.12>

⑤ 제2항 단서 또는 제6조제2항 단서의 규정에 의하여 당해 보통징계위원회의 징계관할에서 제외되는 경찰공무원의 징계사건은 직근상급경찰기관에 설치된 보통징계위원회에서 심의·의결한다. <개정 1976.5.27, 1983.5.12>

제5조 (관련사건의 관할) ① 상·하계급의 경찰공무원이 관련된 징계사건은 제4조의 규정에 불구하고 상위계급의 경찰공무원을 관할하는 징계위원회에서 심의·의결하고, 상·하급의 경찰기관에 소속한 경찰공무원이 관련된 징계사건은 상급경찰기관에 설치된 징계위원회에서 심의·의결한다. <개정 1983.5.12>

② 소속을 달리하는 2명 이상의 경찰공무원이 관련된 징계사건으로서 관할 징계위원회가 서로 다른 경우에는 그 직근상급의 경찰기관에 설치된 징계위원회에서 심의·의결한다. <개정 1983.5.12, 2008.12.17>

③ 법 제31조제1항 또는 제2항에 규정된 위반행위와 관련된 징계사건은 제4조제2항의 규정에 불구하고 경찰청·해양경찰청·지방경찰청 또는

지방해양경찰청에 설치된 보통징계위원회에서 심의·의결할 수 있다. <신설 1983.5.12, 1991.7.30, 1996.8.8, 2008.12.17>

제6조 (징계위원회의 구성) ① 중앙징계위원회는 위원장을 포함한 위원 5인 이상 7인 이하로, 보통징계위원회는 위원장을 포함한 위원 3인 이상 7인 이하로 구성한다. 다만, 해양경찰청에 두는 중앙징계위원회에 있어서 징계심의대상자보다 상위계급의 소속 경찰공무원(해양경찰청장을 제외한다)의 수가 본문의 규정에 의한 위원 수에 미달되는 등의 사유로 중앙징계위원회의 구성이 불가능한 경우에는 3인 이상 7인 이하로 구성할 수 있다. <개정 1996.8.8>

② 징계위원회의 위원은 징계심의대상자보다 상위계급의 경위 이상의 소속 경찰공무원 중에서 당해 경찰기관의 장이 임명한다. 다만, 보통징계위원회에 있어서 징계심의대상자보다 상위계급의 경위 이상의 소속 경찰공무원의 수가 제1항의 규정에 의한 위원 수에 미달되는 등의 사유로 보통징계위원회의 구성이 불가능한 경우에는 징계심의대상자보다 상위계급의 경사 이하의 소속 경찰공무원 중에서 임명할 수 있으며, 이 경우에는 제4조제2항의 규정에 불구하고, 3월 이하의 감봉 또는 견책에 해당하는 징계사건만을 심의·의결한다.

③ 징계위원회가 설치된 경찰기관의 장은 제2항에도 불구하고 징계위원회의 공정하고 효율적인 운영을 위하여 위원장을 포함한 위원 수의 30퍼센트를 넘지 아니하는 범위에서 다음 각 호의 구분에 따라 각 목의 어느 하나에 해당하는 사람을 위원으로 위촉할 수 있다. <신설 2008.-12.17>

1. 중앙징계위원회

   가. 법관·검사 또는 변호사의 직에 10년 이상 근무한 사람

   나. 「고등교육법」 제2조에 따른 학교 또는 이에 준하는 교육기관 (이하 '대학'이라 한다)에서 경찰 관련 학문을 담당하는 정교수 이상의 직에 있는 사람

   다. 경찰공무원으로 총경 이상의 직위에 근무하고 퇴직한 사람

2. 보통징계위원회

　　가. 법관·검사 또는 변호사의 직에 5년 이상 근무한 사람

　　나. 대학에서 경찰 관련 학문을 담당하는 부교수 이상의 직에 있는 사람

　　다. 경찰공무원으로 20년 이상 근속하고 퇴직한 사람

④ 위원장은 위원 중 최상위계급 또는 선임의 경찰공무원이 된다. <개정 2008.12.17>

[전문개정 1983.5.12]

제7조 (징계위원회의 간사) ① 징계위원회에 간사 약간인을 둔다.

② 간사는 감찰사무를 감당하는 소속 경찰공무원 중에서 당해 경찰기관의 장이 임명한다. <개정 1983.5.12>

③ 간사는 위원장의 명을 받아 징계에 관한 기록 기타 서류를 작성하고 보관한다.

제8조 (징계위원회의 회의) ① 징계위원회의 위원장은 위원회의 사무를 총괄하며 위원회를 대표한다. <개정 2006.7.21>

② 징계위원회의 회의는 위원장이 소집한다.

③ 위원장은 표결권을 가진다.

④ 위원장이 사고가 있을 때에는 출석한 위원 중 최상위계급 또는 선임의 경찰공무원이 위원장이 된다. <개정 1983.5.12>

제9조 (징계의결의 요구) ① 경찰기관의 장은 소속 경찰공무원 중 「국가공무원법」 제78조제1항각호의1에 해당하는 사유(이하 '징계사유'라 한다)가 있다고 인정한 때와, 제2항의 규정에 의한 징계의결 요구의 신청을 받은 때에는 지체 없이 관할 징계위원회를 구성하여 징계의결을 요구하여야 한다. <개정 1983.5.12, 2006.7.21>

② 경찰기관의 장은 그 소속 경찰공무원에 대한 징계사건의 관할이 상급경찰기관에 설치된 징계위원회의 관할에 속한 때에는 그 상급경찰기관의 장에게 징계의결의 요구를 신청하여야 한다. <개정 1983.5.12>

③ 제1항 및 제2항의 징계의결요구 또는 그 신청은 징계사유에 해당하

는 사실을 충분히 조사한 후에 별지 제1호서식의 징계의결요구서 또는 징계의결신청서에 의하되, 중징계 또는 경징계로 구분하여 요구 또는 신청하여야 한다. <개정 1976.5.27, 1983.5.12, 1991.7.30>

제10조 (징계사건의 통보) ① 경찰기관의 장은 그 소속이 아닌 경찰공무원에게 징계사유가 있다고 인정되는 때에는 당해 경찰기관의 장에게 그 사실을 증명할 만한 충분한 사유를 적시하여 이를 통보하여야 한다. <개정 1983.5.12>

② 제1항의 규정에 의하여 징계사유의 통보를 받은 경찰기관의 장은 상당한 이유가 없는 한 그 통보를 받은 날로부터 10일 이내에 관할징계위원회에 징계의결을 요구하거나 신청하여야 한다. <개정 1976.5.27>

③ 제1항의 규정에 의하여 징계사유의 통보를 받은 경찰기관의 장은 당해 사건의 처리결과를 징계사유를 통보한 경찰기관의 장에게 회보하여야 한다.

④ 제9조제3항의 규정은 제2항의 규정에 의한 징계의결의 요구에 준용한다.

제11조 (징계의결 기한) ① 징계의결 요구를 받은 징계위원회는 그 요구서를 받은 날로부터 30일 이내에 징계에 관한 의결을 하여야 한다. 다만, 부득이한 사유가 있을 때에는 당해 징계의결을 요구한 자의 승인을 얻어 30일 이내의 범위 안에서 그 기간을 연장할 수 있다. <개정 1974.-4.22>

② 징계의결이 요구된 사건에 대한 징계절차의 진행이 「국가공무원법」 제83조의 규정에 의하여 중지된 때에는 그 중지된 기간은 제1항의 징계의결 기한에 산입하지 아니한다. <신설 1976.5.27, 1991.7.30, 2006.7.21>

제12조 (징계심의대상자의 출석) ① 징계위원회는 징계사건을 심의할 때에는 미리 당해 징계심의대상자에게 별지 제2호서식에 의하여 출석하도록 통지하여야 한다.

② 징계위원회는 징계심의대상자가 그 징계위원회에서의 진술을 위한 출석을 원하지 아니할 때에는 진술권포기서를 제출하게 하여 이를 기록

에 첨부하고 서면심사에 의하여 징계의결할 수 있다.

③ 징계위원회는 징계심의대상자가 2회 이상 출석통지를 하였음에도 불구하고 정당한 사유 없이 출석하지 아니한 때에는 그 사실을 기록에 명기하고 서면심사에 의하여 징계의결할 수 있다. 다만, 징계심의대상자의 소재가 분명하지 아니한 때에는 출석통지를 1회에 한하여 관보에 게재하여 행하고 그 게재일부터 10일이 경과함으로써 출석통지가 송달된 것으로 보며, 징계의결에 있어서는 관보게재의 사유와 그 사실을 기록에 명기하여야 한다. <개정 1991.7.30>

④ 제3항의 규정에 불구하고 징계위원회는 징계심의대상자가 징계 또는 형사사건의 사실조사를 기피할 목적으로 도피하였거나 출석통지서의 수령을 거부하여 징계심의대상자나 그 가족에게 직접 출석통지서를 전달함이 곤란하다고 인정되는 때에는 징계심의대상자의 소속 기관의 장에게 송부하여 이를 교부하게 하고, 교부불능 또는 수령거부 시에는 그 사실을 증명하는 서류를 첨부하여 보고하게 한 후 기록에 명기하고 서면심사에 의하여 징계의결할 수 있다. <신설 1991.7.30>

⑤ 징계위원회는 징계심의대상자가 해외에 체재 또는 해외여행 중이거나 기타 부득이한 사유로 지정한 기일에 출석할 수 없다고 인정될 때에는 제11조의 규정에 불구하고 상당한 기간을 정하여 진술서를 제출하게 하여 징계의결할 수 있다. 이 경우에 서면에 의하여 지정한 기간 안에 진술하지 아니할 때에는 그 진술 없이 징계의결할 수 있다. <개정 1976.5.27, 1991.7.30>

제13조 (심문과 진술권) ① 징계위원회는 제12조제1항의 규정에 의하여 출석한 징계심의대상자에게 징계사유에 해당하는 사실에 관한 심문을 행하고 심사상 필요하다고 인정될 때에는 관계인의 출석을 요구하여 심문할 수 있다. <개정 1976.5.27>

② 징계위원회는 징계심의대상자에게 충분한 진술을 할 수 있는 기회를 부여하여야 하며, 징계심의대상자는 서면 또는 구술로서 자기에게 이익이 되는 사실을 진술하거나 증거를 제출할 수 있다.

③ 징계심의대상자는 증인의 심문을 신청할 수 있다. 이 경우에 징계위원회는 의결로써 채택 여부를 결정하여야 한다.

④ 징계의결을 요구한 자 또는 징계의결의 요구를 신청한 자는 필요하다고 인정할 때에는 징계위원회에 서면에 의하거나 출석하여 의견을 진술할 수 있다.

⑤ 징계위원회는 필요하다고 인정할 때에는 사실조사를 하거나 특별한 학식·경험이 있는 자에게 검증 또는 감정을 의뢰할 수 있다.

제14조 (징계위원회의 의결) ① 징계위원회의 의결은 위원장을 포함한 위원 과반수(과반수가 3인 미만인 때에는 3인 이상)의 출석과 출석위원 과반수의 찬성으로 의결하되, 의견이 분립하여 출석위원 과반수에 달하지 못할 때에는 출석위원 과반수에 달하기까지 징계심의대상자에게 가장 불리한 의견에 순차 유리한 의견을 가하여 그 가장 유리한 의견을 합의된 의견으로 본다.

② 제1항의 의결은 별지 제3호서식의 징계의결로서 행하며 그 징계의결서에는 다음 사항을 명시하여야 한다. <개정 1976.5.27>

　1. 징계심의대상자의 인적사항

　2. 의결주문

　3. 적용법조

　4. 징계사유에 해당하는 사항 및 입증자료의 인정 여부

　5. 징계심의대상자 및 증인출석 여부

　6. 정상참작 여부

　7. 의결방법

　8. 심의결론

③ 징계위원회의 의결내용은 공개하지 아니한다.

제15조 (제척 및 기피) ① 징계위원회의 위원 중 징계심의대상자의 친족 또는 그 징계사유와 관계가 있는 자는 그 징계사건의 심의에 관여하지 못한다.

② 징계심의대상자는 위원 중에서 불공정한 의결을 할 우려가 있다고 의심할 만한 상당한 사유가 있을 때에는 그 사실을 서면으로 소명하고

당해 위원의 기피를 신청할 수 있다.

③ 징계위원회가 제2항의 규정에 의한 기피신청을 받은 때에는 당해 징계사건을 심의하기 전에 의결로써 당해 위원의 기피 여부를 결정하여야 한다. 이 경우에 기피신청을 받은 자는 그 의결에 참여하지 못한다. <개정 1976.5.27>

④ 징계위원회는 제1항 및 제2항의 규정에 의한 제척 또는 기피로 인하여 위원회를 구성하지 못하게 된 때에는 당해 경찰기관의 장에게 위원의 보충임명을 요청하여야 한다.

⑤ 제4항의 경우에 당해 경찰기관의 장은 지체 없이 위원을 보충 임명하여야 한다. 다만, 위원의 보충임명이 곤란한 때에는 그 징계의결의 요구를 철회하여 그 상급경찰기관의 장에게 징계의결의 요구를 신청하여야 한다. <개정 1976.5.27>

제16조 (징계의 양정) 징계위원회가 징계사건을 의결함에 있어서는 징계심의 대상자의 소행, 근무성적, 공적, 개전의 정과 징계의결을 요구한 자의 의견을 참작하여야 한다.

제17조 (징계의결의 통고) 징계위원회가 징계의결을 한 때에는 지체 없이 징계의결서의 정본을 첨부하여 징계의결을 요구한 자에게 이를 통고하여야 한다.

제18조 (집행) ① 징계의결을 요구한 자는 감봉 또는 견책의 징계의결의 통고를 받은 날로부터 10일 이내에 이를 집행하여야 한다.

② 징계의결을 요구한 자가 제1항의 규정에 의하여 징계의결을 집행함에 있어서는 징계의결서의 사본을 첨부한 별지 제4호서식의 징계처분사유설명서를 징계의결된 자에게 교부함으로써 이를 행한다. <개정 1976.-5.27>

③ 삭제 <1983.5.12>

제19조 (파면·해임 또는 정직처분의 제청과 집행) ① 징계의결을 요구한 자는 징계위원회로부터 파면·해임 또는 정직의 의결을 통고받은 때에는 지체 없이 징계의결서의 정본을 첨부하여 당해 경찰공무원의 임용권자에

게 파면·해임 또는 정직처분을 제청하되, 경무관 이상의 정직, 경정 이상의 파면 및 해임처분의 제청과 총경 및 경정의 정직처분의 집행은 경찰청장 또는 해양경찰청장이 이를 행한다. <개정 1983.5.12, 1991.7.30, 1996.8.8>

② 제1항의 규정에 의하여 파면 또는 해임처분의 제청을 받은 임용권자는 10일 이내에 징계의결서의 사본을 첨부한 별지 제4호서식의 징계처분사유설명서를 징계의결이 된 자에게 교부하여야 한다. <개정 1976.-5.27, 1983.5.12>

제20조 (보고 및 통지) 징계요구자가 감봉 또는 견책의 징계의결을 집행한 때에는 지체 없이 그 결과를 징계의결서의 사본을 첨부하여 당해 임용권자에게 보고하여야 하며, 징계처분을 받은 자의 소속 경찰기관의 장에게 통지하여야 한다.

제21조 (비밀누설금지) 징계위원회의 회의에 참여한 자는 직무상 지득한 비밀을 누설하여서는 아니 된다.

제22조 삭제 <1991.7.30>

제23조 삭제 <1983.5.12>

부칙 〈제5095호, 1970.6.19〉

이 영은 공포한 날로부터 시행한다.

부칙 〈제7119호, 1974.4.22〉

① (시행일) 이 영은 공포한 날로부터 시행한다.

② 삭제 <1975.12.31>

부칙 〈제7906호, 1975.12.31〉 (국가소방공무원의인사에관한특례규정)

① (시행일) 이 영은 1976년 1월 1일부터 시행한다.

② (경찰공무원징계령의 일부개정) 1974년 4월 22일 대통령령 제7, 119
호 경찰공무원징계령중개정령 부칙 제2항을 삭제한다.

③ 생략

부칙 〈제8138호, 1976.5.27〉

이 영은 공포한 날로부터 시행한다.

부칙 〈제8969호, 1978.4.24〉 (소방공무원징계령)

① (시행일) 이 영은 공포한 날로부터 시행한다.

② (다른 법령의 개정) 경찰공무원징계령 중 다음과 같이 개정한다.

  1. 제1조 중 '경찰공무원 및 소방공무원'을 '경찰공무원'으로 한다.

  2. 제2조제1호 및 제4조제2항 중 '소방서'를 삭제한다.

부칙 〈제11128호, 1983.5.12〉

이 영은 공포한 날로부터 시행한다.

부칙 〈제12343호, 1987.12.31〉 (경찰공무원임용령)

제1조 (시행일) 이 영은 공포한 날로부터 시행한다. ＜단서 생략＞

제2조 (다른 법령의 개정) ① 생략

② 경찰공무원징계령 중 다음과 같이 개정한다.

제3조제2항 중 '경찰종합학교, 경찰서'를 '경찰종합학교, 중앙경찰학교,
경찰서'로 한다.

③ 생략

부칙 〈제12555호, 1988.12.19〉 (서식중본적란삭제를위한상훈법시행령등의일부개정령)

① (시행일) 이 영은 공포한 날로부터 시행한다.
② (경과조치) 이 영 시행 전에 종전의 규정에 의하여 작성되어 사용 중인 서식은 계속하여 사용하되, 이 영에 의하여 삭제된 난은 기재하지 아니한다.

부칙 〈제13437호, 1991.7.30〉

① (시행일) 이 영은 1991년 7월 31일부터 시행한다.
② (징계의결요구 및 신청에 관한 경과조치) 이 영 시행 당시 징계의결이 요구되었거나 신청된 징계사건은 제9조제3항의 개정규정에 불구하고 종전의 규정에 의한다.

부칙 〈제15136호, 1996.8.8〉 (해양경찰청과그소속기관직제)

제1조 (시행일) 이 영은 공포한 날부터 시행한다.

제2조 생략

제3조 (다른 법령의 개정) ① 내지 ⑪ 생략
⑫ 경찰공무원징계령 중 다음과 같이 개정한다.
제3조제2항 중 '경찰청에'를 '경찰청 및 해양경찰청에'로 한다.
제4조제3항 중 '경찰청'을 각각 '경찰청 및 해양경찰청'으로 한다.
제3조제2항, 제4조제2항 단서·제3항 및 제19조제1항 중 '경찰청장'을 각각 '경찰청장 또는 해양경찰청장'으로 한다.
제3조제2항 및 제4조제2항 단서 중 '해양경찰서'를 각각 '해양경찰서, 정비창'으로 한다.
제5조제3항 중 '경찰청·지방경찰청'을 '경찰청·해양경찰청 또는 지방경찰청'으로 한다.

제6조제1항에 단서를 다음과 같이 신설한다.

다만, 해양경찰청에 두는 중앙징계위원회에 있어서 징계심의대상자보다 상위계급의 소속 경찰공무원(해양경찰청장을 제외한다)의 수가 본문의 규정에 의한 위원 수에 미달되는 등의 사유로 주앙징계위원회의 구성이 불가능한 경우엔 3인 이상 7인 이하로 구성할 수 있다.

⑬ 내지 <19> 생략

제4조 생략

부칙 <제16620호, 1999.12.28> (경찰청과그소속기관등직제)

제1조 (시행일) 이 영은 공포한 날부터 시행한다. [단서 생략]

제2조 및 제3조 생략

제4조 (다른 법령의 개정) ① 내지 ④ 생략

⑤ 경찰공무원징계령 중 다음과 같이 개정한다.

제3조제2항 중 '경찰병원'을 '경찰병원·운전면허시험관리단'으로 한다.

⑥ 생략

부칙 <제19616호, 2006.7.21>

이 영은 공포한 날부터 시행한다.

부칙 <제20284호, 2007.9.20> (경찰공무원교육훈련규정)

제1조 (시행일) 이 영은 공포한 날부터 시행한다.

제2조 (다른 법령의 개정) ① 및 ② 생략

③ 경찰공무원징계령 일부를 다음과 같이 개정한다.

제3조제2항 중 '중앙경찰학교'를 '중앙경찰학교, 경찰수사연수원'으로 한다.

④부터 ⑥까지 생략

부칙 〈제21166호, 2008.12.17〉

제1조 (시행일) 이 영은 2009년 1월 1일부터 시행한다.
제2조 (경과조치) 이 영 시행 당시 징계의결이 요구되었거나 징계의결요구가
　신청된 징계사건에 관하여는 제4조제2항 및 제5조제2항의 개정규정에도
　불구하고 종전의 규정에 따른다.

10. 경찰공무원특수지근무수당지급규칙과 공제회법

[시행 2008.3.6] [행정안전부령 제4호, 2008.3.6, 타법개정]

경찰청 (총무과), 02 - 313 - 0584

제1조 (목적) 이 규칙은 공무원수당등에관한규정 제12조제1항 및 제3항의 규
　정에 의하여 경찰공무원 특수지근무수당의 지급에 필요한 사항을 규정
　함을 목적으로 한다.
제2조 (지급대상 및 등급 등) ① 경찰공무원 특수지근무수당의 지급대상이 되
　는 특수지역 및 특수기관과 그 등급별 구분 등은 경찰청장이 행정안전
　부와 협의하여 정한다. <개정 2008.3.6>
　② 제1항에서 '특수기관'이라 함은 유치장(호송출장소를 포함한다)·검
　문소·산악구조대 및 해발 800미터 이상에 위치한 기관 등 근무환경이
　특수한 경찰기관을 말한다.

부칙 〈제123호, 2001.1.26〉

이 규칙은 공포한 날부터 시행하되, 2001년 1월 1일부터 적용한다.

부칙 〈제4호, 2008.3.6〉 (경찰청과그소속기관직제시행규칙)

제1조 (시행일) 이 규칙은 공포한 날부터 시행한다.

제2조 생략

제3조 (다른 법령의 개정) ①부터 ③까지 생략

　④ 경찰공무원특수지근무수당지급규칙 일부를 다음과 같이 개정한다.

　제2조제1항 중 '중앙인사위원회'를 '행정안전부'로 한다.

　⑤부터 ⑦까지 생략

11. 경찰공제회법

[시행 2008.3.22] [법률 제8734호, 2007.12.21, 일부개정]

경찰청 (총무과), 02 – 313 – 0584

제1조 (목적) 이 법은 경찰공제회(이하 '공제회'라 한다)를 설립하여 경찰공무원에 대한 효율적인 공제제도를 확립 운영함으로써 이들의 생활안정과 복지증진에 이바지함을 목적으로 한다.

제2조 (법인격과 등기) ① 공제회는 법인으로 한다.

　② 공제회는 그 주된 사무소의 소재지에서 설립등기를 함으로써 성립한다.

제3조 (사무소) ① 공제회의 주된 사무소는 서울특별시에 둔다. 다만, 필요한 때에는 정관이 정하는 바에 의하여 서울특별시 외의 곳에 둘 수 있다.

　② 공제회는 필요한 때에는 정관이 정하는 바에 의하여 지부를 둘 수 있다.

제4조 (정치활동의 금지) ① 공제회는 정치활동을 할 수 없다.

　② 공제회의 임원은 정당원이 될 수 없다.

제5조 (정관) ① 공제회의 정관에는 다음 각 호의 사항을 기재하여야 한다.

　1. 목적

　　2. 명칭

　　3. 주된 사무소와 지부에 관한 사항

　　4. 회원의 자격과 가입 및 탈퇴에 관한 사항

　　5. 회원의 권리와 의무에 관한 사항

　　6. 대의원회 및 운영위원회에 관한 사항

　　7. 임원 및 직원에 관한 사항

　　8. 조직 및 기구에 관한 사항

　　9. 사업 및 업무집행에 관한 사항

　　10. 자본금과 회원의 부담금에 관한 사항

　　11. 예산 및 결산과 회계에 관한 사항

　　12. 회원의 급여에 관한 사항

　　13. 기타 공제회의 운영에 필요한 사항

② 정관의 변경은 대의원회의 의결을 거쳐 경찰청장의 인가를 받아야 한다.

제6조 (유사명칭의 사용금지) 이 법에 의한 공제회가 아니면 경찰공제회 또는 이와 유사한 명칭을 사용하지 못한다.

제7조 (회원의 자격) ① 공제회의 회원이 될 수 있는 자는 다음 각 호의 1에 해당하는 자로 한다. <개정 2006.2.21>

　　1. 「경찰공무원법」에 의한 국가경찰공무원

　　2. 「제주특별자치도 설치 및 국제자유도시 조성을 위한 특별법」에 의한 자치경찰공무원

　　3. 공제회의 임원 및 직원

　　4. 기타 정관이 정하는 자

② 회원이 되고자 하는 자는 가입신청서를 제출하고 최초의 부담금(회비)을 납부한 날에 그 자격을 취득한다.

제8조 (회원의 권리와 의무) ① 회원은 정관이 정하는 바에 의하여 급여 및 대여를 받고 복지시설을 이용할 권리가 있으며, 부담금을 납부하고 공제회의 운영에 협조할 의무를 진다.

② 회원이 퇴직 등의 사유로 인하여 자격을 상실하거나 임의로 공제회를 탈퇴한 때에는 정관이 정하는 바에 의하여 납부한 부담금 등의 반환을 청구할 수 있다.

제9조 (조직) ① 공제회는 의결기관으로서 대의원회와 운영위원회를 두고, 집행기관으로서 이사장과 이사를 두며, 감사기관으로서 감사를 둔다.

② 공제회는 그 업무를 처리하기 위하여 정관이 정하는 바에 의하여 필요한 사무기구와 직원을 둔다.

제10조 (대의원) ① 대의원은 회원 중에서 정관이 정하는 바에 의하여 선출된다.

② 대의원의 수는 70인의 범위 안에서 정관으로 정한다.

③ 대의원의 임기는 3년으로 한다.

제11조 (대의원회) ① 대의원회는 제10조의 규정에 의하여 선출된 대의원으로 구성한다.

② 대의원회는 다음 각 호의 사항을 의결한다.

　1. 정관의 변경

　2. 이사장·이사 및 감사의 선출

　3. 사업의 기본계획 및 예산의 심의

　4. 결산의 승인

　5. 이사회 또는 운영위원회가 대의원회의 의결을 거치는 것이 필요하다고 인정하는 사항

　6. 기타 정관이 정하는 사항

③ 대의원회는 정기회와 임시회로 구분한다.

④ 정기대의원회는 정관이 정하는 바에 의하여 매년 1회 이사장이 소집한다.

⑤ 이사장은 필요하다고 인정하는 때에 임시대의원회를 소집한다. 다만, 다음 각 호의 어느 하나에 해당하는 때에는 14일 이내에 임시대의원회를 소집하여야 한다. <개정 2007.12.21>

　1. 재적대의원 3분의 1 이상이 소집을 요구한 때

2. 감사가 공제회의 회계 또는 업무집행에 관하여 부정 또는 불비한
  사항이 있음을 발견하여 소집을 요구한 때
⑥ 대의원회의 운영에 관하여 필요한 사항은 정관으로 정한다.

제12조 (운영위원회) ① 운영위원회는 다음의 위원으로 구성한다.

  1. 이사장

  2. 대의원회에서 선출된 대의원 6인

② 운영위원회는 다음 각 호의 사항을 의결한다.

  1. 규정의 제정·개정 또는 폐지

  2. 사업운영에 관한 세부계획

  3. 대의원회에서 위임된 사항

  4. 대의원회에 부의할 사항

  5. 기타 사업집행에 관련되는 중요사항

③ 운영위원회의 운영에 관하여 필요한 사항은 정관으로 정한다.

제13조 (임원의 선임 등) ① 공제회의 임원의 정수는 이사장 1인, 이사 5인,
감사 2인의 범위 안에서 정관으로 정한다.

② 이사장 및 이사는 대의원회에서 선출하되 경찰청장의 승인을 얻어야
한다.

③ 이사장·이사 및 감사의 임기는 2년으로 하되, 이사장 및 이사는 정
관으로 정하는 바에 따라 1차에 한하여 연임할 수 있다. <개정 2007.-
12.21>

④ 이사장 및 이사가 궐위된 경우에 그 후임자의 임기는 전임자의 남은
임기로 한다. <신설 2007.12.21>

제14조 (임원의 직무) ① 이사장은 공제회를 대표하고 대의원회의 의장과 운
영위원회의 위원장이 되며 공제회의 운영과 사무를 통할한다.

② 이사는 정관이 정하는 바에 따라 공제회의 업무를 분장하며 이사장
이 사고가 있을 때에는 정관이 정하는 바에 의하여 그 직무를 대행한다.

③ 감사는 공제회의 회계와 업무집행사항을 감사한다.

제15조 (직원의 임면) 공제회의 직원은 이사장이 임면한다.

제16조 (사업) ① 공제회는 그 목적을 달성하기 위하여 다음 각 호의 사업을 한다. <개정 2007.12.21>

  1. 회원에 대한 급여의 지급
  2. 회원을 위한 복지후생시설의 설치·운영
  3. 기금조성을 위한 사업
  4. 그 밖에 회원을 위한 복지·후생사업

② 공제회는 그 목적을 달성하기 위하여 필요한 범위 안에서 수익사업을 할 수 있다.

제17조 (자본금) ① 공제회의 자본금은 회원의 부담금과 국가의 보조금으로 한다.

② 제1항의 보조금은 공제회의 보호육성을 위하여 필요한 경우에 한하여 교부한다.

제18조 (예산 및 결산) ① 공제회의 회계연도는 1월 1일부터 12월 31일까지로 한다.

② 공제회는 다음 회계연도의 총수입과 총지출을 예산으로 편성하여 다음 회계연도가 개시되기 1월 전에 대의원회의 의결을 거쳐 경찰청장의 승인을 얻어야 한다.

③ 공제회는 매 회계연도 경과 후 3월 이내에 결산보고서, 재산목록, 대차대조표 및 손익계산서를 작성하여 대의원회의 승인을 거쳐 경찰청장에게 보고하여야 한다.

제19조 (준비금의 적립) 공제회는 정관이 정하는 바에 의하여 결산기마다 공제사업의 종류별로 장래에 지급할 급여에 충당하기 위하여 준비금을 계상하고, 이를 별도로 적립·계리하여야 한다.

제20조 (이익금의 처리) ① 공제회는 회계연도마다 결산상 순이익금이 있는 때에는 이를 적립하여야 한다.

② 제1항의 규정에 의한 적립금은 손실금을 보전하는 경우와 제16조제1항의 사업을 시행하는 경우를 제외하고는 이를 사용하지 못한다.

제21조 (대표권의 제한) 이사장 또는 이사의 이익과 공제회의 이익이 상반되

는 사항에 관하여는 이사장 또는 당해 이사는 공제회를 대표하지 못한다.

제22조 (소멸시효) 회원의 부담금의 반환과 급여를 청구할 권리는 그 사유가 발생한 날부터 5년간 행사하지 아니하면 소멸시효가 완성한다.

제23조 (민법의 준용) 공제회에 관하여 이 법에 규정된 것을 제외하고는 민법 중 사단법인에 관한 규정을 준용한다.

부칙 〈제4403호, 1991.11.30〉

제1조 (시행일) 이 법은 공포한 날부터 시행한다.

제2조 (재단법인 경찰공제회에 관한 경과조치) ① 이 법 시행 당시 민법의 규정에 의하여 설립된 재단법인 경찰공제회는 이 법에 의하여 설립된 공제회로 본다.
② 이 법 시행 당시 민법의 규정에 의하여 설립된 재단법인 경찰공제회의 등기부는 이 법에 의하여 설립된 공제회의 등기부로 본다.

제3조 (정관에 관한 경과조치) 이 법 시행 당시 재단법인 경찰공제회의 정관은 이 법 제5조의 규정에 의한 정관으로 본다. 다만, 이 법 시행 후 2월 이내에 제5조의 규정에 적합하게 정관을 작성하여 경찰청장의 인가를 받아야 한다.

제4조 (대의원회와 운영위원회에 관한 경과조치) ① 이 법에 의한 대의원과 운영위원은 이 법 시행일부터 3월 이내에 선출하여야 한다.
② 대의원회와 운영위원회의 직무는 제1항의 규정에 의하여 대의원과 운영위원이 선출될 때까지 재단법인 경찰공제회의 이사회가 수행한다.

제5조 (상임이사와 감사 및 직원의 신분에 관한 경과조치) ① 이 법 시행 당시 재단법인 경찰공제회의 상임이사와 감사 및 직원은 공제회의 이사·감사 및 직원으로 본다.
② 제1항의 이사 및 감사의 임기는 제13조의 규정에 불구하고 종전의 정관에 의한 임기로 한다.

제6조 (재단법인 경찰공제회 재산에 관한 경과조치) 이 법 시행 당시 재단법인 경찰공제회의 기본재산은 공제회의 자본금으로 본다.

부칙 〈제5202호, 1996.12.30〉

① (시행일) 이 법은 공포한 날부터 시행한다.
② (이사장 및 이사의 임기에 관한 경과조치) 이 법 시행 당시의 공제회 이사장 및 이사의 임기는 종전의 규정에 의한다.

부칙 〈제7849호, 2006.2.21〉 (제주특별자치도 설치 및 국제자유도시 조성을 위한 특별법)

제1조 (시행일) 이 법은 2006년 7월 1일부터 시행한다. <단서 생략>
제2조 내지 제39조 생략
제40조 (다른 법령의 개정) ① 생략
② 경찰공제회법 일부를 다음과 같이 개정한다.
제7조제1항제1호 중 '경찰공무원법에 의한 경찰공무원'을 '「경찰공무원법」에 의한 국가경찰공무원'으로 하고, 동항제2호 및 제3호를 각각 제3호 및 제4호로 하며, 동항에 제2호를 다음과 같이 신설한다.
2. 「제주특별자치도 설치 및 국제자유도시 조성을 위한 특별법」에 의한 자치경찰공무원
③ 내지 <47> 생략
제41조 생략

부칙 〈제8734호, 2007.12.21〉

이 법은 공포 후 3개월이 경과한 날부터 시행한다.

12. 경찰관직무집행법

[시행 2006.7.1] [법률 제7849호, 2006.2.21, 타법개정]

경찰청 (법무과), 02 - 313 - 0380

제1조 (목적) ① 이 법은 국민의 자유와 권리의 보호 및 사회공공의 질서유지를 위한 경찰관(국가경찰공무원에 한한다. 이하 같다)의 직무수행에 필요한 사항을 규정함을 목적으로 한다. <개정 2006.2.21>

② 이 법에 규정된 경찰관의 직권은 그 직무수행에 필요한 최소한도 내에서 행사되어야 하며 이를 남용하여서는 아니 된다.

제2조 (직무의 범위) 경찰관은 다음 각 호의 직무를 행한다.

1. 범죄의 예방·진압 및 수사

2. 경비·요인경호 및 대간첩작전수행

3. 치안정보의 수집·작성 및 배포

4. 교통의 단속과 위해의 방지

5. 기타 공공의 안녕과 질서유지

제3조 (불심검문) ① 경찰관은 수상한 거동 기타 주위의 사정을 합리적으로 판단하여 어떠한 죄를 범하였거나 범하려 하고 있다고 의심할 만한 상당한 이유가 있는 자 또는 이미 행하여진 범죄나 행하여지려고 하는 범죄행위에 관하여 그 사실을 안다고 인정되는 자를 정지시켜 질문할 수 있다.

② 그 장소에서 제1항의 질문을 하는 것이 당해인에게 불리하거나 교통의 방해가 된다고 인정되는 때에는 질문하기 위하여 부근의 경찰서·지구대·파출소 또는 출장소(이하 '경찰관서'라 하되, 지방해양경찰관서를 포함한다)에 동행할 것을 요구할 수 있다. 이 경우 당해인은 경찰관의 동행요구를 거절할 수 있다. <개정 1988.12.31, 1996.8.8, 2004.12.23>

③ 경찰관은 제1항에 규정된 자에 대하여 질문을 할 때에 흉기의 소지

여부를 조사할 수 있다.

④ 제1항 또는 제2항의 규정에 의하여 질문하거나 동행을 요구할 경우 경찰관은 당해인에게 자신의 신분을 표시하는 증표를 제시하면서 소속과 성명을 밝히고 그 목적과 이유를 설명하여야 하며, 동행의 경우에는 동행장소를 밝혀야 한다. <개정 1991.3.8>

⑤ 제2항의 규정에 의하여 동행을 한 경우 경찰관은 당해인의 가족 또는 친지 등에게 동행한 경찰관의 신분, 동행장소, 동행목적과 이유를 고지하거나 본인으로 하여금 즉시 연락할 수 있는 기회를 부여하여야 하며, 변호인의 조력을 받을 권리가 있음을 고지하여야 한다. <신설 1988.-12.31>

⑥ 제2항의 규정에 의하여 동행을 한 경우 경찰관은 당해인을 6시간을 초과하여 경찰관서에 머물게 할 수 없다. <신설 1988.12.31, 1991.3.8>

⑦ 제1항 내지 제3항의 경우에 당해인은 형사소송에 관한 법률에 의하지 아니하고는 신체를 구속당하지 아니하며, 그 의사에 반하여 답변을 강요당하지 아니한다. <신설 1988.12.31>

제4조 (보호조치 등) ① 경찰관은 수상한 거동 기타 주위의 사정을 합리적으로 판단하여 다음 각 호의 1에 해당함이 명백하며 응급의 구호를 요한다고 믿을 만한 상당한 이유가 있는 자를 발견한 때에는 보건의료기관 또는 공공구호기관에 긴급구호를 요청하거나 경찰관서에 보호하는 등 적당한 조치를 할 수 있다. <개정 1988.12.31>

1. 정신착란 또는 술 취한 상태로 인하여 자기 또는 타인의 생명·신체와 재산에 위해를 미칠 우려가 있는 자와 자살을 기도하는 자

2. 미아·병자·부상자 등으로서 적당한 보호자가 없으며 응급의 구호를 요한다고 인정되는 자. 다만, 당해인이 이를 거절하는 경우에는 예외로 한다.

② 제1항의 긴급구호요청을 받은 보건의료기관이나 공공구호기관은 정당한 이유 없이 긴급구호를 거절할 수 없다.

③ 제1항의 경우에 피구호자가 휴대하고 있는 무기·흉기 등 위험을 야

기할 수 있는 것으로 인정되는 물건은 경찰관서에 임시영치할 수 있다.

④ 경찰관이 제1항의 조치를 한 때에는 지체 없이 이를 피구호자의 가족·친지 기타의 연고자에게 그 사실을 통지하여야 하며, 연고자가 발견되지 아니할 때에는 피보호자를 적당한 공중보건의료기관이나 공공구호기관에 즉시 인계하여야 한다.

⑤ 경찰관은 제4항의 규정에 의하여 피구호자를 공중보건의료기관 또는 공공구호기관에 인계한 때에는 즉시 그 사실을 소속 경찰서장 또는 지방해양경찰관서의 장에게 보고하여야 한다. <신설 1988.12.31, 1996.8.8>

⑥ 제5항의 보고를 받은 소속 경찰서장 또는 지방해양경찰관서의 장은 대통령령이 정하는 바에 의하여 피구호자를 인계한 사실을 지체 없이 당해 공중보건의료기관·공공구호기관의 장 및 그 감독행정청에 통보하여야 한다. <신설 1988.12.31, 1996.8.8>

⑦ 제1항의 규정에 의한 경찰관서에서의 보호는 24시간을, 제3항의 임시영치는 10일을 초과할 수 없다. <개정 1988.12.31>

제5조 (위험발생의 방지) ① 경찰관은 인명 또는 신체에 위해를 미치거나 재산에 중대한 손해를 끼칠 우려가 있는 천재, 사변, 공작물의 손괴, 교통사고, 위험물의 폭발, 광견·분마류 등의 출현, 극단한 혼잡 기타 위험한 사태가 있을 때에는 다음의 조치를 할 수 있다.

  1. 그 장소에 집합한 자, 사물의 관리자 기타 관계인에게 필요한 경고를 발하는 것

  2. 특히 긴급을 요할 때에는 위해를 받을 우려가 있는 자를 필요한 한도 내에서 억류하거나 피난시키는 것

  3. 그 장소에 있는 자, 사물의 관리자 기타 관계인에게 위해방지상 필요하다고 인정되는 조치를 하게 하거나 스스로 그 조치를 하는 것

② 경찰관서의 장은 대간첩작전수행 또는 소요사태의 진압을 위하여 필요하다고 인정되는 상당한 이유가 있을 때에는 대간첩작전지역 또는 경찰관서·무기고 등 국가중요시설에 대한 접근 또는 통행을 제한하거나 금지할 수 있다.

③ 경찰관이 제1항의 조치를 한 때에는 지체 없이 이를 소속 경찰관서의 장에게 보고하여야 한다.

④ 제2항의 조치를 하거나 제3항의 보고를 받은 경찰관서의 장은 관계기관의 협조를 구하는 등 적당한 조치를 하여야 한다.

제6조 (범죄의 예방과 제지) ① 경찰관은 범죄행위가 목전에 행하여지려고 하고 있다고 인정될 때에는 이를 예방하기 위하여 관계인에게 필요한 경고를 발하고, 그 행위로 인하여 인명·신체에 위해를 미치거나 재산에 중대한 손해를 끼칠 우려가 있어 긴급을 요하는 경우에는 그 행위를 제지할 수 있다.

② 삭제 <1988.12.31>

제7조 (위험방지를 위한 출입) ① 경찰관은 제5조제1항·제2항 및 제6조제1항에 규정한 위험한 사태가 발생하여 인명·신체 또는 재산에 대한 위해가 절박한 때에 그 위해를 방지하거나 피해자를 구조하기 위하여 부득이 하다고 인정할 때에는 합리적으로 판단하여 필요한 한도 내에서 타인의 토지·건물 또는 선차 내에 출입할 수 있다.

② 흥행장·여관·음식점·역 기타 다수인이 출입하는 장소의 관리자 또는 이에 준하는 관계인은 그 영업 또는 공개시간 내에 경찰관이 범죄의 예방 또는 인명·신체와 재산에 대한 위해예방을 목적으로 그 장소에 출입할 것을 요구한 때에는 정당한 이유 없이 이를 거절할 수 없다.

③ 경찰관은 대간첩작전수행에 필요한 때에는 작전지역 안에 있어서의 제2항에 규정된 장소 안을 검색할 수 있다.

④ 제1항 내지 제3항의 규정에 의하여 경찰관이 필요한 장소에 출입할 때에는 그 신분을 표시하는 증표를 제시하여야 하며, 함부로 관계인의 정당한 업무를 방해하여서는 아니 된다.

제8조 (사실의 확인 등) ① 경찰관서의 장은 직무수행에 필요하다고 인정되는 상당한 이유가 있을 때에는 국가기관 또는 공사단체 등에 대하여 직무수행에 관련된 사실을 조회할 수 있다. 다만, 긴급을 요할 때에는 소속 경찰관으로 하여금 현장에 출장하여 당해 기관 또는 단체의 장의 협조

를 얻어 그 사실을 확인하게 할 수 있다.

　② 경찰관은 미아를 인수할 보호자의 여부, 유실물을 인수할 권리자의
여부 또는 사고로 인한 사상자를 확인하기 위하거나 행정처분을 위한
교통사고조사상의 사실을 확인하기 위하여 필요한 때에는 관계인에게
출석을 요하는 사유·일시 및 장소를 명확히 한 출석요구서에 의하여
경찰관서에 출석할 것을 요구할 수 있다.

제9조 (유치장) 경찰서 및 지방해양경찰관서에 법률이 정한 절차에 따라 체
포·구속되거나 신체의 자유를 제한하는 판결 또는 처분을 받은 자를
수용하기 위하여 유치장을 둔다. <개정 1996.8.8, 1999.5.24>

제10조 (경찰장비의 사용 등) ① 경찰관은 직무수행 중 경찰장비를 사용할 수
있다. 다만, 인명 또는 신체에 위해를 가할 수 있는 경찰장비에 대하여
는 필요한 안전교육과 안전검사를 실시하여야 한다.

　② 제1항의 '경찰장비'라 함은 무기, 경찰장구, 최루제 및 그 발사장치,
감식기구, 해안감시기구, 통신기기, 차량·선박·항공기 등 경찰의 직무
수행을 위하여 필요한 장치와 기구를 말한다.

　③ 경찰장비를 임의로 개조하거나 임의의 장비를 부착하여 통상의 용법
과 달리 사용함으로써 타인의 생명·신체에 위해를 주어서는 아니 된다.

　④ 제1항 단서의 경찰장비의 종류 및 그 사용기준, 안전교육·안전검사
의 기준 등에 대하여는 대통령령으로 정한다.

　[본조신설 1999.5.24]

제10조의2 (경찰장구의 사용<개정 1999.5.24>) ① 경찰관은 현행범인인 경우와
사형·무기 또는 장기 3년 이상의 징역이나 금고에 해당하는 죄를 범한
범인의 체포·도주의 방지, 자기 또는 타인의 생명·신체에 대한 방호,
공무집행에 대한 항거의 억제를 위하여 필요하다고 인정되는 상당한 이
유가 있을 때에는 그 사태를 합리적으로 판단하여 필요한 한도 내에서
경찰장구를 사용할 수 있다. <개정 1991.3.8, 1999.5.24>

　② 제1항의 '경찰장구'라 함은 경찰관이 휴대하여 범인검거와 범죄진압
등 직무수행에 사용하는 수갑·포승·경찰봉·방패 등을 말한다. <신

설 1999.5.24>

제10조의3 (분사기 등의 사용<개정 1999.5.24>) ① 경찰관은 범인의 체포·도주의 방지 또는 불법집회·시위로 인하여 자기 또는 타인의 생명·신체와 재산 및 공공시설안전에 대한 현저한 위해의 발생을 억제하기 위하여 부득이한 경우 현장책임자의 판단으로 필요한 최소한의 범위 안에서 분사기(총포·도검·화약류 등 단속법의 규정에 의한 분사기와 최루 등의 작용제) 또는 최루탄을 사용할 수 있다. <개정 1999.5.24>

② 삭제 <1999.5.24>

[본조신설 1989.6.16]

제10조의4 (무기의 사용) ① 경찰관은 범인의 체포·도주의 방지, 자기 또는 타인의 생명·신체에 대한 방호, 공무집행에 대한 항거의 억제를 위하여 필요하다고 인정되는 상당한 이유가 있을 때에는 그 사태를 합리적으로 판단하여 필요한 한도 내에서 무기를 사용할 수 있다. 다만, 형법에 규정한 정당방위와 긴급피난에 해당하는 때 또는 다음 각 호의 1에 해당하는 때를 제외하고는 사람에게 위해를 주어서는 아니 된다. <개정 1988.12.31, 1999.5.24>

1. 사형·무기 또는 장기 3년 이상의 징역이나 금고에 해당하는 죄를 범하거나 범하였다고 의심할 만한 충분한 이유가 있는 자가 경찰관의 직무집행에 대하여 항거하거나 도주하려고 할 때 또는 제삼자가 그를 도주시키려고 경찰관에게 항거할 때에 이를 방지 또는 체포하기 위하여 무기를 사용하지 아니하고는 다른 수단이 없다고 인정되는 상당한 이유가 있을 때

2. 체포·구속영장과 압수·수색영장을 집행할 때에 본인이 경찰관의 직무집행에 대하여 항거하거나 도주하려고 할 때 또는 제삼자가 그를 도주시키려고 경찰관에게 항거할 때 이를 방지 또는 체포하기 위하여 무기를 사용하지 아니하고는 다른 수단이 없다고 인정되는 상당한 이유가 있을 때

3. 범인 또는 소요행위자가 무기·흉기 등 위험한 물건을 소지하고

경찰관으로부터 3회 이상의 투기명령 또는 투항명령을 받고도 이에 불응하면서 계속 항거하여 이를 방지 또는 체포하기 위하여 무기를 사용하지 아니하고는 다른 수단이 없다고 인정되는 상당한 이유가 있을 때

  4. 대간첩작전수행에 있어 무장간첩이 경찰관의 투항명령을 받고도 이에 불응하는 경우

② 제1항의 '무기'라 함은 인명 또는 신체에 위해를 가할 수 있도록 제작된 권총·소총·도검 등을 말한다. <신설 1999.5.24>

③ 대간첩·대테러작전 등 국가안전에 관련되는 작전을 수행할 때에는 개인화기 외에 공용화기를 사용할 수 있다. <신설 1999.5.24>

제11조 (사용등록의 보관) 제10조의3의 규정에 의한 분사기나 최루탄 또는 제10조의4의 규정에 의한 무기를 사용하는 경우 그 책임자는 사용일시·사용장소·사용대상·현장책임자·종류·수량 등을 기록하여 보관하여야 한다.

[본조신설 1999.5.24]

제12조 (벌칙) 이 법에 규정된 경찰관의 의무에 위반하거나 직권을 남용하여 다른 사람에게 해를 끼친 자는 1년 이하의 징역이나 금고에 처한다.

[전문개정 1988.12.31]

제13조 (시행령) 이 법 시행에 관하여 필요한 사항은 대통령령으로 정한다.

부칙 〈제3427호, 1981.4.13〉

이 법은 공포한 날로부터 시행한다.

부칙 〈제4048호, 1988.12.31〉

이 법은 공포 후 30일이 경과한 날로부터 시행한다.

부칙 〈제413O호, 1989.6.16〉

이 법은 공포한 날부터 시행한다.

부칙 〈제4336호, 1991.3.8〉

이 법은 공포한 날부터 시행한다.

부칙 〈제5153호, 1996.8.8〉 (정부조직법)

제1조 (시행일) 이 법은 공포 후 30일 이내에 제41조의 개정규정에 의한 해
  양수산부와 해양경찰청의 조직에 관한 대통령령의 시행일부터 시행한다.
제2조 생략
제3조 (다른 법률의 개정) ① 내지 ⑥ 생략
  ⑦ 경찰관직무집행법 중 다음과 같이 개정한다.
  제3조제2항 전단 중 '(이하 '경찰관서'라 한다)'를 '(이하 '경찰관서'라 하
  되, 지방해양경찰관서를 포함한다)'로 한다.
  제4조제5항 및 제6항 중 '소속 경찰서장'을 각각 '소속 경찰서장 또는
  지방해양경찰관서의 장'으로 한다.
  제9조 중 '경찰서'를 '경찰서 및 지방해양경찰관서'로 한다.
  ⑧ 내지 <69> 생략
제4조 생략

부칙 〈제5988호, 1999.5.24〉

① (시행일) 이 법은 공포 후 6월이 경과한 날부터 시행한다.
② (벌칙에 관한 경과조치) 이 법 시행 전의 행위에 대한 벌칙의 적용에
있어서는 종전의 규정에 의한다.

부칙 〈제7247호, 2004.12.23〉 (경찰법)

제1조 (시행일) 이 법은 공포한 날부터 시행한다.
제2조 (다른 법률의 개정) ① 경찰관직무집행법 중 다음과 같이 개정한다.
  제3조제2항 전단 중 '지서'를 '지구대'로 한다.
  ② 내지 ④ 생략

부칙 〈제7849호, 2006.2.21〉 (제주특별자치도 설치 및 국제자유도시 조성을 위한 특별법)

제1조 (시행일) 이 법은 2006년 7월 1일부터 시행한다. <단서 생략>
제2조 내지 제39조 생략
제40조 (다른 법령의 개정) ① 및 ② 생략
  ③ 경찰관직무집행법 일부를 다음과 같이 개정한다.
  제1조제1항 중 '경찰관'을 '경찰관(국가경찰공무원에 한한다. 이하 같다)'으로 한다.
  ④ 내지 <47> 생략

13. 경찰관직무집행법시행령

[시행 2006.7.1] [대통령령 제19563호, 2006.6.29, 타법개정]

경찰청 (법무과), 02 - 313 - 0380

제1조 (목적) 이 영은 경찰관직무집행법(이하 '법'이라 한다)의 시행에 관하여 필요한 사항을 규정함을 목적으로 한다.
제2조 (임시영치) 국가경찰공무원이 법 제4조제3항의 규정에 의하여 무기·

흉기 등을 임시영치한 때에는 소속 국가경찰관서의 장(지방해양경찰관서의 장을 포함한다. 이하 같다)은 그 물건을 소지하였던 자에게 별지 제1호서식에 의한 임시영치증명서를 교부하여야 한다. <개정 1996.8.8, 2006.-6.29>

제3조 (피구호자의 인계통보) 법 제4조제6항의 규정에 의한 경찰서장 또는 해양경찰서장의 공중보건의료기관·공공구호기관의 장 및 그 감독행정청에 대한 통보는 별지 제2호서식에 의한다. <개정 1996.8.8>
[전문개정 1989.3.7]

제4조 (대간첩작전지역 등에 대한 접근 등의 금지·제한) 국가경찰관서의 장은 법 제5조제2항의 규정에 의하여 대간첩작전지역 등에 대한 접근 또는 통행을 제한하거나 금지한 때에는 보안상 부득이한 경우를 제외하고는 지체없이 그 기간·장소 기타 필요한 사항을 방송·벽보·경고판·전단살포 등 적당한 방법으로 일반인에게 널리 알려야 한다. 이를 해제한 때에도 또한 같다. <개정 2006.6.29>

제5조 (신분을 표시하는 증표) 법 제3조제4항 및 법 제7조제4항의 신분을 표시하는 증표는 국가경찰공무원의 공무원증으로 한다. <개정 1989.3.7, 2006.-6.29>

제6조 (출석요구서) 법 제8조제2항의 규정에 의한 출석요구서는 별지 제3호서식에 의한다.

제7조 (보고) 국가경찰공무원은 다음의 조치를 한 때에는 소속 국가경찰관서의 장에게 이를 보고하여야 한다. <개정 2006.6.29>
1. 법 제3조제2항의 규정에 의한 동행요구를 한 때
2. 법 제4조제1항의 규정에 의한 긴급구호요청 또는 보호조치를 한 때
3. 법 제4조제3항의 규정에 의한 임시영치를 한 때
4. 법 제6조제1항의 규정에 의하여 범죄행위를 제지한 때
5. 삭제 <1989.3.7>
6. 법 제7조제2항 및 제3항의 규정에 의하여 다수인이 출입하는 장소에 대하여 출입 또는 검색을 한 때

7. 법 제8조제1항 단서의 규정에 의한 사실확인을 한 때
8. 삭제 <1999.11.27>
9. 삭제 <1999.11.27>

부칙 〈제10346호, 1981.6.11〉

이 영은 공포한 날로부터 시행한다.

부칙 〈제12555호, 1988.12.19〉 (서식중본적란삭제를위한상훈법시행령등의일부개정령)

① (시행일) 이 영은 공포한 날로부터 시행한다.
② (경과조치) 이 영 시행 전에 종전의 규정에 의하여 작성되어 사용 중인 서식은 계속하여 사용하되, 이 영에 의하여 삭제된 난은 기재하지 아니한다.

부칙 〈제12641호, 1989.3.7〉

이 영은 공포한 날로부터 시행한다.

부칙 〈제15136호, 1996.8.8〉 (해양경찰청과그소속기관직제)

제1조 (시행일) 이 영은 공포한 날부터 시행한다.
제2조 생략
제3조 (다른 법령의 개정) ① 및 ② 생략
③ 경찰관직무집행법시행령 중 다음과 같이 개정한다.
제2조 중 '소속 경찰관서의 장'을 '소속 경찰관서의 장(지방해양경찰관서의 장을 포함한다. 이하 같다)'으로 한다.
제3조 및 별지 제3호서식의 이면 작성요령란 중 '경찰서장'을 각각 '경

찰서장 또는 해양경찰서장'으로 한다.

제4조 생략

부칙 〈제16601호, 1999.11.27〉 (경찰장비의사용기준등에관한규정)

제1조 (시행일) 이 영은 공포한 날부터 시행한다.
제2조 (다른 법령의 개정) ① 경찰관직무집행법시행령 중 다음과 같이 개정한다.
　제7조제8호 및 제9호를 각각 삭제한다.
　② 생략

부칙 〈제19563호, 2006.6.29〉 (제주특별자치도 설치 및 국제자유도시 조성을
위한 특별법 시행령)

제1조 (시행일) 이 영은 2006년 7월 1일부터 시행한다.
제2조 내지 제6조 생략
제7조 (다른 법령의 개정) ① 경찰관직무집행법시행령 일부를 다음과 같이 개
　정한다.
　제2조 중 '경찰관'을 '국가경찰공무원'으로, '소속 경찰관서'를 '소속 국
　가경찰관서'로 한다.
　제4조 전단 중 '경찰관서'를 '국가경찰관서'로 한다.
　제5조 중 '경찰관'을 '국가경찰공무원'으로 한다.
　제7조 각 호 외의 부분 중 '경찰관'을 '국가경찰공무원'으로, '경찰관서'
　를 '국가경찰관서'로 한다.
　② 내지 <32> 생략
제8조 생략

14. 경찰대학설치법

[시행 2008.2.29] [법률 제8852호, 2008.2.29, 타법개정]

경찰청 (교육과), 02 - 313 - 0588

제1조 (설치) 국가치안부문에 종사할 경찰간부가 될 자에게 학술을 연마하고 심신을 단련시키기 위하여 경찰청장소속하에 경찰대학을 둔다. <개정 1991.5.31>

제2조 (수업연한) 경찰대학의 수업연한은 4년으로 한다.

제3조 (입학자격) 경찰대학에 입학할 수 있는 자는 교육법 제111조에 규정된 학력이 있는 자로서 대통령령으로 정하는 자격을 갖춘 자로 한다.

제4조 (교과) ① 경찰대학의 교과는 경찰학과정과 일반학과정으로 나누고 그 내용은 경찰청장이 교육과학기술부장관과 협의하여 정한다. <개정 1990.-12.27, 1991.5.31, 2001.1.29, 2008.2.29>

② 일반학과정은 법학사 또는 행정학사의 학위를 수여하는 데 충분한 것이어야 한다.

③ 일반학과정의 운영을 위한 교원배치기준 및 시설기준과 기타 필요한 사항에 관하여는 대통령령으로 정한다.

제5조 (학장과 공무원) 경찰대학에 학장과 대통령령으로 정하는 바에 의하여 필요한 공무원을 둔다.

제6조 (교육법의 준용 등) ① 제5조의 공무원 중 일반학과정의 교육을 담당하는 자(경찰공무원을 포함한다)의 직종과 자격에 관하여는 교육법 제79조 제3항을 준용한다. <개정 1990.12.31>

② 제1항의 규정에 의하여 일반학과정의 교육을 담당하는 자 중 교수·부교수 및 조교수는 경찰청장이 교육과학기술부장관의 동의를 얻어 제청하고 대통령이 임명한다. <개정 1990.12.27, 1990.12.31, 1991.5.31,

2001.1.29, 2008.2.29>

제7조 (학사학위수여) ① 경찰대학은 교육법 제109조제1항 및 제110조의 규정에 의한 수업연한 4년의 대학으로 보고, 그 졸업자에 대하여는 학위를 수여하되, 법학분야를 전공한 자에게는 법학사의 학위를, 행정학분야를 전공한 자에게는 행정학사의 학위를 수여한다.

② 제1항의 규정에 의하여 학위를 수여받은 자는 교육법 제115조제3항의 규정에 의하여 교육인적자원부에 등록하여야 한다. <개정 1990.-12.27, 2001.1.29>

제8조 (졸업생의 임명) 경찰대학의 졸업자는 경찰공무원법에 의한 경위로 임명한다.

제9조 (학비 및 수당지급 등) ① 경찰대학 학생의 학비는 전액 국고에서 부담한다.

② 경찰대학 학생에게는 수당과 피복 기타 교육에 필요한 급여품을 지급하고 급식을 한다.

제10조 (의무복무) ① 제8조의 규정에 의하여 국가경찰공무원으로 임용된 자는 6년간 국가경찰에 복무하여야 한다. <개정 2006.2.21>

② 제1항의 규정에 의한 자가 그 의무복무기간 중 다음 각 호의 1에 해당한 때에는 제9조의 규정에 의하여 지급한 학비 기타 모든 비용의 전부 또는 일부를 대통령령으로 정하는 바에 의하여 상환하여야 한다. <개정 1990.12.31>

　　1. 대통령령이 정하는 사유 없이 의무복무를 이행하지 아니한 때

　　2. 파면 또는 해임처분을 받은 때

③ 경찰청장은 제2항의 규정에 의한 상환의무자가 경비를 상환하지 아니한 때에는 국세체납처분의 예에 의하여 이를 징수할 수 있다. <신설 1990.12.31, 1994.12.22>

제11조 (병역법의 준용) 경찰대학 학생의 군사교육에 관하여는 병역법 제57조를 준용한다. <개정 1983.12.31, 1993.12.31>

제12조 (부설교육기관 등) ① 경찰대학에 현직경찰관과 경찰관으로 임용될 자

에게 필요한 교육훈련을 실시하기 위한 부설교육기관과 경찰대학의 교육과 관련되는 학술 및 정책의 연구발전을 위한 부설연구소를 둘 수 있다.
② 제1항의 교육기관 및 연구소의 명칭과 조직 기타 필요한 사항은 대통령령으로 정한다.
제13조 (시행령) 이 법의 시행에 관하여 필요한 사항은 대통령령으로 정한다.

부칙 〈제3172호, 1979.12.28〉

이 법은 1980년 1월 1일부터 시행한다. 다만, 경찰대학 학생의 모집 기타 이 법의 시행에 관한 준비는 이 법 시행 전에 할 수 있다.

부칙 〈제3696호, 1983.12.31〉 (병역법)

제1조 (시행일) 이 법은 공포 후 2월이 경과한 날로부터 시행한다.
제2조 내지 제12조 생략
제13조 (다른 법률의 개정) ① 내지 ⑤ 생략
  ⑥ 경찰대학설치법 중 다음과 같이 개정한다.
  제11조 중 '병역법 제72조'를 '병역법 제49조'로 한다.
  ⑦ 내지 ⑨ 생략

부칙 〈제4268호, 1990.12.27〉 (정부조직법)

제1조 (시행일) 이 법은 공포한 날부터 시행한다. <단서 생략>
제2조 및 제3조 생략
제4조 (문교부의 명칭변경에 따른 다른 법률의 개정) ① 내지 ④ 생략
  ⑤ 경찰대학설치법 중 다음과 같이 개정한다.
  제4조제1항 및 제6조제2항 중 '문교부장관'을 각각 '교육부장관'으로 한다.
  제7조제2항 중 '문교부'를 '교육부'로 한다.
  ⑥ 내지 <50> 생략

제5조 내지 제10조 생략

브칙 〈제4275호, 1990.12.31〉

① (시행일) 이 법은 1991년 1월 1일부터 시행한다.
② (적용례) 제10조의 개정규정은 이 법 시행 당시 경찰대학 졸업자에 대하여도 이를 적용한다. 다만, 이 법 시행 전에 해임처분을 받은 자에 대하여는 그러하지 아니하다.

부칙 〈제4369호, 1991.5.31〉 (경찰법)

제1조 (시행일) 이 법은 공포 후 60일이 경과한 날부터 시행한다.
제2조 및 제3조 생략
제4조 (다른 법률의 개정) ① 생략
② 경찰대학설치법 중 다음과 같이 개정한다.
제1조, 제4조제1항 및 제6조제2항 중 '내무부장관'을 각각 '경찰청장'으로 한다.
③ 내지 <19> 생략
제5조 및 제6조 생략

부칙 〈제4685호, 1993.12.31〉 (병역법)

제1조 (시행일) 이 법은 1994년 1월 1일부터 시행한다. <단서 생략>
제2조 내지 제16조 생략
제17조 (다른 법률의 개정) ① 내지 ⑤ 생략
⑥ 경찰대학설치법 중 다음과 같이 개정한다.
제11조 중 '병역법 제49조'를 '병역법 제57조'로 한다.
⑦ 내지 ⑩ 생략
제18조 및 제19조 생략

부칙 〈제4798호, 1994.12.22〉 (경찰공무원법)

① (시행일) 이 법은 공포한 날부터 시행한다.
② (다른 법률의 개정) 경찰대학설치법 중 다음과 같이 개정한다.
제10조제3항 중 '내무부장관'을 '경찰청장'으로 한다.

부칙 〈제6400호, 2001.1.29〉 (정부조직법)

제1조 (시행일) 이 법은 공포한 날부터 시행한다. <단서 생략>
제2조 생략
제3조 (다른 법률의 개정) ① 내지 <57> 생략
<58> 경찰대학설치법 중 다음과 같이 개정한다.
제4조제1항 및 제6조제2항 중 '교육부장관'을 각각 '교육인적자원부장
관'으로 한다.
제7조제2항 중 '교육부'를 '교육인적자원부'로 한다.
<59> 내지 <79> 생략
제4조 생략

부칙 〈제7849호, 2006.2.21〉 (제주특별자치도 설치 및 국제자유도시 조성을 위
한 특별법)

제1조 (시행일) 이 법은 2006년 7월 1일부터 시행한다. <단서 생략>
제2조 내지 제39조 생략
제40조 (다른 법령의 개정) ① 내지 ③ 생략
④ 경찰대학설치법 일부를 다음과 같이 개정한다.
제10조제1항 중 '경찰공무원으로 임용된 자는 6년간 경찰'을 '국가경찰
공무원으로 임용된 자는 6년간 국가경찰'로 한다.
⑤ 내지 <47> 생략
제41조 생략

부칙 〈제8852호, 2008.2.29〉 (정부조직법)

제1조 (시행일) 이 법은 공포한 날부터 시행한다. 다만, ……<생략>……,
　　부칙 제6조에 따라 개정되는 법률 중 이 법의 시행 전에 공포되었으나
　　시행일이 도래하지 아니한 법률을 개정한 부분은 각각 해당 법률의 시
　　행일부터 시행한다.
제2조부터 제5조까지 생략
제6조 (다른 법률의 개정) ①부터 <707>까지 생략
　　<708> 경찰대학설치법 일부를 다음과 같이 개정한다.
　　제4조제1항 및 제6조제2항 중 '교육인적자원부장관'을 각각 '교육과학기
　　술부장관'으로 한다.
　　<709>부터 <760>까지 생략
제7조 생략

15. 경찰대학의학사운영에관한규정

[시행 2008.2.29] [대통령령 제20692호, 2008.2.29, 타법개정]

경찰청 (교육과), 02 - 313 - 0588

제1장 총칙

제1조 (목적) 이 영은 경찰대학설치법(이하 '법'이라 한다)에 의하여 경찰대학
　　(이하 '대학'이라 한다)의 학사운영에 관하여 필요한 사항을 정함을 목
　　적으로 한다. <개정 1991.7.30>
제2조 (위치) 대학은 경기도 용인군에 둔다. <개정 1984.1.21>
제3조 (학칙) ① 대학의 학칙은 경찰청장의 승인을 얻어 학장이 정한다. <개

정 1991.7.30>

② 제1항의 규정에 의하여 경찰청장이 학칙을 승인할 때에는 교육과학기술부장관과 협의하여야 한다. 이를 변경할 때에도 또한 같다. <개정 1991.2.1, 1991.7.30, 2001.1.29, 2008.2.29>

③ 학칙에는 다음 각 호의 사항을 규정하여야 한다. <개정 1984.1.21, 1991.7.30>

1. 수업연한·학년·학기와 휴업일에 관한 사항
2. 학과설치·학급편제·학과별 학생의 정원에 관한 사항
3. 교과와 수업일수에 관한 사항
4. 고사(선발고사를 포함한다)와 과정수료의 인정에 관한 사항
5. 입학·휴학·퇴학·졸업과 상벌에 관한 사항
6. 학비보조·급여품 및 졸업 후의 복무 의무에 관한 사항
7. 생활교육에 관한 사항
8. 학위에 관한 사항
9. 교육운영위원회에 관한 사항
10. 위탁교육에 관한 사항
11. 기타 법령에 의하여 학칙에 위임되거나, 대학 운영상 필요한 사항

제2장 삭제 〈1991.7.30〉

제4조 삭제 <1991.7.30>
제5조 삭제 <1991.7.30>
제6조 삭제 <1991.7.30>
제7조 삭제 <1991.7.30>
제8조 삭제 <1991.7.30>
제9조 삭제 <1991.7.30>
제10조 삭제 <1991.7.30>
제11조 삭제 <1991.7.30>

제11조의2 삭제 <1991.7.30>

제11조의3 삭제 <1991.7.30>

제12조 삭제 <1991.7.30>

제3장 학사운영

제13조 (대학의 학과) ① 대학에 법학과 및 행정학과를 둔다.

② 각 학과에 장을 두고, 교수 또는 부교수로 보하되, 교육운영위원회
(이하 '위원회'라 한다)의 동의를 얻어 학장이 보한다. <개정 1991.7.30>

제14조 (학생정원) 대학의 학생 입학 정원은 120인으로 한다.

제15조 (교과의 운영 등) ① 일반학과정의 교육은 고등교육법 제16조의 자격
을 갖춘 자가 담당한다. <개정 2001.2.3>

② 경찰학과정의 교육은 교수요원 또는 고등교육법 제16조의 자격을 갖
춘 자로서 경찰학분야에 전문지식이 있는 자가 담당한다. <개정 2001.2.3>

③ 조교는 교수·부교수·조교수·전임강사 및 교수요원의 지도를 받
아 학술에 관한 사항을 보조한다. <개정 2001.2.3>

[전문개정 1991.7.30]

제16조 (교수 및 교수요원 등의 임용 〈개정 2001.2.3〉) ① 교수·부교수 및 조교
수는 학장이 위원회의 동의를 얻어 경찰청장에게 상신하고, 경찰청장이
교육과학기술부장관의 동의를 얻어 행하는 제청으로 국무총리를 거쳐
대통령이 임명한다. <개정 1991.2.1, 1991.7.30, 2001.1.29, 2008.2.29>

② 전임강사·교수요원 및 조교는 학장이 위원회의 동의를 얻어 임명
또는 위촉한다. <개정 2001.2.3>

③ 학장은 필요하다고 인정될 때에는 시간강사를 위촉할 수 있다.

제17조 (입학자격) 대학에 입학할 수 있는 자는 고등교육법 제33조제1항의
규정에 의한 대학입학자격을 가진 자로서 입학 연도의 3월 1일 현재 17
세 이상 21세 미만의 대한민국 국민으로 하되, 다음 각 호의 1에 해당
하는 자는 입학할 수 없다. <개정 1984.1.21, 1988.10.20, 2001.2.3>

1. 경찰공무원법 제7조제2항 각 호의 1에 해당하는 자

2. 사상이 건전하지 아니한 자

3. 학칙에 규정된 신체기준에 미달한 자

4. 본교 또는 다른 대학에서 퇴학 처분을 받은 자

제18조 (입학 및 가입학) ① 학생의 입학시기는 학기 초로부터 30일 이내로 한다.

② 학장은 필요하다고 인정할 때에는 학생에게 적성 교육을 실시하기 위하여 입학기일 전에 가입학시킬 수 있다.

③ 제2항의 가입학기간은 30일 이내로 하며, 가입학된 자에게는 급식과 피복을 제공한다.

제19조 (입학자의 명단제출 등) ① 학장은 입학등록을 한 자의 명단을 입학등록 마감일로부터 30일 이내에 경찰청장과 교육과학기술부장관에게 제출하여야 한다. <개정 1991.2.1, 1991.7.30, 2001.1.29, 2008.2.29>

② 경찰청장은 제1항의 규정에 의하여 입학 등록자의 명단을 받은 때에는 이를 공고하여야 한다. <개정 1991.7.30>

제20조 (생활교육) 학생은 교육기간 중 휴가 기타 학칙이 정하는 기간을 제외하고는 기숙사에 입사하여 생활교육을 받아야 한다. <개정 1991.7.30>

제21조 (위탁교육) 학장은 학업성적이 우수하고 품행이 단정한 학생을 국내외의 교육기관에 위탁하여 일정한 기간 교육을 받게 할 수 있다.

[전문개정 1991.7.30]

제22조 (학위의 수여) 대학의 소정과정을 이수하고 일정한 시험에 합격한 학생에게는 졸업증서와 학사학위를 수여한다.

제23조 (의무복무기간의 계산) 법 제10조제1항의 의무복무기간은 국가경찰공무원으로 임용된 날로부터 기산한다. 다만, 공무원교육훈련법 제13조의 규정에 의한 의무복무기간과 휴직·직위 해제 및 정직기간은 이를 산입하지 아니한다. <개정 2006.6.29>

제24조 (학비 등의 상환) ① 법 제10조제2항에서 '학비 기타 모든 비용'이라 함은 학비·수당·급여품비·급식비 기타 당해 학생에게 지급한 경비

전액을 말한다.

② 경찰청장은 법 제10조제2항 각 호의 1에 해당하는 자가 있을 때에는 제1항에 규정한 경비 중 다음 공식에 의하여 산출된 금액을 본인 또는 연대보증인에게 상환하도록 명하여야 한다. 이 경우 근무월수의 계산에 있어서 근무일수 15일 이상은 1월로 계산한다. <개정 1991.7.30>

$$\text{상환금액} = \text{제1항의 경비전액} \times \frac{\text{의무복무월수} - \text{근무월수}}{\text{의무복무월수}}$$

③ 법 제10조제2항제1호에서 '대통령령이 정하는 사유'라 함은 다음의 사유를 말한다. <신설 1991.7.30>

　　1. 직무를 감당할 수 없는 신체 또는 정신상의 이상이 있을 때

　　2. 기타 의무복무를 이행할 수 없다고 경찰청장이 인정할 때

④ 경찰청장은 학비 등의 상환금액을 일시에 환수하는 것이 곤란하다고 인정되는 때에는 이를 분할하여 환수할 수 있다. <신설 1991.7.30>

⑤ 천재·지변 또는 상환의무자의 상이·질병 등으로 인하여 상환금액의 환수가 곤란하다고 인정되는 때에는 그 환수를 유예할 수 있다. <신설 1991.7.30>

⑥ 제1항 내지 제5항의 규정에 의한 상환에 관하여 필요한 사항은 경찰청장이 정한다. <신설 1991.7.30>

제25조 (타 법령의 준용) ① 다음 각 호의 사항에 관하여는 고등교육법시행령을 준용한다. <개정 2001.2.3>

　　1. 학기 및 수업일수(일반학과정)

　　2. 교과이수단위

　　3. 학위논문 및 학위등록

② 대학교원의 배치기준과 시설기준에 관하여는 대학설립·운영규정을 준용한다. <신설 1991.7.30, 2001.2.3>

제26조 삭제 <1984.1.21>

부칙 〈제9847호, 1980.4.10〉

① (시행일) 이 영은 공포한 날로부터 시행한다.
② (폐지법령) 경찰대학직제는 이를 폐지한다.
③ (경과조치) 이 영 시행 당시 종전의 경찰대학에 재학 중인 학생에 대하여는 이 영에 의한 경찰종합학교학생으로 계속 교육을 실시한다.
④ (경과조치) 이 영 시행 당시 종전의 경찰대학공무원정원 중 이 영의 시행에 따라 감축되는 행정주사 2인은 이 영 시행일로부터 1년의 기간에 한하여 별도 정원이 있는 것으로 본다. 다만, 사서 1인과 건축기사 1인이 충원되는 경우에는 그러하지 아니한다.

부칙 〈제10205호, 1981.2.26〉 (내무부직제등일부개정령)

① (시행일) 이 영은 공포한 날로부터 시행한다.
② 내지 ⑤ 생략

부칙 〈제10251호, 1981.3.16〉

이 영은 공포한 날로부터 시행한다.

부칙 〈제10806호, 1982.4.30〉

① (시행일) 이 영은 공포한 날로부터 시행한다.
② (정원감축에 관한 경과조치) 이 영 시행으로 감축되는 공무원 정원 1인(행정사무관)에 해당하는 초과현원이 있는 경우에는 1982년 8월 31일까지 그 초과현원에 상응하는 정원이 따로 있는 것으로 본다.

부칙 〈제10956호, 1982.12.20〉 (공무원보수규정)

제1조 (시행일) 이 영은 공포한 날로부터 시행한다.

제2조 생략

제3조 (다른 법령의 개정) ① 내지 ⑤ 생략

　　⑥ 경찰대학의조직과학사운영에관한규정 중 제25조제2항을 삭제한다.

　　⑦ 및 ⑧ 생략

제4조 내지 제5조 생략

부칙 〈제11330호, 1984.1.21〉

　　이 영은 공포한 날로부터 시행한다.

부칙 〈제11679호, 1985.4.13〉

　　이 영은 공포한 날로부터 시행한다.

부칙 〈제11851호, 1986.1.28〉 (내무부직제)

제1조 (시행일) 이 영은 공포한 날로부터 시행한다.

제2조 내지 제3조제1항 생략

　　② 경찰대학의조직과학사운영에관한규정 중 다음과 같이 개정한다.

　　제10조제3항 중 "소장은 내무부 치안본부 제3부 수사과장이 이를 겸한다"를 "소장은 내무부 치안본부 수사부장이 이를 겸한다"로 한다.

부칙 〈제11987호, 1986.10.27〉

　　이 영은 공포한 날로부터 시행한다.

부칙 〈제12539호, 1988.10.20〉

　　이 영은 공포한 날로부터 시행한다.

부칙 〈제12631호, 1989.2.28〉 (각급학교에두는공무원의정원에관한규정)

제1조 (시행일) 이 영은 1989년 3월 1일부터 시행한다. <단서 생략>

제2조 (다른 법령의 개정) ① 경찰대학의조직과학사운영에관한규정 중 다음과 같이 개정한다.

[별표] 경찰대학공무원정원표 중 '군사교육교관(5급 상당)'을 '예비군담당요원(5급 상당)'으로, '군사교육조교(8급 상당)'을 '예비군담당요원(8급 상당)'으로 한다.

② 생략

제3조 및 제4조 생략

부칙 〈제12733호, 1989.6.17〉 (경제기획원직제등일부개정령)

제1조 (시행일) 이 영은 공포한 날로부터 시행한다.

제2조 (정원에 관한 경과조치) 이 영 시행 당시 이 영의 시행으로 감축되는 고용직공무원에 해당하는 현원이 있는 경우에는 그 현원을 기능직 공무원으로 특별채용할 때까지 그 현원에 대한 고용직공무원정원이 따로 있는 것으로 보며, 그 현원에 해당하는 기능직 공무원의 정원은 이를 충원할 수 없다.

제3조 (잡무직렬 기능직공무원에 관한 경과조치) 대통령령 제12704호 공무원임용령중개정령 부칙 제5조제2항의 규정에 의하여 다른 직렬의 기능직 공무원으로 임용된 것으로 보는 자는 이 영의 규정에 불구하고 종전의 등급으로 재직할 수 있다.

제4조 및 제5조 생략

부칙 〈제12739호, 1989.6.30〉 (국립의료원직제등일부개정령)

① (시행일) 이 영은 공포한 날로부터 시행한다.

② 생략

부칙 〈제13282호, 1991.2.1〉 (교육부와그소속기관직제)

제1조 (시행일) 이 영은 공포한 날부터 시행한다.
제2조 내지 제4조 생략
제5조 (다른 법령의 개정) ① 내지 <96> 생략
　　<97> 경찰대학의조직과학사운영에관한규정 중 다음과 같이 개정한다.
　　제3조제2항·제16조제1항 및 제19조제1항 중 '문교부장관'을 각각 '교
　　육부장관'으로 한다.
　　<98> 내지 <148> 생략

부칙 〈제13440호, 1991.7.30〉

　　이 영은 1991년 7월 31일부터 시행한다.

부칙 〈제17115호, 2001.1.29〉 (교육인적자원부와그소속기관직제)

제1조 (시행일) 이 영은 공포한 날부터 시행한다.
제2조 내지 제4조 생략
제5조 (다른 법령의 개정) ① 내지 <81> 생략
　　<82> 경찰대학의학사운영에관한규정 중 다음과 같이 개정한다.
　　제3조제2항 전단, 제16조제1항 및 제19조제1항 중 '교육부장관'을 각각
　　'교육인적자원부장관'으로 한다.
　　<83> 내지 <152> 생략

부칙 〈제17122호, 2001.2.3〉 (경찰공무원교육훈련규정)

제1조 (시행일) 이 영은 공포한 날부터 시행한다.
제2조 및 제3조 생략
제4조 (다른 법령의 개정) ① 및 ② 생략
　　③ 경찰대학의학사운영에관한규정 중 다음과 같이 개정한다.

제15조제1항 중 '교육법 제79조제3항'을 '고등교육법 제16조'로 하고, 동조제2항 중 '교관'을 '교수요원'으로, '교육법 제79조제3항'을 '고등교육법 제16조'로 하며, 동조제3항 중 '교관'을 '교수요원'으로 한다.

제16조의 제목 및 동조제2항 중 '교관'을 각각 '교수요원'으로 한다.

제17조 본문 중 '교육법 제111조'를 '고등교육법 제33조제1항'으로 한다.

제25조제1항 본문 중 '교육법시행령'을 '고등교육법시행령'으로 하고, 동조제2항 중 '대학설치기준령'을 '대학설립·운영규정'으로 한다.

부칙 〈제19563호, 2006.6.29〉 (제주특별자치도 설치 및 국제자유도시 조성을 위한 특별법 시행령)

제1조 (시행일) 이 영은 2006년 7월 1일부터 시행한다.

제2조 내지 제6조 생략

제7조 (다른 법령의 개정) ① 생략

　② 경찰대학의학사운영에관한규정 일부를 다음과 같이 개정한다.

　제23조 본문 중 '경찰공무원'을 '국가경찰공무원'으로 한다.

　③ 내지 <32> 생략

제8조 생략

부칙 〈제20692호, 2008.2.29〉 (경찰청과그소속기관직제)

제1조 (시행일) 이 영은 공포한 날부터 시행한다.

제2조 (다른 법령의 개정) ①부터 ④까지 생략

　⑤ 경찰대학의학사운영에관한규정 일부를 다음과 같이 개정한다.

　제3조제2항 전단, 제16조제1항 및 제19조제1항 중 '교육인적자원부장관'을 각각 '교육과학기술부장관'으로 한다.

　⑥부터 ⑫까지 생략

16. 경찰법

[시행 2008.6.13] [법률 제9114호, 2008.6.13, 일부개정]

경찰청 (혁신기획과), 02 - 313 - 7835

제1장 총칙

제1조 (목적) 이 법은 국가경찰의 민주적인 관리·운영과 효율적인 임무수행을 위하여 국가경찰의 기본조직 및 직무범위 기타 필요한 사항을 규정함을 목적으로 한다. <개정 2006.7.19>

제2조 (국가경찰의 조직 〈개정 2006.7.19〉) ① 치안에 관한 사무를 관장하게 하기 위하여 행정안전부장관소속하에 경찰청을 둔다. <개정 1996.8.8, 2004.12.23, 2008.2.29>

② 경찰청의 사무를 지역적으로 분담 수행하게 하기 위하여 특별시장·광역시장 및 도지사(이하 시·도지사라 한다)소속하에 지방경찰청을 두고, 지방경찰청장소속하에 경찰서를 둔다. <개정 1997.12.13>

③ 삭제 <1996.8.8>

제3조 (국가경찰의 임무 〈개정 2006.7.19〉) 국가경찰은 국민의 생명·신체 및 재산의 보호와 범죄의 예방·진압 및 수사, 치안정보의 수집, 교통의 단속 기타 공공의 안녕과 질서유지를 그 임무로 한다. <개정 2006.7.19>

제4조 (권한남용의 금지) 국가경찰은 그 직무를 수행함에 있어서 헌법과 법률에 따라 국민의 자유와 권리를 존중하고, 국민 전체에 대한 봉사자로서 공정중립을 지켜야 하며, 부여된 권한을 남용하여서는 아니 된다. <개정 2006.7.19>

제2장 경찰위원회

제5조 (경찰위원회의 설치) ① 경찰행정에 관하여 제9조제1항 각 호에 정한 사항을 심의·의결하기 위하여 행정자치부에 경찰위원회(이하 '위원회'라 한다)를 둔다. <개정 2004.12.23>

② 위원회는 위원장 1인을 포함한 7인의 위원으로 구성하되, 위원장 및 5인의 위원은 비상임, 1인의 위원은 상임으로 한다.

③ 제2항의 규정에 의한 위원 중 상임위원은 정무직으로 한다. <신설 2004.12.23>

제6조 (위원의 임명 및 결격사유) ① 위원은 행정안전부장관의 제청으로 국무총리를 거쳐 대통령이 임명한다. <개정 2004.12.23, 2008.2.29>

② 행정안전부장관은 위원을 제청함에 있어서 국가경찰의 정치적 중립이 보장되도록 하여야 한다. <개정 2004.12.23, 2006.7.19, 2008.2.29>

③ 위원 중 2인은 법관의 자격이 있는 자이어야 한다.

④ 다음 각 호의 1에 해당하는 자는 위원이 될 수 없다. <개정 1999.1.21, 2006.7.19>

1. 당적을 이탈한 날부터 3년이 경과되지 아니한 자

2. 선거에 의하여 취임하는 공직에서 퇴직한 날부터 3년이 경과되지 아니한 자

3. 경찰·검찰·국가정보원직원 또는 군인의 직에서 퇴직한 날부터 3년이 경과되지 아니한 자

4. 「국가공무원법」 제33조 각 호의 1에 해당하는 자

제7조 (위원의 임기 및 신분보장) ① 위원의 임기는 3년으로 하며, 연임할 수 없다. 이 경우 보궐위원의 임기는 전임자의 잔임기간으로 한다.

② 위원은 정당에 가입하거나 제6조제4항제2호 또는 제3호의 직에 취임 또는 임용되거나 제4호에 해당하게 된 때에는 당연히 퇴직된다.

③ 위원은 중대한 심신상의 장애로 직무를 수행할 수 없게 된 경우를 제외하고는 그 의사에 반하여 면직되지 아니한다.

제8조 (「국가공무원법」의 준용 〈개정 2006.7.19〉) 위원에 대하여는 「국가공무원법」 제60조 및 제65조의 규정을 준용한다. <개정 2006.7.19>

제9조 (위원회의 심의·의결사항) ① 다음 각 호의 사항은 위원회의 심의·의결을 거쳐야 한다. <개정 2004.12.23, 2006.7.19, 2008.2.29>

    1. 국가경찰의 인사·예산·장비·통신 등에 관한 주요정책 및 국가경찰업무발전에 관한 사항

    2. 인권보호와 관련되는 국가경찰의 운영·개선에 관한 사항

    3. 국가경찰 임무 외의 다른 국가기관으로부터의 업무협조요청에 관한 사항

    4. 제주특별자치도의 자치경찰에 대한 국가경찰의 지원·협조 및 협약체결의 조정 등에 관한 주요 정책사항

    5. 기타 행정안전부장관 및 경찰청장이 중요하다고 인정하여 위원회에 부의한 사항

② 행정안전부장관은 제1항의 규정에 의하여 심의·의결된 내용이 부적정하다고 판단될 때에는 재의를 요구할 수 있다. <개정 2004.12.23, 2008.2.29>

제10조 (위원회의 운영 등) ① 위원회의 사무는 경찰청에서 수행한다.

② 위원회의 회의는 재적위원 과반수의 출석과 출석위원 과반수의 찬성으로 의결한다.

③ 이 법에 규정된 것 외에 위원회의 운영 및 제9조제1항 각 호에 정한 심의·의결사항의 구체적 범위, 재의요구 등에 관하여 필요한 사항은 대통령령으로 정한다.

제3장 경찰청

제11조 (경찰청장) ① 경찰청에 경찰청장을 두되, 경찰청장은 치안총감으로 보한다.

② 경찰청장은 경찰위원회의 동의를 얻어 행정안전부장관의 제청으로 국

무총리를 거쳐 대통령이 임명한다. 이 경우 국회의 인사청문을 거쳐야
한다. <개정 2003.2.4, 2003.12.31, 2008.2.29>

③ 경찰청장은 국가경찰에 관한 사무를 통할하고 청무를 관장하며 소속 공
무원 및 각급 국가경찰기관의 장을 지휘·감독한다. <개정 2006.7.19>

④ 삭제 <2003.12.31>

⑤ 경찰청장의 임기는 2년으로 하고, 중임할 수 없다. <신설 2003.12.31>

⑥ 경찰청장이 그 직무집행에 있어서 헌법이나 법률을 위배한 때에는 국
회는 탄핵의 소추를 의결할 수 있다. <신설 2003.12.31>

[99헌마135 1999.12.23 경찰법(1991.5.31. 법률 제4369호로 제정되어 1997.-
1.13. 법률 제5260호로 개정된 것) 제11조 제4항 및 부칙 제2조는 헌법
에 위반된다.]

제12조 (차장) ① 경찰청에 차장을 두되, 차장은 치안정감으로 보한다.

② 차장은 경찰청장을 보좌하며, 경찰청장이 부득이한 사유로 직무를 수
행할 수 없을 때에는 그 직무를 대행한다. <개정 2004.12.23>

제13조 (하부조직) ① 경찰청의 하부조직은 국 또는 부 및 과로 한다.

② 경찰청장·차장·국장 또는 부장 밑에 정책의 기획이나 계획의 입안
및 연구조사를 통하여 그를 직접 보좌하는 담당관을 둘 수 있다.

③ 경찰청의 하부조직의 명칭 및 분장사무와 공무원의 정원은 「정부조
직법」 제2조제4항 및 제5항의 규정을 준용하여 대통령령 또는 행정안전
부령으로 정한다. <개정 1998.2.28, 2006.7.19, 2008.2.29>

제4장 지방경찰

제14조 (지방경찰청장) ① 지방경찰청에 지방경찰청장을 두되, 지방경찰청장
은 치안정감·치안감 또는 경무관으로 보한다.

② 지방경찰청장은 경찰청장의 지휘·감독을 받아 관할구역 안의 국가
경찰사무를 관장하고 소속 공무원 및 소속 국가경찰기관의 장을 지휘·
감독한다. <개정 2006.7.19>

제15조 (차장) ① 지방경찰청에 차장을 둘 수 있다.

② 차장은 지방경찰청장을 보좌하여 소관사무를 처리하고 지방경찰청장이 부득이한 사유로 직무를 수행할 수 없을 때에는 그 직무를 대행한다. <개정 2004.12.23>

제16조 (치안행정협의회) ① 지방행정과 치안행정의 업무조정 그 밖의 필요한 사항을 협의·조정하기 위하여 시·도지사(제주특별자치도지사를 제외한다) 소속하에 치안행정협의회를 둔다. <개정 2006.7.19>

② 치안행정협의회의 조직·운영 기타 필요한 사항은 대통령령으로 정한다.

제17조 (경찰서장) ① 경찰서에 경찰서장을 두되, 경찰서장은 총경 또는 경정으로 보한다. <개정 2000.12.20>

② 경찰서장은 지방경찰청장의 지휘·감독을 받아 관할구역 안의 소관사무를 관장하고 소속 공무원을 지휘·감독한다.

③ 경찰서장소속하에 지구대 또는 파출소를 두고, 그 설치기준은 치안수요·교통·지리 등 관할구역의 특성을 고려하여 행정안전부령으로 정한다. 다만, 필요한 경우에는 출장소를 둘 수 있다. <개정 2004.12.23, 2008.-2.29>

제18조 (직제) 지방경찰청 및 경찰서의 명칭·위치·관할구역·하부조직·공무원의 정원 기타 필요한 사항은 「정부조직법」 제2조제4항 및 제5항의 규정을 준용하여 대통령령 또는 행정안전부령으로 정한다. <개정 1998.2.28, 2006.7.19, 2008.2.29>

제5장 삭제 〈1996.8.8〉

제19조 삭제 <1996.8.8>
제20조 삭제 <1996.8.8>
제21조 삭제 <1996.8.8>
제22조 삭제 <1996.8.8>

제6장 국가경찰공무원 〈개정 2006.7.19〉

제23조 (국가경찰공무원 〈개정 2006.7.19〉) ① 국가경찰공무원의 계급은 치안총
감·치안정감·치안감·경무관·총경·경정·경감·경위·경사·경
장·순경으로 한다. <개정 2006.7.19>

② 국가경찰공무원의 임용·교육훈련·복무·신분보장 등에 관하여는 따
로 법률로 정한다. <개정 2006.7.19>

제24조 (직무수행) ① 국가경찰공무원은 상관의 지휘·감독을 받아 직무를
수행하고, 그 직무수행에 관하여 서로 협력하여야 한다. <개정 2006.-
7.19>

② 경찰공무원은 구체적 사건수사와 관련된 제1항의 지휘·감독의 적법
성 또는 정당성 여부에 대하여 이견이 있는 때에는 이의를 제기할 수
있다. <신설 2008.6.13>

③ 국가경찰공무원의 직무수행에 필요한 사항은 따로 법률로 정한다.
<개정 2006.7.19, 2008.6.13>

제7장 비상사태 시의 특별조치 〈신설 2006.7.19〉

제25조 (비상사태 시 자치경찰에 대한 지휘·명령) ① 경찰청장은 전시·사변, 천
재·지변 그 밖에 이에 준하는 국가비상사태, 대규모의 테러 또는 소요
사태가 발생하였거나 발생할 우려가 있어 전국적인 치안유지를 위하여
긴급한 조치가 필요하다고 인정할 만한 충분한 사유가 있는 경우에는
제2항의 규정에 따라 제주특별자치도의 자치경찰공무원(이하 '자치경찰
공무원'이라 한다)을 직접 지휘·명령할 수 있다. 다만, 제주특별자치도
지역 단위의 치안유지를 위한 경우에는 제주특별자치도지방경찰청장이
지휘·명령할 수 있다.

② 경찰청장 또는 제주특별자치도지방경찰청장은 제1항의 규정에 따른
조치가 필요한 경우에는 미리 제주특별자치도지사에게 자치경찰공무원

을 직접 지휘·명령하고자 하는 사유 및 내용 등을 적시하여 통보하여
야 한다. 이 경우 제주특별자치도지사는 정당한 사유가 없는 한, 즉시
소속 자치경찰공무원에 대하여 경찰청장 또는 제주특별자치도지방경찰
청장의 지휘·명령을 받을 것을 명하여야 한다.

③ 경찰청장 또는 제주특별자치도지방경찰청장이 제1항의 규정에 따라
지휘·명령권을 인수한 경우에는 경찰청장은 경찰위원회에 즉시 보고하
여야 하고, 제주특별자치도지방경찰청장은 「제주특별자치도 설치 및 국
제자유도시 조성을 위한 특별법」 제113조의 규정에 따른 관할 치안행정
위원회에 즉시 통보하여야 한다.

④ 제3항의 규정에 따라 자치경찰공무원에 대한 지휘·명령권자의 변동
사실을 보고받은 경찰위원회는 제1항에 규정된 사유에 해당되지 아니한
다고 인정하는 때에는 그 지휘·명령권을 반환할 것을 의결할 수 있으
며, 같은 사실을 통보받은 치안행정위원회는 제1항에 규정된 사유에 해
당되지 아니한다고 인정하는 때에는 경찰청장 또는 제주특별자치도지방
경찰청장에게 그 지휘·명령권의 반환을 건의할 수 있다.

⑤ 경찰청장 또는 제주특별자치도지방경찰청장은 제1항의 규정에 따라
경찰청장 또는 제주특별자치도지방경찰청장이 자치경찰공무원을 지휘·
명령할 수 있는 사유가 해소된 때에는 자치경찰공무원에 대한 지휘·명
령권을 즉시 제주특별자치도지사에게 반환하여야 한다.

⑥ 제1항 및 제2항의 규정에 따라 제주특별자치도의 자치경찰공무원이
경찰청장 또는 제주특별자치도지방경찰청장의 지휘·명령을 받는 경우
그 지휘·명령의 범위 안에서는 국가경찰공무원으로 본다.

[본조신설 2006.7.19]

부칙 〈제4369호, 1991.5.31〉

제1조 (시행일) 이 법은 공포 후 60일이 경과한 날부터 시행한다.

제2조 (최초위원의 임기) 이 법 시행 후 최초로 임명되는 경찰위원회 위원의

임기는 7인 중 2인(위원장 및 상임위원)은 3년, 5인은 2년으로 한다.

제3조 (경찰청설치 등에 관한 경과조치) 이 법 시행 당시의 내무부 치안본부와 그 소속 공무원은 각각 이 법에 의한 경찰청과 그 소속 공무원으로, 서울특별시·직할시·도경찰국 및 경찰서와 그 소속 공무원은 각각 지방경찰청 및 경찰서와 그 소속 공무원으로, 해양경찰대 및 지구해양경찰대와 그 소속 공무원은 각각 해양경찰청 및 해양경찰서와 그 소속 공무원으로 본다.

제4조 (다른 법률의 개정) ① 서울특별시행정에관한특별조치법 중 다음과 같이 개정한다.

제3조제1항제5호를 삭제한다.

제5조제3항 중 '경찰업무를 담당하는 국장은 치안정감으로, 과장은 총경으로,'를 삭제한다.

제6조 단서를 삭제한다.

② 경찰대학설치법 중 다음과 같이 개정한다.

제1조, 제4조제1항 및 제6조제2항 중 '내무부장관'을 각각 '경찰청장'으로 한다.

③ 전투경찰대설치법 중 다음과 같이 개정한다.

제1조제1항 중 '서울특별시장·직할시장·도지사'를 '지방경찰청장'으로 한다.

제1조제2항, 제2조 및 제3조 중 '내무부장관'을 각각 '경찰청장'으로 한다.

④ 경찰공무원법 중 다음과 같이 개정한다.

제4조제1항 중 '내무부장관'을 '경찰청장'으로, '내무부'를 '경찰청'으로 한다.

제5조제3호 중 '내무부장관'을 '경찰청장'으로 한다.

제6조를 다음과 같이 한다.

제6조 (임용권자) ① 총경 이상의 경찰공무원은 경찰청장의 추천에 의하여 내무부장관의 제청으로 국무총리를 거쳐 대통령이 임용한다. 다만, 총경의 전보·휴직·직위해제·정직 및 복직은 경찰청장이 행한다.

② 경정 이하의 경찰공무원은 경찰청장이 임용한다. 다만, 경정에의 신규채용·승진임용 및 면직은 경찰청장의 제청으로 국무총리를 거쳐 대통령이 행한다.

③ 경찰청장은 대통령령이 정하는 바에 의하여 경찰공무원의 임용에 관한 권한의 일부를 소속 기관의 장 및 지방경찰청장에게 위임할 수 있다.

④ 경찰청장 또는 제3항의 규정에 의하여 임용권의 위임을 받은 자는 내무부령이 정하는 바에 의하여 소속 경찰공무원의 인사기록을 작성·보관하여야 한다.

제9조제1항 중 '내무부장관'을 '경찰청장'으로 하고, 동조제3항 단서 및 제4항 중 '내무부장관'을 각각 '경찰청장'으로 한다.

제12조제1항 중 '내무부에 중앙승진심사위원회를, 내무부·서울특별시·직할시·도'를 '경찰청에 중앙승진심사위원회를, 경찰청·지방경찰청'으로 한다.

제13조제1항 중 '내무부장관'을 '경찰청장'으로 한다.

제15조제1항 중 '내무부장관'을 각각 '경찰청장'으로 한다.

제17조제1항 내지 제3항 중 '내무부장관'을 각각 '경찰청장'으로 한다.

제24조제4항 전단 중 '내무부장관'을 '경찰청장'으로 하고, 동항 후단을 다음과 같이 한다.

이 경우 경무관 이상의 경찰공무원에 대하여는 내무부장관 및 국무총리를 거쳐 대통령의 승인을 얻어야 하고, 총경·경정의 경찰공무원에 대하여는 국무총리를 거쳐 대통령의 승인을 얻어야 한다.

제25조제1항 중 '내무부·서울특별시·직할시·도'를 '경찰청·지방경찰청'으로 한다.

제27조 본문 중 '내무부장관'을 '경찰청장'으로 하고, 동조 단서를 다음과 같이 한다.

다만, 파면·해임 및 정직은 징계위원회의 의결을 거쳐 당해 경찰공무원의 임용권자가 행하되, 경무관 이상의 정직과 경정 이상의 파면 및 해임은 경찰청장의 제청으로 내무부장관 및 국무총리를 거쳐 대통령이 행하고, 총경 및 경정의 정직은 경찰청장이 행한다.

제28조 본문 중 '내무부장관'을 '경찰청장'으로 한다.

제30조제2항제2호 및 제4호 중 '내무부장관'을 각각 '경찰청장'으로 한다.

법률 제3606호 부칙 제6조 중 '내무부'를 '경찰청'으로 한다.

⑤ 경범죄처벌법 중 다음과 같이 개정한다.

제7조제1항 중 '내무부장관'을 '경찰청장'으로 한다.

⑥ 총포·도검·화약류 등 단속법 중 다음과 같이 개정한다.

제4조제1항 전단, 제9조제1항 본문·제2항, 제10조제5호, 제42조제1항·제3항 전단, 제51조제2항 전단, 제52조제9호, 제53조제2항, 제59조제2항 전단, 제60조 및 제61조 중 '내무부장관'을 각각 '경찰청장'으로 한다.

제6조제1항 중 '서울특별시장·직할시장 또는 도지사(이하 '시·도지사'라 한다)'를 '지방경찰청장'으로 한다.

제12조제1항, 제13조제2항 내지 제4항, 제14조제1항, 제22조, 제25조제1항 전단·제2항, 제28조제1항, 제32조제2항, 제38조제1항 전단, 제39조제1항 전단, 제40조제3항 및 제67조제2항 중 '시·도지사'를 각각 '지방경찰청장'으로 한다.

제14조제2항, 제38조제2항·제3항 및 제39조제2항·제4항 전단 중 '시·도지사는'을 각각 '지방경찰청장은'으로 한다.

제32조제3항 중 '내무부장관 또는 시·도지사는'을 '경찰청장 또는 지방경찰청장은'으로 한다.

제68조 중 '내무부장관 또는 시·도지사는'을 '경찰청장 또는 지방경찰청장은'으로, '시·도지사 또는 경찰서장'을 '지방경찰청장 또는 경찰서장'으로 한다.

제74조제2항 중 '내무부장관, 시·도지사'를 '경찰청장, 지방경찰청장'으로 한다.

⑦ 사격및사격장단속법 중 다음과 같이 개정한다.

제6조 본문 중 '서울특별시장·부산시장 또는 도지사'를 '지방경찰청장'

으로 한다.

제7조제6호 중 '총포화약류단속법'을 '총포·도검·화약류 등 단속법'으로 한다.

제20조제2항을 삭제한다.

⑧ 신용조사업법 중 다음과 같이 개정한다.

제4조제1항 본문 중 '서울특별시장·직할시장 또는 도지사(이하 '도지사'라 한다)'를 '지방경찰청장'으로 한다.

제4조제3항, 제12조제1항 본문 및 제12조의2 본문 중 '도지사는'을 각각 '지방경찰청장은'으로 한다.

제7조 본문 및 제14조 중 '도지사'를 각각 '지방경찰청장'으로 한다.

제12조제3항 중 '도지사가'를 '지방경찰청장이'로, '내무부장관'을 '경찰청장'으로 한다.

⑨ 경찰직무응원법 중 다음과 같이 개정한다.

제1조제1항 중 '서울특별시장 또는 도지사(이하 지방장관이라 한다)는'을 '지방경찰청장은'으로, '타지방장관'을 '다른 지방경찰청장'으로 하고, 동조제2항을 다음과 같이 한다.

② 경찰청장은 돌발사태의 진압이나 특수지구의 경비에 있어서 긴급한 경우에는 지방경찰청장 또는 소속 경찰기관의 장에 대하여 다른 지방경찰청의 경찰관을 응원시키기 위하여 소속 경찰관의 파견을 명할 수 있다.

제2조 중 '도'를 '지방경찰청'으로 한다.

제3조 중 '지방장관'을 '지방경찰청장'으로, '타도'를 '다른 지방경찰청'으로 한다.

제4조 및 제5조 중 '내무부장관'을 각각 '경찰청장'으로 한다.

제6조 본문 중 '내무부장관'을 '경찰청장'으로 하고, 동조단서 중 '내무부치안국과장인 서기관'을 '경찰청과장인 총경'으로 한다.

제7조제1항 중 '내무부장관'을 '경찰청장'으로 하고, 동조제2항을 삭제한다.

⑩ 용역경비업법 중 다음과 같이 개정한다.

제4조제1항 본문 중 '서울특별시장·직할시장 또는 도지사(이하 '도지사'라 한다)'를 '지방경찰청장'으로 하고, 동항 단서를 다음과 같이 한다. 다만, 영업구역이 2 이상의 지방경찰청 관할구역에 걸칠 때에는 경찰청장의 허가를 받아야 한다.

제13조제1항 및 제15조의2제2항 전단 중 '내무부장관'을 각각 '경찰청장'으로 하고, 제13조제2항 중 '도지사와'를 '지방경찰청장과'로 한다.

⑪ 청원경찰법 중 다음과 같이 개정한다.

제4조제1항 중 '서울특별시장·직할시장 또는 도지사(이하 '도지사'라 한다)'를 '지방경찰청장'으로 한다.

제4조제2항·제3항, 제8조제2항 및 제9조 본문 중 '도지사는'과 제9조의2제1항, 제9조의3제2항 및 제10조의3 중 '도지사는'을 각각 '지방경찰청장은'으로 한다.

제5조제1항, 제9조의2제2항 및 제12조제1호 중 '도지사'를 각각 '지방경찰청장'으로 한다.

제6조제2항 중 '내무부장관'을 '경찰청장'으로 한다.

제12조제2호 중 '내무부장관'을 '경찰청장'으로 한다.

⑫ 도로교통법 중 다음과 같이 개정한다.

제3조 본문 중 '서울특별시장·직할시장 또는 도지사(이하 '시·도지사'라 한다)는'을 '지방경찰청장은'으로 하고, 동조 단서 중 '시·도지사'를 '지방경찰청장'으로 한다.

제6조제1항 중 '시·도지사는'을 '지방경찰청장은'으로 하고, 동조제4항 중 '시·도지사가'를 '지방경찰청장이'로 하며, 동조제5항 중 '시·도지사'를 '지방경찰청장'으로 한다.

제10조제1항 중 '시·도지사는'을 '지방경찰청장은'으로 한다.

제12조제4항제5호 중 '시·도지사가'를 '지방경찰청장이' 한다.

제13조제1항 중 '시·도지사는'을 '지방경찰청장은'으로 하고, 동조제2항 단서 중 '시·도지사가'를 '지방경찰청장이'로 한다.

제15조제2항 및 제16조제2항 중 '시·도지사는'을 각각 '지방경찰청장

은’으로 한다.

제20조제3항, 제22조제1항 단서, 제27조제1항제5호·동조제2항제2호, 제28조제6호 및 제29조제7호 중 ‘시·도지사가’를 각각 ‘지방경찰청장이’로 한다.

제34조제2항, 제35조제2항, 제38조제3항 및 제39조 중 ‘시·도지사는’을 각각 ‘지방경찰청장은’으로 한다.

제40조 본문 중 ‘시·도지사’를 ‘지방경찰청장’으로 한다.

제48조제9호 중 ‘시·도지사가’를 ‘지방경찰청장이’로 한다.

제55조제2항·제3항 중 ‘내무부장관’을 각각 ‘경찰청장’로 한다.

제63조제3항제7호 중 ‘시·도지사가’를 ‘지방경찰청장이’로 한다.

제65조 본문 중 ‘내무부장관’을 ‘경찰청장’으로 한다.

제68조제1항, 제73조 및 제74조제1항 중 ‘시·도지사’를 각각 ‘지방경찰청장’으로 한다.

제74조제2항·제3항 중 ‘시·도지사는’을 각각 ‘지방경찰청장은’으로 한다.

제75조 중 ‘시·도지사’를 ‘지방경찰청장’으로 한다.

제76조제1항 및 제78조 본문 중 ‘시·도지사는’을 ‘지방경찰청장은’으로 한다.

제79조제1항 본문 중 ‘시·도지사’를 ‘지방경찰청장’으로 하고, 동조제2항 중 ‘시·도지사가’를 ‘지방경찰청장이’로 한다.

제81조제1항 본문 중 ‘시·도지사는’을 ‘지방경찰청장은’으로 하고, 동조제2항 중 ‘시·도지사’를 ‘지방경찰청장’으로 하며, 동조제3항 중 ‘시·도지사는’을 ‘지방경찰청장은’으로 한다.

제82조제1항 중 ‘시·도지사’를 ‘지방경찰청장’으로 한다.

제85조제2항, 제87조제2항 및 제95조 내지 제97조 중 ‘내무부장관’을 각각 ‘경찰청장’으로 한다.

제100조 중 ‘서울특별시·직할시 또는 도’를 ‘지방경찰청’으로 한다.

제101조제1항 본문 중 ‘시·도지사는’을 ‘지방경찰청장은’으로 한다.

제103조 중 ‘내무부장관’을 ‘경찰청장’으로 한다.

제104조 중 '시·도지사는'을 '지방경찰청장은'으로 한다.

제113조제4호 중 '시·도지사'를 '지방경찰청장'으로 한다.

제119조제1항 본문 중 '내무부장관'을 '경찰청장'으로 한다.

⑬ 대한민국재향경우회법 중 다음과 같이 개정한다.

제2조제2항, 제9조 본문, 제11조제5항 및 제16조 중 '내무부장관'을 각각 '경찰청장'으로 한다.

⑭ 형의실효등에관한법률 중 다음과 같이 개정한다.

제2조제4호·제5호 및 제5조제1항 중 '내무부 치안본부'를 각각 '경찰청'으로 한다.

⑮ 병역의무의특례규제에관한법률 중 다음과 같이 개정한다.

제5조제1항 내지 제4항 및 제6조제4항 중 '내무부장관'을 각각 '경찰청장'으로 한다.

<16> 해상교통안전법 중 다음과 같이 개정한다.

제9조제2항·제3항, 제45조제1항 및 제52조제1항 중 '내무부장관'을 각각 '경찰청장'으로 한다.

<17> 도로법 중 다음과 같이 개정한다.

제54조의2제2항 중 '내무부장관과 교통부장관'을 '교통부장관과 경찰청장'으로 한다.

<18> 자동차관리법 중 다음과 같이 개정한다.

제24조제1항 중 '내무부장관'을 '경찰청장'으로 한다.

<19> 집회및시위에관한법률 중 다음과 같이 개정한다.

제6조제1항 단서 및 제2항 본문 중 '경찰국장'을 '지방경찰청장'으로 하고, 제6조제1항 단서 중 '경찰국'을 '지방경찰청'으로 한다.

부칙 〈제5153호, 1996.8.8〉 (정부조직법)

제1조 (시행일) 이 법은 공포 후 30일 이내에 제41조의 개정규정에 의한 해양수산부와 해양경찰청의 조직에 관한 대통령령의 시행일부터 시행한다.

제2조 생략

제3조 (다른 법률의 개정) ① 내지 ④ 생략

⑤ 경찰법 중 다음과 같이 개정한다.

제2조제1항 중 '치안 및 해양경찰'을 '치안'으로 하고, 동조제3항을 삭제한다.

제5장(제19조 내지 제22조)을 삭제한다.

⑥ 내지 <69> 생략

제4조 생략

부칙 〈제5260호, 1997.1.13〉

① (시행일) 이 법은 공포한 날부터 시행한다.

② (다른 법률의 개정) 정당법 중 다음과 같이 개정한다.

제6조에 제5호를 다음과 같이 신설한다.

5. 경찰법 제11조제4항의 규정에 의한 경찰청장 퇴직 후 2년 이내인 자

[99헌마135 1999.12.23

경찰법(1991.5.31. 법률 제4369호로 제정되어 1997.1.13. 법률 제5260호로 개정된 것) 제11조 제4항 및 부칙 제2조는 헌법에 위반된다.]

부칙 〈제5454호, 1997.12.13〉 (정부부처명칭등의변경에따른건축법등의정비에관한법률)

이 법은 1998년 1월 1일부터 시행한다. <단서 생략>

부칙 〈제5529호, 1998.2.28〉 (정부조직법)

제1조 (시행일) 이 법은 공포한 날부터 시행한다. <단서 생략>

제2조 내지 제4조 생략

제5조 (다른 법률의 개정) ① 내지 ⑪ 생략

⑫ 경찰법 중 다음과 같이 개정한다.

제13조제3항 및 제18조 중 "대통령령으로 정한다."를 각각 "정부조직법 제2조제4항 및 제5항의 규정을 준용하여 대통령령 또는 행정자치부령으로 정한다."로 한다.

⑬ 내지 <34> 생략

제6조 및 제7조 생략

부칙 〈제5681호, 1999.1.21〉 (국가정보원법)

제1조 (시행일) 이 법은 공포한 날부터 시행한다.

제2조 생략

제3조 (다른 법률의 개정) ① 내지 ⑧ 생략

⑨ 경찰법 중 다음과 같이 개정한다.

제6조제4항제3호 중 '국가안전기획부직원'을 '국가정보원직원'으로 한다.

⑩ 내지 ⑭ 생략

제4조 생략

부칙 〈제6279호, 2000.12.20〉

이 법은 공포한 날부터 시행한다.

부칙 〈제6855호, 2003.2.4〉 (국회법)

제1조 (시행일) 이 법은 공포한 날부터 시행한다. <단서 생략>

제2조 (다른 법률의 개정) ① 내지 ③ 생략

④ 경찰법 중 다음과 같이 개정한다.

제11조제2항에 후단을 다음과 같이 신설한다.

이 경우 국회의 인사청문을 거쳐야 한다.

⑤ 생략

브칙 〈제7035호, 2003.12.31〉

① (시행일) 이 법은 공포한 날부터 시행한다.
② (재직 중인 경찰청장의 임기에 관한 경과조치) 이 법 시행 당시 재직 중인 경찰청장의 임기는 그 임명된 날부터 기산한다.

부칙 〈제7247호, 2004.12.23〉

제1조 (시행일) 이 법은 공포한 날부터 시행한다.
제2조 (다른 법률의 개정) ① 경찰관직무집행법 중 다음과 같이 개정한다.
제3조제2항 전단 중 '지서'를 '지구대'로 한다.
② 유실물법 중 다음과 같이 개정한다.
제1조제1항 본문 중 '지서'를 '지구대'로 한다.
③ 도로교통법 중 다음과 같이 개정한다.
제50조제2항 본문 중 '경찰지서'를 '지구대'로 한다.
④ 보안관찰법 중 다음과 같이 개정한다.
제18조제1항 각 호 외의 부분 전단 중 '지서'를 '지구대'로, '지ㆍ파출소장'을 '지구대ㆍ파출소장'으로 하고, 동조제2항 내지 제4항 중 '지ㆍ파출소장'을 각각 '지구대ㆍ파출소장'으로 한다.

부칙 〈제7968호, 2006.7.19〉

이 법은 공포한 날부터 시행한다.

부칙 〈제8852호, 2008.2.29〉 (정부조직법)

제1조 (시행일) 이 법은 공포한 날부터 시행한다. 다만, ……〈생략〉……, 부칙 제6조에 따라 개정되는 법률 중 이 법의 시행 전에 공포되었으나 시행일이 도래하지 아니한 법률을 개정한 부분은 각각 해당 법률의 시

행일부터 시행한다.

제2조부터 제5조까지 생략

제6조 (다른 법률의 개정) ①부터 <708>까지 생략

<709> 경찰법 일부를 다음과 같이 개정한다.

제2조제1항, 제6조제1항·제2항, 제9조제1항제5호·제2항 및 제11조제2
항 중 '행정자치부장관'을 각각 '행정안전부장관'으로 한다.

제13조제3항, 제17조제3항 본문 및 제18조 중 '행정자치부령'을 각각
'행정안전부령'으로 한다.

<710>부터 <760>까지 생략

제7조 생략

부칙 〈제9114호, 2008.6.13〉

이 법은 공포한 날부터 시행한다.

17. 경찰복제에관한규칙

[시행 2004.9.21] [행정자치부령 제250호, 2004.9.21, 일부개정]

경찰청 (장비과), 02-313-0479

제1장 총칙

제1조 (목적) 이 규칙은 경찰공무원법 제20조제3항 및 전투경찰대설치법시행
령 제24조의 규정에 의한 경찰공무원 및 전투경찰 순경의 복제와 그 착
용에 관한 사항을 규정함을 목적으로 한다.

제2조 (착용수칙) ① 경찰공무원은 이 규칙이 정하는 바에 의하여 경찰공무

원의 제복(이하 '경찰제복'이라 한다)을 착용하여야 하며, 전투경찰 순경
은 전투경찰 순경의 제복(이하 '전경제복'이라 한다)을 착용하여야 한다.
② 경찰공무원 및 전투경찰 순경은 복장과 용모를 단정히 하고, 항상
품위를 유지하여야 한다.

제2장 경찰제복의 종류 및 제식

제3조 (경찰제복) 경찰제복은 경찰모·경찰복·경찰화·계급장·표지장 및
　　장구와 그 부속물로 구분한다.

제4조 (경찰모) 경찰모는 정모 및 근무모로 구분하며, 그 제식은 별표 1과 같
　　다. <개정 1989.8.7, 1995.9.30, 2001.9.11>

제5조 (경찰복) 경찰복은 정복·근무복·성하복·기동복·겨울점퍼·우의·
　　춘추점퍼·파카·반외투 및 임부복으로 구분하되, 정복·근무복·기동
　　복 및 임부복은 하복과 동복의 2종으로 하며, 그 제식은 별표 2와 같다.
　　<개정 1989.8.7, 1995.9.30, 2001.9.11, 2004.9.21>

제6조 (경찰화) 경찰화는 단화·여름단화·기동화·여름기동화·반장화 및
　　우화로 구분하며, 그 제식은 별표 3과 같다. <개정 1995.9.30, 2001.9.11,
　　2004.9.21>

제7조 (계급장) 계급장은 정장·약장·어깨표장으로 구분하며, 그 제식은 별
　　표 4와 같다. <개정 1995.9.30>

제8조 (표지장) ① 표지장은 모자표장·가슴표장·경찰장·지휘관표장·지
　　휘관표지·기동복표지장·교관표장·사격휘장 기타 표지장으로 구분하
　　되, 모자표장은 정장과 약장의 2종으로 한다. <개정 1989.8.7>
　　② 제1항의 표지장의 제식은 별표 5와 같다. 다만, 교관표장, 사격휘장
　　기타 표지장의 제식은 경찰청장이 따로 정한다. <개정 1991.9.19>
　　[전문개정 1988.3.26]

제9조 (장구) ① 경찰장구는 외근장구·기동장구 및 특수장구로 구분한다.
　　<개정 1989.8.7>

② 외근장구는 요대·경찰봉·수갑·포승 및 호루라기로 구분하며, 그 제식은 별표 6과 같다. 다만, 포승의 제식은 경찰청장이 따로 정한다. <개정 1991.9.19, 2001.9.11>

③ 기동장구는 기동용 개인장구와 부대장구로 구분한다. <개정 1989.8.7>

④ 특수장구는 다음과 같이 구분한다.

  1. 진압장구:

    방석모·방패·소화기·소화포·진압봉 기타 부대진압장구

  2. 화학장구:

    방독면·가스분사기·가스발사기·가스탄 기타 부대화학장구

  3. 기타 장구:

    검색장구류·인명구조장구·산악장구류 등

[전문개정 1988.3.26]

제10조 (부속물) 경찰제복의 부속물은 백색와이셔츠·장갑·넥타이·넥타이핀·단추·요대 및 이름표로 구분하며, 그 제식은 별표 7과 같다. <개정 1995.9.30, 1998.9.12, 2001.9.11>

제3장 경찰제복의 착용구분

제11조 (제복의 차림) ① 경찰제복의 차림은 예장·정장·근무장 및 기동장으로 구분한다. <개정 1989.8.7, 1995.9.30>

② 계급장·표지장 등의 패용 위치는 별표 2와 같다. <신설 1988.3.26>

제12조 (예장) ① 예장의 차림새는 다음과 같다. <개정 2001.9.11, 2004.-9.21>

  1. 정모

  2. 정복

  2의2. 반외투(동절기에 한한다)

  3. 단화 또는 여름단화

  4. 어깨표장(정장 계급장을 포함한다)

5. 백색와이셔츠

6. 넥타이 · 넥타이핀

7. 가슴표장 · 경찰장

8. 훈장 및 기장의 정장 또는 그 약장

② 예장을 하는 경우는 다음과 같다.

1. 대통령이 임석하는 행사에 참석할 때

2. 의식(경축 및 기념식, 이 · 취임식, 졸업식, 임용식, 장의식, 대회개
막식, 환영식, 사열식) 및 훈 · 포장수여식(정식 행사), 국립묘지 등
을 참배할 때

3. 기타 소속 기관의 장이 지정한 때

③ 약식예장의 차림새는 다음과 같다. <개정 1998.9.12, 2001.9.11, 2004.-
9.21>

1. 정모

2. 정복

2의2. 반외투(동절기에 한한다)

3. 단화 또는 여름단화

4. 백색와이셔츠

5. 넥타이 · 넥타이핀

6. 가슴표장 · 경찰장 · 계급장(정장) · 이름표

④ 약식예장을 하는 경우는 다음과 같다.

1. 대내적인 행사

2. 승진 · 보직신고 등 신고식

3. 기타 소속 기관의 장이 지정한 때

[전문개정 1995.9.30]

제13조 (정장) ① 정장의 차림새는 다음과 같다. 다만, 정장 중 그 일부의
착용이나 착장을 생략할 수 있다. <개정 1998.9.12, 2001.9.11, 2004.9.21>

1. 정모

2. 정복

2의2. 반외투(동절기에 한한다)

3. 단화 또는 여름단화

4. 가슴표장·경찰장·계급장(정장)·이름표

5. 근무복 상의

6. 넥타이·넥타이핀

7. 요대·수갑(또는 포승)·호루라기·권총 및 경찰봉

② 정장을 하는 경우는 다음과 같다.

1. 평상시 근무를 할 때(다만, 제21조의 규정에 의하여 사복을 착용하는 경찰공무원은 제외한다)

2. 각종 행사·회의 등에 참석할 때

3. 민원실 안내 등 민원창구 근무를 할 때

4. 기타 소속 기관의 장이 지정한 때

[전문개정 1995.9.30]

제14조 (근무장) ① 근무장의 차림새는 다음과 같다. <개정 1998.9.12, 2001.-9.11, 2004.9.21>

1. 근무모 또는 정모(교통경찰공무원은 교통정모)

2. 근무복 또는 성하복(성하기에 한한다)

3. 춘추점퍼

4. 방한모·겨울점퍼·파카 또는 반외투(동절기에 한한다)

4의2. 임부복

5. 단화·여름단화 또는 우화(우천 시 또는 필요시)

6. 가슴표장·계급장(정장·약장)·이름표

7. 넥타이·넥타이핀

8. 요대·수갑(또는 포승)·호루라기·권총 및 경찰봉

② 근무장을 하는 경우는 다음과 같다.

1. 평상시 근무를 할 때

2. 기타 소속 기관의 장이 지정한 때

[전문개정 1995.9.30]

제15조 (기동장 〈개정 1989.8.7〉) ① 기동장의 차림새는 다음과 같다. <개정 1988.3.26, 1989.8.7, 1995.9.30, 1998.9.12, 2001.9.11, 2004.9.21>

    1. 근무모

    2. 기동복

    3. 기동화·여름기동화 또는 반장화

    4. 계급장·이름표와 모자표장의 약장

    5. 개인장구

② 기동장을 하는 경우는 다음과 같다. <개정 1988.3.26, 1989.8.7, 1991.9.19, 1995.9.30>

    1. 작전·경비 기타 특수한 근무를 할 때

    2. 교육·훈련에 참가할 때

    3. 기타 경찰청장이 지정한 때와 소속 기관의 장이 필요하다고 인정할 때

제4장 전경제복

제16조 (전경제복의 종류) 전경제복은 전경모·전경복·전경화·계급장·표지장 및 장구와 그 부속물로 구분한다. 다만, 경찰청장은 임무수행상 필요하다고 인정하는 때에는 전투경찰순경에게 제3조 내지 제10조의 규정에 의한 경찰제복을 착용하게 할 수 있다. <개정 1991.9.19, 1998.9.12>

제17조 (세부사항) 전경제복의 제식·착용구분 기타 필요한 세부사항은 따로 경찰청장이 정한다. <개정 1991.9.19>

제5장 보칙

제18조 (제복의 착용기간) ① 제복은 하기 및 동기의 구별에 따라 하복과 동복을 착용한다. 다만, 하복 및 동복의 구별이 없는 제복은 그러하지 아니하다.

② 제1항의 규정에 의한 하기는 5월 10일부터 9월 30일까지로 하고, 동

기는 10월 1일부터 다음 해 5월 9일까지로 하며, 하기 중 5월 20일부터 9월 20일까지는 성하기로 한다. 다만, 경찰청장 또는 경찰청과그소속기 관등직제 제2조의 규정에 의한 소속 기관(경찰서를 제외한다)의 장은 기후·근무장소 기타 사유로 특히 필요하다고 인정할 때에는 제복의 착용 시기를 변경할 수 있다. <개정 1991.9.19, 2004.9.21>

제19조 (특수제복) ① 경찰공무원은 제3조 내지 제10조에 규정된 경찰제복 외에 특수제복을 착용할 수 있다.

② 제1항의 규정에 의한 특수제복의 종류와 그 제식 및 착용에 관하여 는 따로 경찰청장이 정한다. <개정 1991.9.19>

제20조 (대통령 경호실에 근무하는 경찰공무원의 복제) 대통령경호실에 근무하는 경찰공무원의 복제에 관하여는 따로 경찰청장이 정한다. <개정 1991.- 9.19>

제21조 (사복의 착용) ① 법무·감찰·공보·소년·수사·정보·보안 또는 외사에 관한 업무에 종사하는 경찰공무원과 기타 경찰청장이 지정하는 경찰공무원은 근무 중 사복을 착용할 수 있다. <개정 1991.9.19, 1995.- 9.30>

② 제복을 착용하여야 하는 경찰공무원으로서 부득이한 사유가 있는 경 우에는 소속 경찰기관의 장의 승인을 얻어 일시적으로 사복을 착용할 수 있다. <개정 1991.9.19>

③ 제1항 및 제2항의 규정에 의하여 근무 중 사복을 착용하는 경찰공무 원은 가슴표장을 가죽케이스에 넣어 요대의 우측에 달고 근무하여야 한 다. 다만, 근무의 형편 또는 방법상 부득이한 경우에는 이를 붙이지 아 니하고 근무할 수 있다. <신설 2001.9.11>

[전문개정 1988.3.26]

제22조 (경찰제복의 준용) 경찰청장은 경찰공무원으로 임용될 자가 그 임용을 위한 교육기관에서 교육을 받고 있는 경우에는 경찰제복을 착용하게 할 수 있다. <개정 1991.9.19>

제23조 (위임규정) 이 규칙 시행에 관하여 필요한 사항은 경찰청장이 정한다.

<개정 1991.9.19>

부칙 〈제407호, 1984.1.19〉

이 규칙은 공포한 날로부터 시행한다.

부칙 〈제469호, 1988.3.26〉

이 규칙은 공포한 날로부터 시행한다.

부칙 〈제497호, 1989.8.7〉

① (시행일) 이 규칙은 공포한 날로부터 시행한다.
② (경과조치) 이 규칙 시행 당시 종전의 규정에 의한 복제는 이 규칙에 의한 개정복제를 지급할 때까지 계속 사용할 수 있다.

부칙 〈제543호, 1991.9.19〉 (경찰표창규정시행규칙)

제1조 (시행일) 이 규칙은 공포한 날부터 시행하되, 1991년 7월 31일부터 적용한다.
제2조 ① 및 ② 생략
③ 경찰복제에관한규칙 중 다음과 같이 개정한다.
제8조제2항 단서, 제9조제2항 단서, 제12조제2항제9호, 제13조제2항제5호, 제14조제2항제2호, 제16조 단서, 제17조, 제18조제2항 단서, 제19조제2항, 제20조, 제22조 및 제23조 중 '내무부장관'을 각각 '경찰청장'으로 한다.
제12조제2항제3호 중 '배알할 때'를 '접견할 때'로 한다.
제15조제2항제3호 중 '치안본부장'을 '경찰청장'으로, '소속 기관의 장'을 '소속 경찰기관의 장'으로 한다.
제21조제1항 중 '감찰'을 '법무·감찰'로, '내무부장관'을 '경찰청장'으

로 하며, 동조제2항 중 '소속 기관의 장'을 '소속 경찰기관의 장'으로 한다.
[별표 4] 제1호 도형란의 정장란 치안감의 도형 중 '3.8cm'를 '3.1cm'로, '3.7cm'를 '3cm'로, '7.8cm'를 '6.5cm'로 하고, 동란의 라. 경무관도형 중 '4.2cm'를 '3.1cm'로, '4.4cm'를 '3cm'로 한다.
[별표 4] 제2호 및 제3호의 도형란, 제식란 및 지질란의2 '해양경찰대'를 각각 '해양경찰공무원'으로 한다.
④ 내지 ⑪ 생략

제3조 생략

부칙 〈제545호, 1991.10.8〉

이 규칙은 1991년 10월 21일부터 시행한다.

부칙 〈제662호, 1995.9.30〉

① (시행령) 이 규칙은 1995년 10월 1일부터 시행한다.
② (경과조치) 이 규칙 시행 당시 종전의 규칙에 의한 복제는 이 규칙에 의한 복제를 지급할 때까지 계속 사용할 수 있다.

부칙 〈제15호, 1998.9.12〉

① (시행일) 이 규칙은 공포한 날부터 시행한다.
② (경과규정) 이 규칙은 시행 당시 종전의 규칙에 의한 복제는 이 규칙에 의한 복제를 지급할 때까지 계속 사용할 수 있다.

부칙 〈제147호, 2001.9.11〉

① (시행일) 이 규칙은 공포한 날부터 시행한다.
② (종전의 복제에 관한 경과조치) 이 규칙 시행 당시 종전의 규칙에 의한 복제는 이 규칙에 의한 제복을 지급할 때까지 계속 사용할 수 있다.

부칙 〈제250호, 2004.9.21〉

① (시행일) 이 규칙은 공포한 날부터 시행한다.

② (종전의 복제에 관한 경과조치) 이 규칙 시행 당시 종전의 규칙에 의한 복제는 이 규칙에 의한 제복을 지급할 때까지 계속 사용할 수 있다.

18. 경찰위원회규정

[시행 2008.2.29] [대통령령 제20741호, 2008.2.29, 타법개정]

경찰청 (혁신기획과), 02 - 313 - 1223

제1조 (목적) 이 영은 경찰법(이하 '법'이라 한다) 제10조제3항의 규정에 의하여 경찰위원회(이하 '위원회'라 한다)의 운영 등에 관하여 필요한 사항을 규정함을 목적으로 한다.

제2조 (위원장) ① 위원장은 위원회를 대표하며, 그 회무를 통할한다.

② 위원장은 비상임위원 중에서 호선한다.

③ 위원장이 사고가 있을 때에는 상임위원, 위원 중 연장자순으로 위원장의 직무를 대리한다.

제3조 (위원의 예우 등) ① 위원 중 상임이 아닌 위원에게는 예산의 범위 안에서 수당과 여비를 지급할 수 있다.

② 상임위원은 정무직으로 한다.

제4조 (위원의 면직) ① 법 제7조제3항의 규정에 의하여 위원이 중대한 심신상의 장애로 직무를 수행할 수 없게 되어 면직하는 경우에는 위원회의 의결이 있어야 한다.

② 제1항의 의결요구는 위원장 또는 행정안전부장관이 한다. <개정 2008.-2.29>

제5조 (심의·의결사항의 구체적 범위) ① 법 제9조제1항제1호의 범위는 다음과 같다.

1. 경찰인사에 관계되는 법규·훈령·예규 및 운영기준에 관한 사항
2. 경찰교육 기본계획
3. 경찰장비와 통신의 개발·보강 및 운영에 관한 기본계획
4. 경찰예산편성 기본기획
5. 경찰 중·장기 발전계획에 관한 사항

② 법 제9조제1항제2호의 범위는 다음 각 호와 같다.

1. 국민의 권리·의무와 직접 관계되는 경찰행정 및 수사절차
2. 경찰행정과 관련되는 과태료·범칙금 기타 벌칙에 관한 사항
3. 경찰행정과 관련되는 국민의 부담에 관한 사항

제6조 (재의요구) ① 법 제9조제2항의 규정에 의하여 행정안전부장관이 재의를 요구하는 경우에는 의결한 날부터 10일 이내에 재의요구서를 위원회에 제출하여야 한다. <개정 2008.2.29>

② 위원장은 재의요구가 있는 경우에는 그 요구를 받은 날부터 7일 이내에 회의를 소집하여 다시 의결하여야 한다.

제7조 (회의) ① 위원회의 회의는 정기회의와 임시회의로 구분한다.

② 정기회의는 특별한 사유가 있는 경우를 제외하고는 매월 1회 위원장이 소집한다.

③ 위원장은 필요한 경우 임시회의를 소집할 수 있으며, 위원 3인 이상과 행정안전부장관 또는 경찰청장은 위원장에게 임시회의의 소집을 요구할 수 있다. <개정 2008.2.29>

④ 제3항의 규정에 의한 임시회의 소집 요구가 있는 경우에는 위원장은 특별한 사유가 없는 한 회의를 소집하여야 한다.

제8조 (간사) ① 위원회에 간사 1인을 두되, 간사는 경찰청 기획담당관이 된다.

② 간사는 위원장의 명을 받아 다음 사항을 처리한다.

1. 의안의 작성
2. 회의진행에 필요한 준비

　　3. 회의록 작성과 보관

　　4. 기타 위원회의 사무

제9조 (의견청취 등) ① 위원장은 위원회의 심의를 위하여 필요한 경우에는 관계공무원 또는 관계전문가의 출석·발언이나 자료의 제출을 요구할 수 있다.

② 위원회에 출석한 관계공무원 또는 관계전문가에 대하여는 예산의 범위 안에서 수당과 여비를 지급할 수 있다. 다만, 공무원이 그 소관업무와 직접적으로 관련되어 출석하는 경우에는 그러하지 아니한다.

제10조 (공무원의 정원) 위원회에 두는 공무원의 정원은 [별표]와 같다.

제11조 (운영세칙) 이 영에 규정된 사항 외에 위원회의 운영을 위하여 필요한 사항은 위원회의 의결을 거쳐 위원장이 정한다.

부칙 〈제13432호, 1991.7.23〉

① (시행일) 이 영은 1991년 7월 31일부터 시행한다.

② (초대위원장의 임명) 이 영 시행 후 최초의 위원장은 제2조제2항의 규정에 불구하고 내무부장관의 제청으로 국무총리를 거쳐 대통령이 임명한다.

③ (다른 법령의 개정) 공무원보수규정 [별표 2] 정무직공무원 등의 봉급표의 행정부란 차관급 직명 중 '외교안보연구원장'을 '외교안보연구원장, 경찰위원회 상임위원'으로 한다.

부칙 〈제20741호, 2008.2.29〉 (행정안전부와그소속기관직제)

제1조 (시행일) 이 영은 공포한 날부터 시행한다. <단서 생략>

제2조부터 제5조까지 생략

제6조 (다른 법령의 개정) ① 및 ② 생략

③ 경찰위원회 규정 일부를 다음과 같이 개정한다.

제4조제2항, 제6조제1항 및 제7조제3항 중 '내무부장관'을 각각 '행정안

전부장관’으로 한다.

④부터 <105>까지 생략

19. 경찰장비의사용기준등에관한규정

[시행 2006.7.1] [대통령령 제19563호, 2006.6.29, 타법개정]

경찰청 (생활안전과), 02-313-0705

제1조 (목적) 이 영은 경찰관직무집행법 제10조제4항의 규정에 의하여 국가경찰공무원이 직무를 수행함에 있어 인명 또는 신체에 위해를 가할 수 있는 경찰장비의 종류·사용기준·안전교육 및 안전검사기준 등을 규정함을 목적으로 한다. <개정 2006.6.29>

제2조 (경찰장비의 종류) 인명 또는 신체에 위해를 가할 수 있는 경찰장비(이하 ‘경찰장비’라 한다)의 종류는 다음 각 호와 같다.

1. 경찰장구: 수갑·포승(포승)·호송용포승·경찰봉·호신용경봉·전자충격기·방패 및 전자방패

2. 무기: 권총·소총·기관총(기관단총을 포함한다. 이하 같다)·산탄총·유탄발사기·박격포·3인치포·함포·크레모아·수류탄·폭약류 및 도검

3. 분사기·최루탄 등: 근접분사기·가스분사기·가스발사총(고무탄 발사겸용을 포함한다. 이하 같다) 및 최루탄(그 발사장치를 포함한다. 이하 같다)

4. 기타장비: 가스차·살수차·특수진압차·물포·석궁·다목적발사기 및 도주차량차단장비

제3조 (경찰장비의 일반적 사용기준) 경찰장비는 통상의 용법에 따라 필요한 최

소한의 범위 안에서 이를 사용하여야 한다.

제4조 (영장집행 등에 따른 수갑 등의 사용기준) 경찰관(국가경찰공무원에 한한다. 이하 같다)은 체포·구속영장을 집행하거나 신체의 자유를 제한하는 판결 또는 처분을 받은 자를 법률이 정한 절차에 따라 호송하거나 수용하기 위하여 필요한 때에는 최소한의 범위 안에서 수갑·포승 또는 호송용포승을 사용할 수 있다. <개정 2006.6.29>

제5조 (자살방지 등을 위한 수갑 등의 사용기준 및 사용보고) 경찰관은 범인·주취자 또는 정신착란자의 자살 또는 자해기도를 방지하기 위하여 필요한 때에는 수갑·포승 또는 호송용포승을 사용할 수 있다. 이 경우 경찰관은 소속 국가경찰관서의 장(경찰청장·해양경찰청장·지방경찰청장·경찰서장 또는 해양경찰서장 기타 경무관·총경·경정 또는 경감을 장으로 하는 국가경찰관서의 장을 말한다. 이하 같다)에게 그 사실을 보고하여야 한다. <개정 2006.6.29>

제6조 (불법집회 등에서의 경찰봉·호신용경봉의 사용기준) 경찰관은 불법집회·시위로 인하여 발생할 수 있는 타인 또는 경찰관의 생명·신체의 위해와 재산·공공시설의 위험을 방지하기 위하여 필요한 때에는 최소한의 범위 안에서 경찰봉 또는 호신용경봉을 사용할 수 있다.

제7조 (경찰봉·호신용경봉의 사용 시 주의사항) 경찰관이 경찰봉 또는 호신용경봉을 사용하는 때에는 인명 또는 신체에 대한 위해를 최소화하도록 주의하여야 한다.

제8조 (전자충격기 등의 사용제한) ① 경찰관은 14세 미만의 자 또는 임산부에 대하여 전자충격기 또는 전자방패를 사용하여서는 아니 된다.

② 경찰관은 전극침(전극침) 발사장치가 있는 전자충격기를 사용하는 경우 상대방의 얼굴을 향하여 전극침을 발사하여서는 아니 된다.

제9조 (총기사용의 경고) 경찰관은 경찰관직무집행법(이하 '법'이라 한다) 제10조의4의 규정에 의하여 사람을 향하여 권총 또는 소총을 발사하고자 하는 때에는 미리 구두 또는 공포탄에 의한 사격으로 상대방에게 경고하여야 한다. 다만, 다음 각 호의 1에 해당하는 경우로서 부득이한 때에는

경고하지 아니할 수 있다.

1. 경찰관을 급습하거나 타인의 생명·신체에 대한 중대한 위험을 야기하는 범행이 목전에 실행되고 있는 등 상황이 급박하여 특히 경고할 시간적 여유가 없는 경우

2. 인질·간첩 또는 테러사건에 있어서 은밀히 작전을 수행하는 경우

제10조 (권총 또는 소총의 사용제한) ① 경찰관은 법 제10조의4의 규정에 의하여 권총 또는 소총을 사용하는 경우에 있어서 범죄와 무관한 다중의 생명·신체에 위해를 가할 우려가 있는 때에는 이를 사용하여서는 아니된다. 다만, 권총 또는 소총을 사용하지 아니하고는 타인 또는 경찰관의 생명·신체에 대한 중대한 위험을 방지할 수 없다고 인정되는 때에는 필요한 최소한의 범위 안에서 이를 사용할 수 있다.

② 경찰관은 총기 또는 폭발물을 가지고 대항하는 경우를 제외하고는 14세 미만의 자 또는 임산부에 대하여 권총 또는 소총을 발사하여서는 아니 된다.

제11조 (동물의 사살) 경찰관은 공공의 안전을 위협하는 동물을 사살하기 위하여 부득이한 때에는 권총 또는 소총을 사용할 수 있다.

제12조 (가스발사총 등의 사용제한) ① 경찰관은 범인의 체포 또는 도주방지, 타인 또는 경찰관의 생명·신체에 대한 방호, 공무집행에 대한 항거의 억제를 위하여 필요한 때에는 최소한의 범위 안에서 가스발사총을 사용할 수 있다. 이 경우 경찰관은 1미터이내의 거리에서 상대방의 얼굴을 향하여 이를 발사하여서는 아니 된다.

② 경찰관은 최루탄발사기로 최루탄을 발사하는 경우 30도 이상의 발사각을 유지하여야 하고, 가스차·살수차 또는 특수진압차의 최루탄발사대로 최루탄을 발사하는 경우에는 15도 이상의 발사각을 유지하여야 한다.

제13조 (가스차·살수차·특수진압차·물포의 사용기준) ① 경찰관은 불법집회·시위 또는 소요사태로 인하여 발생할 수 있는 타인 또는 경찰관의 생명·신체의 위해와 재산·공공시설의 위험을 억제하기 위하여 부득이한

경우에는 현장책임자의 판단에 의하여 필요한 최소한의 범위 안에서 가스차 또는 살수차를 사용할 수 있다.

② 경찰관은 소요사태의 진압, 대간첩·대테러작전의 수행을 위하여 부득이한 경우에는 필요한 최소한의 범위 안에서 특수진압차를 사용할 수 있다.

③ 경찰관은 불법해상시위를 해산시키거나 정선명령에 불응하고 도주하는 선박을 정지시키기 위하여 부득이한 경우에는 현장책임자의 판단에 의하여 필요한 최소한의 범위 안에서 경비함정의 물포를 사용할 수 있다. 다만, 사람을 향하여 직접 물포를 발사하여서는 아니 된다.

제14조 (석궁의 사용기준) 경찰관은 총기·폭발물 기타 위험물로 무장한 범인 또는 인질범의 체포, 대간첩·대테러작전 등 국가안전에 관련되는 작전을 은밀히 수행하거나 총기를 사용할 경우에는 화재·폭발의 위험이 있는 등 부득이한 때에 한하여 현장책임자의 판단에 의하여 필요한 최소한의 범위 안에서 석궁을 사용할 수 있다.

제15조 (다목적발사기의 사용기준) 경찰관은 인질범의 체포 또는 대간첩·대테러작전 등 국가안전에 관련되는 작전을 수행하거나 공공시설의 안전에 대한 현저한 위해의 발생을 방지하기 위하여 필요한 때에는 최소한의 범위 안에서 다목적발사기를 사용할 수 있다.

제16조 (도주차량차단장비의 사용기준 등) ① 경찰관은 무면허운전이나 음주운전 기타 범죄에 이용하였다고 의심할 만한 차량 또는 수배 중인 차량이 정당한 검문에 불응하고 도주하거나 차량으로 직무집행 중인 경찰관에게 위해를 가한 후 도주하려는 경우에는 도주차량차단장비를 사용할 수 있다.

② 도주차량차단장비를 운용하는 경찰관은 검문 또는 단속장소의 전방에 동 장비의 운용 중임을 알리는 안내표지판을 설치하고 기타 필요한 안전조치를 취하여야 한다.

제17조 (경찰장비의 안전교육) 제2조의 경찰장비에 대한 안전교육기준은 별표 1과 같다.

제18조 (경찰장비의 안전검사) 제2조의 경찰장비에 대한 안전검사기준은 별표

2와 같다.

제19조 (경찰장비의 개조 등) 경찰관서장은 폐기대상인 경찰장비 또는 성능이 저하된 경찰장비를 개조할 수 있으며, 소속 경찰관으로 하여금 이를 본래의 용법에 준하여 사용하게 할 수 있다.

제20조 (사용기록의 보관 등) ① 제2조제2호 또는 제3호의 경찰장비를 사용하는 경우 그 현장책임자 또는 사용자는 별지 서식의 사용보고서를 작성하여 직근상급감독자에게 보고하고, 직근상급감독자는 이를 3년간 보관하여야 한다.

② 제1항의 규정에 의하여 제2조제2호의 무기 사용보고를 받은 직근상급감독자는 지체 없이 지휘계통을 거쳐 경찰청장 또는 해양경찰청장에게 보고하여야 한다.

제21조 (부상자에 대한 긴급조치) 경찰관이 경찰장비를 사용하여 부상자가 발생한 경우에는 즉시 구호 기타 필요한 긴급조치를 취하여야 한다.

부칙 〈제16601호, 1999.11.27〉

제1조 (시행일) 이 영은 공포한 날부터 시행한다.

제2조 (다른 법령의 개정) ① 경찰관직무집행법시행령 중 다음과 같이 개정한다.
제7조제8호 및 제9호를 각각 삭제한다.

② 경찰공무원급여품및대여품규정 중 다음과 같이 개정한다.
별표 2의 품명란 중 '호송용장줄'을 '호송용포승'으로, '포승줄'을 '포승'으로 한다.

부칙 〈제19563호, 2006.6.29〉 (제주특별자치도 설치 및 국제자유도시 조성을 위한 특별법 시행령)

제1조 (시행일) 이 영은 2006년 7월 1일부터 시행한다.

제2조 내지 제6조 생략

제7조 (다른 법령의 개정) ① 및 ② 생략

③ 경찰장비의사용기준등에관한규정 일부를 다음과 같이 개정한다.

제1조 중 '경찰관'을 '국가경찰공무원'으로 한다.

제4조 중 '경찰관'을 '경찰관(국가경찰공무원에 한한다. 이하 같다)'으로 한다.

제5조 후단 중 '경찰관서장'을 '국가경찰관서의 장'으로, '경찰관서의 장'을 '국가경찰관서의 장'으로 한다.

④ 내지 <32> 생략

제8조 생략

20. 경찰직무응원법

[시행 2006.7.1] [법률 제7849호, 2006.2.21, 타법개정]

경찰청 (경비과), 02 - 313 - 0681

제1조 (응원경찰관의 파견) ① 지방경찰청장 또는 지방해양경찰관서의 장은 돌발사태의 진압 또는 공공질서가 교란되었거나 교란될 우려가 현저한 지역(이하 특수지구라 한다)의 경비에 있어서 그 소관경찰력으로써는 이를 감당하기 곤란하다고 인정할 때에는 응원을 받기 위하여 다른 지방경찰청장·지방해양경찰관서의 장 또는 자치경찰단을 설치한 제주특별자치도지사에게 경찰관의 파견을 요구할 수 있다. <개정 1991.5.31, 1996.8.8, 2006.2.21>

② 경찰청장 또는 해양경찰청장은 돌발사태의 진압이나 특수지구의 경비에 있어서 긴급한 경우에는 지방경찰청장, 소속 경찰기관의 장 또는 지방해양경찰관서의 장에 대하여 다른 지방경찰청 또는 지방해양경찰관서의 경찰관을 응원시키기 위하여 소속 경찰관의 파견을 명할 수 있다.

<개정 1991.5.31, 1996.8.8>

제2조 (파견경찰관의 소속) 전조의 규정에 의하여 파견된 경찰관은 파견받은 지방경찰청 또는 지방해양경찰관서의 경찰관으로서 직무를 행한다. <개정 1991.5.31, 1996.8.8>

제3조 (이동근무) 지방경찰청장 또는 지방해양경찰관서의 장은 경호, 이동승무, 물품호송 등에 있어서 특히 필요한 경우에는 그 소속 경찰관으로 하여금 다른 지방경찰청 또는 지방해양경찰관서의 구역 내에서 직무를 행하게 할 수 있다. <개정 1991.5.31, 1996.8.8>

제4조 (기동대의 편성) 경찰청장 또는 해양경찰청장은 돌발사태의 진압이나 특수지구의 경비에 당하게 하기 위하여 특히 필요한 때에는 경찰관으로써 경찰기동대(이하 기동대라 한다)를 편성하여 필요한 지역에 파견할 수 있다. <개정 1991.5.31, 1996.8.8>

제5조 (기동대의 편성, 파견, 해체) 기동대의 편성, 파견목적, 주둔지역과 해체는 그때마다 경찰청장 또는 해양경찰청장이 공고한다. <개정 1991.5.31, 1996.8.8>

제6조 (기동대의 대장) 기동대에 대장을 두되 대장은 경무관 또는 총경 중에서 경찰청장 또는 해양경찰청장이 임명한다. 단, 필요에 의하여 경찰청 또는 해양경찰청의 과장인 총경으로 하여금 대장을 겸하게 할 수 있다. <개정 1991.5.31, 1996.8.8>

제7조 (대장의 권한) ① 대장은 경찰청장 또는 해양경찰청장의 명을 받아 대무를 장리하며 소속 경찰관(이하 대원이라 한다)을 지휘감독한다. <개정 1991.5.31, 1996.8.8>

② 삭제 <1991.5.31>

제8조 (파견경찰관의 직무) 제1조와 제3조의 규정에 의하여 파견된 경찰관과 제4조의 규정에 의한 기동대는 파견목적 이외의 직무를 행할 수 없다.

제9조 (상벌, 승진, 복무, 수당) 대원에 대한 상벌, 승진, 복무와 특별수당에 관하여는 대통령령으로 정한다.

부칙 〈제358호, 1955.6.30〉

　본법은 단기4288년 7월 1일부터 시행한다.
　서남지구전투경찰대설치법은 이를 폐지한다.

부칙 〈제4369호, 1991.5.31〉 (경찰법)

제1조 (시행일) 이 법은 공포 후 60일이 경과한 날부터 시행한다.
제2조 및 제3조 생략
제4조 (다른 법률의 개정) ① 내지 ⑧ 생략
　⑨ 경찰직무응원법 중 다음과 같이 개정한다.
　제1조제1항 중 '서울특별시장 또는 도지사(이하 지방장관이라 한다)는'
을 '지방경찰청장은'으로, '타지방장관'을 '다른 지방경찰청장'으로 하고,
동조제2항을 다음과 같이 한다.
　② 경찰청장은 돌발사태의 진압이나 특수지구의 경비에 있어서 긴급한
경우에는 지방경찰청장 또는 소속 경찰기관의 장에 대하여 다른 지방경
찰청의 경찰관을 응원시키기 위하여 소속 경찰관의 파견을 명할 수 있다.
　제2조 중 '도'를 '지방경찰청'으로 한다.
　제3조 중 '지방장관'을 '지방경찰청장'으로, '타도'를 '다른 지방경찰청'
으로 한다.
　제4조 및 제5조 중 '내무부장관'을 각각 '경찰청장'으로 한다.
　제6조 본문 중 '내무부장관'을 '경찰청장'으로 하고, 동조 단서 중 '내무
부치안국과장인 서기관'을 '경찰청과장인 총경'으로 한다.
　제7조제1항 중 '내무부장관'을 '경찰청장'으로 하고, 동조제2항을 삭제
한다.
　⑩ 내지 〈19〉 생략
제5조 및 제6조 생략

부칙 〈제5153호, 1996.8.8〉 (정부조직법)

제1조 (시행일) 이 법은 공포 후 30일 이내에 제41조의 개정규정에 의한 해
양수산부와 해양경찰청의 조직에 관한 대통령령의 시행일부터 시행한다.

제2조 생략

제3조 (다른 법률의 개정) ① 내지 ⑦ 생략

⑧ 경찰직무응원법 중 다음과 같이 개정한다.

제1조제1항 및 제3조 중 '지방경찰청장'을 각각 '지방경찰청장 또는 지
방해양경찰관서의 장'으로 한다.

제1조제2항 및 제4조 내지 제7조 중 '경찰청장'을 각각 '경찰청장 또는
해양경찰청장'으로 한다.

제1조제2항 중 '지방경찰청장 또는 소속 경찰기관의 장'을 '지방경찰청
장, 소속 경찰기관의 장 또는 지방해양경찰관서의 장'으로 한다.

제1조제2항, 제2조 및 제3조 중 '지방경찰청'을 각각 '지방경찰청 또는
지방해양경찰관서'로 한다.

제6조 중 '경찰청과장'을 '경찰청 또는 해양경찰청의 과장'으로 한다.

⑨ 내지 <69> 생략

제4조 생략

부칙 〈제7849호, 2006.2.21〉 (제주특별자치도 설치 및 국제자유도시 조성을
위한 특별법)

제1조 (시행일) 이 법은 2006년 7월 1일부터 시행한다. <단서 생략>

제2조 내지 제39조 생략

제40조 (다른 법령의 개정) ① 내지 ④ 생략

⑤ 경찰직무응원법 일부를 다음과 같이 개정한다.

제1조제1항 중 '다른 지방경찰청장 또는 지방해양경찰관서의 장'을 '다
른 지방경찰청장·지방해양경찰관서의 장 또는 자치경찰단을 설치한 제
주특별자치도지사'로 한다.

⑥ 내지 <47> 생략

제41조 생략

21. 경찰청과그소속기관직제

[시행 2009.4.1] [대통령령 제21392호, 2009.3.31, 타법개정]

경찰청 (혁신기획과), 02 - 313 - 7835

제1장 총칙

제1조 (목적) 이 영은 경찰청과 그 소속 기관의 조직과 직무범위 기타 필요한 사항을 규정함을 목적으로 한다.

제2조 (소속 기관) ① 경찰청장의 관장사무를 지원하기 위하여 경찰청장소속하에 경찰대학·경찰종합학교·중앙경찰학교 및 경찰수사연수원을 둔다. <개정 2005.12.30, 2007.3.30>

② 경찰청장의 관장사무를 지원하기 위하여 「책임운영기관의설치·운영에관한법률」 제4조제1항, 동법 시행령 제2조제1항 및 동법 시행령 별표 1의 규정에 의하여 경찰청장소속하에 책임운영기관으로 경찰병원 및 운전면허시험관리단을 둔다. <신설 1999.12.28, 2005.7.5, 2005.12.30>

③ 「경찰법」 제2조제2항의 규정에 의하여 지방경찰청과 경찰서를 둔다. <개정 2005.7.5>

제2장 경찰청

제3즈 (직무) 경찰청은 치안에 관한 사무를 관장한다.

제4조 (하부조직) ① 경찰청에 운영지원과·경무기획국·생활안전국·수사국·

경비국·정보국·보안국 및 외사국을 둔다. <개정 1999.5.24, 2002.2.25, 2003.12.18, 2006.3.30, 2008.2.29>

② 청장 밑에 대변인 1명을, 차장 밑에 감사관·정보통신관리관·교통관리관 및 혁신기획단장 각 1명을 둔다. <개정 1999.5.24, 2001.12.27, 2005.4.15, 2006.3.30, 2007.3.30, 2008.2.29>

③ 삭제 <2008.2.29>

제5조 (대변인 〈개정 2008.2.29〉) ① 대변인은 경무관으로 보한다. <개정 2005.4.15, 2008.2.29>

② 대변인은 다음 사항에 관하여 청장을 보좌한다. <개정 2005.4.15, 2007.8.22, 2008.2.29>

　1. 주요정책에 관한 대국민 홍보계획의 수립·조정 및 협의·지원
　2. 언론보도 내용에 대한 확인 및 정정보도 등에 관한 사항
　3. 삭제 <2008.2.29>
　4. 청 내 업무의 대외 정책발표사항 관리 및 브리핑 지원에 관한 사항
　5. 전자브리핑 운영 및 지원에 관한 사항

제6조 (감사관) ① 감사관은 경무관으로 보한다.

② 감사관은 다음 사항에 관하여 차장을 보좌한다. <개정 2003.12.18>
　1. 경찰청과 그 소속 기관 및 산하 단체에 대한 감사
　2. 다른 기관에 의한 경찰청과 그 소속 기관 및 산하 단체에 대한 감사결과의 처리
　3. 사정업무
　4. 경찰기관공무원(전투경찰순경을 포함한다)에 대한 진정 및 비위사항의 조사·처리
　5. 민원업무의 운영 및 지도
　6. 기타 청장이 감사에 관하여 지시한 사항의 처리

제7조 (정보통신관리관) ① 정보통신관리관은 경무관으로 보한다. <개정 1999.5.24>

② 정보통신관리관은 다음 사항에 관하여 차장을 보좌한다. <개정 1999.-

5.24, 2000.9.29>

　　1. 정보통신업무의 계획수립 및 추진

　　2. 정보화업무의 종합관리 및 개발·운영

　　3. 정보통신시설·장비의 운영 및 관리

　　4. 정보통신보안에 관한 업무

　　5. 정보통신교육계획의 수립 및 시행

제8조 삭제 <2006.3.30>

제8조의2 (교통관리관) ① 교통관리관은 경무관으로 보한다.

　② 교통관리관은 다음 사항에 관하여 차장을 보좌한다. <개정 2002.2.25>

　　1. 도로교통에 관련되는 종합기획 및 심사분석

　　2. 도로교통에 관련되는 법령의 정비 및 행정제도의 연구

　　3. 교통경찰공무원에 대한 교육 및 지도

　　4. 도로교통시설의 관리

　　5. 자동차운전면허의 관리

　　6. 도로교통사고의 예방을 위한 홍보·지도 및 단속

　　7. 도로교통사고조사의 지도

　　8. 고속도로순찰대의 운영 및 지도

　[본조신설 2001.12.27]

제8조의3 (혁신기획단장) ① 혁신기획단장은 경무관으로 보한다.

　② 혁신기획단장은 다음 사항에 관하여 차장을 보좌한다.

　　1. 경찰혁신 관련 중·장기 발전계획의 수립 및 시행

　　2. 경찰혁신 관련 주요 추진실적의 점검 및 평가에 관한 사항

　　3. 정부차원의 혁신 추진사항에 관한 업무 지원

　　4. 그 밖에 청장이 경찰혁신에 관하여 지시한 사항의 처리

　[본조신설 2007.3.30]

제9조 (운영지원과 〈개정 2008.2.29〉) ① 운영지원과장은 총경으로 보한다.
　<개정 2008.2.29>

　② 운영지원과장은 다음 사항을 분장한다. <개정 2005.11.9, 2006.10.31,

2008.2.29, 2008.8.7>

1. 보안에 관한 사항

2. 관인 및 관인대장의 관리

3. 소속 공무원의 복무에 관한 사항

4. 사무관리의 처리·지도 및 제도의 연구·개선

5. 문서의 분류·수발·통제·편찬·보존 및 관리

6. 예산의 집행 및 회계 관리

7. 삭제 <2003.12.18>

8. 청사의 방호·유지·보수 및 청사관리업체의 지도·감독

9. 삭제 <2008.8.7>

9의2. 경찰박물관의 운영

9의3. 일반직·별정직·계약직·기능직공무원의 임용 등 인사관리

9의4. 경찰청 소속 공무원단체에 관한 사항

10. 기타 청 내 다른 국 또는 담당관의 주관에 속하지 아니하는 사항

[본조신설 1999.5.24]

제10조 (경무기획국) ① 국장은 치안감으로 보한다.

② 국장은 다음 사항을 분장한다. <개정 2004.3.22, 2006.10.31, 2008.8.7>

1. 업무처리절차의 개선, 조직문화의 혁신 등 청 내 행정혁신업무의
   총괄·지원

2. 조직진단 및 평가를 통한 조직과 정원(전투경찰순경을 제외한다)의
   관리

3. 행정제도개선계획의 수립·집행

4. 주요사업의 진도파악 및 그 결과의 심사평가

5. 주요정책의 수립·종합 및 조정

6. 주요업무계획의 지침수립·종합 및 조정

7. 경찰위원회의 서무에 관한 사항

8. 예산의 편성과 집행의 조정 및 결산에 관한 사항

9. 국유재산관리계획의 수립 및 집행

10. 법령안의 심사

11. 행정심판업무와 소송사무의 총괄

12. 법규집의 편찬·발간

13. 법령질의회신의 총괄

14. 소속 공무원의 임용·상훈 그 밖의 인사업무(제9조제2항제9호의3
의 사항을 제외한다)

15. 경찰공무원의 채용·승진시험과 교육훈련의 관리

16. 경찰교육기관의 운영에 관한 감독

17. 경찰장비의 운영 및 발전에 관한 사항

18. 경찰복제에 관한 계획의 수립 및 연구

19. 소속 공무원의 복지제도 기획 및 운영에 관한 사항

[전문개정 1999.5.24]

제11조 (생활안전국 〈개정 2003.12.18〉) ① 국장은 치안감 또는 경무관으로 보
한다.

② 국장은 다음 사항을 분장한다. 〈개정 2000.9.29, 2002.2.25, 2004.12.31,
2005.7.5, 2005.11.9, 2006.3.30〉

1. 범죄예방에 관한 연구 및 계획의 수립

2. 경비업에 관한 연구 및 지도

3. 삭제 〈1999.5.24〉

4. 112신고제도의 기획 및 운영

5. 지구대·파출소 외근업무의 기획

6. 풍속사범에 관한 지도 및 단속

7. 총포·도검·화약류 등의 지도·단속

8. 즉결심판청구업무의 지도

9. 각종 안전사고의 예방에 관한 사항

10. 소년비행방지에 관한 업무

11. 소년범죄의 수사지도

12. 여성관련 범죄의 수사지도 및 예방에 관한 업무

13. 가출인 및 실종아동 등에 관한 수사지도

13의2. 가정폭력 및 아동학대에 관한 수사지도

14. 성폭력·성매매의 방지에 관한 업무

15. 실종아동 등 찾기에 관한 업무

제12조 (수사국) ① 국장은 치안감 또는 경무관으로 보한다.

② 국장은 다음 사항을 분장한다. <개정 2000.9.29, 2006.10.31>

1. 경찰수사업무에 관한 기획·지도·조정 및 통제

2. 범죄통계 및 수사자료의 분석

3. 범죄수사의 지도 및 조정

4. 과학수사기법에 관한 기획 및 지도

5. 범죄의 수사에 관한 사항

6. 범죄감식 및 범죄기록의 수집·관리

7. 경찰 직무수행과정상의 인권 보호에 관한 사항

8. 경찰 수사과정상의 범죄피해자 보호 및 지원에 관한 사항

제13조 (경비국 <개정 2001.12.27>) ① 국장은 치안감 또는 경무관으로 보한다. <개정 2001.12.27>

② 삭제 <2001.12.27>

③ 국장은 다음 사항을 분장한다. <개정 2005.7.5>

1. 경비에 관한 계획의 수립 및 지도

2. 경찰부대의 운영·지도 및 감독

3. 청원경찰의 운영 및 지도

4. 민방위업무의 협조에 관한 사항

5. 경찰작전·경찰전시훈련 및 비상계획에 관한 계획의 수립·지도

6. 중요시설의 방호 및 지도

7. 향토예비군의 무기 및 탄약 관리의 지도

8. 대테러 예방 및 진압대책의 수립·지도

9. 전투경찰순경의 복무 및 교육훈련

10. 전투경찰순경의 인사 및 정원의 관리

11. 경호 및 요인보호계획의 수립·지도

12. 경찰항공기의 관리·운영 및 항공요원의 교육훈련

13. 경찰업무수행과 관련된 항공지원업무

14. 삭제 <2001.12.27>

15. 삭제 <2001.12.27>

16. 삭제 <2001.12.27>

17. 삭제 <2001.12.27>

18. 삭제 <2001.12.27>

19. 삭제 <2001.12.27>

④ 삭제 <2001.12.27>

제14조 (정보국) ① 정보국에 국장 1인을 두고, 국장 밑에 기획정보심의관을 둔다.

② 국장은 치안감 또는 경무관으로, 기획정보심의관은 경무관으로 보한다.

③ 국장은 다음 사항을 분장한다. <개정 1999.12.28>

1. 치안정보업무에 관한 기획·지도 및 조정

2. 정치·경제·노동·사회·학원·종교·문화 등 제 분야에 관한 치안정보의 수집·종합·분석·작성 및 배포

3. 정책정보의 수집·종합·분석·작성 및 배포

4. 집회·시위 등 집단사태의 관리에 관한 지도 및 조정

5. 신원조사 및 기록관리

④ 기획정보심의관은 기획정보업무의 조정에 관하여 국장을 보좌한다.

제15조 (보안국) ① 국장은 치안감 또는 경무관으로 보한다.

② 국장은 다음 사항을 분장한다. <개정 1999.5.24>

1. 보안경찰업무에 관한 기획 및 교육

2. 보안관찰에 관한 업무지도

3. 북한이탈 주민관리 및 경호안전대책 업무

4. 간첩 등 보안사범에 대한 수사의 지도·조정

5. 보안관련 정보의 수집 및 분석

6. 남북교류와 관련되는 보안경찰업무

7. 간첩 등 중요방첩수사에 관한 업무

8. 중요좌익사범의 수사에 관한 업무

제15조의2 (외사국) ① 국장은 치안감 또는 경무관으로 보한다.

② 국장은 다음 사항을 분장한다.

1. 외사경찰업무에 관한 기획·지도 및 조정

2. 재외국민 및 외국인에 관련된 신원조사

3. 외국경찰기관과의 교류·협력

4. 국제형사경찰기구에 관련되는 업무

5. 외사정보의 수집·분석 및 관리

6. 외국인 또는 외국인과 관련된 간첩의 검거 및 범죄의 수사지도

7. 외사보안업무의 지도·조정

8. 국제공항 및 국제해항의 보안활동에 관한 계획 및 지도

[본조신설 2006.3.30]

제16조 (위임규정) 「행정기관의조직과정원에관한통칙」 제12조제3항 및 제14
조제4항의 규정에 의하여 경찰청에 두는 보조기관 또는 보좌기관은 경
찰청에 두는 정원의 범위 안에서 행정안전부령으로 정한다. <개정 2006.-
12.29, 2008.2.29>

[전문개정 2005.4.15]

제3장 경찰대학

제17조 (직무) 경찰대학(이하 이 장에서 '대학'이라 한다)은 국가치안부문에
종사할 경찰간부가 될 자에게 학술을 연마하고 심신을 단련시키기 위한
교육훈련과 치안에 관한 이론 및 정책연구에 관한 사무를 관장한다.

제18조 (학장) ① 대학에 학장 1인을 두되, 학장은 치안정감으로 보한다.

② 학장은 경찰청장의 명을 받아 대학의 사무를 통할하고, 소속 공무원
을 지휘·감독한다.

제19조 (하부조직) 대학에 교수부 및 학생지도부를 두며, 「행정기관의조직과
정원에관한통칙」 제19조제3항의 규정에 의하여 대학에 두는 보조기관
또는 보좌기관은 경찰청의 소속 기관(경찰병원 및 운전면허시험관리단을
제외한다)에 두는 정원의 범위 안에서 행정안전부령으로 정한다. <개정
2006.12.29, 2008.2.29>

[전문개정 2005.4.15]

제20조 (교수부) ① 교수부에 부장 1인을 두되, 부장은 경무관으로 보한다.

② 부장은 다음 사항을 분장한다.

　　1. 교육계획의 수립과 교육의 실시

　　2. 학생의 모집·등록 및 입학과 교과과정의 편성

　　3. 학생의 학점·성적평가·학위 및 학적관리

　　4. 교재의 편찬과 교육기재의 관리

　　5. 학칙 및 교육운영위원회에 관한 사항

　　6. 기타 학사지원업무에 관한 사항

제21조 (학생지도부) ① 학생지도부에 부장 1인을 두되, 부장은 경무관으로
보한다.

② 부장은 다음 사항을 분장한다.

　　1. 학생의 학교내외 생활 및 훈련지도

　　2. 학생의 상훈 및 징계 등 신분에 관한 사항

　　3. 학생의 급여품 및 대여품의 검수 및 관리

　　4. 학생의 급식 및 세탁 등 후생업무

제22조 삭제 <2007.3.30>

제23조 (치안정책연구소 〈개정 2005.7.5〉) ① 「경찰대학설치법」 제12조의 규정
에 의하여 대학에 치안정책연구소를 부설한다. <개정 2005.7.5, 2007.-
3.30>

② 치안정책연구소에 소장 1인 및 연구관 2인을 두되, 소장은 고위공무
원단에 속하는 별정직 공무원 또는 치안감으로 보하고, 연구관 2인은
고위공무원단에 속하는 별정직 공무원으로 보한다. <개정 2006.6.30>

③ 치안정책연구소는 다음 사항을 분장한다. <개정 2005.7.5>

　1. 치안에 관한 이론 및 정책의 연구

　2. 치안에 관련되는 국내외 연구기관과의 협조 및 교류

　3. 치안에 관한 국내외 자료의 조사·정리 및 출판물의 간행

　3의2. 통일과 관련한 치안분야의 연구

　3의3. 국가안전보장과 관련된 연구

　4. 기타 치안에 관한 교육에 관련되는 학술 및 정책의 연구

④ 소장은 연구소의 사무를 통할하고, 소속 공무원을 지휘·감독한다.

⑤ 치안정책연구소의 하부조직·운영 기타 필요한 사항은 학칙으로 정한다. <개정 2005.7.5>

제24조 삭제 <2005.7.5>

제25조 (도서관) ① 대학에 도서관을 둔다.

② 도서관에 도서관장 1인을 두되, 도서관장은 교수·부교수·조교수 또는 5급 중에서 학장이 임명하되, 교수·부교수·조교수는 겸보할 수 있다. <개정 2005.4.15>

③ 도서관은 국내외의 도서·기록물·시청각자료 등의 수집·보존·분류 및 열람에 관한 사항을 분장한다.

④ 도서관장은 학장의 명을 받아 시설의 설치·유지 및 관리에 관한 사무를 관장하고, 소속 공무원을 지휘·감독한다.

제26조 삭제 <2008.8.7>

제4장 경찰교육훈련기관

제27조 (직무) ① 경찰종합학교는 경찰공무원 및 경찰간부후보생에 대한 교육훈련을 관장한다.

② 중앙경찰학교는 경찰공무원(전투경찰순경을 포함한다)으로 임용될 자(경찰간부후보생을 제외한다)에 대한 교육훈련을 관장한다.

③ 경찰수사연수원은 수사업무에 종사하는 경찰공무원에 대한 전문연수

에 관한 사항을 분장한다. <신설 2007.3.30>

제28조 (교장 및 원장 〈개정 2007.3.30〉) ① 경찰종합학교 및 중앙경찰학교에 각각 교장 1인을 두되, 각 교장은 치안감으로 보하고, 경찰수사연수원에 원장 1인을 두되, 원장은 경무관으로 보한다. <개정 2007.3.30>

② 각 교장 및 원장은 경찰청장의 명을 받아 각 학교 및 연수원의 사무를 통할하고, 소속 공무원을 지휘·감독한다. <개정 2007.3.30>

제29조 (하부조직) 「행정기관의조직과정원에관한통칙」 제19조제3항의 규정에 의하여 경찰종합학교·중앙경찰학교 및 경찰수사연수원에 두는 보조기관 또는 보좌기관은 경찰청의 소속 기관(경찰병원 및 운전면허시험관리단을 제외한다)에 두는 정원의 범위 안에서 행정안전부령으로 정한다. <개정 2006.12.29, 2007.3.30, 2008.2.29>

[전문개정 2005.4.15]

제30조 삭제 <1998.12.31>

제5장 경찰병원

제31조 (직무) 경찰병원은 경찰업무를 행하는 기관에 근무하는 공무원 및 그 가족과 경찰교육기관에서 교육을 받고 있는 자와 전투경찰순경의 질병 진료에 관한 사무를 관장한다.

제32조 삭제 <2005.12.30>

제33조 (하부조직의 설치 등) ① 경찰병원의 하부조직의 설치와 분장사무는 「책임운영기관의설치·운영에관한법률」 제15조제2항의 규정에 의하여 동법 제10조의 규정에 의한 기본운영규정으로 정한다.

② 「책임운영기관의설치·운영에관한법률」 제16조제1항 후단에 따라 경찰병원에 두는 공무원의 종류별·계급별 정원은 이를 종류별 정원으로 통합하여 행정안전부령으로 정하고, 직급별 정원은 같은 법 제16조제2항에 따라 같은 법 제10조에 따른 기본운영규정으로 정한다. <개정 2008.2.29, 2009.3.31>

③ 경찰병원에 두는 고위공무원단에 속하는 공무원으로 보하는 직위의 총수는 행정안전부령으로 정한다. <신설 2006.6.30, 2008.2.29>

[전문개정 2005.12.30]

제34조 삭제 <2005.12.30>

제35조 삭제 <2005.12.30>

제36조 삭제 <2005.12.30>

제37조 (일반환자의 진료) 경찰병원은 그 업무에 지장이 없는 범위 안에서 일반민간환자에 대한 진료를 할 수 있다.

제5장의2 운전면허시험관리단

제37조의2 (직무) 운전면허시험관리단은 운전면허시험, 운전면허증의 제작·교부, 적성검사, 면허전산실 운영 등 운전면허 관련사무와 운전면허시험장의 유지·관리에 관한 사무를 관장한다.

[본조신설 1999.12.28]

제37조의3 (하부조직의 설치 등) ① 운전면허시험관리단 및 그 소속 기관의 하부조직의 설치와 분장사무는 「책임운영기관의설치·운영에관한법률」 제15조제2항의 규정에 의하여 동법 제10조의 규정에 의한 기본운영규정으로 정한다. <개정 2005.7.5>

② 「책임운영기관의설치·운영에관한법률」 제16조제1항 후단에 따라 운전면허시험관리단에 두는 공무원의 종류별·계급별 정원은 이를 종류별 정원으로 통합하여 행정안전부령으로 정하고, 직급별 정원은 같은 법 제16조제2항에 따라 같은 법 제10조에 따른 기본운영규정으로 정한다. <개정 2005.12.30, 2008.2.29, 2009.3.31>

③ 운전면허시험관리단에 두는 고위공무원단에 속하는 공무원으로 보하는 직위의 총수는 행정안전부령으로 정한다. <신설 2006.6.30, 2008.2.29>

[전문개정 2002.6.25]

제6장 지방경찰관서

제1절 총칙

제38조 (직무) 지방경찰청은 지방에서의 치안에 관한 사무를 수행한다.

제39조 (명칭 등) 지방경찰청의 명칭 및 위치는 별표 1과 같고, 그 관할구역은 행정안전부령으로 정한다. <개정 2008.2.29>

제40조 (지방경찰청장) ① 지방경찰청에 청장 1인을 둔다.

② 지방경찰청장은 경찰청장의 명을 받아 소관사무를 통할하고, 소속 공무원을 지휘·감독한다.

③ 서울특별시 및 경기도지방경찰청장은 치안정감으로, 그 밖의 지방경찰청장은 치안감으로 보한다. <개정 2006.10.31>

제41조 (지방경찰청 차장) ① 지방경찰청장을 보조하기 위하여 서울특별시·부산광역시·대구광역시·인천광역시·광주광역시·대전광역시·울산광역시·강원도·충청북도·충청남도·전라북도·전라남도·경상북도 및 경상남도의 지방경찰청에 차장 각 1명을 두고, 경기도의 지방경찰청에 차장 2명을 둔다. <개정 1999.5.24, 2004.12.31, 2007.6.28, 2008.10.15>

② 서울특별시지방경찰청 및 경기도지방경찰청의 차장은 치안감으로, 그 외의 지방경찰청 차장은 경무관으로 보한다. <개정 2004.12.31>

제42조 (직할대) ① 지방경찰청장은 행정안전부령이 정하는 범위 내에서 차장(지방경찰청에 복수차장을 두는 경우에는 제1차장, 차장을 두지 아니하는 경우에는 지방경찰청장)밑에 직할대를 둘 수 있다. <개정 2008.-2.29, 2008.10.15>

② 직할대의 장은 특정한 경찰사무에 관하여 지방경찰청장 또는 지방경찰청 차장(복수차장을 두는 경우에는 제1차장)을 보좌한다. <개정 2008.-10.15>

제43조 (경찰서) 지방경찰청장의 소관사무를 분장하기 위하여 지방경찰청장 소속하에 244개 경찰서의 범위 안에서 경찰서를 두되, 경찰서의 명칭은 별표 2와 같고, 경찰서의 하부조직, 위치·관할구역 기타 필요한 사항은

행정안전부령으로 정한다. <개정 1999.5.24, 1999.12.28, 2000.12.20, 2001.12.27, 2003.12.18, 2005.11.9, 2007.3.30, 2007.6.28, 2007.11.30, 2008.2.29, 2008.4.3, 2008.8.7, 2009.3.18>

제44조 (지구대 등 〈개정 2004.12.31〉) ① 지방경찰청장은 경찰서장의 소관사무를 분장하기 위하여 행정안전부령이 정하는 바에 따라 경찰청장의 승인을 얻어 지구대 또는 파출소를 둘 수 있다. <개정 1999.5.24, 2004.-12.31, 2008.2.29>

② 지방경찰청장은 임시로 필요한 때에는 출장소를 둘 수 있다.

③ 지구대·파출소 및 출장소의 명칭·위치 및 관할구역과 기타 필요한 사항은 지방경찰청장이 정한다. <개정 1999.5.24, 2004.12.31>

제2절 서울특별시지방경찰청

제45조 (하부조직) ① 서울지방경찰청에 경무부·생활안전부·수사부·교통지도부·경비부·정보관리부 및 보안부를 두며,「행정기관의조직과정원에관한통칙」제18조제5항의 규정에 의하여 서울지방경찰청에 두는 보조기관 또는 보좌기관은 경찰청의 소속 기관(경찰병원 및 운전면허시험관리단을 제외한다)에 두는 정원의 범위 안에서 행정안전부령으로 정한다. <개정 2005.4.15, 2006.12.29, 2008.2.29>

② 제42조의 규정에 의하여 서울지방경찰청에 두는 직할대 중 101경비단장 및 기동단장은 경무관으로 보한다.

제46조 (경무부) ① 경무부에 부장 1인을 두되, 부장은 경무관으로 보한다.

② 부장은 다음 사항을 분장한다. <개정 1999.5.24>

　1. 보안

　2. 관인 및 관인대장의 관수

　3. 문서의 분류·수발·통제·편찬·보존 및 관리

　4. 소속 공무원의 복무·보수·원호 및 사기진작

　5. 예산의 집행·회계·결산 및 국유재산관리

6. 삭제 <2003.12.18>

7. 소속 기관의 조직 및 정원의 관리(전투경찰순경을 제외한다)

8. 치안행정협의회에 관한 사항

9. 법제업무

10. 경찰장비의 발전 및 운영에 관한 계획의 수립·조정

11. 경찰장비 운영·보급 및 지도

12. 소속 공무원의 임용·교육훈련·상훈 기타 인사업무

13. 정보화시설 및 통신시설·장비의 운영

14. 행정정보화 및 사무자동화에 관한 사항

15. 통신보안에 관한 사항

16. 기타 청 내 다른 부 또는 담당관 및 직할대의 주관에 속하지 아니하는 사항

제47조 (생활안전부 〈개정 2003.12.18〉) ① 생활안전부에 부장 1인을 두되, 부장은 경무관으로 보한다. <개정 2003.12.18>

② 부장은 다음 사항을 분장한다. <개정 2000.9.29, 2002.2.25, 2004.12.31, 2005.7.5, 2005.11.9, 2006.3.30>

1. 범죄예방에 관한 연구 및 계획의 수립

2. 경비업에 관한 지도 및 감독

3. 삭제 <1999.5.24>

4. 112신고제도의 운영 및 관리

5. 지구대·파출소 외근업무의 기획

6. 풍속사범에 관한 지도 및 단속

7. 총포·도검·화약류 등의 지도 및 단속

8. 즉결심판청구업무의 지도

9. 각종 안전사고의 예방에 관한 사항

10. 소년비행방지에 관한 업무

11. 소년범죄의 수사 및 지도

12. 여성관련 범죄의 수사지도 및 예방에 관한 업무

13. 가출인 및 실종아동 등에 관한 수사·지도

14. 가정폭력 및 아동학대에 관한 수사·지도

제48조 (수사부) ① 수사부에 부장 1인을 두되, 부장은 경무관으로 보한다. <개정 1999.5.24>

② 부장은 다음 사항을 분장한다. <개정 1999.12.28, 2006.10.31>

1. 범죄수사의 지도

2. 수사에 관한 민원의 처리

3. 유치장 관리의 지도 및 감독

4. 범죄수법의 조사·연구 및 공조

5. 범죄의 수사에 관한 사항

6. 범죄감식 및 감식자료의 수집·관리

7. 광역수사대 운영에 관한 사항

제49조 (교통지도부) ① 교통지도부에 부장 1인을 두되, 부장은 경무관으로 보한다.

② 부장은 다음 사항을 분장한다. <개정 1999.12.28, 2002.2.25>

1. 교통안전과 소통에 관한 계획의 수립 및 지도·단속

2. 교통안전을 위한 민간협력조직의 운영에 관한 지도

3. 교통시설에 관한 계획의 수립 및 지도·단속

4. 자동차운전면허관련 행정처분, 행정심판, 행정소송 및 자동차운전 전문학원(일반학원을 포함한다)의 지도·감독

5. 도로교통사고조사의 지도

제50조 (경비부) ① 경비부에 부장 1인을 두되, 부장은 경무관으로 보한다.

② 부장은 다음 사항을 분장한다.

1. 경비에 관한 계획의 수립 및 지도

2. 경찰부대의 운영에 관한 지도 및 감독

3. 민방위업무의 협조에 관한 사항

4. 청원경찰의 운영 및 지도

5. 경호경비에 관한 사항

　　　6. 경찰작전과 비상계획의 수립 및 집행

　　　7. 전투경찰순경의 복무·교육훈련

　　　8. 전투경찰순경의 인사관리 및 정원의 관리

　　　9. 중요시설의 방호 및 지도

　　　10. 종합상황실 운영에 관한 사항

제51조 (정보관리부) ① 정보관리부에 부장 1인을 두되, 부장은 경무관으로
　　보한다.

　　② 부장은 다음 사항을 분장한다. <개정 1999.12.28>

　　　1. 정치·경제·노동·사회·학원·종교·문화 등 제 분야에 관한
　　　　치안정보의 수집·종합·분석·작성 및 배포

　　　2. 신원조사에 관한 사항

　　　3. 정책정보의 수집·종합·분석·작성 및 배포

제52조 (보안부) ① 보안부에 부장 1인을 두되, 부장은 경무관으로 보한다.

　　② 부장은 다음 사항을 분장한다. <개정 2007.11.30>

　　　1. 방첩계몽 및 관련단체와의 협조

　　　2. 간첩 등 보안사범에 대한 수사 및 그에 대한 지도·조정

　　　3. 불온유인물의 수집·분석 및 관리

　　　3의2. 외사경찰업무에 관한 기획·지도 및 외국경찰기관과의 교류·
　　　　협력

　　　4. 외사정보의 수집·분석 및 외사보안업무의 계획·지도

　　　5. 외국인 또는 외국인과 관련된 범죄의 수사 및 지도

　　　6. 삭제 <2007.11.30>

제3절 경기도지방경찰청

제53조 (하부조직) 경기도지방경찰청의 제1차장 밑에 제1부·제2부·제3부를
　　두고, 제2차장 밑에 과단위 보조기관을 두며, 「행정기관의조직과정원에
　　관한통칙」 제18조제5항의 규정에 의하여 경기지방경찰청에 두는 보조기

관 또는 보좌기관은 경찰청의 소속 기관(경찰병원 및 운전면허시험관리
단을 제외한다)에 두는 정원의 범위 안에서 행정안전부령으로 정한다.
<개정 2006.12.29, 2008.2.29, 2008.10.15>

[전문개정 2005.4.15]

제53조의2 (복수차장의 운영) ① 경기도지방경찰청에 두는 차장은 제1차장 및
제2차장으로 하며, 경기도지방경찰청장이 부득이한 사유로 그 직무를 수
행할 수 없는 때에는 제1차장, 제2차장의 순으로 그 직무를 대행한다.

② 제1차장은 행정안전부령으로 정하는 경기북부지역 외의 지역에 대하
여 제46조제2항, 제47조제2항, 제48조제2항, 제49조제2항, 제50조제2항,
제51조제2항 및 제52조제2항의 사무에 관하여 경기도지방경찰청장을 보
조하고, 제46조제2항제5호부터 제10호까지의 사무는 행정안전부령으로
정하는 경기북부지역에 대하여도 제1차장이 경기도지방경찰청장을 보조
한다.

③ 제2차장은 행정안전부령으로 정하는 경기도 북부지역에 대하여 제46
조제2항(제5호부터 제10호까지의 사무는 제외한다), 제47조제2항, 제48
조제2항, 제49조제2항, 제50조제2항, 제51조제2항 및 제52조제2항의 사
무에 관하여 경기도지방경찰청장을 보조한다.

④ 경기도지방경찰청장은 새로운 업무의 발생, 업무량의 증감 등에 효
율적으로 대처하기 위하여 일시적으로 각 차장이 담당하는 사무의 일부
를 조정하여 수행하게 할 수 있다.

[본조신설 2008.10.15]

제54조 (제1부) ① 제1부에 부장 1인을 두되, 부장은 경무관으로 보한다.

② 부장은 제46조제2항·제49조제2항 및 제50조제2항에 규정된 사항을
분장한다. <개정 2004.12.31, 2008.10.15>

제55조 (제2부) ① 제2부에 부장 1인을 두되, 부장은 경무관으로 보한다.

② 부장은 제47조제2항 및 제48조제2항에 규정된 사항을 분장한다.
<개정 2004.12.31, 2008.10.15>

제56조 (제3부) ① 제3부에 부장 1인을 두되, 부장은 경무관으로 보한다.

② 부장은 제51조제2항 및 제52조제2항에 규정된 사항을 분장한다.

제56조의2 삭제 <2008.10.15>

제4절 기타 지방경찰청

제57조 (하부조직) 「행정기관의조직과정원에관한통칙」 제18조제5항의 규정에
의하여 그 밖의 지방경찰청에 두는 보조기관 또는 보좌기관은 경찰청의
소속 기관(경찰병원 및 운전면허시험관리단을 제외한다)에 두는 정원의
범위 안에서 행정안전부령으로 정한다. <개정 2006.12.29, 2008.2.29>
[전문개정 2005.4.15]

제7장 공무원의 정원

제58조 (경찰청에 두는 공무원의 정원) ① 경찰청에 두는 공무원의 정원은 별표
3과 같다. 다만, 필요한 경우에는 별표 3에 따른 총 정원의 3퍼센트를
넘지 아니하는 범위 안에서 행정안전부령으로 정원을 따로 정할 수 있
다. <개정 1999.5.24, 2006.12.29, 2008.2.29>
② 경찰청에 두는 공무원의 직급별 정원은 행정안전부령으로 정하되, 총
경의 정원은 36인을, 4급 공무원의 정원은 2인을 각각 그 상한으로 하
고, 4급 또는 5급 공무원의 정원은 5급 공무원 정원(4급 또는 5급 공무
원의 정원을 포함한다)의 3분의 1을 그 상한으로 한다. <개정 2006.-
12.29, 2008.2.29>
③ 경찰청에 두는 공무원의 정원 중 홍보업무를 담당하는 2인(총경 1인,
경감 1인)은 「국가공무원법」 제2조제3항제3호의 규정에 의한 계약직공
무원으로 대체할 수 있다. <신설 2005.4.15, 2005.11.9, 2006.12.29>
제59조 (소속 기관에 두는 공무원의 정원) ① 경찰청의 소속 기관(경찰병원 및
운전면허시험관리단을 제외한다)에 두는 공무원의 정원은 별표 4와 같
다. 다만, 필요한 경우에는 별표 4에 따른 총 정원의 3퍼센트를 넘지 아
니하는 범위 안에서 행정안전부령으로 정원을 따로 정할 수 있다. <개

정 1999.5.24, 1999.12.28, 2005.12.30, 2006.12.29, 2008.2.29>

② 경찰청의 소속 기관(경찰병원 및 운전면허시험관리단을 제외한다)에 두는 공무원의 직급별 정원은 행정안전부령으로 정하되, 별정직 4급 상당 공무원의 정원은 8명을 그 상한으로 하고, 총경의 정원은 426명을 그 상한으로 하며, 4급 또는 5급 공무원의 정원은 5급 공무원 정원(4급 또는 5급 공무원의 정원을 포함한다)의 100분의 15를 그 상한으로 한다. <개정 2006.12.29, 2007.6.28, 2007.11.30, 2008.2.29, 2008.8.7, 2009.3.18>

③ 소속 기관별 공무원의 정원은 경찰청의 소속 기관에 두는 정원의 범위 안에서 경찰청장이 따로 정한다. <개정 1999.5.24, 2006.12.29>

④ 제3항 및 별표 4의 규정에 의하여 경찰대학에 두는 공무원의 정원 중 11인(고위공무원단에 속하는 별정직 공무원 1인, 4급 상당 4인, 5급 상당 2인, 6급 상당 1인, 경장 3인)과 경찰종합학교 및 중앙경찰학교에 두는 「공무원교육훈련법」 제5조제1항의 규정에 의한 교수요원의 정원 중 3분의 1의 범위 안에서 필요한 인원 및 서울특별시지방경찰청에 두는 공무원의 정원 중 5인(순경 5)은 「국가공무원법」 제2조제3항제3호의 규정에 의한 계약직공무원으로 대체할 수 있다. <신설 1998.12.31, 1999.-5.24, 2004.12.31, 2005.7.5, 2006.6.30, 2007.3.30>

제60조 (개방형직위에 대한 특례) 「정부조직법」 제2조제8항의 규정에 의하여 국장급 1개 직위는 계약직공무원으로 보할 수 있다. <개정 2005.7.5, 2005.12.30>

[전문개정 2004.12.31]

부칙 〈제15716호, 1998.2.28〉

① (시행일) 이 영은 공포한 날부터 시행한다.

② (정원감축에 따른 경과조치) 이 영 시행 당시 이 영에 의한 정원을 초과하는 현원이 있는 경우에는 1999년 3월 31까지 그 초과현원에 상응하는 정원이 따로 있는 것으로 본다. 다만, 대통령령 제15400호 경찰청

과그소속기관등직제중개정령 시행 당시 고용직 초과현원은 1998년 6월 30일까지 그 초과현원에 상응하는 정원이 따로 있는 것으로 본다.

부칙 〈제15856호, 1998.8.1〉

① (시행일) 이 영은 공포한 날부터 시행한다.
② (정원감축에 따른 경과조치) 이 영 시행 당시 이 영의 시행으로 감축되는 정원(기능직 10등급 136, 고용직 818)에 해당하는 현원이 있는 경우에는 이 영 시행일부터 1년간 그 초과현원에 상응하는 정원이 따로 있는 것으로 본다.

부칙 〈제16011호, 1998.12.31〉

① (시행일) 이 영은 1999년 1월 1일부터 시행한다.
② (정원감축에 따른 경과조치) 이 영 시행으로 감축되는 공무원 정원 54인(경무관 2, 경위 2, 경사 4, 경장 5, 순경 27, 7급 2, 기능직 8등급 4, 기능직 9등급 2, 10등급 48)에 해당하는 초과현원이 있는 경우에는 1999년 12월 31일까지 그 초과현원에 상응하는 정원이 따로 있는 것으로 본다. 다만, 초과현원이 별정직 공무원인 경우에는 1999년 6월 30일까지 그 정원이 따로 있는 것으로 본다.

부칙 〈제16342호, 1999.5.24〉

① (시행일) 이 영은 공포한 날부터 시행한다. 다만, 별표 1·별표 2 및 별표 4의 울산광역시지방경찰청에 관한 개정규정과 별표 2 및 별표 4 중 부산광역시지방경찰청 사상경찰서에 관한 개정규정은 1999년 7월 2일부터 시행하고, 별표 2 및 별표 4 중 경상남도지방경찰청 창원서부경찰서에 관한 개정규정은 1999년 7월 15일부터 시행한다.
② (정원에 관한 적용례) 경찰청에 두는 공무원의 정원에 관하여 1999

년 6월 30일까지는 별표 4에 불구하고 별표 4의2를 적용한다.

③ (정원감축에 관한 경과조치) 이 영의 시행으로 감축되는 정원 154인 (치안감 1, 총경 9, 경위 2, 경사 5, 경장 4, 순경 6, 기능 10급 127)에 해당하는 초과현원이 있는 경우에는 2000년 6월 30일까지 그 초과현원에 상응하는 정원이 따로 있는 것으로 본다.

부칙 〈제16557호, 1999.9.29〉

① (시행일) 이 영은 1999년 12월 31일부터 시행한다.

② (정원감축에 따른 경과조치) 이 영의 시행으로 감축되는 정원 29인 (순경 1, 고용직 28)에 해당하는 초과현원이 있는 경우에는 2000년 12월 31일까지 그 초과현원에 상응하는 정원이 따로 있는 것으로 본다.

부칙 〈제16620호, 1999.12.28〉

제1조 (시행일) 이 영은 공포한 날부터 시행한다. 다만, 제2조제2항, 제37조 의2, 제37조의3, 별표 3 및 별표 4의 개정규정은 2000년 1월 1일부터 시행한다.

제2조 (정원에 관한 적용례) 경찰청에 두는 공무원의 정원에 관하여 1999년 12 월 31일까지는 별표 4에 불구하고 별표 4의2의 개정규정을 적용한다.

제3조 (정원감축에 따른 경과조치) 이 영의 시행으로 감축되는 정원(운전면허시 험관리단을 책임운영기관으로 설치함에 따라 감축되는 정원을 제외한다) 945인(경장 130, 순경 673, 기능 10급 4, 고용직 138)에 해당하는 초과 현원이 있는 경우에는 이 영 시행일부터 1년간, 운전면허시험관리단을 책임운영기관으로 설치함에 따라 감축되는 공무원정원 16인(경정 3, 경 위 2, 경사 11)에 해당하는 초과현원이 있는 경우에는 2000년 12월 31 일까지 각각 그 초과현원에 상응하는 정원이 따로 있는 것으로 본다.

제4조 (다른 법령의 개정) ① 경찰공무원임용령 중 다음과 같이 개정한다.
제4조제1항 중 '경찰병원'을 '경찰병원, 운전면허시험관리단'으로 한다.

제26조제3항 중 ‘경찰병원, 경찰서’를 ‘경찰병원, 운전면허시험관리단, 경찰서, 운전면허시험장’으로 한다.

② 경찰공무원승진임용규정 중 다음과 같이 개정한다.

제11조제3항 본문 중 ‘경찰병원’을 ‘경찰병원·운전면허시험관리단’으로 하고, 동항 단서 중 ‘경찰서’를 ‘경찰서·운전면허시험장’으로, ‘경찰서장’을 ‘경찰서장·운전면허시험장장’으로 하며, 동조제4항 중 ‘지방경찰청장’을 ‘지방경찰청장·운전면허시험관리단장’으로 하고, 동항제3호 중 ‘지방경찰청장·경찰서장’을 ‘지방경찰청장·운전면허시험관리단장·경찰서장·운전면허시험장장’으로 한다.

제24조제2항 중 ‘지방경찰청장’을 ‘지방경찰청장, 운전면허시험관리단장’으로, ‘지방경찰청·경찰서’를 ‘지방경찰청·운전면허시험관리단·경찰서·운전면허시험장’으로 한다.

③ 경찰표창규정 중 다음과 같이 개정한다.

제3조·제9조 중 ‘내무부령’을 각각 ‘행정자치부령’으로 한다.

제6조제1항 중 ‘내무부장관’을 ‘행정자치부장관’으로, ‘직할시장’을 ‘광역시장’으로, ‘경찰병원장’을 ‘경찰병원장, 운전면허시험관리단장’으로, ‘내무부령’을 ‘행정자치부령’으로 한다.

제6조의2제1항 중 ‘내무부장관’을 ‘행정자치부장관’으로, ‘내무부령’을 ‘행정자치부령’으로 한다.

④ 경찰공무원교육훈련규정 중 다음과 같이 개정한다.

제2조제1호 중 ‘경찰병원’을 ‘경찰병원·운전면허시험관리단’으로, ‘경찰서’를 ‘경찰서·운전면허시험장’으로 한다.

⑤ 경찰공무원징계령 중 다음과 같이 개정한다.

제3조제2항 중 ‘경찰병원’을 ‘경찰병원·운전면허시험관리단’으로 한다.

⑥ 행정권한의위임및위탁에관한규정 중 다음과 같이 개정한다.

제25조제2항 중 ‘중앙경찰학교장 및 경찰병원장’을 ‘중앙경찰학교장·경찰병원장 및 운전면허시험관리단장’으로 한다.

부칙 〈제16725호, 2000.2.28〉 (재정경제부와그소속기관직제등중개정령)

제1조 (시행일) 이 영은 공포한 날부터 시행한다. <단서 생략>
제2조 및 제3조 생략

부칙 〈제16975호, 2000.9.29〉

① (시행일) 이 영은 공포한 날부터 시행한다.
② (정원감축에 따른 경과조치) 이 영 시행으로 감축되는 정원 13인(고용직 13)에 해당하는 초과현원이 있는 경우에는 이 영 시행일부터 1년간 그 초과현원에 상응하는 정원이 따로 있는 것으로 본다.

부칙 〈제17016호, 2000.12.20〉

① (시행일) 이 영은 공포한 날부터 시행한다.
② (정원감축에 따른 경과조치) 이 영의 시행으로 감축되는 정원 44인(기능10급 1, 고용직 43)에 해당하는 초과현원이 있는 경우에는 이 영 시행일부터 1년간 그 초과현원에 상응하는 정원이 따로 있는 것으로 본다.

부칙 〈제17071호, 2000.12.30〉 (외교통상부와그소속기관직제)

① (시행일) 이 영은 2001년 3월 1일부터 시행한다.
② 생략
③ (다른 법령의 개정) 경찰청과그소속기관직제 중 다음과 같이 개정한다.
별표 4 중 총계 '93.476'을 '93.475'로 하고, 경찰공무원계 '89.294'를 '89.293'으로 하며, 경감 '1.842'를 '1.841'로 한다.

부칙 〈제17168호, 2001.3.27〉

① (시행일) 이 영은 2001년 3월 29일부터 시행한다.

② (정원감축에 따른 경과조치) 이 영 시행으로 감축되는 정원 68인(고용직 68)에 해당하는 초과현원이 있는 경우에는 이 영 시행일부터 1년간 그 초과현원에 상응하는 정원이 따로 있는 것으로 본다.

부칙 〈제17436호, 2001.12.27〉

① (시행일) 이 영은 공포한 날부터 시행한다.
② (정원감축에 따른 경과조치) 이 영의 시행으로 감축되는 고용직공무원 정원 91인에 해당하는 초과현원이 있는 경우에는 이 영 시행일부터 1년간 그 초과현원에 상응하는 정원이 따로 있는 것으로 본다.

부칙 〈제17521호, 2002.2.25〉

① (시행일) 이 영은 공포한 날부터 시행한다.
② (정원감축에 따른 경과조치) 이 영의 시행으로 감축되는 고용직공무원 정원 391인에 해당하는 초과현원이 있는 경우에는 2003년 12월 31일까지 그 초과현원에 상응하는 정원이 따로 있는 것으로 본다.

부칙 〈제17596호, 2002.5.6〉

① (시행일) 이 영은 공포한 날부터 시행한다.
② (정원감축에 따른 경과조치) 이 영의 시행으로 감축되는 정원 4인(고용직 4)에 해당하는 초과현원이 있는 경우에는 이 영 시행일부터 1년간 그 초과현원에 상응하는 정원이 따로 있는 것으로 본다.

부칙 〈제17638호, 2002.6.25〉 (국정홍보처와그소속기관직제등일부개정령)

이 영은 2002년 6월 26일부터 시행한다.

부칙 〈제17754호, 2002.10.2〉

① (시행일) 이 영은 공포한 날부터 시행한다.
② (정원감축에 따른 경과조치) 이 영의 시행으로 감축되는 정원 422인
(기능직 100, 고용직 322)에 해당하는 초과현원이 있는 경우에는 2003년
12월 31일까지 그 초과현원에 상응하는 정원이 따로 있는 것으로 본다.

부칙 〈제18162호, 2003.12.18〉

① (시행일) 이 영은 공포한 날부터 시행한다. 다만, 제40조제3항의 개
정규정은 2004년 1월 1일부터 시행한다.
② (정원에 관한 적용례) 경찰청 소속 기관의 정원에 관하여 2003년 12
월 31일까지는 별표 4에 불구하고 별표 4의2를 적용한다.
③ (정원감축에 따른 경과조치) 이 영의 시행으로 감축되는 고용직공무
원의 정원 584인에 해당하는 초과현원이 있는 경우에는 2004년 12월
31일까지 그 초과현원에 상응하는 정원이 따로 있는 것으로 본다.

부칙 〈제18275호, 2004.2.9〉 (교육인적자원부와그소속기관직제등중개정령)

이 영은 공포한 날부터 시행한다.

부칙 〈제18328호, 2004.3.22〉 (재정경제부와그소속기관직제등중개정령)

이 영은 공포한 날부터 시행한다.

부칙 〈제18399호, 2004.5.24〉 (재정경제부와그소속기관직제등중개정령)

이 영은 공포한 날부터 시행한다.

부칙 〈제18653호, 2004.12.31〉

① (시행일) 이 영은 공포한 날부터 시행한다.

② (정원감축에 따른 경과조치) 이 영의 시행으로 감축되는 고용직공무원의 정원 89인에 해당하는 초과현원이 있는 경우에는 이 영 시행일부터 1년간 그 초과현원에 상응하는 정원이 따로 있는 것으로 본다.

부칙 〈제18729호, 2005.3.2〉 (재정경제부와그소속기관직제 등 일부개정령)

이 영은 공포한 날부터 시행한다.

부칙 〈제18786호, 2005.4.15〉 (교육인적자원부와그소속기관직제 등 일부개정령)

이 영은 공포한 날부터 시행한다.

부칙 〈제18937호, 2005.7.5〉

이 영은 공포한 날부터 시행한다.

부칙 〈제19122호, 2005.11.9〉

제1조 (시행일) 이 영은 공포한 날부터 시행한다. 다만, 별표 2의 대구광역시지방경찰청란의 개정규정은 2005년 11월 15일부터, 동표의 서울특별시지방경찰청란·부산광역시지방경찰청란·울산광역시지방경찰청란·경기도지방경찰청란·충청북도지방경찰청란·충청남도지방경찰청란 및 전라북도지방경찰청란의 개정규정은 2006년 3월 1일부터 각각 시행한다.

제2조 (정원에 관한 적용례) ① 경찰청에 두는 공무원의 정원에 관하여 2005년 12월 31일까지는 별표 3의2를, 2006년 1월 1일부터는 별표 3을 각각 적용한다.

② 경찰청의 소속 기관에 두는 공무원의 정원에 관하여 2005년 12월 31

일까지는 별표 4의2를, 2006년 1월 1일부터는 별표 4를 각각 적용한다.

부칙 〈제19230호, 2005.12.30〉 (「책임운영기관의설치·운영에관한법률 시행령」 개정 등에 따른 교육인적자원부와 그 소속 기관 직제 등 일부개정령)

제1조 (시행일) 이 영은 2006년 1월 1일부터 시행한다.

제2조 (정원에 관한 경과조치) ① 제4조의 개정규정에 의하여 국립종자관리소를 책임운영기관으로 설치함에 따라 감축되는 공무원의 정원 1인(3급 또는 농업연구관)에 해당하는 초과현원이 있는 경우에는 2006년 12월 31일까지 그 초과현원에 상응하는 정원이 따로 있는 것으로 본다.

③ 제7조의 개정규정에 의하여 지방통계청 및 통계사무소(충남통계사무소를 제외한다)를 책임운영기관으로 설치함에 따라 감축되는 공무원의 정원 11인(4급 5인, 5급 6인)에 해당하는 초과현원이 있는 경우에는 2006년 12월 31일까지 그 초과현원에 상응하는 정원이 따로 있는 것으로 본다.

④ 제10조의 개정규정에 의하여 농업생명공학연구원 및 원예연구소를 책임운영기관으로 설치함에 따라 감축되는 공무원의 정원 2인(농업연구관)에 해당하는 초과현원이 있는 경우에는 2006년 12월 31일까지 그 초과현원에 상응하는 정원이 따로 있는 것으로 본다.

제3조 (다른 법령의 개정) 책임운영기관의설치·운영에관한법률 시행령 일부를 다음과 같이 개정한다.

제17조제1항 본문 중 '충남통계사무소의 경우에는 정원 중 103인'을 '지방통계청 및 통계사무소의 경우에는 정원 중 981인'으로 한다.

별표 1의 경찰병원의 총 정원의 한도란 중 '473인'을 '483인'으로 한다.

부칙 〈제19432호, 2006.3.30〉

이 영은 공포한 날부터 시행한다.

부칙 〈제19588호, 2006.6.30〉 (제주특별자치도 설치 등에 따른 환경부와 그 소속 기관 직제 등 일부개정령)

제1조 (시행일) 이 영은 2006년 7월 1일부터 시행한다.

제2조 (기능이관에 따른 공무원의 이체) ① 「제주특별자치도 설치 및 국제자유도시 조성을 위한 특별법」 제143조에 따라 이관되는 업무를 수행하는 중소기업청 소속 기관 공무원 12인(4급 또는 연구관 1, 5급 2, 6급 2, 7급 2, 9급 1, 기능직 4)은 제주특별자치도로 이체한다.

② 「제주특별자치도 설치 및 국제자유도시 조성을 위한 특별법」 제144조에 따라 이관되는 업무를 수행하는 해양수산부 소속 기관 공무원 35인(5급 2, 5급 또는 지도관 1, 6급 7, 6급 또는 지도사 4, 7급 5, 7급 또는 지도사 3, 8급 3, 8급 또는 지도사 2, 기능직 8)은 제주특별자치도로 이체한다.

③ 「제주특별자치도 설치 및 국제자유도시 조성을 위한 특별법」 제145조에 따라 이관되는 업무를 수행하는 국가보훈처 소속 기관 공무원 23인(4급 1, 5급 2, 6급 2, 7급 3, 8급 3, 9급 5, 기능직 7)은 제주특별자치도로 이체한다.

④ 「제주특별자치도 설치 및 국제자유도시 조성을 위한 특별법」 제146조에 따라 이관되는 업무를 수행하는 환경부 소속 기관 공무원 2인(7급 2)은 제주특별자치도로 이체한다.

⑤ 「제주특별자치도 설치 및 국제자유도시 조성을 위한 특별법」 제147조 및 제148조에 따라 이관되는 업무를 수행하는 노동부 소속 기관 공무원 19인(2급 1, 5급 2, 6급 4, 7급 3, 8급 5, 9급 1, 기능직 3)은 제주특별자치도로 이체한다.

⑥ 「제주특별자치도 설치 및 국제자유도시 조성을 위한 특별법」 제108조에 따른 자치경찰사무를 원활하게 수행하기 위하여 경찰청 소속 기관 경찰공무원 38인(경정 1, 경감 4, 경위 8, 경사 9, 경장 8, 순경 8)은 제주특별자치도로 이체한다.

제3조 (정원에 관한 적용례) 이 영 시행으로 감축되는 노동부 소속 기관 정원 1인(4급) 및 해양수산부 소속 기관 정원 1인(4급 또는 지도관)에 해당하는 초과현원이 있는 경우에는 2007년 6월 30일까지 그 초과현원에 상당하는 정원이 따로 있는 것으로 본다.

제4조 (교원에 관한 경과조치) 이 영 시행으로 별정직에서 특정직으로 전환되는 경찰대학에 재직 중인 별정직 공무원 14인(교수 6, 조교수 7, 전임강사 1)의 별정직 정원에 해당하는 초과현원이 있는 경우에는 현원이 이 영에 의한 정원과 일치될 때까지 그 초과현원에 상응하는 정원이 따로 있는 것으로 본다.

제5조 (다른 법령의 개정) 책임운영기관의설치·운영에관한법률 시행령 일부를 다음과 같이 개정한다.

별표 1의2의 경찰병원의 총 정원의 한도란 중 '483인'을 '501인'으로 한다.

부칙 〈제19721호, 2006.10.31〉

① (시행일) 이 영은 공포한 날부터 시행한다. 다만, 별표 2의 경기도지방경찰청란의 개정규정은 2006년 11월 21일부터 시행한다.

② (다른 법령의 개정) 책임운영기관의설치·운영에관한법률 시행령 일부를 다음과 같이 개정한다.

별표 1의2의 운전면허시험관리단의 총 정원의 한도란 중 '1,036인'을 '972인'으로 한다.

부칙 〈제19742호, 2006.12.1〉

이 영은 2006년 12월 4일부터 시행한다.

부칙 〈제19796호, 2006.12.29〉 (총액인건비제 확대 실시를 위한 재정경제부와 그 소속 기관 직제 등 일부개정령)

제1조 (시행일) 이 영은 2007년 1월 1일부터 시행한다.

제2조 (정원에 관한 경과조치) ① 법무부와 그 소속 기관 직제 제53조제2항의 개정규정에 불구하고 이 영 시행 당시 4급 공무원 정원의 3분의 1의 상한을 넘는 3급 또는 4급 공무원의 정원 2인은 상한비율이 충족될 때까지 그 정원이 있는 것으로 보며, 이 영의 시행으로 감축되는 소속 기관의 정원 1인은 2007년 12월 31까지 정원이 따로 있는 것으로 본다.

② 국정홍보처와 그 소속 기관 직제 제18조제2항의 개정규정에 불구하고 이 영 시행 당시 4급 공무원 정원의 100분의 15의 상한을 넘는 3급 또는 4급 공무원의 정원 1인은 상한비율이 충족될 때까지 그 정원이 있는 것으로 본다.

③ 관세청과 그 소속 기관 직제 제27조제2항의 개정규정에 불구하고 이 영 시행 당시 4급 공무원 정원의 3분의 1의 상한을 넘는 3급 또는 4급 공무원의 정원 1인은 상한비율이 충족될 때까지 그 정원이 있는 것으로 본다.

④ 방위사업청과 그 소속 기관 직제 제21조의 개정규정에 불구하고 이 영 시행 당시 4급 공무원 정원의 3분의 1의 상한을 넘는 3급 또는 4급 공무원의 정원 3인은 상한비율이 충족될 때까지 그 정원이 있는 것으로 보며, 동 직제 제22조의 개정규정에 불구하고 이 영 시행 당시 4급 공무원 정원의 100분의 15의 상한을 넘는 3급 또는 4급 공무원의 정원 5인은 상한비율이 충족될 때까지 그 정원이 있는 것으로 본다.

⑤ 농촌진흥청과 그 소속 기관 직제 제69조제2항의 개정규정에 불구하고 이 영 시행 당시 4급 공무원 정원의 100분의 15의 상한을 넘는 3급 또는 4급 공무원의 정원 1인은 상한비율이 충족될 때까지 그 정원이 있는 것으로 본다.

⑥ 식품의약품안전청과 그 소속 기관 직제 제27조제2항의 개정규정에

불구하고 이 영 시행 당시 4급 공무원 정원의 100분의 15의 상한을 넘는 3급 또는 4급 공무원의 정원 1인과 5급 공무원(4급 또는 5급 공무원의 정원을 포함한다) 정원의 100분의 15의 상한을 넘는 4급 또는 5급 공무원의 정원 3인은 상한비율이 충족될 때까지 그 정원이 있는 것으로 본다.

부칙 〈제19983호, 2007.3.30〉

① (시행일) 이 영은 공포한 날부터 시행한다.
② (다른 법령의 개정) 책임운영기관의설치·운영에관한법률 시행령 일부를 다음과 같이 개정한다.
별표 1의2의 경찰병원의 총 정원의 한도란 중 '501인'을 '586인'으로 한다.

부칙 〈제20121호, 2007.6.28〉

이 영은 2007년 7월 2일부터 시행한다. 다만, 제43조 및 별표 2 중 경기도지방경찰청란의 개정규정은 각각 2007년 9월 6일부터 시행한다.

부칙 〈제20236호, 2007.8.22〉 (대변인제도의 도입에 따른 재정경제부와 그 소속 기관 직제 등 일부개정령)

이 영은 공포한 날부터 시행한다.

부칙 〈제20409호, 2007.11.30〉

이 영은 공포한 날부터 시행한다.

부칙 〈제20424호, 2007.11.30〉 (정보통신부와 그 소속 기관 직제)

제1조 (시행일) 이 영은 공포한 날부터 시행한다.

제2조 및 제3조 생략

제4조 (다른 법령의 개정) ①부터 ⑪까지 생략

⑫ 경찰청과그소속기관직제 일부를 다음과 같이 개정한다.

별표 3 및 별표 4를 각각 다음과 같이 하고, 별표 3의3 및 별표 4의3을 각각 다음과 같이 신설한다.

[별표 3]

경찰청공무원정원표(제58조제1항 관련)

총계 1,533

경찰공무원 계 977

치안총감 1

치안정감 1

치안감 7

경무관 6

총경 이하 962

계약직 계 9

계약직(수사기법개발담당) 9

일반직 및 기능직 계 547

4급 또는 총경 이하 및 기능직 547

[별표 4]

경찰청소속기관공무원정원표(제59조제1항 관련)

총계 97,692

경찰공무원 계 94,985

치안정감 3

치안감 18

경무관 29

총경 이하 94,935

별정직 계 21

고위직공무원단에 속하는 별정직 공무원 또는 치안감 1

고위직공무원단 2

4급 상당 이하 18

교육공무원 계 18

교수·부교수·조교수 또는 전임강사 18

일반직 및 기능직 계 2,668

4급 또는 5급 이하 및 기능직 2,668

[별표 3의3]

경찰청공무원정원표(제58조제1항 관련)

총계 1,538

경찰공무원 계 977

치안총감 1

치안정감 1

치안감 7

경무관 6

총경 이하 962

계약직 계 9

계약직(수사기법개발담당) 9

일반직 및 기능직 계 552

4급 또는 총경 이하 및 기능직 552

[별표 4의3]

경찰청소속기관공무원정원표(제59조제1항 관련)

총계 97,706

경찰공무원 계 94,985

치안정감 3

치안감 18

경무관 29

총경 이하 94,935

별정직 계 21

고위직공무원단에 속하는 별정직 공무원 또는 치안감 1

고위직공무원단 2

4급 상당 이하 18

교육공무원 계 18

교수·부교수·조교수 또는 전임강사 18

일반직 및 기능직 계 2,682

4급 또는 5급 이하 및 기능직 2,682

⑬부터 <17>까지 생략

제5조 (다른 직제의 정원에 관한 적용례) ① 전산장비의 운영·관리기능이 정보
통신부로 이관됨에 따라 경찰청에 두는 공무원의 정원에 관하여 2007년
12월 29일까지는 부칙 제4조제12항의 개정규정에 따른 별표 3의3과 별
표 4의3을, 2007년 12월 30일부터는 부칙 제4조제12항의 개정규정에
따른 별표 3과 별표 4를 각각 적용한다.

② 및 ③ 생략

제6조 생략

부칙 〈제20692호, 2008.2.29〉

제1조 (시행일) 이 영은 공포한 날부터 시행한다.

제2조 (다른 법령의 개정) ① 경범죄처벌법 시행령 일부를 다음과 같이 개정
한다.

제9조 중 '행정자치부령 또는 해양수산부령'을 '행정안전부령 또는 국토
해양부령'으로 한다.

② 경비업법시행령 일부를 다음과 같이 개정한다.

제3조제1항, 제13조제4호, 제18조제2항·제4항, 제19조제1항 각 호 외

의 부분·제3항·제4항, 제20조제7항 및 제32조제4항 중 '행정자치부령'을 각각 '행정안전부령'으로 한다.

③ 경찰공무원승진임용규정 일부를 다음과 같이 개정한다.

제7조제2항 본문·제6항, 제9조제5항, 제11조제2항 각 호 외의 부분, 제15조제5항, 제22조제2항, 제31조의2제1항 전단, 제32조, 제37조제3항제8호, 제38조제6호 단서 및 제41조제3항 중 '행정자치부령 또는 해양수산부령'을 각각 '행정안전부령 또는 국토해양부령'으로 한다.

제8조제3항 중 '중앙인사위원회가'를 '행정안전부장관이'로 한다.

제27조제2항 중 '행정자치부장관'을 '행정안전부장관'으로 한다.

④ 경찰공무원임용령 일부를 다음과 같이 개정한다.

제3조제5항, 제16조제4항제3호·제8항, 제17조제1항, 제20조제4항, 제30조의2제4항, 제39조제3항 및 제48조제4항 중 '행정자치부령 또는 해양수산부령'을 각각 '행정안전부령 또는 국토해양부령'으로 한다.

제16조제7항 중 '행정자치부령'을 '행정안전부령'으로 한다.

제30조제3항 본문 중 '중앙인사위원회와'를 '행정안전부장관과'로 하고, 같은 항 단서 중 '제5항의 규정에 의하여'를 '행정안전부장관과'로, '중앙인사위원회와의'를 '행정안전부장관과의'로 하며, 같은 조 제5항을 삭제한다.

제31조제2항 중 '중앙인사위원회와'를 '행정안전부장관과'로 한다.

⑤ 경찰대학의학사운영에관한규정 일부를 다음과 같이 개정한다.

제3조제2항 전단, 제16조제1항 및 제19조제1항 중 '교육인적자원부장관'을 각각 '교육과학기술부장관'으로 한다.

⑥ 교통사고처리특례법시행령 일부를 다음과 같이 개정한다.

제4조제1항 중 '금융감독위원회'를 '금융위원회'로 한다.

⑦ 도로교통법 시행령 일부를 다음과 같이 개정한다.

제9조제2항, 제12조제3항 전단, 제13조제1항부터 제3항까지, 제15조제1항, 제16조제5호, 제17조제1항부터 제4항까지, 제24조제1항·제2항, 제26조제1항, 제31조제2호, 제34조제1항 각 호 외의 부분, 제37조제2항,

제38조제4항·제5항 각 호 외의 부분 전단, 제43조제2항 본문, 제45조제2항 본문 및 단서·제4항, 제48조제2항, 제49조제3항, 제50조제7항, 제53조제1항 각 호 외의 부분·제3항, 제54조제1항·제2항, 제55조제1항 각 호 외의 부분, 제56조제2항·제5항·제6항, 제57조제1항 각 호 외의 부분, 제58조제3항, 제60조제1항 각 호 외의 부분·제5항, 제62조제1항·제3항·제4항, 제63조제2항부터 제4항까지, 제65조제1항제2호가목·제1항제3호가목·제2항, 제66조 전단, 제70조의2제3항, 제71조제1항, 제83조제5항, 제87조제2항, 제88조제1항·제7항, 제89조제4항, 제91조제3항 및 제92조제1항·제2항 중 '행정자치부령'을 각각 '행정안전부령'으로 한다.

제85조제2항 중 '건설교통부장관'을 '국토해양부장관'으로 한다.

⑧ 사격및사격장단속법시행령 일부를 다음과 같이 개정한다.

제11조 및 제14조제4항 중 '행정자치부령'을 각각 '행정안전부령'으로 한다.

⑨ 사행행위등규제및처벌특례법시행령 일부를 다음과 같이 개정한다.

제3조제4호가목 중 '문화관광부장관'을 '문화체육관광부장관'으로 한다.

제5조제2항, 제8조제1호가목·제2호나목·제2호마목(1), 제12조, 제13조제1호나목·제1호다목·제2호나목, 제14조제2항 및 제15조제3항 전단 중 '행정자치부령'을 각각 '행정안전부령'으로 한다.

⑩ 전투경찰대설치법 시행령 일부를 다음과 같이 개정한다.

제24조 중 '행정자치부령'을 '행정안전부령'으로 한다.

제48조제2항 중 '기획예산처장관'을 '기획재정부장관'으로 한다.

⑪ 청원경찰법시행령 일부를 다음과 같이 개정한다.

제3조제2호, 제6조제2항, 제7조제3항, 제11조제2항, 제12조제4항 및 제21조제4항 중 '행정자치부령'을 각각 '행정안전부령'으로 한다.

⑫ 총포·도검·화약류등단속법 시행령 일부를 다음과 같이 개정한다.

제2조제11호 중 '산업자원부장관'을 '지식경제부장관'으로 한다.

제8조제5호·제7호·제10호 단서·제11호 단서·제30호·제33호, 제9

조제1항제3호·제2항제3호·제2항제9호·제2항제21호 본문·제3항제3
호·제4항제3호·제5항제5호, 제12조제2항, 제14조제1항제3호·제1항제
5호·제2항, 제26조제1항제1호바목·제3항 각 호 외의 부분 본문, 제30
조제5항, 제41조, 제44조, 제59제2항제4호, 제63조 각 호 외의 부분 및
제84조제4항 중 '행정자치부령'을 각각 '행정안전부령'으로 한다.

부칙 〈제20760호, 2008.4.3〉

이 영은 2008년 4월 4일부터 시행한다.

부칙 〈제20960호, 2008.8.7〉

이 영은 공포한 날부터 시행한다. 다만, 별표 2의 개정규정은 2008년 12
월 30일부터 시행한다.

부칙 〈제21085호, 2008.10.15〉

이 영은 공포한 날부터 시행한다.

부칙 〈제21352호, 2009.3.18〉

이 영은 2009년 4월 20일부터 시행한다.

부칙 〈제21392호, 2009.3.31〉 (책임운영기관의설치·운영에관한법률 시행령)

제1조 (시행일) 이 영은 2009년 4월 1일부터 시행한다.
제2조 (다른 법령의 개정) ①부터 ⑤까지 생략
  ⑥ 경찰청과그소속기관직제 일부를 다음과 같이 개정한다.
  제33조제2항 및 제37조의3제2항 중 '「책임운영기관의설치·운영에관한
법률」 제16조제1항 단서의 규정에 의하여'를 각각 '「책임운영기관의설

치·운영에관한법률」 제16조제1항 후단에 따라'로, '동법 시행령 제16
조제2항의 규정에 의하여 동법 제10조의 규정에 의한'을 각각 '같은 법
제16조제2항에 따라 같은 법 제10조에 따른'으로 한다.
⑦부터 ⑪까지 생략

제3조 생략

22. 경찰청과그소속기관직제시행규칙

[시행 2009.3.1] [행정안전부령 제65호, 2009.2.27, 일부개정]

경찰청 (혁신기획과), 02 - 313 - 7835

제1장 총칙

제1조 (목적) 이 규칙은 「경찰청과그소속기관직제」에서 경찰청과 그 소속 기
관의 과 또는 이에 상당하는 담당관의 설치 및 사무분장, 직급별 정원
등에 관하여 위임된 사항과 그 시행에 관하여 필요한 사항을 정함을 목
적으로 한다. <개정 2005.3.10, 2005.7.5>

제2장 경찰청의 과단위 기구

제2조 (대변인을 보좌하는 담당관 〈개정 2008.3.6〉) ① 대변인 밑에 홍보담당관
을 두되, 총경으로 보한다. <개정 2008.3.6>
② 홍보담당관은 다음 사항에 관하여 대변인을 보좌한다. <개정 2007.-
11.30, 2008.3.6>
　1. 주요정책에 관한 대국민 홍보계획의 수립·조정 및 협의·지원
　2. 언론보도 내용에 대한 확인 및 정정보도 등에 관한 사항

3. 경찰청 방송국 운영에 관한 사항

4. 경찰악대와 의장대의 운영 및 지도

5. 삭제 <2008.3.6>

6. 청 내 업무의 대외 정책발표 사항 관리 및 브리핑 지원에 관한 사항

7. 전자브리핑 운영 및 지원에 관한 사항

[본조신설 2005.4.19]

제3조 삭제 <1999.5.24>

제4조 (감사관을 보좌하는 담당관) ① 감사관 밑에 감찰담당관 및 감사담당관 각 1인을 둔다.

② 각 담당관은 총경으로 보한다.

③ 감찰담당관은 다음 사항에 관하여 감사관을 보좌한다. <개정 2003.-12.18>

1. 사정업무

2. 경찰기관공무원(전투경찰순경을 포함한다)에 대한 진정 및 비위사항의 조사·처리

3. 청장이 감찰에 관하여 지시한 사항의 처리

4. 민원업무의 운영 및 지도

5. 기타 담당관의 주관에 속하지 아니하는 사항

④ 감사담당관은 다음 사항에 관하여 감사관을 보좌한다.

1. 경찰청과 그 소속 기관 및 산하 단체에 대한 감사

2. 다른 기관에 의한 경찰청과 그 소속 기관 및 산하 단체에 대한 감사결과의 처리

3. 기타 청장이 감사에 관하여 지시한 사항의 처리

제5조 (정보통신관리관을 보좌하는 담당관) ① 정보통신관리관 밑에 정보통신1담당관 및 정보통신2담당관 각 1인을 둔다.

② 정보통신1담당관은 총경으로, 정보통신2담당관은 부이사관·서기관·기술서기관 또는 총경으로 보한다. <개정 2002.10.5, 2005.7.5>

③ 정보통신1담당관은 다음 사항에 관하여 정보통신관리관을 보좌한다.

<개정 2002.2.25, 2008.8.8>

1. 정보통신 관련 법령 및 제도의 연구·개선

2. 정보통신업무의 계획 수립 및 추진

3. 정보통신 보안에 관한 기획 업무

4. 정보통신 관련 교육 업무

5. 그 밖에 다른 담당관의 주관에 속하지 아니하는 사항

④ 정보통신2담당관은 다음 사항에 관하여 정보통신관리관을 보좌한다.
<개정 2002.2.25, 2008.8.8>

1. 정보통신 운영, 보안 및 유지·보수 업무

2. 정보통신 관련 프로그램의 연구·개발

3. 삭제 <2008.8.8>

4. 삭제 <2008.8.8>

5. 삭제 <2008.8.8>

[전문개정 2000.9.29]

제6조 삭제 <2006.3.30>

제6조의2 (교통관리관을 보좌하는 담당관) ① 교통관리관 밑에 교통기획담당관 및 교통안전담당관을 둔다.

② 각 담당관은 총경으로 보한다.

③ 교통기획담당관은 다음 사항에 관하여 교통관리관을 보좌한다.

1. 도로교통에 관련되는 종합기획 및 심사분석

2. 도로교통에 관련되는 법령의 정비 및 행정제도의 연구

3. 교통경찰공무원에 대한 교육·지도

4. 도로교통시설의 관리

5. 자동차운전면허관련 기획·지도

6. 운전면허시험관리단의 지도·감독

7. 그 밖에 다른 담당관의 주관에 속하지 아니하는 사항

④ 교통안전담당관은 다음 사항에 관하여 교통관리관을 보좌한다. <개정 2002.2.25>

　　1. 도로교통사고의 예방을 위한 홍보 및 지도·단속

　　2. 도로교통사고조사의 지도

　　3. 고속도로순찰대의 운영감독

[본조신설 2001.12.27]

제7조 (경무기획국에 두는 과) ① 경무기획국에 기획조정과·재정과·규제개혁
법무과·인사교육과·장비과 및 복지정책과를 둔다. <개정 2004.3.22,
2005.4.19, 2008.3.6, 2008.8.8>

② 기획조정과장·규제개혁법무과장·인사교육과장·장비과장 및 복지
정책과장은 총경으로 보하고, 재정과장은 서기관 또는 총경으로 보한다.
<개정 2004.3.22, 2005.4.19, 2008.3.6, 2008.8.8>

③ 기획조정과장은 다음 사항을 분장한다. <개정 2004.3.22, 2005.4.19,
2008.3.6, 2008.8.8>

　　1. 업무처리절차의 개선과 조직문화의 혁신 등 청 내 행정혁신업무의
　　　총괄·지원

　　2. 조직진단 및 평가를 통한 조직과 정원(전투경찰순경을 제외한다)의
　　　관리

　　3. 행정제도 개선계획의 수립과 그 집행의 지도·감독

　　4. 주요사업의 진도파악과 그 결과의 심사평가

　　5. 주요정책과 계획의 수립·종합 및 조정

　　6. 주요업무계획의 지침수립·종합 및 조정

　　7. 경찰위원회의 서무에 관한 사항

　　8. 경찰통계연보의 발간

　　9. 자체 제안제도의 운영

　　10. 경찰청 홈페이지 운영에 관한 사항

　　11. 그 밖에 국내 다른 과의 주관에 속하지 아니하는 사항

④ 재정과장은 다음 사항을 분장한다. <개정 2005.4.19, 2006.11.3, 2008.-
3.6, 2008.8.8>

　　1. 예산의 편성 및 집행의 조정과 결산에 관한 사항

　　2. 국유재산관리계획의 수립 및 집행

　　3. 중기 재정계획 수립 및 재정사업 성과 분석

⑤ 규제개혁법무과장은 다음 사항을 분장한다. <개정 2008.3.6>

　　1. 법령안의 심사

　　2. 소송사무의 총괄

　　3. 행정심판업무

　　4. 법규집의 편찬 및 발간

　　5. 법령질의 회신의 총괄

　　6. 청 내 규제개혁 및 정비에 관한 사항

⑥ 인사교육과장은 다음 사항을 분장한다. <개정 2006.11.3>

　　1. 경찰공무원의 임용 등 인사관리와 소속 공무원의 상훈업무

　　2. 경찰공무원의 충원에 관한 계획의 수립

　　3. 경찰공무원의 근무성적평정과 승진심사

　　4. 인사위원회의 운영

　　5. 경찰공무원의 교육훈련 및 채용·승진시험의 관리

　　6. 경찰교육기관의 운영 감독

⑦ 장비과장은 다음 사항을 분장한다.

　　1. 경찰장비의 운영 및 발전에 관한 종합계획의 수립·조정

　　2. 경찰장비의 운영·보급 및 지도

　　3. 경찰복제에 관한 계획의 수립 및 연구

⑧ 복지정책과장은 다음 사항을 분장한다. <신설 2008.8.8>

　　1. 소속 공무원의 복지제도 기획 및 운영에 관한 사항

　　2. 경찰공무원의 보수·수당 등에 관한 제도 개선

　　3. 경찰공무원의 순직·공상 등 보훈에 관한 사항

　　4. 경찰병원 및 경찰공제회의 운영에 관한 감독

[전문개정 1999.5.24]

제8조 (생활안전국에 두는 과 〈개정 2003.12.18〉) ① 생활안전국에 생활안전과·
생활질서과 및 여성청소년과를 둔다. <개정 2003.12.18, 2005.7.5>

② 각 과장은 총경으로 보한다.

③ 생활안전과장은 다음 사항을 분장한다. <개정 2000.9.29, 2002.10.5, 2003.12.18, 2004.12.31>

  1. 범죄예방에 관한 연구 및 계획의 수립

  2. 경비업에 관한 연구 및 지도

  3. 삭제 <1999.5.24>

  4. 112제도의 기획 및 운영

  5. 지구대·파출소 외근업무의 기획

  6. 기타 국내 다른 과의 주관에 속하지 아니하는 사항

④ 생활질서과장은 다음 사항을 분장한다. <개정 2001.12.27, 2002.2.25, 2003.12.18>

  1. 풍속사범에 관한 지도 및 단속

  2. 총포·도검·화약류 등의 지도 및 단속

  3. 즉결심판청구업무의 지도

  4. 각종 안전사고의 예방에 관한 사항

  5. 삭제 <2005.7.5>

  6. 삭제 <2005.7.5>

  7. 삭제 <2005.7.5>

  8. 삭제 <2005.7.5>

⑤ 여성청소년과장은 다음 사항을 분장한다. <신설 2005.7.5, 2006.3.30>

  1. 여성관련 범죄의 연구·기획에 관한 업무

  2. 여성관련 범죄의 수사지도 및 예방에 관한 업무

  3. 가출인 및 실종아동 등 관련 경찰의 주요정책 기획 및 수사지도

3의2. 가정폭력·아동학대 관련 경찰의 주요정책 기획 및 수사지도

  4. 성폭력·성매매에 관한 업무

  5. 실종아동 등 찾기에 관한 업무

  6. 진술녹화실 및 여성상담실 운영 업무

  7. 청소년비행방지에 관한 업무

8. 청소년범죄의 수사지도 및 비행소년의 보호지도

제9조 (수사국에 두는 과 〈개정 1999.5.24〉) ① 수사국에 수사과・특수수사과・형사과・마약지능수사과・과학수사센터・사이버테러대응센터 및 인권보호센터를 둔다. ＜개정 1999.5.24, 1999.12.28, 2000.9.29, 2000.10.31, 2002.10.5, 2004.12.31, 2006.11.3, 2008.8.8＞

② 각 과장 및 각 센터의 장은 총경으로 보한다. ＜개정 2000.9.29, 2004.-12.31, 2006.11.3＞

③ 수사과장은 다음 사항을 분장한다. ＜개정 2005.3.10＞

  1. 경찰수사업무에 관한 기획・지도・조정 및 통제

  2. 범죄통계의 관리 및 분석

  3. 경찰수사과정에서의 인권보호와 유치관리에 관한 사항

  4. 삭제 ＜2006.11.3＞

  5. 삭제 ＜2006.11.3＞

④ 특수수사과장은 국익에 관련되는 중대한 범죄의 수사에 관한 사무를 분장한다.

⑤ 형사과장은 다음 사항을 분장한다. ＜개정 2005.3.10＞

  1. 민생치안 종합계획의 추진 및 관계기관과의 협조

  2. 살인・강도・폭력・도범 및 방화사범에 관한 정보의 처리 및 수사・지도

⑥ 마약지능수사과장은 다음 사항을 분장한다. ＜신설 2002.10.5, 2008.-8.8＞

  1. 경제사범에 관한 정보의 처리 및 수사・지도

  2. 선거・공무원・식품・환경・총기・문화재・밀수・병역 등과 관련된 범죄에 관한 정보의 처리 및 수사・지도

  3. 마약사범에 관한 정보의 처리 및 수사・지도

  4. 국제마약류에 대한 분석과 마약류범죄에 관한 국내외 협력 업무

⑦ 삭제 ＜2008.8.8＞

⑧ 과학수사센터의 장은 다음 사항을 분장한다. ＜개정 2005.3.10＞

1. 과학수사에 관한 기획 및 지도

2. 수사자료의 분석 및 지원

3. 범죄감식 및 범죄기록의 수집·관리

4. 피의자의 지문·사진 및 주민등록지문의 수집·관리 등 채증업무

5. 국립과학수사연구소에 대한 지원 및 감독

⑨ 사이버테러대응센터의 장은 다음 사항을 분장한다. <신설 2000.9.29,
2005.7.5>

1. 사이버테러의 탐지·추적수사 및 경보 등 조치

2. 사이버테러관련 수사기법의 연구·개발 및 국제경찰기구 등과의
협력

3. 사이버범죄의 수사 및 지도

4. 디지털매체 등 증거분석 업무

⑩ 인권보호센터의 장은 다음 사항을 분장한다. <신설 2006.11.3>

1. 경찰 직무수행과정상의 인권보호와 유치관리에 관한 사항

2. 경찰기관공무원(전투경찰순경을 포함한다)의 인권침해 사항에 대한
상담·조사 및 처리

3. 범죄피해자의 보호 및 지원에 관한 경찰정책의 수립·종합 및 조정

제10조 (경비국에 두는 과 <개정 2001.12.27>) ① 경비국에 경비과·대테러센
터·경호과 및 항공과를 둔다. <개정 2001.12.27, 2005.7.5>

② 각 과장 및 대테러센터의 장은 총경으로 보한다. <개정 2005.7.5>

③ 경비과장은 다음 사항을 분장한다. <개정 2005.7.5>

1. 경비에 관한 계획의 수립 및 지도

2. 경찰기동대 운영의 지도 및 감독

3. 청원경찰의 운영지도

4. 민방위업무의 협조에 관한 사항

5. 전투경찰순경의 모집·선발

6. 전투경찰순경의 교육훈련·인사관리 및 정원관리

7. 전투경찰순경의 복무 및 기율단속

8. 전투경찰순경의 사기·복지 등의 관리에 관한 사항

9. 기타 국내 다른 과의 주관에 속하지 아니하는 사항

④ 대테러센터의 장은 다음 사항을 분장한다. <개정 2005.7.5>

1. 대테러관련 법령의 연구·개정 및 지침 수립

2. 대테러 종합대책 연구·기획 및 지도

3. 테러대책기구 및 대응조직 운영 업무

4. 대테러 종합훈련 및 교육

5. 경찰작전과 경찰 전시훈련에 관한 계획의 수립 및 지도

6. 비상계획에 관한 계획의 수립 및 지도

7. 중요시설의 방호 및 지도

8. 향토예비군 무기·탄약관리의 지도

9. 치안상황실 운영에 관한 사항

⑤ 경호과장은 다음 사항을 분장한다.

1. 경호계획의 수립 및 지도

2. 요인의 보호에 관한 사항

⑥ 항공과장은 다음 사항을 분장한다. <신설 2005.7.5>

1. 경찰항공기의 관리 및 운영

2. 경찰항공요원에 관한 교육훈련

3. 경찰업무수행에 관련된 항공지원업무

⑦ 삭제 <2001.12.27>

제11조 (정보국에 두는 과) ① 정보국에 정보1과·정보2과·정보3과 및 정보4과를 둔다.

② 각 과장은 총경으로 보한다.

③ 정보1과장은 다음 사항을 분장한다. <개정 1998.12.7, 1999.12.28>

1. 정보경찰(정보경찰)업무에 관한 기획·지도 및 조정

2. 신원조사 및 기록관리

3. 기타 국내 다른 과의 주관에 속하지 아니하는 사항

④ 정보2과장은 다음 사항을 분장한다. <개정 1999.12.28>

　　1. 삭제 <2004.12.31>

　　2. 치안정보업무에 관한 기획·지도 및 조정

　　3. 정책정보의 수집·종합·분석·작성·배포 및 조정

　　4. 삭제 <2004.12.31>

⑤ 정보3과장은 다음 사항을 분장한다. <개정 1999.12.28, 2002.2.25, 2004.12.31>

　　1. 정치·경제·노동 분야에 관련되는 치안정보의 수집·종합·분석·작성 및 배포

　　2. 정치·경제·노동 분야에 관련되는 집회·시위 등 집단사태의 관리에 관한 지도 및 조정

⑥ 정보4과장은 다음 사항을 분장한다. <개정 1999.12.28, 2002.2.25>

　　1. 학원·종교·사회·문화 분야에 관련되는 치안정보의 수집·종합·분석·작성 및 배포

　　2. 학원·종교·사회·문화 분야에 관련되는 집회·시위 등 집단사태의 관리에 관한 지도 및 조정

제12조 (보안국에 두는 과) ① 보안국에 보안1과·보안2과 및 보안3과를 둔다. <개정 1999.5.24>

② 각 과장은 총경으로 보한다.

③ 보안1과장은 다음 사항을 분장한다.

　　1. 보안경찰업무에 관한 기획 및 교육

　　2. 북한의 실상에 대한 홍보

　　3. 보안관찰에 관한 업무지도

　　4. 기타 국내 다른 과의 주관에 속하지 아니하는 사항

④ 보안2과장은 다음 사항을 분장한다.

　　1. 간첩 등 보안사범에 대한 수사의 지도 및 조정

　　2. 불온유인물의 수집 및 분석

　　3. 북한에 대한 정보의 수집 및 분석

　　4. 남북교류와 관련되는 보안경찰업무

⑤ 보안3과장은 다음 사항을 분장한다. <개정 1999.5.24>

　1. 간첩 등 중요 방첩수사

　2. 중요 좌익사범의 수사

⑥ 삭제 <1999.5.24>

제12조의2 (외사국에 두는 과) ① 외사국에 외사기획과·외사정보과 및 외사수사과를 둔다.

② 각 과장은 총경으로 보한다.

③ 외사기획과장은 다음 사항을 분장한다.

　1. 외사경찰업무에 관한 기획 및 지도

　2. 재외국민 및 외국인과 관련된 신원조사

　3. 외국경찰기관과의 교류 및 협력

　4. 삭제 <2007.3.30>

　5. 삭제 <2007.3.30>

　6. 삭제 <2007.3.30>

　7. 기타 국내 다른 과의 주관에 속하지 아니하는 사항

④ 외사정보과장은 다음 사항을 분장한다. <개정 2007.3.30>

　1. 외사 치안정보 업무에 관한 기획·지도 및 조정

　2. 외사 치안정보의 수집·종합·분석 및 관리

　3. 외국인 또는 외국인과 관련된 간첩의 검거 및 수사지도

　4. 외사보안업무의 지도 및 조정

　5. 국제공항 및 국제해항 보안활동에 관한 계획 및 지도

⑤ 외사수사과장은 다음 사항을 분장한다.

　1. 국제형사경찰기구에 관련되는 업무

　2. 외국인 또는 외국인과 관련된 범죄수사에 대한 기획 및 지도

　3. 외국인 또는 외국인과 관련된 중요범죄수사

[본조신설 2006.3.30]

제3장 경찰대학 〈개정 2005.7.5〉

제13조 (운영지원과 〈개정 2008.7.7〉) ① 경찰대학에 운영지원과를 둔다. <개정 2008.7.7>

　② 과장은 총경으로 보한다.

　③ 과장은 다음 사항을 분장한다.

　　1. 보안

　　2. 관인 및 관인대장의 관수

　　3. 교내 공무원의 임용·복무·교육훈련·연금·급여 기타 인사업무

　　4. 문서의 분류·수발·통제·편찬·보존 및 관리

　　5. 비상계획

　　6. 예산·회계·결산과 물품 및 국유재산의 관리

　　7. 기타 부·소·도서관 및 박물관의 주관에 속하지 아니하는 사항

제14조 (교수부에 두는 과) ① 교수부에 교무과를 둔다.

　② 과장은 총경으로 보한다.

　③ 교무과장은 다음 각 호의 사항 중 학생에 대한 교육실시 외의 행정적 사항을 분장한다.

　　1. 교육계획의 수립과 교육의 실시

　　2. 학생의 모집·등록·입학 및 교과과정의 편성

　　3. 학생의 학점·성적평가·학위 및 학적관리

　　4. 교재의 편찬과 교육기재의 관리

　　5. 학칙 및 교육운영위원회에 관한 사항

　　6. 기타 학사지원업무에 관한 사항

제15조 (학생지도부에 두는 과) ① 학생지도부에 학생과를 둔다.

　② 과장은 총경으로 보한다.

　③ 학생과장은 다음 사항을 분장한다.

　　1. 학생의 학교내외 생활 및 훈련지도

　　2. 학생의 상훈·징계 등 신분에 관한 사항

　　3. 학생의 급여품 및 대여품의 검수·관리

　　4. 학생의 급식 및 세탁 등 후생업무

제15조의2 (도서관) 도서관장은 교수·부교수·조교수 또는 사서사무관 중에서 학장이 임명하되, 교수·부교수·조교수는 겸보할 수 있다.

　　[본조신설 2005.7.5]

제15조의3 삭제 <2008.8.8>

제15조의4 (치안정책연구소) 고위공무원단에 속하는 공무원으로 보하는 치안정책연구소장의 직무등급은 나등급으로 하고, 연구관 2인의 직무등급은 나등급으로 한다. <개정 2008.12.31>

　　[본조신설 2006.11.3]

제4장 경찰교육훈련기관의 과단위 기구

제16조 (운영지원과 〈개정 2008.7.7〉) ① 경찰종합학교·중앙경찰학교 및 경찰수사연수원에 각각 운영지원과를 둔다. <개정 2007.3.30, 2008.7.7>

　② 각 과장은 총경 또는 경정으로 보한다. <개정 2007.3.30>

　③ 과장은 다음 사항을 분장한다. 다만, 경찰수사연수원의 운영지원과장은 제17조의2제3항에 규정된 사항을 포함하여 분장한다. <개정 1999.-12.28, 2007.3.30, 2008.7.7>

　　1. 보안

　　2. 관인 및 관인대장의 관수

　　3. 교내 공무원의 임용·복무·교육훈련·연금·급여 기타 인사업무

　　4. 문서의 분류·수발·통제·편찬·보존 및 관리

　　5. 비상계획

　　6. 예산·회계·결산 및 물품의 관리와 조달

　　7. 국유재산 및 청사의 관리

　　8. 기타 과의 주관에 속하지 아니하는 사항

제17조 (교무과 〈개정 1998.12.31〉) ① 경찰종합학교·중앙경찰학교 및 경찰

수사연수원에 각각 교무과를 둔다. <개정 1998.12.31, 2007.3.30>

② 과장은 총경 또는 경정으로 보한다. <개정 1998.12.31, 2007.3.30>

③ 과장은 다음 사항을 분장한다. <개정 1998.12.31>

  1. 교육계획의 수립과 교육의 실시

  2. 교육성과의 분석 및 평가

  3. 교육생의 입교등록·성적평가 및 학적관리

  4. 교과과정의 편성 및 교육진행에 관한 업무

  5. 교재편찬·도서 및 교육기재의 관리

  6. 교칙 및 교육운영에 관한 사항

  7. 교육진행 및 교장관리

  8. 교안관리

  9. 교수초빙 및 강사의 위촉

  10. 교육훈련에 관한 연구 및 발전

④ 삭제 <1998.12.31>

제17조의2 (학생과) ① 경찰종합학교 및 중앙경찰학교에 각각 학생과를 둔다.

  ② 과장은 경정으로 보한다.

  ③ 과장은 다음 사항을 분장한다.

  1. 교육생의 생활지도

  2. 교육생의 상훈 및 징계에 관한 사항

  [본조신설 1998.12.31]

제5장 경찰병원 〈개정 2005.7.5〉

제18조 (경찰병원장) ① 경찰병원에 원장 1인을 두되, 원장은 고위공무원단에 속하는 계약직공무원으로 보하고, 그 직위의 직무등급은 나등급으로 한다. <개정 2006.7.20, 2008.12.31>

  ② 원장은 경찰병원의 사무를 통할하고, 소속 공무원을 지휘·감독한다.

  [전문개정 2005.12.30]

제18조의2 삭제 <2005.12.30>

제19조 (고위공무원단에 속하는 공무원으로 보하는 직위의 수 등) 경찰병원에 고위공무원단에 속하는 공무원으로 보하는 직위 4개(제18조의 고위공무원단 직위를 포함한다)를 두고, 제18조의 고위공무원단 직위를 제외한 고위공무원단에 속하는 공무원으로 보하는 직위의 직무등급은 「책임운영기관의설치·운영에관한법률」 제10조에 따른 기본운영규정에 표시한다. <개정 2007.3.30>

[본조신설 2006.7.20]

제20조 삭제 <2005.12.30>

제5장의2 운전면허시험관리단 〈신설 1999.12.28, 2002.6.26, 2005.12.30〉

제20조의2 (관리단장) ① 운전면허시험관리단(이하 '관리단'이라 한다)에 관리단장 1인을 두되, 관리단장은 고위공무원단에 속하는 계약직공무원으로 보하고, 그 직위의 직무등급은 나등급으로 한다. <개정 2006.7.20, 2008.12.31>

② 관리단장은 관리단의 사무를 통할하고, 소속 공무원을 지휘·감독한다.

[본조신설 1999.12.28]

제20조의3 삭제 <2002.6.26>

제20조의4 (운전면허시험장장 〈개정 2002.6.26〉) ① 운전면허시험장(이하 '시험장'이라 한다)에 시험장장 1인을 두고, 시험장장은 경정·경감 또는 계약직공무원으로 보한다. <개정 2002.6.26>

② 시험장장은 시험장의 사무를 통할하고, 소속 공무원을 지휘·감독한다.

③ 삭제 <2002.6.26>

[본조신설 1999.12.28]

제6장 지방경찰관서의 과단위 기구

제1절 총칙

제21조 (관할구역 등) ① 지방경찰청의 관할구역은 별표 1과 같다.

② 경찰서의 명칭·위치 및 관할구역은 별표 2와 같다.

③ 경찰관서 간의 경계에 있는 하천·도로·교량·터널 기타 중요공작물에 대한 지방경찰청 간의 관할은 경찰청장이, 경찰서 간의 관할은 지방경찰청장이 이를 변경할 수 있다.

제2절 서울특별시지방경찰청의 과단위 기구

제22조 (지방경찰청에 두는 담당관 및 직할대) ① 서울특별시지방경찰청장 밑에 홍보담당관을, 서울특별시지방경찰청(이하 '서울지방경찰청'이라 한다) 차장 밑에 청문감사담당관을 둔다. <개정 2001.12.27, 2005.4.19>

② 서울지방경찰청 차장 밑에 101경비단·기동단·22경찰경호대·국회경비대·정부중앙청사경비대·김포공항경찰대·경찰특공대 및 202경비대를 둔다. <개정 1998.12.31, 1999.12.28, 2001.3.31, 2001.12.27>

제23조 (홍보담당관 <개정 2005.4.19>) 홍보담당관은 총경으로 보하고, 경찰홍보사무에 관하여 서울지방경찰청장을 보좌한다. <개정 2005.4.19>

제24조 (청문감사담당관 <개정 2001.12.27>) 청문감사담당관은 총경으로 보하고, 다음 사항에 관하여 서울지방경찰청 차장을 보좌한다. <개정 2001.-12.27, 2003.12.18>

1. 서울지방경찰청 및 그 소속 기관에 대한 감사

2. 다른 기관에 의한 서울지방경찰청 및 그 소속 기관에 대한 감사결과의 처리

3. 사정업무

4. 소속 경찰기관공무원(전투경찰순경을 포함한다)에 대한 진정 및 비위사항의 조사처리

5. 민원업무의 운영 및 지도

제25조 (직할대) ① 22경찰경호대·국회경비대 및 정부중앙청사경비대의 대장은 총경으로, 김포공항경찰대·경찰특공대 및 202경비대의 대장은 경정으로 보한다. <개정 1998.12.31, 1999.12.28, 2001.3.31, 2001.12.27>

② 직할대의 하부조직 및 분장사무는 서울지방경찰청장이 경찰청장의 승인을 얻어 정한다.

제26조 (경무부에 두는 과) ① 경무부에 경무과·인사교육과 및 정보통신과를 둔다. <개정 1999.5.24>

② 각 과장은 총경으로 보한다.

③ 경무과장은 다음 사항을 분장한다.

　1. 보안

　2. 관인 및 관인대장의 관수

　3. 문서의 분류·수발·통제·편찬·보존 및 관리

　4. 소속 공무원의 복무·보수·보훈 및 사기진작에 관한 사항

　5. 예산의 집행·회계·결산 및 국유재산관리

　6. 삭제 <2003.12.18>

　7. 소속 기관의 조직 및 정원의 관리(전투경찰순경을 제외한다)

　8. 지방의회 및 치안행정협의회에 관한 사항

　9. 법제업무

　10. 경찰장비의 발전 및 운영에 관한 계획 수립·조정

　11. 경찰장비 운영·보급 및 지도

　12. 기타 청 내 다른 부·과 또는 담당관 및 직할대의 주관에 속하지 아니하는 사항

④ 인사교육과장은 다음 사항을 분장한다.

　1. 소속 공무원의 임용·교육훈련 및 상훈에 관한 사항

　2. 소속 공무원의 근무성적평정, 승진심사 및 승진시험에 관한 사항

⑤ 정보통신과장은 다음 사항을 분장한다. <개정 1999.5.24>

　1. 정보화 관련시설 및 통신시설·장비의 운영

  2. 행정정보화 및 사무자동화에 관한 사항

  3. 통신보안에 관한 사항

제27조 (생활안전부에 두는 과 〈개정 2003.12.18〉) ① 생활안전부에 생활안전과 및 생활질서과를 둔다. <개정 2003.12.18>

② 각 과장은 총경으로 보한다.

③ 생활안전과장은 다음 사항을 분장한다. <개정 2000.9.29, 2001.12.27, 2003.12.18, 2004.12.31>

  1. 범죄예방에 관한 연구 및 계획의 수립

  2. 경비업에 관한 지도·감독

  3. 삭제 <1999.5.24>

  4. 112제도의 운영·관리

  5. 지구대·파출소 외근업무의 기획

  6. 기타 부내 다른 과의 주관에 속하지 아니하는 사항

④ 생활질서과장은 다음 사항을 분장한다. <개정 2001.12.27, 2003.12.18, 2005.7.5, 2006.3.30>

  1. 풍속사범에 관한 지도·단속

  2. 총포·도검·화약류 등의 지도·단속

  3. 즉결심판청구업무의 지도

  4. 각종 안전사고의 예방에 관한 사항

  5. 소년비행방지에 관한 조사

  6. 소년범죄의 수사지도 및 비행소년의 보호지도

  7. 여성관련 범죄의 수사지도 및 예방에 관한 업무

  8. 가출인 및 실종아동 등 관련 수사·지도

  8의2. 가정폭력 및 아동학대 관련 수사·지도

  9. 성폭력·성매매관련 업무

제28조 (수사부에 두는 과 〈개정 1999.5.24〉) ① 수사부에 수사과 및 형사과를 둔다. <개정 1999.5.24>

② 각 과장은 총경으로 보한다.

③ 수사과장은 다음 사항을 분장한다.

  1. 범죄수사의 지도

  2. 수사에 관한 민원의 처리

  3. 유치장관리의 지도·감독

  4. 지능범죄의 수사·지도

  5. 밀수·탈세 기타 경제사범의 조사

  6. 선거와 국민투표에 관련된 범죄에 관한 사항

  7. 기타 부내 다른 과의 주관에 속하지 아니하는 사항

④ 형사과장은 다음 사항을 분장한다. <개정 1999.12.28, 2006.11.3>

  1. 강력·절도·폭력범죄의 수사·지도

  2. 마약류 사범의 수사·지도

  3. 범죄수법의 조사·연구 및 공조

  4. 범죄감식 및 감식자료의 수집·관리

  5. 광역수사대 운영에 관한 사항

제29조 (교통지도부에 두는 과) ① 교통지도부에 교통안전과 및 교통관리과를
둔다.

② 각 과장은 총경으로 보한다.

③ 교통안전과장은 다음 사항을 분장한다. <개정 2002.2.25>

  1. 교통안전과 소통에 관한 계획의 수립 및 지도·단속

  2. 교통안전을 위한 민간협력조직의 운영지도

  3. 교통기동순찰대의 운영감독

  4. 도로교통사고조사의 지도

  5. 기타 부내 다른 과의 주관에 속하지 아니하는 사항

④ 교통관리과장은 다음 사항을 분장한다. <개정 1999.12.28, 2002.2.25>

  1. 교통시설에 관한 계획의 수립 및 지도·단속

  2. 교통시설의 개발

  3. 자동차운전면허관련 행정심판·행정소송 업무

  4. 자동차운전면허의 취소와 정지에 관한 업무

5. 자동차운전전문학원(일반자동차운전학원을 포함한다. 이하 같다)의 지도·감독

6. 교통정보의 수집·분석 및 제공

제30조 (경비부에 두는 과) ① 경비부에 경비1과 및 경비2과를 둔다.

② 각 과장은 총경으로 보한다.

③ 경비1과장은 다음 사항을 분장한다. <개정 2000.9.29>

1. 일반경비·다중경비·혼잡경비 및 재해경비에 관한 사항

2. 경비대·기동대의 운영과 지도 및 감독

3. 민방위업무의 협조에 관한 사항

4. 청원경찰의 운영지도

5. 전투경찰순경의 복무·교육훈련·정원 및 인사 등에 관한 사항

6. 기타 부내 다른 과의 주관에 속하지 아니하는 사항

④ 경비2과장은 다음 사항을 분장한다. <개정 2000.9.29>

1. 경찰작전과 비상계획의 수립 및 집행

2. 삭제 <2000.9.29>

3. 전투경찰대의 운영과 지도 및 감독

4. 중요시설의 방호 및 지도

5. 종합상황실 운영에 관한 사항

6. 경호경비에 관한 사항

제31조 (정보관리부에 두는 과) ① 정보관리부에 정보1과 및 정보2과를 둔다.

② 각 과장은 총경으로 보한다.

③ 정보1과장은 다음 사항을 분장한다. <개정 1999.12.28, 2002.2.25>

1. 정치·경제·노동분야에 관련되는 치안정보의 수집·종합·분석· 작성 및 배포

2. 정책정보의 수집·종합·분석·작성 및 배포

3. 신원조사에 관한 사항

4. 기타 부내 다른 과의 주관에 속하지 아니하는 사항

④ 정보2과장은 학원·종교·사회·문화분야에 관련되는 치안정보의

수집·종합·분석·작성 및 배포에 관한 사항을 분장한다. <개정 1999.-12.28, 2002.2.25>

제32조 (보안부에 두는 과) ① 보안부에 보안1과·보안2과 및 외사과를 둔다.

② 각 과장은 총경으로 보한다.

③ 보안1과장은 다음 사항을 분장한다.

1. 방첩계몽 및 관련단체와의 협조

2. 간첩 등 보안사범에 대한 수사의 지도 및 조정

3. 불온유인물의 수집·분석 및 관리

4. 기타 부내 다른 과의 주관에 속하지 아니하는 사항

④ 보안2과장은 간첩 등 보안사범의 수사에 관한 사항을 분장한다.

⑤ 외사과장은 다음 사항을 분장한다. <개정 2007.11.30>

1. 외사경찰업무에 관한 기획 및 지도

2. 외국경찰기관과의 교류 및 협력

3. 외사치안정보의 수집·분석 및 관리

4. 외사보안업무의 계획 및 지도

5. 외국인 또는 외국인과 관련된 범죄의 수사 및 지도

6. 그 밖의 외사경찰업무

제33조 (과의 하부조직 등) 과의 하부조직과 분장사무는 서울지방경찰청장이 경찰청장의 승인을 얻어 정한다.

제3절 기타 지방경찰청의 과단위 기구

제34조 (지방경찰청에 두는 과·담당관 및 직할대) ① 경기도지방경찰청의 제1차장 밑에 제1부·제2부·제3부를 두고, 제1부에 경무과·정보통신과·교통과 및 경비과를, 제2부에 생활안전과·수사과 및 형사과를, 제3부에 정보과·보안과 및 외사과를 두며, 제2차장 밑에 별표 2의2의 경기도 북부지역 경찰서의 관할구역에 한하여 업무를 수행하는 경무과·생활안전과·수사과·경비교통과 및 정보보안과를 둔다. <개정 2008.10.15>

② 경기도를 제외한 기타 지방경찰청에 경무과·생활안전과·수사과·경비교통과·정보과 및 보안과를 둔다. 다만, 부산광역시지방경찰청에는 다른 도의 지방경찰청의 경비교통과·수사과 및 보안과에 속하는 사무를 각각 교통과와 경비과, 수사과와 형사과 및 보안과와 외사과로 나누어 분장하고, 인천광역시지방경찰청 및 경상남도지방경찰청에는 다른 도의 보안과에 속하는 사무를 보안과와 외사과로 나누어 분장한다. <개정 1999.5.24, 1999.12.28, 2003.12.18, 2006.11.3, 2007.3.30>

③ 각 과장은 총경으로 보한다.

④ 지방경찰청장 밑에 홍보담당관을, 지방경찰청 차장(지방경찰청에 복수차장을 두는 경우에는 제1차장, 차장을 두지 아니하는 경우에는 지방경찰청장) 밑에 청문감사담당관 및 정보통신담당관(경기도·제주도지방경찰청을 제외한다)을 둔다. <개정 1999.5.24, 2001.12.27, 2005.4.19, 2008.10.15>

⑤ 각 담당관은 총경 또는 경정으로 보한다. <개정 1999.5.24>

⑥ 지방경찰청장은 경찰청장의 승인을 얻어 경비단 또는 경비대·기동대·전투경찰대·경찰특공대 등 직할대를 둘 수 있다. <개정 2000.9.29, 2005.7.5>

⑦ 제6항의 규정에 의하여 두는 직할대 중 인천국제공항경찰대장·제주해안경비단장·정부과천청사경비대장 및 정부대전청사경비대장은 각각 총경으로 보한다. <개정 2000.9.29, 2001.3.31>

제35조 (홍보담당관 〈개정 2005.4.19〉) 홍보담당관은 경찰홍보사무에 관하여 지방경찰청장을 보좌한다. <개정 2005.4.19>

제36조 (청문감사담당관 〈개정 2001.12.27〉) 청문감사담당관은 청문·감사 및 민원 업무에 관하여 지방경찰청 차장(지방경찰청에 복수차장을 두는 경우에는 제1차장, 차장을 두지 아니하는 경우에는 지방경찰청장)을 보좌한다. <개정 2001.12.27, 2003.12.18, 2008.10.15>

제37조 (정보통신담당관 〈개정 1999.5.24〉) 정보통신담당관은 제39조에 규정된 사항에 관하여 지방경찰청 차장을 보좌한다. <개정 1999.5.24>

제38조 (경무과) 경무과장은 다음 사항을 분장한다. 다만, 경기도지방경찰청 제2차장 소속의 경무과장은 제5호 및 제7호부터 제11호까지는 제외하고 제36조 및 제39조에 규정된 사항은 포함하여 분장하며, 제주도지방경찰청의 경무과장은 제39조에 규정된 사항을 포함하여 분장한다. <개정 2008.10.15>

1. 보안

2. 관인 및 관인대장의 관수

3. 문서의 분류·수발·통제·편찬·보존 및 관리

4. 인사, 교육·훈련 및 상훈

5. 예산의 집행·회계, 물품 및 국유재산의 관리

6. 소속 공무원의 복무 및 후생에 관한 사항

7. 소속 기관의 조직 및 정원관리(전투경찰순경을 제외한다)

8. 법제업무

9. 장비의 수급계획 및 보급관리

10. 삭제 <2003.12.18>

11. 기타 청 내 다른 과 및 담당관의 주관에 속하지 아니하는 사항

제39조 (정보통신과 〈개정 1999.5.24〉) 정보통신과장은 다음 사항을 분장한다. <개정 1999.5.24>

1. 정보화 관련시설 및 통신시설·장비의 운영

2. 행정정보화 및 사무자동화에 관한 사항

3. 통신보안에 관한 업무

제40조 (생활안전과 〈개정 2003.12.18〉) 생활안전과장은 다음 사항을 분장한다. <개정 1999.5.24, 2001.12.27, 2003.12.18, 2004.12.31, 2005.7.5, 2006.-3.30>

1. 범죄예방에 관한 계획의 수립

2. 소년의 비행방지에 관한 계획의 수립

3. 각종 안전사고 예방에 관한 계획의 수립

4. 풍속사범에 관한 지도 및 감독

5. 총포·도검 및 화약류 등의 허가 및 단속

6. 지구대·파출소의 방범업무의 지도 및 단속

7. 112제도의 운영 및 관리

8. 풍속영업 등에 관한 지도·감독

9. 즉결심판청구에 관한 지도 및 단속

10. 노유자·상병자 및 소년의 보호·감독

11. 소년범죄에 관한 수사 및 지도

12. 여성관련 범죄의 수사지도 및 예방에 관한 업무

13. 경비업에 관한 지도 및 감독

14. 가출인 및 실종아동 등 관련 수사·지도

14의2. 가정폭력 및 아동학대 관련 수사·지도

15. 성폭력·성매매관련 업무

제41조 (수사과) 수사과장은 다음 사항을 분장한다. 다만, 부산광역시지방경
찰청 및 경기도지방경찰청 제2부의 수사과장의 경우에는 제8호 내지 제
12호에 규정된 사항을 제외한다. <개정 1998.8.1, 1999.5.24, 2004.12.31>

1. 범죄수사의 지도

2. 수사에 관한 민원의 처리

3. 유치장관리의 지도 및 감독

4. 병무사범의 처리

5. 밀수·탈세 기타 경제사범의 수사

6. 선거 및 국민투표관련사범의 수사 및 지도

7. 지능범죄의 수사 및 지도

8. 강력범죄의 수사 및 지도

9. 절도사범 및 장물의 수사·지도

10. 마약사범의 수사 및 지도

11. 범죄수법의 조사·연구 및 공조

12. 지문의 감식 지문자료의 수집 및 관리

제42조 (형사과) 형사과장은 제41조제8호 내지 제12호에 규정된 사항을 분장

한다.

제43조 (교통과) 교통과장은 다음 사항을 분장한다. <개정 1999.12.28, 2002.-2.25>

1. 교통의 안전과 소통에 관한 계획의 수립 및 지도·단속
2. 교통안전을 위한 민간협력조직의 운영지도
3. 교통기동순찰대의 운영 및 관리
4. 원동기장치자전거면허시험의 관리
5. 자동차운전면허의 취소와 정지에 관한 업무
6. 자동차운전면허관련 행정심판·행정소송 업무
7. 자동차운전전문학원의 지도·감독
8. 도로교통사고조사의 지도

제44조 (경비과) 경비과장은 다음 사항을 분장한다.

1. 경호 및 경비계획의 수립과 운영의 지도
2. 민방위업무의 협조에 관한 사항
3. 청원경찰의 운영지도
4. 전투경찰대의 운영과 지도 및 감독
5. 경찰작전과 경찰분야 비상계획의 수립 및 집행
6. 중요시설방어계획의 수립 및 운영의 지도

제44조의2 (경비교통과) 경비교통과장은 제43조 각 호 및 제44조 각 호에 규정된 사항을 분장한다.

[본조신설 2004.12.31]

제45조 (정보과) 정보과장은 다음 사항을 분장한다. <개정 1999.12.28>

1. 치안 및 정책정보의 수집·종합·분석·작성 및 배포
2. 신원조사

제46조 (보안과) 보안과장은 다음 사항을 분장한다. 다만, 부산광역시지방경찰청, 인천광역시지방경찰청 및 경상남도지방경찰청의 보안과장의 경우에는 제5호부터 제10호까지에 규정된 사항을 제외한다. <개정 2007.7.2, 2007.11.30>

1. 보안경찰업무에 관한 계획의 수립 및 지도

2. 보안경찰업무에 관한 자료의 수집·분석 및 관리

3. 보안관찰에 관한 업무

4. 간첩 등 보안사범의 수사 및 지도·조정

5. 외사경찰업무에 관한 기획 및 지도

6. 외국경찰기관과의 교류 및 협력

7. 외사치안정보의 수집·분석 및 관리

8. 외사보안업무의 계획 및 지도

9. 외국인 또는 외국인과 관련된 범죄의 수사 및 지도

10. 그 밖의 외사경찰업무

제46조의2 (정보보안과장) 정보보안과장은 제45조 각 호 및 제46조 각 호에 규정된 사항을 분장한다.

[본조신설 2008.10.15]

제47조 (외사과) 외사과장은 제46조제5호부터 제10호까지에 규정된 사항을 분장한다. <개정 2007.11.30>

제48조 (과의 하부조직 등) 과의 하부조직과 분장사무는 지방경찰청장이 경찰청장의 승인을 얻어 정한다.

제4절 경찰서의 과단위 기구 등 〈개정 2004.12.31〉

제49조 (경찰서에 두는 과 등 〈개정 1999.5.24〉) ① 경찰서의 사무를 분장하기 위하여 경찰서에 청문감사관과 5과(경무과·생활안전과·수사과·경비교통과 및 정보보안과)를 둔다. 다만, 별표 3의 경찰서에는 수사과에 갈음하여 수사과와 형사과를 두고, 별표 4의 경찰서에는 경비교통과에 갈음하여 교통과와 경비과를 두며, 별표 5의 경찰서에는 정보보안과에 갈음하여 정보과와 보안과를 두고, 별표 6의 경찰서에는 5과에 갈음하여 4과(경무과·생활안전교통과·수사과 및 정보보안과)를 두며, 별표 6의2의 경찰서에는 청문감사관과 경무과에 갈음하여 경무과를 둔다. <개정

1999.5.24, 1999.12.28, 2003.12.18, 2004.12.31, 2008.7.7>

② 청문감사관은 민원상담·고충해결·민원처리 지도감독 및 감찰업무를 수행한다. <개정 1999.12.28>

③ 과의 하부조직과 분장사무는 경찰청장이 정하는 기준에 따라 지방경찰청장이 정한다.

제50조 (경찰서의 등급구분) ① 경찰서의 등급은 1급지·2급지 및 3급지로 구분한다.

② 1급지 경찰서의 과장 및 청문감사관은 경정으로 보하고, 2급지 및 3급지 경찰서의 과장 및 청문감사관은 경정 또는 경감으로 보한다. <개정 2005.11.9>

③ 경찰서별 등급구분은 별표 7과 같다. <개정 1999.5.24>

제50조의2 (지구대 및 파출소의 설치기준) 경찰서장의 소관사무를 분장하기 위하여 경찰서장 소속하에 지구대를 두되, 다음 각 호의 어느 하나에 해당하는 경우에는 파출소를 둘 수 있다.

1. 도서, 산간 오지, 농·어촌 벽지 등 교통·지리적 원격지로 인접 경찰관서에서의 출동이 용이하지 아니한 경우

2. 관할구역 안에 국가중요시설 등 특별한 경계가 요구되는 시설이 있는 경우

3. 휴전선 인근 등 보안상 취약지역을 관할하는 경우

4. 그 밖에 치안수요가 특수하여 지구대를 운영하는 것이 적당하지 아니한 경우

[본조신설 2004.12.31]

제7장 공무원의 정원

제51조 (경찰청에 두는 공무원의 정원) 경찰청에 두는 공무원의 직급별 정원은 별표 8과 같다. <개정 1999.5.24>

제52조 (소속 기관에 두는 공무원의 정원) 소속 기관에 두는 공무원의 직급별 정

원은 별표 9와 같다. 다만, 경찰병원 및 관리단에 두는 공무원의 정원은 각각 별표 10 및 별표 11과 같다. <개정 1999.5.24, 1999.12.28, 2002.-6.26, 2005.12.30>

제53조 (개방형직위에 대한 특례) 「경찰청과그소속기관직제」 제60조에서 '국장급 1개 직위'라 함은 「경찰청과그소속기관직제」 제23조의 규정에 의한 치안정책연구소장을 말한다.

[본조신설 2005.12.30]

부칙 〈제2호, 1998.3.3〉

이 규칙은 공포한 날부터 시행한다.

부칙 〈제12호, 1998.8.1〉

이 영은 공포한 날부터 시행한다.

부칙 〈제18호, 1998.12.7〉

이 규칙은 공포한 날부터 시행한다.

부칙 〈제26호, 1998.12.31〉

이 규칙은 1999년 1월 1일부터 시행한다.

부칙 〈제52호, 1999.5.24〉

① (시행일) 이 규칙은 공포한 날부터 시행한다. 다만, 별표 1 내지 별표 3, 별표 5 및 별표 7의 울산광역시지방경찰청에 관한 개정규정과 별표 2 및 별표 5의 부산광역시지방경찰청 사상경찰서에 관한 개정규정은 1999년 7월 2일부터 시행하고, 별표 2·별표 3 및 별표 7 중 경상남도

지방경찰청 창원서부경찰서에 관한 개정규정은 1999년 7월 15일부터 시행한다.

② (정원에 관한 적용례) 경찰청소속 기관에 두는 공무원의 정원에 관하여 1999년 6월 30일까지는 별표 9에 불구하고 별표 9의2를 적용한다.

부칙 〈제77호, 1999.12.28〉

제1조 (시행일) 이 규칙은 공포한 날부터 시행한다. 다만, 제10조제6항제5호·제6호, 제20조의2 내지 제20조의4, 제43조제4호·제6호·제7호 및 별표 10의 개정규정은 2000년 1월 1일부터 시행한다.

제2조 (정원에 관한 적용례) 경찰청소속 기관에 두는 공무원의 정원에 관하여는 별표 9의 개정규정에 불구하고 1999년 12월 30일까지는 별표 9의3의 개정규정을, 1999년 12월 31일까지는 별표 9의2의 개정규정을 각각 적용한다.

제3조 (직렬변경에 따른 경과조치) 이 규칙의 시행으로 직렬이 변경되는 일반직 8인[전산주사 또는 별정직(6급 상당) 2, 전산주사보 또는 별정직(7급 상당) 3, 기계주사보 또는 전기주사보 1, 사서주사보 1, 전산서기 또는 별정직(8급 상당) 1]과 기능직 64인(10급 교환원 54, 10급 사무원 10)에 해당하는 초과현원에 대하여는 이 규칙 시행일부터 1년간 각각 그 해당 직렬에 초과현원에 상응하는 정원이 따로 있는 것으로 본다.

제4조 (다른 법령의 개정) ① 경찰공무원임용령시행규칙 중 다음과 같이 개정한다.

제14조제1항제3호 중 '중앙경찰학교장'을 '중앙경찰학교장·운전면허시험관리단장'으로 하고, 동항제4호 중 '경찰서장'을 '경찰서장·운전면허시험장장'으로 한다.

제31조제1항 중 '경찰병원'을 '경찰병원, 운전면허시험관리단'으로 한다.

제33조제1항 중 '경찰병원'을 '경찰병원, 운전면허시험관리단'으로 한다.

② 경찰공무원승진임용규정시행규칙 중 다음과 같이 개정한다.

제2조제2항 중 '경찰병원'을 '경찰병원·운전면허시험관리단'으로 한다. 부표 2상의 훈격별란 중 '중앙경찰학교장'을 '중앙경찰학교장·운전면허시험관리단장'으로, 벌의 징계·계고 구분란 중 '중앙경찰학교장'을 '중앙경찰학교장·운전면허시험관리단장'으로 한다.

③ 경찰표창규정시행규칙 중 다음과 같이 개정한다.

제2조 본문 중 '내무부령'을 '행정자치부령'으로 한다.

제3조제1항 중 '내무부령'을 행정자치부령'으로 하고, 동조제2항 중 '내무부장관'을 '행정자치부장관'으로, '서울특별시장·직할시장, 도지사 및 총경 이상의 경찰공무원'을 '특별시장·광역시장·도지사, 운전면허시험관리단장 및 총경 이상의 경찰공무원'으로 한다.

부칙 〈제107호, 2000.9.29〉

① (시행일) 이 규칙은 공포한 날부터 시행한다.

② (직렬변경에 따른 경과조치) 이 규칙의 시행으로 직렬이 변경되는 일반직 3인(전기사무관 1, 기계주사보 1, 전기주사보 1)과 기능직 90인(기능6급 전기장 1, 기능7급 통신장 1·기계장 1, 기능9급 위생원 2·전화수리원 1·교환원 3·전기원 1 및 사무원 5, 기능10급 전화수리원 2·운전원 4·기계원 6·교환원 47 및 사무원 16)에 해당하는 초과현원에 대하여는 이 규칙 시행일부터 1년간 각각 그 해당 직렬에 초과현원에 상응하는 정원이 따로 있는 것으로 본다.

부칙 〈제108호, 2000.10.31〉

이 규칙은 공포한 날부터 시행한다.

부칙 〈제112호, 2000.12.20〉

이 규칙은 공포한 날부터 시행한다.

부칙 〈제128호, 2001.3.31〉

이 규칙은 공포한 날부터 시행한다.

부칙 〈제152호, 2001.12.27〉

① (시행일) 이 규칙은 2001년 12월 27일부터 시행한다.
② (직렬변경에 따른 경과조치) 이 규칙의 시행으로 직렬이 변경되는 기능직 162인(기능 10급 사무원 44, 기능10급 교환원 110, 기능10급 위생원 7, 기능10급 방호원 1)에 해당하는 초과현원이 있는 경우에는 이 규칙 시행일부터 1년간 각각의 해당 직렬에 초과현원에 상응하는 정원이 따로 있는 것으로 본다.

부칙 〈제161호, 2002.2.25〉

① (시행일) 이 규칙은 공포한 날부터 시행한다.
② (직렬변경에 따른 경과조치) 이 규칙의 시행으로 직렬이 변경되는 기능직 7인(기능10급 통신원 2, 기능10급 기계원 1, 기능10급 사무원 4)에 해당하는 초과현원이 있는 경우에는 이 규칙 시행일부터 1년간 초과현원에 상응하는 정원이 따로 있는 것으로 본다.

부칙 〈제171호, 2002.6.26〉

이 규칙은 2002년 6월 26일부터 시행한다.

부칙 〈제181호, 2002.10.5〉

이 규칙은 공포한 날부터 시행한다.

부칙 〈제211호, 2003.12.18〉

① (시행일) 이 규칙은 공포한 날부터 시행한다.
② (정원에 관한 적용례) 경찰청 소속 기관의 정원에 대하여는 2003년 12월 31일까지는 별표 9에 불구하고 별표 9의2를 적용한다.
③ (직렬변경에 따른 경과조치) 이 규칙의 시행으로 직렬이 변경되는 일반직 4인(전기주사 2, 행정서기 1, 전자통신서기보 1) 및 기능직 138인(기능10급 교환원)에 해당하는 초과현원이 있는 경우에는 이 규칙 시행일부터 1년간 초과현원에 상응하는 정원이 따로 있는 것으로 본다.

부칙 〈제225호, 2004.3.22〉

① (시행일) 이 규칙은 공포한 날부터 시행한다.
② (직렬변경에 따른 경과조치) 이 규칙의 시행으로 직렬이 변경되는 기능직 6인(기능 10급 교환원 1인, 기능10급 간호조무원 2인 및 기능10급 사무원 3인)에 해당하는 초과현원이 있는 경우에는 이 규칙 시행일부터 1년간 초과현원에 상응하는 정원이 따로 있는 것으로 본다.

부칙 〈제231호, 2004.5.29〉

이 규칙은 공포한 날부터 시행한다.

부칙 〈제262호, 2004.12.31〉

이 규칙은 공포한 날부터 시행한다.

부칙 〈제296호, 2005.3.10〉

이 규칙은 공포한 날부터 시행한다.

부칙 〈제280호, 2005.4.19〉

이 규칙은 공포한 날부터 시행한다.

부칙 〈제291호, 2005.7.5〉

이 규칙은 공포한 날부터 시행한다. 다만, 별표 2의 개정규정은 2005년 8월 1일부터 시행한다.

부칙 〈제302호, 2005.11.9〉

제1조 (시행일) 이 규칙은 공포한 날부터 시행한다. 다만, 별표 2·별표 5·별표 7의 개정규정(대구광역시지방경찰청의 소속 경찰서에 관한 개정규정을 제외한다)·별표 3 및 별표 4의 개정규정은 2006년 3월 1일부터 시행하고, 별표 2·별표 3의2·별표 5 및 별표 7의 개정규정 중 대구광역시지방경찰청의 소속 경찰서에 관한 개정규정은 2005년 11월 15일부터 시행한다.

제2조 (수사과와 형사과를 두는 경찰서에 관한 적용례) 부칙 제1조의 규정에 불구하고 수사과와 형사과를 두는 경찰서에 관하여 2006년 2월 28일까지는 별표 3의2를 적용한다.

제3조 (정원에 관한 적용례) ① 경찰청에 두는 정원에 관하여 2005년 12월 31일까지는 별표 8의2를, 2006년 1월 1일부터는 별표 8을 각각 적용한다. ② 경찰청의 소속 기관에 두는 정원에 관하여 2005년 12월 31일까지는 별표 9의2를, 2006년 1월 1일부터는 별표 9를 각각 적용한다.

부칙 〈제312호, 2005.12.30〉

이 영은 2006년 1월 1일부터 시행한다.

부칙 〈제325호, 2006.3.30〉

　이 규칙은 공포한 날부터 시행한다.

부칙 〈제338호, 2006.7.20〉

　이 규칙은 공포한 날부터 시행한다.

부칙 〈제354호, 2006.11.3〉

　이 규칙은 공포한 날부터 시행한다. 다만, 별표 2·별표 3·별표 5 및 별표 7의 개정규정은 2006년 11월 21일부터 시행한다.

부칙 〈제358호, 2006.12.1〉

　이 규칙은 2006년 12월 4일부터 시행한다. 다만, 별표 8 및 별표 9의 개정규정은 2007년 1월 1일부터 시행한다.

부칙 〈제378호, 2007.3.30〉

　이 규칙은 공포한 날부터 시행한다.

부칙 〈제386호, 2007.7.2〉

　이 영은 2007년 7월 2일부터 시행한다. 다만, 별표 2 및 별표 3의 경기도지방경찰청란의 개정규정은 각각 2007년 9월 6일부터 시행한다.

부칙 〈제404호, 2007.11.30〉

제1조 (시행일) 이 규칙은 공포한 날부터 시행한다.
제2조 (정원에 관한 적용례) 경찰청 및 경찰청 소속 기관에 두는 공무원의 정

원에 관하여 2007년 12월 29일까지는 별표 8의2 및 별표 9의2의 개정 규정을, 2007년 12월 30일부터는 별표 8 및 별표9의 개정규정을 각각 적용한다.

제3조 (직렬변경에 따른 경과조치) 이 규칙의 시행으로 직렬이 변경되는 일반직 5명(행정사무관 또는 공업사무관 1, 공업주사보 2, 공업서기 1, 공업서기 또는 환경서기 1) 및 기능직 381명(기능9급 통신원 1, 기능9급 교환원 9, 기능10급 건축원 1, 기능10급 통신원 64, 기능10급 전화수리원 1, 기능10급 교환원 157, 기능10급 전기원 43, 기능10급 기계원 19, 기능10급 난방원 81, 기능 10급 보건원 5)에 해당하는 초과현원이 있는 경우에는 이 규칙 시행일부터 1년간 초과현원에 상응하는 정원이 따로 있는 것으로 본다.

부칙 〈제4호, 2008.3.6〉

제1조 (시행일) 이 규칙은 공포한 날부터 시행한다.

제2조 (정원에 관한 경과조치) 운전면허시험관리단에 두는 공무원의 정원에 관하여는 대통령령 제20703호 책임운영기관의설치·운영에관한법률 시행령 일부개정령 시행일부터 1년까지는 별표11의 개정규정에도 불구하고 종전의 규정에 따른다.

제3조 (다른 법령의 개정) ① 경비업법시행규칙 일부를 다음과 같이 개정한다. 제7조, 제9조제1항, 제10조 각 호 외의 부분, 제13조 및 제16조제1항 중 '행정자치부령'을 각각'행정안전부령'으로 한다.

② 경찰공무원승진임용규정 시행규칙 일부를 다음과 같이 개정한다. 제31조의3 중 '행정자치부령'을 '행정안전부령'으로 한다.

③ 경찰공무원임용령 시행규칙 일부를 다음과 같이 개정한다. 제8조제3항 중 '중앙인사위원회가'를 '행정안전부장관이'로 한다. 제15조제4항 중 '중앙인사위원회에'를 '행정안전부장관에게'로 한다.

④ 경찰공무원특수지근무수당지급규칙 일부를 다음과 같이 개정한다.

제2조제1항 중 '중앙인사위원회'를 '행정안전부'로 한다.

⑤ 도로교통법 시행규칙 일부를 다음과 같이 개정한다.

제2조, 제13조제1항 각 호 외의 부분, 제29조 각 호 외의 부분, 제32조 각 호 외의 부분, 제41조 본문, 제44조 각 호 외의 부분, 제60조제1항 각 호 외의 부분, 제81조제3항 및 제92조 각 호 외의 부분 중 '행정자치부령'을 각각 '행정안전부령'으로 한다.

⑥ 청원경찰법 시행규칙 일부를 다음과 같이 개정한다.

제1조 각 호 외의 부분 중 '행정자치부령'을 '행정안전부령'으로 한다.

⑦ 총포·도검·화약류등단속법 시행규칙 일부를 다음과 같이 개정한다.

제2조의2제1항제1호바목 및 제44조제2항제4호 중 '행정자치부장관'을 각각 '행정안전부장관'으로 한다.

제8조 본문, 제9조제1항, 제23조 각 호 외의 부분 및 제27조 각 호 외의 부분 중 '행정자치부령'을 각각 '행정안전부령'으로 한다.

부칙 〈제12호, 2008.4.3〉

이 규칙은 2008년 4월 4일부터 시행한다.

부칙 〈제23호, 2008.7.7〉

이 규칙은 공포한 날부터 시행한다.

부칙 〈제29호, 2008.8.8〉

이 규칙은 공포한 날부터 시행한다. 다만, 별표 2(경기도지방경찰청 소속 분당경찰서에 관한 사항은 제외한다), 별표 3 및 별표 7의 개정규정은 2008년 12월 30일부터 시행한다.

부칙 〈제38호, 2008.10.15〉

이 규칙은 공포한 날부터 시행한다.

부칙 〈제53호, 2008.12.31〉

이 규칙은 2009년 1월 1일부터 시행한다.

부칙 〈제65호, 2009.2.27〉

이 규칙은 2009년 3월 1일부터 시행한다.

23. 사법경찰관리의직무를수행할자와그직무범위에관한법률

[시행 2008.12.31] [법률 제9313호, 2008.12.31, 타법개정]

법무부 (형사기획과), 02 - 503 - 7052

제1조 (목적) 이 법은 「형사소송법」 제197조에 따라 사법경찰관리의 직무를 수행할 자와 그 직무범위를 정함을 목적으로 한다.

[전문개정 2008.6.13]

제2조 삭제 <1981.12.31>

제3조 (교도소장 등) ① 교도소·소년교도소·구치소 또는 그 지소(지소)의 장은 해당 교도소·소년교도소·구치소 또는 그 지소 안에서 발생하는 범죄에 관하여 「형사소송법」 제196조제1항에 따른 사법경찰관(이하 '사법경찰관'이라 한다)의 직무를 수행한다.

② 소년원 또는 그 분원(분원)의 장이나 소년분류심사원 또는 그 지원(지원)의 장은 각각 해당 소년원 또는 그 분원이나 소년분류심사원 또는

그 지원 안에서 발생하는 범죄에 관하여 사법경찰관의 직무를 수행한다.

③ 보호감호소·치료감호시설 또는 그 지소의 장은 해당 감호소·치료감호시설 또는 그 지소 안에서 발생하는 범죄에 관하여 사법경찰관의 직무를 수행한다.

④ 「형의집행및수용자의처우에관한법률」 제8조에 따른 교정시설 순회점검 업무에 종사하는 4급부터 7급까지의 국가공무원은 교정시설 안에서 발생하는 범죄에 관하여 사법경찰관의 직무를, 8급·9급의 국가공무원은 그 범죄에 관하여 「형사소송법」 제196조제2항에 따른 사법경찰리(이하 '사법경찰리'라 한다)의 직무를 수행한다.

⑤ 출입국관리 업무에 종사하는 4급부터 7급까지의 국가공무원은 출입국관리에 관한 범죄와 다음 각 호에 해당하는 범죄에 관하여 사법경찰관의 직무를, 8급·9급의 국가공무원은 그 범죄에 관하여 사법경찰리의 직무를 수행한다.

  1. 출입국관리에 관한 범죄와 경합범 관계에 있는 「형법」 제225조부터 제240조까지의 규정에 해당하는 범죄
  2. 출입국관리에 관한 범죄와 경합범 관계에 있는 「여권법」 위반범죄
  3. 출입국관리에 관한 범죄와 경합범 관계에 있는 「밀항단속법」 위반범죄

[전문개정 2008.6.13]

제4조 (산림 보호에 종사하는 공무원) 산림청과 그 소속 기관(산림항공관리소는 제외한다), 특별시·광역시·도(특별자치도를 포함한다. 이하 같다) 및 시·군·구에서 산림 보호를 위한 단속 사무를 전담할 자로서 그 소속 기관의 장이 관할 지방검찰청검사장에게 보고한 임업주사 및 임업주사보는 사법경찰관의 직무를, 임업서기 및 임업서기보는 사법경찰리의 직무를 수행한다.

[전문개정 2008.6.13]

제5조 (검사장의 지명에 의한 사법경찰관리) 다음 각 호에 규정된 자로서 그 소속관서의 장의 제청에 의하여 그 근무지를 관할하는 지방검찰청검사장

이 지명한 자 중 7급 이상의 국가공무원 또는 지방공무원 및 소방위 또는 지방소방위 이상의 소방공무원은 사법경찰관의 직무를, 8급·9급의 국가공무원 또는 지방공무원 및 소방장 또는 지방소방장 이하의 소방공무원은 사법경찰리의 직무를 수행한다.

1. 교도소·소년교도소·구치소 또는 그 지소의 장이 아닌 4급부터 9급까지의 국가공무원

2. 지방교정청에 근무하는 4급부터 9급까지의 국가공무원

3. 소년원 또는 그 분원의 장이나 소년분류심사원 또는 그 지원의 장이 아닌 4급부터 9급까지의 국가공무원

4. 보호감호소·치료감호시설 또는 그 지소의 장이 아닌 4급부터 9급까지의 국가공무원

5. 산림청과 그 소속 기관(산림항공관리소는 제외한다)에 근무하며 산림 보호·경영 사무에 종사하는 4급부터 9급까지의 국가공무원

6. 특별시·광역시·도에 근무하며 산림 보호와 국유림 경영 사무에 종사하는 4급부터 9급까지의 국가공무원 또는 지방공무원

7. 시·군·구 또는 읍·면에 근무하며 산림 보호 사무에 종사하는 6급부터 9급까지의 국가공무원 및 4급부터 9급까지의 지방공무원

8. 식품의약품안전청, 특별시·광역시·도 및 시·군·구에 근무하며 식품 단속 사무에 종사하는 4급부터 9급까지의 국가공무원 및 지방공무원

9. 식품의약품안전청, 특별시·광역시·도 및 시·군·구에 근무하며 의약품 단속 사무에 종사하는 4급부터 9급까지의 국가공무원 및 지방공무원

10. 등대에서 근무하며 등대 사무에 종사하는 6급부터 9급까지의 국가공무원

11. 국토해양부와 그 소속 기관에 근무하며 철도공안 사무에 종사하는 4급부터 9급까지의 국가공무원

12. 소방준감이나 지방소방준감 이하의 소방공무원

13. 국립학교에 근무하며 그 학교의 실습림 및 관리림의 보호 사무에 종사하는 6급부터 9급까지의 국가공무원

14. 문화재청과 그 사무소·지구관리사무소와 출장소·현충사관리소·칠백의총(칠백의총)관리소·세종대왕유적관리소 또는 특별시·광역시·도 및 시·군·구에 근무하며 문화재의 보호 사무에 종사하는 4급부터 9급까지의 국가공무원 및 지방공무원

15.「계량에관한법률」에 따른 계량검사공무원

16.「자연공원법」제34조에 따라 공원관리청에 근무하며 같은 법에 따른 공원관리 업무에 종사하는 4급부터 9급까지의 국가공무원 및 지방공무원

17.「관세법」에 따라 관세범(관세범)의 조사 업무에 종사하는 세관공무원

18.「수산업법」에 따른 어업감독 공무원

19.「광산보안법」에 따른 광산보안관

20. 국가보훈처와 그 소속 기관의 공무원

21. 보건복지가족부, 특별시·광역시·도 및 시·군·구에 근무하며 공중위생 단속 사무에 종사하는 4급부터 9급까지의 국가공무원 및 지방공무원

22. 환경부, 특별시·광역시·도 및 시·군·구에 근무하며 환경 관계 단속 사무에 종사하는 4급부터 9급까지의 국가공무원 및 지방공무원

23. 방송통신위원회, 중앙전파관리소 및 체신청에 근무하며 무선설비·전자파장해기기·전기통신설비·전기통신기자재·감청설비 및 영리목적의 광고성 정보에 관한 단속 사무에 종사하는 4급부터 9급까지의 국가공무원

23의2. 문화체육관광부에 근무하며 프로그램저작권 침해에 관한 단속 사무에 종사하는 4급부터 9급까지의 국가공무원

24. 지방국토관리청·국도관리사무소, 특별시·광역시·도 및 그 산하 건설사업소 또는 도로관리사업소 및 시·군·구에 근무하며 차량운행제한 단속 사무 및 도로시설 관리 사무에 종사하는 4급부터 9급까지의 국가공무원 및 지방공무원

25. 문화체육관광부, 특별시·광역시·도 및 시·군·구에 근무하며 관

광지도(관광지도) 업무에 종사하는 4급부터 9급까지의 국가공무원 및 지방공무원

26. 문화체육관광부, 특별시·광역시·도 및 시·군·구에 근무하며 저작권 침해에 관한 단속 사무에 종사하는 4급부터 9급까지의 국가공무원 및 지방공무원

27. 보건복지가족부, 특별시·광역시·도 및 시·군·구에 근무하며 청소년보호 업무에 종사하는 4급부터 9급까지의 국가공무원 및 지방공무원

28. 농림수산식품부, 국립농산물품질관리원 및 그 지원, 국립수산물품질검사원 및 그 지원, 특별시·광역시·도 및 시·군·구에 근무하며 「농산물품질관리법」 또는 「수산물품질관리법」에 규정된 원산지 등 표시 또는 유전자변형농수산물 표시에 관한 단속 사무와 「인삼산업법」에 규정된 인삼 및 「양곡관리법」에 규정된 양곡에 관한 단속 사무에 종사하는 4급부터 9급까지의 국가공무원 및 지방공무원

29. 지식경제부, 특별시·광역시·도 및 시·군·구에 근무하며 「대외무역법」에 규정된 원산지 표시에 관한 단속 사무에 종사하는 4급부터 9급까지의 국가공무원 및 지방공무원

30. 지식경제부, 특별시·광역시·도에 근무하며 외화 획득용 원료·기재의 수입 및 사용목적 변경승인 업무에 종사하는 4급부터 9급까지의 국가공무원 및 지방공무원

31. 농촌진흥청, 농업과학기술원, 특별시·광역시·도 및 시·군·구에 근무하며 농약 및 비료 단속 사무에 종사하는 4급부터 9급까지의 국가공무원 및 지방공무원

32. 국토해양부, 특별시·광역시·도 및 시·군·구에 근무하며 하천 감시 사무에 종사하는 4급부터 9급까지의 국가공무원 및 지방공무원

33. 국토해양부, 특별시·광역시·도 및 시·군·구에 근무하며 개발제한구역 단속 사무에 종사하는 4급부터 9급까지의 국가공무원 및 지방공무원

34. 농림수산식품부, 국립수의과학검역원과 그 지원, 특별시·광역시·

도 및 시·군·구에 근무하며 「가축전염병예방법」에 따라 가축방역관이나 검역관으로 임명된 4급부터 9급까지의 국가공무원 및 지방공무원

35. 시·군·구에 근무하며 무등록자동차정비업, 자동차 무단방치 및 강제보험 미가입 자동차 운행에 관한 단속 사무에 종사하는 5급부터 9급까지의 지방공무원

36. 국립식물검역소에 근무하며 「식물방역법」 제3조에 따라 식물방역관으로 임명된 4급부터 9급까지의 국가공무원

37. 국토해양부와 그 소속 기관, 광역시·도 및 시·군·구에 근무하며 해양환경 관련 단속 사무에 종사하는 4급부터 9급까지의 국가공무원 및 지방공무원

[전문개정 2008.6.13]

제6조 (직무범위와 수사 관할) 제4조와 제5조에 따라 사법경찰관리의 직무를 수행할 자의 직무범위와 수사 관할은 다음 각 호에 규정된 범죄로 한정한다. <개정 2008.12.31>

1. 제5조제1호에 규정된 자의 경우에는 해당 교도소·소년교도소·구치소 또는 그 지소 안에서 발생하는 범죄

2. 제5조제2호에 규정된 자의 경우에는 해당 지방교정청이 관할하는 교정시설 안에서 발생하는 범죄

3. 제5조제3호에 규정된 자의 경우에는 소년원 또는 그 분원이나 소년분류심사원 또는 그 지원 안에서 발생하는 범죄 또는 재원자(在院者)나 가위탁자(假委託者)가 도주한 경우에 있어서의 체포. 다만, 그 범죄 또는 도주에 관한 수사는 범죄 발생 후 60시간 이내로 제한한다.

4. 제5조제4호에 규정된 자의 경우에는 해당 감호소 또는 그 지소 안에서 발생하는 범죄

5. 제4조와 제5조제5호부터 제7호까지 및 제13호에 규정된 자의 경우에는 소속 관서 소관 임야에서 발생하는 산림, 그 임산물과 수렵에 관한 범죄

6. 제5조제8호에 규정된 자의 경우에는 소속 행정관서 관할 구역에서 발생하는 「식품위생법」 및 「건강기능식품에관한법률」에 규정된 범죄와

「보건범죄단속에관한특별조치법」 중 식품위생에 관한 범죄

7. 제5조제9호에 규정된 자의 경우에는 소속 행정관서 관할 구역에서 발생하는 「약사법」에 규정된 범죄와 「보건범죄단속에 관한 특별조치법」 중 약사(약사)에 관한 범죄

8. 제5조제10호에 규정된 자의 경우에는 소속 등대에서 발생하는 범죄

9. 제5조제11호에 규정된 자의 경우에는 소속 관서 관할 구역인 철도시설 및 열차 안에서 발생하는 「철도안전법」에 규정된 범죄와 그 소속 관서 역 구내 및 열차 안에서의 범죄

10. 제5조제12호에 규정된 자의 경우에는 소속 관서 관할 구역에서 발생하는 「소방기본법」, 「소방시설설치유지및안전관리에관한법률」, 「소방시설공사업법」 및 「위험물안전관리법」에 규정된 범죄

11. 제5조제14호에 규정된 자의 경우에는 소속 관서 관할 구역에서 발생하는 「문화재보호법」에 규정된 범죄 및 같은 법에 따라 지정된 국가지정문화재의 구역이나 그 보호구역과 관리사무소가 설치되어 있는 시·도지정문화재의 구역 또는 그 보호구역 안에서 발생하는 「경범죄처벌법」에 규정된 범죄의 현행범

12. 제5조제15호에 규정된 자의 경우에는 그 소속 관서 관할 구역에서 발생하는 「계량에관한법률」에 규정된 범죄

13. 제5조제16호에 규정된 자의 경우에는 그 관할 공원구역에서 발생하는 「자연공원법」에 규정된 범죄와 「경범죄처벌법」에 규정된 범죄의 현행범

14. 제5조제17호에 규정된 자의 경우에는 다음 각 목의 범죄

　가. 소속 관서 관할 구역에서 발생하는 「관세법」 위반사범, 「관세사법」 위반사범, 「수출용원재료에대한관세등환급에관한특례법」 위반사범, 「자유무역협정의이행을위한관세법의특례에관한법률」 위반사범, 「대한민국정부와 칠레공화국정부 간의 자유무역협정의이행을위한관세법의특례에관한법률」 위반사범, 「자유무역지역의지정및운영에관한법률」 위반사범, 「대한민국과 아메리카합중국 간의 상호방위조

약 제4조에 의한 시설과 구역 및 대한민국에서의 합중국군대의 지위에 관한 협정의 실시에 따른 관세법 등의 임시특례에 관한 법률」 위반사범, 「대외무역법」 위반사범, 수출입 물품의 통관 및 환적과 관련된 지적재산권 침해사범, 「외국환거래법」 중 지급수단·귀금속 또는 증권의 불법수출입사범, 수출입 거래 및 이와 직접 관련되는 용역거래·자본거래에 관한 「외국환거래법」 위반사범

나. 소속 관서 관할 구역에서 발생하는 가목에 규정된 범죄에 대한 「특정경제범죄 가중처벌 등에 관한 법률」 제4조에 규정된 재산국외도피사범

다. 소속 관서 관할 구역에서 발생하는 가목 및 나목에 규정된 범죄에 대한 「범죄수익은닉의 규제 및 처벌 등에 관한 법률」 위반사범

라. 소속 관서 관할 구역 중 우리나라와 외국을 왕래하는 항공기 또는 선박이 입·출항하는 공항·항만과 보세구역에서 발생하는 마약·향정신성의약품 및 대마사범

15. 제5조제18호에 규정된 자의 경우에는 소속 관서 관할 구역에서 발생하는 수산업에 관한 범죄 및 「어업자원보호법」에 규정된 범죄

16. 제5조제19호에 규정된 자의 경우에는 관할 구역에서 발생하는 「광산보안법」에 규정된 범죄

17. 제5조제20호에 규정된 자의 경우에는 「국가유공자등예우및지원에관한법률」 제42조, 제43조, 제63조 및 제64조에 따른 시설에서 발생하는 범죄

18. 제5조제21호에 규정된 자의 경우에는 소속 관서 관할 구역에서 발생하는 「공중위생관리법」에 규정된 범죄

19. 제5조제22호에 규정된 자의 경우에는 소속 관서 관할 구역에서 발생하는 다음 각 목의 법률에 규정된 범죄

가. 「대기환경보전법」

나. 「수질 및 수생태계 보전에 관한 법률」

다. 「소음·진동규제법」

라. 「유해화학물질 관리법」

마. 「폐기물관리법」

바. 「가축분뇨의 관리 및 이용에 관한 법률」

사. 「환경분쟁조정법」

아. 「환경범죄의 단속에 관한 특별조치법」

자. 「자연환경보전법」

차. 「환경영향평가법」

카. 「폐기물의국가간이동및그처리에관한법률」

타. 「하수도법」

파. 「환경기술개발및지원에관한법률」

하. 「먹는물관리법」

거. 「토양환경보전법」

너. 「폐기물처리시설설치촉진및주변지역지원등에관한법률」

더. 「자원의절약과재활용촉진에관한법률」

러. 「다중이용시설등의실내공기질관리법」

머. 「수도법」(제83조제1호만 해당한다)

버. 「지하수법」(제37조제7호만 해당한다)

서. 「보건범죄단속에관한특별조치법」(제4조만 해당한다)

어. 「야생동·식물보호법」

저. 「악취방지법」

처. 「한강수계상수원수질개선및주민지원등에관한법률」

커. 「낙동강수계물관리및주민지원등에관한법률」

터. 「금강수계물관리및주민지원등에관한법률」

퍼. 「영산강·섬진강수계물관리및주민지원등에관한법률」

허. 「건설폐기물의재활용촉진에관한법률」

고. 「습지보전법」

노. 「독도등도서지역의생태계보전에관한법률」

도. 「수도권대기환경개선에관한특별법」

20. 제5조제23호에 규정된 자의 경우에는 소속 관서 관할 구역에서 발생하는 다음 각 목의 법률에 규정된 범죄

　가.「전파법」중 무선설비나 전자파장해기기에 관한 범죄

　나.「전기통신기본법」중 전기통신설비나 전기통신기자재에 관한 범죄

　다.「통신비밀보호법」제10조제1항 또는 제4항을 위반한 범죄

　라.「정보통신망이용촉진및정보보호등에관한법률」중 영리목적의 광고성 정보에 관한 범죄

20의2. 제5조제23호의2에 규정된 자의 경우에는 소속 관서 관할 구역에서 발생하는「컴퓨터프로그램 보호법」중 프로그램저작권 침해에 관한 범죄

21. 제5조제24호에 규정된 자의 경우에는 소속 관서 관할 구역에서 발생하는「도로법」제38조, 제45조, 제49조, 제52조, 제58조, 제59조, 제62조 및 제64조를 위반한 범죄

22. 제5조제25호에 규정된 자의 경우에는 소속 관서 관할 구역에서 발생하는「관광진흥법」에 규정된 범죄

23. 제5조제26호에 규정된 자의 경우에는 소속 관서 관할 구역에서 발생하는「저작권법」중 저작권 침해에 관한 범죄

24. 제5조제27호에 규정된 자의 경우에는 소속 관서 관할 구역에서 발생하는「청소년보호법」에 규정된 범죄

25. 제5조제28호에 규정된 자의 경우에는 소속 관서 관할 구역에서 발생하는「농산물품질관리법」또는「수산물품질관리법」에 규정된 원산지 등 표시 또는 유전자변형농수산물 표시에 관한 범죄와「인삼산업법」에 규정된 범죄 및「양곡관리법」에 규정된 범죄

26. 제5조제29호에 규정된 자의 경우에는 소속 관서 관할 구역에서 발생하는「대외무역법」중 원산지 표시에 관한 범죄

27. 제5조제30호에 규정된 자의 경우에는 소속 관서 관할 구역에서 발생하는「대외무역법」제54조제2호부터 제4호까지에 규정된 범죄

28. 제5조제31호에 규정된 자의 경우에는 소속 관서 관할 구역에서 발

생하는 「농약관리법」 및 「비료관리법」에 규정된 범죄

29. 제5조제32호에 규정된 자의 경우에는 소속 관서 관할 구역에서 발생하는 「하천법」에 규정된 범죄

30. 제5조제33호에 규정된 자의 경우에는 소속 관서 관할 구역에서 발생하는「개발제한구역의 지정 및 관리에 관한 특별조치법」에 규정된 범죄

31. 제5조제34호에 규정된 자의 경우에는 소속 관서 관할 구역에서 발생하는 「가축전염병예방법」에 규정된 범죄

32. 제5조제35호에 규정된 자의 경우에는 소속 관서 관할 구역에서 발생하는 「자동차관리법」에 규정된 무등록 자동차정비업 및 자동차 무단 방치에 관한 범죄와 「자동차손해배상 보장법」에 규정된 강제보험 미가입 자동차 운행에 관한 범죄

33. 제5조제36호에 규정된 자의 경우에는 소속 관서 관할 구역에서 발생하는 「식물방역법」에 규정된 범죄

34. 제5조제37호에 규정된 자의 경우에는 소속 관서 관할 구역에서 발생하는 다음 각 목의 법률에 규정된 범죄

　　가. 「해양환경관리법」

　　나. 「해양생태계의보전및관리에관한법률」

　　다. 「공유수면관리법」

　　라. 「습지보전법」

　　마. 「무인도서의보전및관리에관한법률」

　　바. 「해양심층수의개발및관리에관한법률」

　　사. 「개항질서법」(제24조만 해당한다)

　　아. 「어촌·어항법」(제45조만 해당한다)

　　자. 「항만법」(제50조만 해당한다)

[전문개정 2008.6.13]

제6조의2 (근로감독관 등) ① 「근로기준법」에 따른 근로감독관은 그의 관할 구역에서 발생하는 다음 각 호의 법률에 규정된 범죄에 관하여 사법경찰관의 직무를 수행한다.

1. 「근로기준법」

2. 「최저임금법」

3. 「남녀고용평등법」

4. 「임금채권보장법」

5. 「산업안전보건법」

6. 「진폐의예방과진폐근로자의보호등에관한법률」

7. 「노동조합 및 노동관계조정법」

8. 「교원의노동조합설립및운영등에관한법률」

9. 「근로자참여및협력증진에관한법률」

10. 「사내근로복지기금법」

11. 「건설근로자의고용개선등에관한법률」

12. 「파견근로자보호등에관한법률」

13. 「근로자퇴직급여보장법」

14. 「공무원의노동조합설립및운영등에관한법률」

15. 「기간제및단시간근로자보호등에관한법률」

② 지방노동청·지방노동청 지청 및 그 출장소에 근무하며 근로감독, 노사협력, 산업안전, 근로여성 보호 등의 업무에 종사하는 8급·9급의 국가공무원 중 그 소속 관서의 장의 추천에 의하여 그 근무지를 관할하는 지방검찰청검사장이 지명한 자는 제1항의 범죄에 관하여 사법경찰리의 직무를 수행한다.

③ 「선원법」에 따른 선원근로감독관은 그의 관할 구역에서 발생하는 선박소유자와 선원의 「선원법」 또는 「근로기준법」에서 규정한 범죄에 관하여 사법경찰관의 직무를 수행한다.

[전문개정 2008.6.13]

제7조 (선장과 해원 등) ① 해선(해선)[연해항로(연해항로) 이상의 항로를 항행 구역으로 하는 총톤수 20톤 이상 또는 적석수(적석수) 2백 석 이상의 것] 안에서 발생하는 범죄에 관하여는 선장은 사법경찰관의 직무를, 사무장 또는 갑판부, 기관부, 사무부의 해원(해원) 중 선장의 지명을 받은

자는 사법경찰리의 직무를 수행한다.

② 항공기 안에서 발생하는 범죄에 관하여는 기장과 승무원이 제1항에 준하여 사법경찰관 및 사법경찰리의 직무를 수행한다.

[전문개정 2008.6.13]

제7조의2 (국립공원관리공단 임직원) 국립공원관리공단 또는 그 분사무소에 근무하는 임직원으로서 국립공원관리공단이사장의 추천에 의하여 그 근무지를 관할하는 지방검찰청검사장이 지명한 자 중 임원 및 분사무소의 장은 관할 공원구역에서 발생하는 「경범죄처벌법」 제5조제1항에 규정된 범칙행위(같은 법 제1조제38호 및 제39호에 규정된 범칙행위는 제외한다)에 해당하는 범죄의 현행범에 관하여 사법경찰관의 직무를, 그 외의 직원은 그 범죄에 관하여 사법경찰리의 직무를 수행한다. <개정 2008.-12.31>

[전문개정 2008.6.13]

제8조 (국가정보원 직원) 국가정보원 직원으로서 국가정보원장이 지명하는 자는 「국가정보원법」 제3조제1항제3호 및 제4호에 규정된 범죄에 관하여 사법경찰관리의 직무를 수행한다.

[전문개정 2008.6.13]

제9조 (군사법경찰관리) ① 「군사법원법」 제43조제1호 및 제46조제1호에 따른 군사법경찰관리로서 지방검찰청검사장의 지명을 받은 자는 「군용물등범죄에관한특별조치법」에 규정된 범죄에 관하여 사법경찰관리의 직무를 수행한다.

② 「군사법원법」 제43조제2호와 제46조제2호에 규정된 군사법경찰관리로서 지방검찰청검사장의 지명을 받은 자는 「군사기밀보호법」에 규정된 범죄에 관하여 사법경찰관리의 직무를 수행한다.

[전문개정 2008.6.13]

제10조 (자치경찰공무원) 「제주특별자치도 설치 및 국제자유도시 조성을 위한 특별법」에 따른 자치경찰공무원 중 자치총경·자치경정·자치경감·자치경위는 제주특별자치도의 관할 구역에서 발생하는 범죄 가운데 이 법

제6조제5호(제5조제6호 및 제7호에 해당하는 자의 소관만 해당한다)·
제6호·제7호·제11호·제13호·제15호·제18호·제19호, 제21호, 제
22호, 제24호부터 제26호까지, 제28호, 제29호, 제31호, 제32호의 범죄
에 관하여 사법경찰관의 직무를, 자치경사·자치경장·자치순경은 그
범죄에 관하여 사법경찰리의 직무를 수행한다.
[전문개정 2008.6.13]

부칙 〈제380호, 1956.1.12〉

본법은 공포한 날로부터 시행한다.
단기4257년 총령 제33호는 이를 폐지한다.

부칙 〈제608호, 1961.5.5〉

본법은 공포한 날로부터 시행한다.

부칙 〈제847호, 1961.12.19〉

본법은 공포한 날로부터 시행한다.

부칙 〈제1144호, 1962.9.17〉

본법은 공포한 날로부터 시행한다.

부칙 〈제1290호, 1963.3.5〉

이 법은 공포 후 30일이 경과한 날로부터 시행한다.

부칙 〈제1400호, 1963.9.15〉

이 법은 공포한 날로부터 시행한다.

부칙 〈제1450호, 1963.11.23〉

이 법은 공포 후 30일이 경과한 날로부터 시행한다.

부칙 〈제1650호, 1964.7.28〉

이 법은 공포한 날로부터 시행한다.

부칙 〈제1768호, 1966.3.29〉

이 법은 공포한 후 30일이 경과한 날로부터 시행한다.

부칙 〈제2033호, 1968.7.19〉

이 법은 공포 후 30일이 경과한 날로부터 시행한다.

부칙 〈제2203호, 1970.6.18〉

이 법은 공포 후 30일이 경과한 날로부터 시행한다.

부칙 〈제2704호, 1974.12.21〉

이 법은 공포한 날로부터 시행한다.

부칙 〈제2818호, 1975.12.31〉

이 법은 공포한 날로부터 시행한다.

부칙 〈제2904호, 1976.12.22〉

이 법은 1977년 1월 1일부터 시행한다.

부칙 〈제3046호, 1977.12.31〉

이 법은 공포한 날로부터 시행한다.

부칙 〈제3492호, 1981.12.31〉

제1조 (시행일) 이 법은 1982년 2월 1일부터 시행한다.

제2조 (관계법률의 개정) 사법경찰관리의직무를행할자와그직무범위에관한법률의 개정에 수반하여 관계법률을 다음과 같이 정비한다.

1. 계량법 중 다음과 같이 개정한다.

제34조를 다음과 같이 한다.

제34조 (사법경찰권) 계량검사공무원은 이 법에 규정된 범죄에 관하여 사법경찰관리의직무를행할자와그직무범위에관한법률이 정하는 바에 의하여 사법경찰관리의 직무를 행한다.

2. 자연공원법 중 다음과 같이 개정한다.

제45조를 다음과 같이 한다.

제45조 (사법경찰권) 공원관리청에 근무하는 4급 내지 9급의 국가공무원 및 지방공무원은 관할공원구역과 공원보호구역 안에서 발생하는 이 법에 규정된 범죄와 경범죄처벌법에 규정된 범죄의 현행범에 관하여 사법경찰관리의직무를행할자와그직무범위에관한법률이 정하는 바에 의하여 사법경찰관리의 직무를 행한다.

3. 관세법 중 다음과 같이 개정한다.

제211조를 다음과 같이 한다.

제211조 (사법경찰권) 세관공무원은 관세범에 관하여 사법경찰관리의직무를행할자와그직무범위에관한법률이 정하는 바에 의하여 사법경찰관리의 직무를 행한다.

4. 수산업법 중 다음과 같이 개정한다.

제60조를 다음과 같이 한다.

제60조 (사법경찰권) 어업감독공무원은 수산업에 관한 범죄에 관하여 사

법경찰관리의직무를행할자와그직무범위에관한법률이 정하는 바에 의하여 사법경찰관리의 직무를 행한다.

5. 군사원호보상법 중 다음과 같이 개정한다.

제21조를 다음과 같이 한다.

제21조 (사법경찰권) 원호처 또는 그 소속 기관의 공무원은 제15조 내지 제19조의 규정에 의한 시설 내에서 발생하는 범죄에 관하여 사법경찰관리의직무를행할자와그직무범위에관한법률이 정하는 바에 의하여 사법경찰관리의 직무를 행한다.

6. 광산보안법 중 다음과 같이 개정한다.

제21조를 다음과 같이 한다.

제21조 (사법경찰권) 광산보안관은 이 법 위반의 죄에 관하여 사법경찰관리의직무를행할자와그직무범위에 관한법률이 정하는 바에 의하여 사법경찰관의 직무를 행한다.

7. 근로기준법 중 다음과 같이 개정한다.

제103조제5항을 다음과 같이 한다.

⑤ 근로감독관은 이 법 기타 노동관계법령 위반의 죄에 관하여 사법경찰관리의직무를행할자와그직무범위에관한법률이 정하는 바에 의하여 사법경찰관의 직무를 행한다.

8. 선원법 중 다음과 같이 개정한다.

제115조를 다음과 같이 한다.

제115조 (사법경찰권) 선원근로감독관은 선박소유자와 선원의 이 법 또는 근로기준법위반의 죄에 관하여 사법경찰관리의직무를행할자와그직무범위에관한법률이 정하는 바에 의하여 사법경찰관의 직무를 행한다.

9. 국가안전기획부법 중 다음과 같이 개정한다.

제15조를 다음과 같이 한다.

제15조 (사법경찰권) 안전기획부직원으로서 부장이 지명하는 자는 이 법 제2조제1항제3호 및 제4호에 규정된 죄에 관하여 사법경찰관리의직무를 행할자와그직무범위에관한법률 및 군법회의법이 정하는 바에 의하여 사

법경찰관리와 군사법경찰관리의 직무를 행한다.

10. 군사기밀보호법 중 다음과 같이 개정한다.

제19조제1항을 다음과 같이 한다.

① 군법회의법 제43조제2호 및 제46조제2호에 규정하는 군사법경찰관리는 이 법에 규정하는 범죄에 관하여 사법경찰관리의직무를행할자와그직무범위에관한법률이 정하는 바에 의하여 사법경찰관리의 직무를 행한다.

11. 군법회의법 중 다음과 같이 개정한다.

제43조에 제3호를 다음과 같이 신설한다.

3. 국가안전기획부직원으로서 국가안전기획부장이 군사법경찰관으로 지명하는 자

제44조에 제3호를 다음과 같이 신설한다.

3. 제43조제3호에 규정된 자는 국가안전기획부법 제2조제1항제3호 및 제4호에 규정된 죄

제46조에 제3호를 다음과 같이 신설한다.

3. 국가안전기획부직원으로서 국가안전기획부장이 군사법경찰리로 지명하는 자

제3조 (경과조치) ① 이 법 시행 당시 계량법·자연공원법·관세법·군사원호보상법·국가안전기획부법 또는 군사기밀보호법의 규정에 의하여 검찰총장·지방검찰청검사장 또는 국가안전기획부장으로부터 사법경찰관 또는 사법경찰리의 지명 또는 지명을 받은 자 및 수산업법에 의하여 그 소속 관서의 장이 지방검찰청검사장과 협의하여 지명한 어업감독공무원은 이 법에 의한 사법경찰관 또는 사법경찰리로 보며, 종전의 계량법·자연공원법·관세법·수산업법·군사원호보상법·국가안전기획부법 또는 군사기밀보호법의 규정에 의하여 행한 사법경찰관리의 직무는 이 법에 의하여 행한 것으로 본다.

② 이 법 시행 전에 근로기준법, 선원법 또는 광산보안법에 의한 근로감독관, 선원근로감독관 또는 광산보안관이 행한 사법경찰관의 직무는 이 법에 의하여 행한 것으로 본다.

제4조 (군법회의법의 개정에 따른 경과조치) 이 법 시행 당시 국가안전기획부법에 의하여 국가안전기획부장으로부터 군사법경찰관 또는 군사법경찰리의 지명을 받은 자는 군법회의법에 의한 군사법경찰관 또는 군사법경찰리로 보며, 종전의 국가안전기획부법의 규정에 의하여 행한 군사법경찰관리의 직무는 군법회의법에 의하여 행한 것으로 본다.

부칙 〈제3644호, 1982.12.31〉 (문화재보호법)

제1조 (시행일) 이 법은 공포 후 6월이 경과한 날로부터 시행한다.
제2조 (다른 법률의 개정) ① 생략

② 사법경찰관리의직무를행할자와그직무범위에관한법률 중 다음과 같이 개정한다.

제6조제11호를 다음과 같이 한다.

11. 제5조제16호에 게기한 자에 있어서 그 소속 관서관할구역 안에서 발생하는 문화재보호법에 규정된 범죄 및 동법에 의하여 지정된 국가지정문화재의 구역 또는 그 보호구역과 관리사무소가 설치되어 있는 시·도지정문화재의 구역 또는 그 보호구역 안에서 발생하는 경범죄처벌법에 규정한 범죄의 현행범

③ 내지 ⑤ 생략
제3조 내지 제5조 생략

부칙 〈제3993호, 1987.12.4〉 (군사법원법)

제1조 (시행일) 이 법은 1988년 2월 25일부터 시행한다.
제2조 생략
제3조 (다른 법률의 개정) ① 내지 ⑦ 생략

⑧ 사법경찰관리의직무를행할자와그직무범위에관한법률 중 다음과 같이 개정한다.

제9조제1항 및 제2항 중 '군법회의법'을 각각 '군사법원법'으로 한다.

⑨ 내지 ⑮ 생략

제4조 생략

부칙 〈제4183호, 1989.12.30〉 (정부조직법)

제1조 (시행일) 이 법은 공포한 날부터 시행한다. <단서 생략>

제2조 생략

제3조 (환경처 신설에 따른 다른 법률의 개정) ① 내지 ⑧ 생략

　⑨ 사법경찰관리의직무를행할자와그직무범위에관한법률 중 다음과 같이
개정한다.

　제5조제11호 중 '환경청'을 '환경처'로 한다.

　⑩ 내지 ⑫ 생략

제4조 내지 제6조 생략

부칙 〈제4245호, 1990.8.1〉

　이 법은 공포한 날부터 시행한다.

부칙 〈제4364호, 1991.3.8〉 (오수·분뇨및축산폐수의처리에관한법률)

제1조 (시행일) 이 법은 공포 후 6월이 경과한 날부터 시행한다.

제2조 내지 제5조 생략

제6조 (다른 법률의 개정) ① 생략

　② 사법경찰관리의직무를행할자와그직무범위에관한법률 중 다음과 같이
개정한다.

　제6조제19호 중 '환경보전법과 폐기물관리법'을 '대기환경보전법, 수질
환경보전법, 소음·진동규제법, 유해화학물질관리법, 폐기물관리법과 오
수·분뇨및축산폐수의처리에관한법률'로 한다.

　③ 내지 ⑤ 생략

제7조 생략

부칙 〈제4559호, 1993.6.11〉 (어선법)

제1조 (시행일) 이 법은 공포 후 6월이 경과한 날부터 시행한다.

제2조 내지 제6조 생략

제7조 (다른 법률의 개정) ① 사법경찰관리의직무를행할자와그직무범위에관한
법률 중 다음과 같이 개정한다.
제5조에 제25호를 다음과 같이 신설한다.
25. 어선법 제11조의 규정에 의한 현장확인공무원
제6조에 제20호를 다음과 같이 신설한다.
20. 제5조제25호에 게기한 자에 있어서는 그 소속 관서관할구역 안에서
발생하는 어선법 제9조의 규정에 위반되는 범죄
② 생략

부칙 〈제4928호, 1995.1.5〉

이 법은 공포한 날부터 시행한다.

부칙 〈제4929호, 1995.1.5〉 (소년원법)

제1조 (시행일) 이 법은 공포한 날부터 시행한다.

제2조 (다른 법률의 개정) ① 생략
② 사법경찰관리의직무를행할자와그직무범위에관한법률 중 다음과 같이
개정한다.
제3조의 제목 중 '소년감별소장'을 '소년분류심사원장'으로 하고, 동조제
2항 중 '소년감별소 또는 그 지소의 장'을 '소년분류심사원 또는 그 지
원의 장'으로, '소년감별소 또는 그 지소'를 '소년분류심사원 또는 그 지
원'으로 한다.

제5조제2호 중 '소년감별소 또는 그 지소의 장'을 '소년분류심사원 또는 그 지원의 장'으로 한다.

제6조제2호 중 '소년감별소 또는 그 지소'를 '소년분류심사원 또는 그 지원'으로 한다.

부칙 〈제5079호, 1995.12.29〉 (산림법)

제1조 (시행일) 이 법은 1996년 1월 1일부터 시행한다.

제2조 (다른 법률의 개정) ① 내지 ⑤ 생략

⑥ 사법경찰관리의직무를행할자와그직무범위에관한법률 중 다음과 같이 개정한다.

제4조 및 제5조제3호 중 '영림서 및 그 관리소와 출장소'를 각각 '지방산림관리청 및 그 국유림관리소'로 한다.

제3조 생략

부칙 〈제5429호, 1997.12.13〉

이 법은 공포한 날부터 시행한다.

부칙 〈제5529호, 1998.2.28〉 (정부조직법)

제1조 (시행일) 이 법은 공포한 날부터 시행한다. <단서 생략>

제2조 내지 제4조 생략

제5조 (다른 법률의 개정) ① 내지 ⑬ 생략

⑭ 사법경찰관리의직무를행할자와그직무범위에관한법률 중 다음과 같이 개정한다.

제5조제10호 및 제11호 중 '보건복지부'를 각각 '식품의약품안전청'으로 하고, 동조제28호 중 '문화체육부'를 '문화관광부'로 하며, 동조제31호 및 제32호 중 '통상산업부'를 각각 '산업자원부'로 한다.

⑮ 내지 <34> 생략

제6조 생략

제7조 생략

부칙 〈제5667호, 1999.1.21〉 (농수산물품질관리법)

제1조 (시행일) 이 법은 1999년 7월 1일부터 시행한다.

제2조 내지 제6조 생략

제7조 (다른 법률의 개정) ① 생략

　② 사법경찰관리의직무를행할자와그직무범위에관한법률 중 다음과 같이 개정한다.

　제5조제30호 및 제6조제25호 중 '농수산물가공산업육성및품질관리에관한법률'을 각각 '농수산물품질관리법'으로 한다.

　③ 생략

제8조 (다른 법령과의 관계) 이 법 시행 당시 다른 법령에서 종전의 농산물검사법 또는 농수산물가공산업육성및품질관리에관한법률이나 그 규정을 인용하고 있는 경우 이 법에 그에 해당하는 규정이 있는 때에는 종전의 규정에 갈음하여 이 법 또는 이 법의 해당 규정을 인용한 것으로 본다.

부칙 〈제5681호, 1999.1.21〉 (국가정보원법)

제1조 (시행일) 이 법은 공포한 날부터 시행한다.

제2조 생략

제3조 (다른 법률의 개정) ① 내지 ⑦ 생략

　⑧ 사법경찰관리의직무를행할자와그직무범위에관한법률 중 다음과 같이 개정한다.

　제8조를 다음과 같이 한다.

　제8조 (국가정보원직원) 국가정보원직원으로서 국가정보원장이 지명하는 자는 국가정보원법 제3조제1항제3호 및 제4호에 규정된 죄에 관하여 사

법경찰관리의 직무를 행한다.

⑨ 내지 ⑭ 생략

제4조 (다른 법령과의 관계) 이 법 시행 당시 다른 법령에서 국가안전기획부법을 인용한 경우에는 국가정보원법을, 국가안전기획부를 인용한 경우에는 국가정보원을, 국가안전기획부장을 인용한 경우에는 국가정보원장을 각각 인용한 것으로 본다.

부칙 〈제5921호, 1999.2.8〉 (어선법)

① (시행일) 이 법은 공포한 날부터 시행한다.

② 및 ③ 생략

④ (다른 법률의 개정) 사법경찰관리의직무를행할자와그직무범위에관한법률 중 다음과 같이 개정한다.
제5조제25호 및 제6조제20호를 각각 삭제한다.

부칙 〈제5982호, 1999.5.24〉 (정부조직법)

제1조 (시행일) 이 법은 공포한 날부터 시행한다. <단서 생략>

제2조 생략

제3조 (다른 법률의 개정) ① 내지 <75> 생략
<76> 사법경찰관리의직무를행할자와그직무범위에관한법률 중 다음과 같이 개정한다.
제5조제16호 중 '문화재관리국'을 '문화재청'으로 한다.
<77> 및 <78> 생략

제4조 내지 제6조 생략

부칙 〈제6041호, 1999.12.28〉

이 법은 공포한 날부터 시행한다. 다만, 제5조제27호·제33호 내지 제

35호 및 제6조제22호·제28호 내지 제30호의 개정규정은 2000년 6월 1
일부터 시행한다.

부칙 〈제6094호, 1999.12.31〉 (환경범죄의단속에관한특별조치법)

제1조 (시행일) 이 법은 2000년 1월 1일부터 시행한다. <단서 생략>
제2조 생략
제3조 (다른 법률의 개정) ① 사법경찰관리의직무를행할자와그직무범위에관한
법률 중 다음과 같이 개정한다.
제6조제19호 아목 중 '환경범죄의처벌에관한특별조치법'을 '환경범죄의
단속에관한특별조치법'으로 한다.
② 생략
제4조 (다른 법령과의 관계) 이 법 시행 당시 다른 법령에서 종전의 환
경범죄의처벌에관한특별조치법 또는 그 조항을 인용하고 있는 경우에는
그에 갈음하여 이 법 또는 그에 해당하는 이 법의 조항을 각각 인용한
것으로 본다

부칙 〈제6193호, 2000.1.21〉 (계량에관한법률)

제1조 (시행일) 이 법은 2000년 7월 1일부터 시행한다.
제2조 내지 제6조 생략
제7조 (다른 법률의 개정) ① 및 ② 생략
③ 사법경찰관리의직무를행할자와그직무범위에관한법률 중 다음과 같이
개정한다.
제5조제17호 및 제6조제12호 중 '계량및측정에관한법률'을 각각 '계량
에관한법률'로 한다.
④ 생략

부칙 〈제6311호, 2000.12.29〉

이 법은 공포한 날부터 시행한다. 다만, 제5조제36호 및 제6조제31호의 개정규정은 2001년 7월 1일부터 시행한다.

부칙 〈제6399호, 2001.1.29〉 (수산물품질관리법)

제1조 (시행일) 이 법은 2001년 9월 1일부터 시행한다.

제2조 내지 제7조 생략

제8조 (다른 법률의 개정) ① 내지 ③ 생략

④ 사법경찰관리의직무를행할자와그직무범위에관한법률 중 다음과 같이 개정한다.

제5조제30호 및 제6조제25호 중 '농수산물품질관리법'을 각각 '농산물품질관리법 또는 수 산물품질관리법'으로 한다.

⑤ 생략

제9조 생략

부칙 〈제6517호, 2001.9.27〉 (범죄수익은닉의규제및처벌등에관한법률)

① (시행일) 이 법은 공포 후 2월이 경과한 날부터 시행한다.

② 생략

③ (다른 법률의 개정) 사법경찰관리의직무를행할자와그직무범위에관한법률 중 다음과 같이 개정한다.

제6조제14호를 다음과 같이 한다.

14. 제5조제19호에 규정된 자에 있어서는 다음 각 목의 범죄

가. 소속 관서 관할구역 안에서 발생하는 관세법위반사범, 대외무역법위반사범, 수출입물품의 통관과 관련된 지적재산권침해사범, 외국환거래법 중 지급수단·귀금속 또는 증권의 불법수출입사범, 수출입거래 및 이와 직접 관련되는 용역거래에 관한 외국환거래법위반사범

나. 소속 관서 관할구역 안에서 발생하는 가목에 규정된 범죄에 대한 범
죄수익은닉의규제및처벌등에관한법률위반사범
다. 소속 관서 관할구역 중 우리나라와 외국을 왕래하는 항공기 또는 선
박이 입·출항하는 공항·항만과 보세구역 안에서 발생하는 마약·향정
신성의약품 및 대마사범

부칙 〈제6893호, 2003.5.29〉 (소방기본법)

제1조 (시행일) 이 법은 공포 후 1년이 경과한 날부터 시행한다.
제2조 내지 제4조 생략
제5조 (다른 법률의 개정) ① 내지 ⑩ 생략
　⑪ 사법경찰관리의직무를행할자와그직무범위에관한법률 중 다음과 같이
개정한다.
　제6조제10호 중 '소방법'을 '소방기본법·소방시설설치유지및안전관리에
관한법률·소방시설공사업법 및 위험물안전관리법'으로 한다.
　⑫ 내지 <23> 생략
제6조 생략

부칙 〈제6911호, 2003.5.29〉 (다중이용시설등의실내공기질관리법)

　① (시행일) 이 법은 공포 후 1년이 경과한 날부터 시행한다.
　② 내지 ④ 생략
　⑤ (다른 법률의 개정) 사법경찰관리의직무를행할자와그직무범위에관한
법률 중 다음과 같이 개정한다.
　제6조제19호 머목을 다음과 같이 한다.
　머. 다중이용시설등의실내공기질관리법
　⑥ 생략

부칙 〈제6924호, 2003.7.18〉

이 법은 공포 후 3월이 경과한 날부터 시행한다.

부칙 〈제7167호, 2004.2.9〉 (야생동·식물보호법)

제1조 (시행일) 이 법은 공포 후 1년이 경과한 날부터 시행한다.
제2조 내지 제28조 생략
제29조 (다른 법률의 개정) ① 내지 ⑤ 생략
　⑥ 사법경찰관리의직무를행할자와그직무범위에관한법률 중 다음과 같이 개정한다.
　제6조제19호 저목을 다음과 같이 한다.
　저. 야생동·식물보호법
　⑦ 내지 ⑮ 생략
제30조 생략

부칙 〈제7170호, 2004.2.9〉 (악취방지법)

제1조 (시행일) 이 법은 공포 후 1년이 경과한 날부터 시행한다.
제2조 생략
제3조 (다른 법률의 개정) ① 내지 ⑤ 생략
　⑥ 사법경찰관리의직무를행할자와그직무범위에관한법률 중 다음과 같이 개정한다.
　제6조제19호에 처목을 다음과 같이 신설한다.
　처. 악취방지법
제4조 생략

부칙 〈제7255호, 2004.12.30〉 (소방공무원법)

제1조 (시행일) 이 법은 공포 후 3월이 경과한 날부터 시행한다.
제2조 생략
제3조 (다른 법률의 개정) ① 생략
　② 사법경찰관리의직무를행할자와그직무범위에관한법률 중 다음과 같이
개정한다.
　제5조제14호 중 '소방감 또는 지방소방감'을 '소방준감 또는 지방소방준
감'으로 한다.
제4조 생략

부칙 〈제7326호, 2004.12.31〉

　이 법은 2005년 1월 1일부터 시행한다.

부칙 〈제7421호, 2005.3.24〉 (청소년기본법)

제1조 (시행일) 이 법은 공포 후 3월 이내에 청소년위원회의 조직에 관한 대
　통령령이 시행되는 날부터 시행한다.
제2조 생략
제3조 (다른 법률의 개정) ① 내지 ⑦ 생략
　⑧ 사법경찰관리의직무를행할자와그직무범위에관한법률 일부를 다음과 같
이 개정한다.
　제5조제29호 중 '청소년보호위원회'를 '청소년위원회'로 한다.
　⑨ 생략
제4조 생략

부칙 〈제7655호, 2005.8.4〉 (치료감호법)

제1조 (시행일) 이 법은 공포한 날부터 시행한다.
제2조 내지 제7조 생략
제8조 (다른 법률의 개정) ① 내지 ④ 생략
　　⑤ 사법경찰관리의직무를행할자와그직무범위에관한법률 일부를 다음과 같이 개정한다.
　　제3조제3항을 다음과 같이 한다.
　　③ 보호감호소·치료감호시설 또는 그 지소의 장은 당해 감호소·치료감호시설 또는 그 지소 내에서 발생하는 범죄에 관하여 사법경찰관의 직무를 행한다.
　　제5조제2호의2를 다음과 같이 한다.
　　2의2. 보호감호소·치료감호시설 또는 그 지소의 장이 아닌 4급 내지 9급의 국가공무원
　　⑥ 내지 ⑨ 생략

부칙 〈제7799호, 2005.12.29〉 (청소년기본법)

제1조 (시행일) 이 법은 공포 후 3월이 경과한 날부터 시행한다.
제2조 생략
제3조 (다른 법률의 개정) ① 내지 ⑥ 생략
　　⑦ 사법경찰관리의직무를행할자와그직무범위에관한법률 일부를 다음과 같이 개정한다.
　　제5조제29호 중 '청소년위원회'를 '국가청소년위원회'로 한다.
　　⑧ 내지 ⑪ 생략
제4조 생략

부칙 〈제7964호, 2006.7.19〉

이 법은 공포한 날부터 시행한다.

부칙 〈제8356호, 2007.4.11〉 (대외무역법)

제1조 (시행일) 이 법은 공포한 날부터 시행한다.
제2조 내지 제5조 생략
제6조 (다른 법률의 개정) ① 내지 ③ 생략
　④ 사법경찰관리의 직무를 행할 자와 그 직무 범위에 관한 법률 일부를
다음과 같이 개정한다.
　제6조제27호 중 '제55조제3호 내지 제5호의 규정'을 '제54조제2호부터
제4호까지의 규정'으로 한다.
　⑤ 내지 ⑩ 생략
제7조 생략

부칙 〈제8370호, 2007.4.11〉 (수도법)

제1조 (시행일) 이 법은 공포한 날부터 시행한다. <단서 생략>
제2조 내지 제18조 생략
제19조 (다른 법률의 개정) ① 내지 <19> 생략
　<20> 사법경찰관리의직무를행할자와그직무범위에관한법률 일부를 다음
과 같이 개정한다.
　제6조제19호버목을 다음과 같이 한다.
　버. 「수도법」(제83조제1호에 한한다)
　<21> 내지 <66> 생략
제20조 생략

부칙 〈제8466호, 2007.5.17〉 (수질및수생태계보전에관한법률)

제1조 (시행일) 이 법은 공포 후 6개월이 경과한 날부터 시행한다.

제2조 및 제3조 생략

제4조 (다른 법률의 개정) ①부터 <16>까지 생략

　<17> 사법경찰관리의직무를행할자와그직무범위에관한법률 일부를 다음과 같이 개정한다.

　제6조제19호나목 중 ‘「수질환경보전법」’을 ‘「수질및수생태계보전에관한법률」’로 한다.

　<18>부터 <55>까지 생략

제5조 생략

부칙 〈제8728호, 2007.12.21〉 (형의집행및수용자의처우에관한법률)

제1조 (시행일) 이 법은 공포 후 1년이 경과한 날부터 시행한다.

제2조부터 제4조까지 생략

제5조 (다른 법률의 개정) ①부터 ⑦까지 생략

　⑧ 사법경찰관리의직무를행할자와그직무범위에관한법률 일부를 다음과 같이 개정한다.

　제3조제4항 중 ‘「행형법」 제5조제1항’을 ‘「형의집행및수용자의처우에관한법률」 제8조’로 한다.

　⑨부터 ⑫까지 생략

제6조 생략

부칙 〈제8976호, 2008.3.21〉 (도로법)

제1조 (시행일) 이 법은 공포한 날부터 시행한다. <단서 생략>

제2조부터 제8조까지 생략

제9조 (다른 법률의 개정) ①부터 <37>까지 생략

<38> 사법경찰관리의직무를행할자와그직무범위에관한법률 일부를 다음과 같이 개정한다.

제6조제22호 중 '「도로법」 제40조, 제47조, 제50조, 제50조의4, 제53조, 제54조, 제54조의4 및 제54조의6'을 '「도로법」 제38조, 제45조, 제49조, 제52조, 제58조, 제59조, 제62조 및 제64조'로 한다.

<39>부터 <99>까지 생략

제10조 생략

부칙 〈제9037호, 2008.3.28〉 (환경영향평가법)

제1조 (시행일) 이 법은 2009년 1월 1일부터 시행한다.

제2조부터 제17조까지 생략

제18조 (다른 법률의 개정) ①부터 ⑩까지 생략

⑪ 사법경찰관리의직무를행할자와그직무범위에관한법률 일부를 다음과 같이 개정한다.

제6조제19호차목을 다음과 같이 한다.

차. 「환경영향평가법」

⑫부터 <22>까지 생략

제19조 생략

부칙 〈제9109호, 2008.6.13〉

제1조 (시행일) 이 법은 공포 후 3개월이 경과한 날부터 시행한다. 다만, 제3조제4항의 개정규정은 2008년 12월 22일부터 시행하고, 제6조제19호차목의 개정규정은 2009년 1월 1일부터 시행한다.

제2조 (다른 법률의 개정) ① 선박및해상구조물에대한위해행위의처벌등에관한법률 일부를 다음과 같이 개정한다.

제4조제4항 전단 중 '사법경찰관리의직무를행할자와그직무범위에관한법률 제5조제20호의 규정에 의한'을 '「사법경찰관리의직무를수행할자와그

직무범위에관한법률」 제5조제18호에 따른’으로 한다.

② 자동차관리법 일부를 다음과 같이 한다.

제85조제4항 중 ‘사법경찰관리의직무를행할자와그직무범위에관한법률 제5조제36호의 규정’을 ‘「사법경찰관리의직무를수행할자와그직무범위에관한법률」 제5조제35호’로 한다.

제3조 (다른 법률과의 관계) 이 법 시행 당시 다른 법률에서 종전의 「사법경찰관리의직무를행할자와그직무범위에관한법률」의 규정을 인용한 경우에 이 법 가운데 그에 해당하는 규정이 있으면 종전의 규정을 갈음하여 이 법의 해당 조항을 인용한 것으로 본다.

부칙 〈제9313호, 2008.12.31〉 (자연공원법)

제1조 (시행일) 이 법은 공포한 날부터 시행한다.

제2조 생략

제3조 (다른 법률의 개정) ①부터 ⑧까지 생략

⑨ 사법경찰관리의직무를수행할자와그직무범위에관한법률 일부를 다음과 같이 개정한다.

제6조제13호 중 ‘공원구역 및 공원보호구역 안’을 ‘공원구역’으로 한다.

제7조의2 중 ‘공원구역 및 공원보호구역’을 ‘공원구역’으로 한다.

⑩부터 〈29〉까지 생략

24. 사법경찰관리 집무규칙

[시행 2008.1.1] [법무부령 제629호, 2007.12.31, 일부개정]

법무부 (형사기획과), 02 - 503 - 7052

제1장 총칙

제1조 (목적) 이 규칙은 사법경찰관리에게 범죄수사에 관한 집무상의 준칙을 명시함을 목적으로 한다. <개정 2001.7.27>

제2조 (사법경찰관리의 직무) ① 사법경찰관리는 검사의 지휘를 받아 범죄를 수사한다.

② 사법경찰관은 범인, 범죄사실과 증거를 수사함을 그 직무로 한다.

③ 사법경찰리는 수사를 보조함을 그 직무로 한다.

제3조 (사법경찰관리의 신조) 사법경찰관리는 다음 사항을 특히 명심하여야 한다.

1. 사법경찰관리는 법률에 따라 범죄를 수사함을 그 사명으로 하므로 항상 모든 관계법령을 연구하고 이를 솔선하여 준수하도록 노력하여야 한다.

2. 사법경찰관리는 사회정의를 실현시킴을 그 사명으로 하므로 항상 사회의 변천과 범죄현상을 연구하고 이에 대비하도록 노력하여야 한다.

3. 사법경찰관리는 국민의 자유와 권리를 보호함을 그 사명으로 하므로 항상 공명정대하고 국민의 신임을 받도록 노력하여야 한다.

제4조 (문서의 서식) 사법경찰관리가 범죄수사에 관하여 사용하는 문서와 장부는 별지 제1호서식부터 별지 제64호의4서식까지 및 별지 제79호서식부터 별지 제93호의23서식까지의 서식에 따른다. 다만, 단순하고 정형적인 사건에 관하여 사용할 문서는 별지 제65호서식부터 별지 제78호서식까지의 서식에 따른다. <개정 1980.1.21, 1990.2.8, 1994.12.31, 1996.5.1, 2001.7.27, 2002.3.30, 2005.8.26, 2007.12.31>

제5조 삭제 <2004.4.26>

제2장 수사

제1절 통칙

제6조 (관할) 사법경찰관리는 각 소속 관서의 관할구역 내에서 직무를 행한다. 다만, 관할구역 내의 사건과 관련성이 있는 사실을 발견하기위하여 필요한 경우에는 관할구역 외에서도 그 직무를 행할 수 있다.

제7조 (비밀의 엄수) 사법경찰관리는 범죄를 수사함에 있어서 기밀을 엄수하여 수사에 지장을 초래하지 아니하도록 주의하여야 하며 피의자·피해자 기타 관계인의 명예를 훼손하지 아니하도록 하여야 한다.

제8조 (수사의 협조) 사법경찰관리는 직무를 수행함에 있어서 상호 성실하게 협조하여야 한다.

제9조 (수사의 회피) 사법경찰관리는 피의자·피해자 기타 관계인과 친족 기타 특별한 관계로 인하여 수사에 공정성을 잃을 염려가 있거나 또는 의심받을 염려가 있다고 인정되는 사건에 대하여는 소속 관서의 장의 허가를 받아 그 수사를 회피하여야 한다.

제10조 (사건의 단위) 다음 각 호에 해당하는 범죄사건은 1건으로 처리한다. <개정 2005.8.26>

1. 「형사소송법」 제11조 소정의 관련 사건, 이미 검찰청 또는 상당관서에 송치하거나 이송한 후에 수리한 사건도 또한 같다.

2. 불기소처분이 있은 후 검사의 지휘에 따라 다시 수사를 개시한 사건

3. 검사로부터 수사지휘를 받은 사건

4. 타 관서로부터 이송을 받은 사건

5. 검찰청에 송치하기 전의 맞고소 사건

6. 판사로부터 검찰청에 송치명령을 받은 즉결심판 청구사건

7. 피고인으로부터 정식재판 청구가 있는 즉결심판 사건

제11조 (수사사무보고) 사법경찰관은 다음 각 호에 해당하는 범죄가 발생하였다고 인정할 경우에는 즉시 관할 지방검찰청 검사장 또는 지청장에게 보고하여야 한다. 다만, 비상사태 또는 이에 준하는 사태하에서는 아직 범죄가 발생하지 아니하였다 하더라도 그 발생의 염려가 있는 경우에는 그 동태를 보고하여야 한다. <개정 2001.7.27, 2005.8.26>

1. 내란의 죄
2. 외환의 죄
3. 국기에 관한 죄
4. 국교에 관한 죄
5. 공안을 해하는 죄. 다만, 공무원자격의 사칭죄는 제외한다.
6. 폭발물에 관한 죄
7. 방화·중실화 및 업무상 실화의 죄
8. 교통방해의 죄
9. 통화에 관한 죄
10. 살인의 죄
11. 상해치사·폭행치사 죄
12. 강도의 죄
13. 「국가보안법」 위반범죄
14. 각종 선거법 위반범죄
15. 「관세법」 위반범죄
16. 중요한 「조세범처벌법」 위반범죄
17. 공무원에 관한 죄
18. 군사에 관한 죄
19. 변호사 및 언론인에 관한 죄
20. 외국인에 관한 죄
21. 사회의 이목을 끌만하거나 정부 시책에 중요한 영향을 미치는 범죄

22. 지방검찰청 검사장 또는 지청장이 지시한 사항

제12조 (정보보고) 사법경찰관은 다음 각 호의 1에 해당하는 사실이 있을 때에는 지체 없이 그 사실과 경찰조치를 관할 지방검찰청 검사장 또는 지청장에게 보고하여야 한다.

1. 소요의 발생 기타의 사유로 사회적 불안을 조성할 우려가 있을 때

2. 정당, 사회단체의 동향이 사회 질서에 영향을 미칠 우려가 있을 때

제13조 (범죄통계보고) 사법경찰관은 사건마다 범죄통계원표를 작성하여 검찰총장이나 관할 지방검찰청 검사장 또는 지청장에게 제출하여야 한다.

제3절 수사서류

제14조 (수사서류의 작성) 수사서류를 작성할 때에는 내용의 정확과 진술의 임의성을 확보하기 위하여 특히 다음 사항에 유의하여야 한다. <개정 2007.12.31>

1. 일상용어에 사용하는 쉬운 문구를 사용한다.

2. 복잡한 사항은 항목을 나누어 기술한다.

3. 사투리, 약어, 은어 등은 그다음에 괄호를 하고 간단한 설명을 붙인다.

4. 외국어 또는 학술용어에는 그다음에 괄호를 하고 간단한 설명을 붙인다.

5. 지명, 인명 등으로서 혼동할 우려가 있을 때, 기타 특히 필요하다고 인정할 때에는 그다음에 괄호를 하고 한자 등을 기입하거나 설명을 붙인다.

6. 각 서류마다 작성연월일을 기재하고 간인하게 한 후 기명날인 또는 서명하도록 한다.

제15조 (외국어로 된 서면) 외국어로 기재한 서류가 있을 때에는 번역문을 첨부하여야 한다.

제16조 (출석요구) ① 사법경찰관이 피의자 또는 참고인에 대하여 출석을 요구할 때에는 출석요구서를 발부하여야 한다. 이 경우 출석요구서에는 출석요구의 취지를 명백하게 기재하여야 한다. <개정 2007.12.31>

② 사법경찰관은 신속한 출석요구 등을 위하여 필요한 경우에는 전화, 모사전송, 그 밖의 상당한 방법으로 출석요구를 할 수 있다. <개정 2007.12.31>

③ 피의자 또는 참고인에 대하여는 지체 없이 진술을 들어야 하며 장시간 대기시키는 일이 없도록 하여야 한다.

④ 외국인을 조사할 때에는 국제법과 국제조약에 위배되는 일이 없도록 유의하여야 한다.

제16조의2 (변호인의 피의자신문 참여) ① 사법경찰관은「형사소송법」제243조의2제1항에 규정된 자의 신청이 있는 경우 정당한 사유가 없는 한 변호인을 피의자에 대한 신문에 참여하게 하여야 한다. 이 경우 정당한 사유란 변호인의 참여로 인하여 신문 방해, 수사기밀 누설 등 수사에 현저한 지장을 초래할 우려가 있다고 인정되는 경우를 말한다.

② 사법경찰관은 제1항의 신청이 있는 경우 신청인으로 하여금 변호인 참여 전에 변호인선임에 관한 서면을 제출하도록 하여야 한다.

③ 제1항의 변호인 참여 신청이 있는 경우에도 변호인이 상당한 시간 내에 출석하지 아니하거나 출석할 수 없는 때에는 변호인의 참여 없이 피의자를 신문할 수 있다.

④ 사법경찰관은 변호인의 참여로 인하여 다음 각 호 중 어느 하나의 사유가 발생하여 신문 방해, 수사기밀 누설 등 수사에 현저한 지장이 초래되는 경우에는 피의자신문 중이라도 변호인의 참여를 제한할 수 있다.

  1. 사법경찰관의 승인 없이 부당하게 신문에 개입하거나 모욕적인 언동 등을 하는 경우
  2. 피의자를 대신하여 답변하거나 특정한 답변 또는 진술 번복을 유

도하는 경우

3. 「형사소송법」 제243조의2제3항 단서에 반하여 부당하게 이의를 제
   기하는 경우

4. 피의자신문 내용을 촬영·녹음·기록하는 경우. 다만, 기록의 경우
   피의자에 대한 법적 조언을 위하여 변호인이 기억환기용으로 간략
   히 메모를 하는 것은 제외한다.

[본조신설 2007.12.31]

제16조의3 (피의자의 신뢰관계자 동석) ① 「형사소송법」 제244조의5에 따라 피
의자와 동석할 수 있는 신뢰관계에 있는 자는 피의자의 직계친족, 형제
자매, 배우자, 가족, 동거인, 보호시설 또는 교육시설의 보호 또는 교육
담당자 등 피의자의 심리적 안정과 원활한 의사소통에 도움을 줄 수 있
는 자(이하 '신뢰관계자'라 한다)를 말한다.

② 피의자 또는 법정대리인이 신뢰관계자의 동석신청을 한 때에는 사법
경찰관은 신청인으로부터 동석신청서 및 동석대상자와 피의자와의 관계
를 소명할 수 있는 자료를 제출받아 기록에 편철하여야 한다. 다만, 동
석신청서를 작성할 시간적 여유가 없는 경우 등에는 이를 작성하게 하
지 아니하고 수사보고서나 조서에 그 취지를 기재하는 것으로 갈음할
수 있으며, 조사의 긴급성 또는 동석의 필요성 등이 현저한 경우에는 예
외적으로 동석 조사 이후에 동석대상자와 피의자와의 관계를 소명할 자
료를 제출받아 기록에 편철할 수 있다.

③ 사법경찰관은 제2항에 따른 신청이 없더라도 동석의 필요성이 있다
고 인정되는 경우에는 피의자와의 신뢰관계 유무를 확인한 후 직권으로
신뢰관계자를 동석하게 할 수 있다. 이 경우 그 취지를 수사보고서나 조
서에 기재하여야 한다.

④ 사법경찰관은 수사기밀 누설이나 신문 방해 등으로 수사에 부당한
지장이 초래될 우려가 있다고 인정할 만한 상당한 이유가 있는 경우에
는 신뢰관계자의 동석을 거부할 수 있다.

⑤ 피의자신문에 동석하는 신뢰관계자는 피의자의 심리적 안정과 원활

한 의사소통에 도움을 주는 행위 이외의 불필요한 행위를 하여서는 아
니 되고, 사법경찰관은 수사기밀 누설이나 신문 방해 등으로 수사에 부
당한 지장이 초래될 우려가 있다고 인정할 만한 상당한 이유가 있거나
신뢰관계자가 부당하게 수사의 진행을 방해하는 경우에는 피의자신문
도중에 동석을 중지시킬 수 있다.

[본조신설 2007.12.31]

제16조의4 (피해자의 신뢰관계자 동석) ① 「형사소송법」 제221조제3항 및 제
163조의2에 따라 피해자와 동석할 수 있는 신뢰관계에 있는 자는 피해
자의 직계친족, 형제자매, 배우자, 가족, 동거인, 보호시설 또는 교육시
설의 보호 또는 교육담당자 등 피해자의 심리적 안정과 원활한 의사소
통에 도움을 줄 수 있는 자를 말한다.

② 피해자와 신뢰관계에 있는 자의 동석에 대하여는 제16조의3제2항부
터 제5항까지의 규정을 준용한다. 이 경우 '피의자'는 '피해자'로, '신문'
은 '조사'로 각각 본다.

[본조신설 2007.12.31]

제17조 (피의자에 대한 조사사항) 사법경찰관리가 범죄를 수사함에 있어서는 다
음 사항에 유의하여야 한다. <개정 2005.8.26, 2007.12.31>

1. 피의자의 성명·연령·주민등록번호·등록기준지·주거·직업 및 전
과·기소유예나 선고유예 등의 처분을 받은 사실유무, 피의자가 외국인
인 경우에는 국적·주거·출생지·입국연월일·입국목적 및 외국인등
록번호, 피의자가 법인 또는 단체인 경우에는 명칭·상호·소재지·대
표자의 성명 및 주거·설립목적 및 그 기구

2. 피의자가 자수 또는 자복하였을 때에는 그 동기와 경위

3. 피의자의 훈장·기장·포장·연금의 유무

4. 병역관계

5. 피의자의 환경·교육과 경력·가족상황·재산 및 생활의 정도·종교
관계

6. 범죄의 동기와 원인·성질·일시·장소·방법·결과

7. 피해자의 주거 · 직업 · 성명 · 연령

8. 피의자와 피해자와의 친족관계 등으로 인한 죄의 성부, 형의 경중이 있는 사건에 대하여는 그 사항

9. 피의자의 처벌로 인하여 그 가정에 미치는 영향

10. 범죄로 인하여 피해자 및 사회에 미치는 영향

11. 피해의 상태 · 손해액 · 피해회복의 여부 · 처벌 희망의 유무

12. 피의자의 이익이 될 만한 사항

13. 제1호 내지 제12호의 사항을 증명할 만한 사항

제18조 (참고인의 진술) ① 참고인의 진술을 들을 때에는 「형사소송법」 제317조의 규정을 준수하여야 하며 조금이라도 진술을 강요하는 일이 있어서는 아니 된다. <개정 2005.8.26>

② 참고인의 진술은 조서에 기재하여야 한다.

③ 진술사항이 복잡하거나 또는 진술인이 서면진술을 원할 때에는 이를 작성 제출하게 할 수 있다.

④ 제3항의 경우에는 될 수 있는 대로 자필로 작성할 것을 권고하여야 하며 수사담당 사법경찰관리가 대서하지 아니하도록 한다.

제18조의2 (수사과정의 기록) ① 「형사소송법」 제244조의4에 따라 사법경찰관은 피의자나 참고인을 조사하면서 수사과정확인서에 수사과정을 기록하고, 이를 조서의 끝부분에 편철하여 조서와 함께 간인함으로써 조서의 일부로 하거나, 별도의 서면으로 기록에 편철하여야 한다.

② 수사과정을 기록할 경우 조사장소의 도착시각, 조사의 시작 및 종료 시각 등을 기재하고, 조사장소의 도착시각과 조사의 시작 시각에 상당한 시간적 차이가 있으면 그 구체적인 이유 등을 기재하며, 조사가 중단되었다가 재개되면 그 이유와 중단 시각 및 재개 시각 등을 구체적으로 기재하는 등 조사과정의 진행 경과를 확인하기 위하여 필요한 사항을 기재하여야 한다.

[본조신설 2007.12.31]

제18조의3 (영상녹화) ① 사법경찰관은 피의자 또는 참고인에 대한 조서를

작성하는 때에는 필요한 경우 그 조사과정을 영상녹화할 수 있다.

② 사법경찰관은 조사과정을 영상녹화하는 경우 해당 조사의 시작부터 조서에 기명날인 또는 서명을 마치는 시점까지의 전 과정을 영상녹화하여야 하며, 조사 도중 영상녹화의 필요성이 발생한 경우에는 그 시점에서 진행 중인 조사를 종료하고, 그다음 조사의 시작부터 조서에 서명날인 또는 서명을 마치는 시점까지의 전 과정을 영상녹화하여야 한다.

③ 사법경찰관은 조사를 마친 후 조서 정리에 장시간을 요하는 경우에는 조서정리과정을 영상녹화하지 아니하고, 조서 열람 시부터 영상녹화를 재개할 수 있다.

④ 사법경찰관은 피의자에 대한 조사과정을 영상녹화하는 경우 피의자에게 다음 각 호의 사항을 고지하여야 한다.

  1. 조사자 및 참여자의 성명과 직책

  2. 영상녹화 사실 및 장소, 시작 및 종료 시각

  3. 「형사소송법」 제244조의3에 따른 진술거부권 등

  4. 조사를 중단·재개하는 경우 중단 이유와 중단 시각, 중단 후 재개하는 시각

⑤ 사법경찰관은 참고인에 대한 조사과정을 영상녹화하는 경우 서면으로 영상녹화에 대한 동의 여부를 확인하고, 제4항제1호, 제2호 및 제4호의 사항을 고지하여야 한다.

⑥ 사법경찰관은 영상녹화를 함에 있어 조사실 전체가 확인가능하고 피조사자의 얼굴과 음성이 식별가능하도록 하여야 한다.

⑦ 사법경찰관은 피의자에 대한 조사과정을 영상녹화하는 경우 「형사소송법」의 제243조의 참여 규정을 준수하여야 하며, 이때 참여자는 반드시 조사실에 동석하여야 한다.

[본조신설 2007.12.31]

제18조의4 (영상녹화물의 제작 등) ① 사법경찰관은 영상녹화를 실시한 경우 영상녹화용 컴퓨터에 저장된 영상녹화파일을 이용하여 영상녹화물(CD, DVD 등) 2개를 제작하고, 그중 하나는 피조사자의 기명날인 또는 서명

을 받아 피조사자 또는 변호인의 면전에서 봉인하여 보관하고, 나머지 하나는 수사기록에 편철한다.

② 사법경찰관은 영상녹화물을 제작한 후 영상녹화용 컴퓨터에 저장되어 있는 영상녹화파일을 데이터베이스 서버에 전송하여 보관할 수 있다.

③ 사법경찰관은 제1항의 영상녹화물이 손상 또는 분실 등으로 인하여 사용될 수 없는 경우에는 데이터베이스 서버에 저장되어 있는 영상녹화파일을 이용하여 다시 영상녹화물을 제작할 수 있다.

④ 사법경찰관은 영상녹화물을 생성한 후 이를 영상녹화물 관리대장에 등재하여야 한다.

[본조신설 2007.12.31]

제19조 (임상의 조사) 가료 중인 피의자나 참고인이 현재하는 곳에서 임상신문을 하는 경우에는 상대방의 건강상태를 충분히 고려하여야 하며, 수사에 중대한 지장이 없는 한 가족, 의사 기타 적당한 사람을 입회시켜야 한다.

제20조 (범죄의 내사) ① 범죄에 관한 신문 기타 출판물의 기사, 익명의 신고 또는 풍설이 있을 때에는 특히 출처에 주의하여 그 진상을 내사한 후 범죄의 혐의가 있다고 인정할 때에는 즉시 수사에 착수하여야 한다. 다만, 내사를 빙자하여 막연히 관계인의 출석을 요구하거나 물건을 압수하는 일이 없도록 하여야 한다.

② 사법경찰관은 내사결과 범죄의 혐의가 없다고 인정할 때에는 즉시 내사를 종결하여야 한다.

③ 익명 또는 허무인 명의의 진정·탄원 및 투서에 대하여는 그 내용을 정확히 판단하여 수사단서로서의 가치가 없다고 인정될 때에는 내사하지 아니할 수 있다.

④ 실존인물의 진정·탄원·투서라도 내용이 형벌법규에 저촉되지 아니함이 명백하다고 인정될 때에는 진정·탄원·투서인에게 그 뜻을 통지하고 제3항에 준하여 처리할 수 있다.

제21조 (범죄인지보고서) ① 사법경찰관이 수사에 착수할 때에는 범죄인지보

고서를 작성하여야 한다.

② 제1항의 보고서에는 피의자의 성명·주민등록번호·직업·주거·범
죄경력·죄명·범죄사실 및 적용법조를 기재하고, 범죄사실에는 범죄의
일시·장소·방법 등을 명시하고 특히 수사의 단서 및 인지하게 된 경
위를 명백하게 기재하여야 한다. <개정 1996.12.31>

제5절 피의자의 체포·구속 등〈개정 1996.12.31〉

제22조 (구속영장의 신청) ① 사법경찰관이 체포한 피의자에 대하여 구속영장
을 신청하는 경우에는 체포영장·긴급체포서·현행범인체포서 또는 현
행범인인수서를 제출하여야 한다.

② 사법경찰관은 피의자에 대하여 구속영장을 신청하면서「형사소송법」
제209조에 따라 준용되는 같은 법 제70조제2항의 필요적 고려사항이 있
는 경우에는 구속영장 신청서에 이를 기재하여야 한다. <개정 2007.-
12.31>

③ 사법경찰관은 검사로부터「형사소송법」제201조의2제3항에 따른 심
문기일과 장소를 통지받은 때에는 검사의 지휘를 받아 지정된 기일과
장소에 체포된 피의자를 출석시켜야 한다. <개정 2007.12.31>

④ 삭제 <2007.12.31>

⑤ 삭제 <2007.12.31>

⑥ 삭제 <2007.12.31>

⑦ 삭제 <2007.12.31>

⑧ 삭제 <2007.12.31>

⑨ 삭제 <2007.12.31>

[전문개정 1996.12.31]

제22조의2 (영장의 재신청) 사법경찰관은 다음 각 호의 1에 해당하는 경우에
동일한 범죄사실로 다시 체포·구속·압수·수색 또는 검증영장의 발부
를 신청하는 때에는 그 취지를 검사에게 보고하여야 한다.

1. 영장의 유효기간이 경과된 경우

2. 영장을 신청하였으나 발부받지 못한 경우

3. 피의자가 체포·구속되었다가 석방된 경우

[본조신설 1996.12.31]

제23조 (영장의 집행) ① 영장은 신속 정확하게 이를 집행하여야 한다.

② 영장을 집행할 때에는 친절히 하여야 하고 피의자 또는 관계인의 신체 및 명예를 보전하는 데 유의하여야 한다.

③ 영장은 검사의 서명·날인 또는 집행지휘서에 의하여 이를 집행한다. <개정 1996.12.31>

④ 사법경찰관리가 「형사소송법」 제81조제1항 단서에 의하여 재판장·수명법관 또는 수탁판사로부터 구속영장의 집행지휘를 받았을 때에는 즉시 이를 집행하여야 한다. <개정 2005.8.26>

⑤ 사법경찰관리는 피의자를 체포·구속하는 때에는 「형사소송법」 제200조의5(같은 법 제209조에 따라 준용되는 경우를 포함한다)에 따라 피의자에게 피의사실의 요지, 체포·구속의 이유와 변호인을 선임할 수 있음을 고지하고 변명의 기회를 준 후 피의자로부터 확인서를 받아 사건기록에 편철하여야 한다. 다만, 피의자가 확인서에 기명날인 또는 서명을 거부하는 경우에는 피의자를 체포·구속하는 사법경찰관리는 확인서 말미에 사유를 기재하고 기명날인 또는 서명하여야 한다. <신설 1996.12.31, 2005.8.26, 2007.12.31>

⑥ 영장을 집행할 때에는 「형사소송법」 제89조 및 제90조의 규정을 준수하여야 한다. <신설 1988.4.2, 1996.12.31, 2005.8.26>

제23조의2 (체포·구속의 통지 등 〈개정 2007.12.31〉) ① 사법경찰관이 피의자를 체포·구속한 때에는 「형사소송법」 제200조의6 또는 제209조의 규정에 의하여 준용되는 동법 제87조의 규정에 따라 변호인이 있는 경우에는 변호인에게, 변호인이 없는 경우에는 동법 제30조제2항에 규정된 자 중 피의자가 지정한 자에게 체포·구속한 때부터 늦어도 24시간 내에 서면으로 체포·구속의 통지를 하여야 한다. 이 경우 「형사소송법」

제30조제2항에 규정된 자가 없어 체포·구속의 통지를 하지 못하는 경우에는 그 취지를 기재한 서면을 기록에 편철하여야 한다. <개정 2005.8.26, 2007.12.31>

② 사법경찰관은 긴급을 요하는 경우에는 전화 또는 모사전송 기타 상당한 방법으로 체포·구속의 통지를 할 수 있다. 이 경우 다시 서면으로 체포·구속의 통지를 하여야 한다.

③ 체포·구속의 통지서사본은 그 사건기록에 편철하여야 한다.

④ 「형사소송법」 제214조의2제2항에 따라 같은 법 제214조의2제1항에 규정된 자 중에서 피의자가 지정한 자에게 적부심사를 청구할 수 있음을 통지하는 경우 제1항부터 제3항까지의 규정을 준용한다. <신설 2007.12.31>

[본조신설 1996.12.31]

제24조 (구금과 건강상태) 피의자를 구금할 때에는 그의 건강상태를 조사하고 체포·구속으로 인하여 현저하게 건강을 해할 염려가 있다고 인정할 때에는 그 사유를 검사에게 보고하여야 한다. <개정 1996.12.31>

제24조의2 (체포·구속영장등본의 교부) 「형사소송법」 제214조의2제1항에 규정된 자가 체포·구속영장의 등본의 교부를 청구하는 때에는 그 등본을 교부하여야 한다. <개정 2005.8.26>

[본조신설 1996.12.31]

제25조 (영장 등의 반환〈개정 1994.12.31〉) ① 「형사소송법」 제200조의5 또는 제209조의 규정에 의하여 준용되는 동법 제75조에 따라 체포·구속영장을 반환하는 경우에는 영장 및 영장반환보고서의 사본을 그 사건기록에 편철하여야 한다. <개정 1996.12.31, 2005.8.26>

② 「형사소송법」 제82조의 규정에 의하여 체포·구속영장이 수통 발부된 경우에는 이를 전부 반환하여야 한다. <개정 1996.12.31, 2005.8.26>

③ 영장반환보고서에는 발행통수 및 집행불능의 사유를 기재하여야 한다.

④ 통신제한조치의 집행이 불가능하거나 필요 없게 된 경우에는 제1항 내지 제3항을 준용하여 통신제한조치허가서를 법원에 반환하여야 한다.

제26조 (피의자의 석방) ① 체포 또는 긴급체포하거나 구속한 피의자를 석방하고자 할 때에는 미리 검사의 지휘를 받아야 한다. <개정 1996.12.-31>

② 제1항의 경우에 검사의 석방지휘가 있을 때에는 즉시 석방하여야 한다.

③ 사법경찰관은 제2항의 규정에 의하여 체포 또는 긴급체포하거나 구속한 피의자를 석방한 때에는 지체 없이 그 사실을 검사에게 보고 하여야 하며, 석방일시와 석방사유를 기재한 서면을 작성하여 그 사건기록에 편철하여야 한다. <신설 1996.12.31>

④ 제1항의 규정에 의한 피의자석방건의는 서면으로 하여야 한다. 다만, 긴급을 요하는 경우에는 전화, 모사전송, 전자우편, 그 밖의 상당한 방법으로 석방을 건의할 수 있다. <신설 1996.12.31, 2007.12.31>

제27조 (긴급체포) ① 사법경찰관이 「형사소송법」 제200조의3제1항의 규정에 의한 긴급체포를 할 때에는 피의자의 연령·경력·범죄성향이나 범죄의 경중·태양 기타 여러 사정을 고려하여 인권의 침해가 없도록 신중을 기하여야 한다. <개정 2005.8.26>

② 사법경찰관이 피의자를 긴급체포한 때에는 즉시 긴급체포서를 작성하고, 긴급체포원부에 그 내용을 기재하여야 한다.

③ 사법경찰관은 긴급체포 후 12시간 내에 관할지방검찰청 또는 지청의 검사에게 긴급체포에 대한 승인건의를 하여야 한다. 다만, 기소중지된 피의자를 당해수사관서가 위치하는 특별시·광역시 또는 도 외의 지역에서 긴급체포한 경우에는 24시간 내에 긴급체포에 대한 승인건의를 할 수 있다.

④ 제3항의 규정에 의한 긴급체포에 대한 승인신청을 서면으로 하여야 한다. 다만, 긴급을 요하는 경우에는 긴급체포한 사유와 체포를 계속하여야 할 사유를 상세히 기재하여 모사전송으로 긴급체포에 대한 승인건의를 할 수 있다.

⑤ 사법경찰관은 긴급체포한 피의자를 석방하는 때에는 긴급체포원부에

석방일시 및 석방사유를 기재하여야 한다.

⑥ 제23조제5항·제6항 및 제23조의2의 규정은 긴급체포의 경우에 이를 준용한다.

[전문개정 1996.12.31]

제28조 (피의자의 접견 등) ① 변호인 또는 변호인이 되려는 자가 체포·구속된 피의자와의 접견, 서류·물건의 접수 또는 수진을 요청할 때에는 친절하게 응하여야 한다. <개정 1996.12.31>

② 변호인 아닌 자로부터 제1항의 요청이 있을 때에도 「형사소송법」 제91조 소정의 사유가 없는 한 제1항에 준한다. <개정 2005.8.26>

③ 제1항 및 제2항의 접견 등의 장소는 될 수 있는 대로 유치장 이외의 방실에서 하도록 하여야 한다.

제28조의2 (대표변호인 지정 등 건의) 사법경찰관은 수인의 변호인이 있는 때에는 대표변호인의 지정, 지정의 철회 또는 변경을 검사에게 건의할 수 있다.

[본조신설 1996.12.31]

제29조 (구금된 피의자의 처우) 구금된 피의자에 대하여는 구금생활에 필요한 의류·침구 그 밖의 생활용품과 식량 등을 지급하여야 하며, 위생·의료 등에 있어서 상당한 처우를 하여야 한다.

[전문개정 2001.7.27]

제29조의2 (체포·구속장소감찰에 따른 조치) 검사가 「형사소송법」 제198조의2의 규정에 의하여 체포·구속장소를 감찰한 후 인치 또는 구금된 자의 석방을 명하거나 사건을 송치할 것을 명한 때에는 사법경찰관은 즉시 피의자를 석방하거나 사건을 송치하여야 한다. 이 경우 피의자석방명령서 또는 사건송치명령서를 그 사건기록에 편철하여야 한다. <개정 2005.-8.26>

[본조신설 1996.12.31]

제30조 (피의자의 도주 등) 사법경찰관은 구금 중에 있는 피의자가 도주 또는 사망하거나 기타 이상이 발생하였을 때에는 즉시 관할지방검찰청 또는

지청의 검사에게 보고하여야 한다.

제6절 현행범인

제31조 (현행범인의 체포) ① 사법경찰관리가 현행범인을 체포하였을 때에는 체포의 경위를 상세히 기재한 현행범인체포서를 작성하여야 한다. <개정 1996.12.31>

② 사법경찰관리가 현행범인을 인도받은 때에는 체포자로부터 그 성명·주민등록번호·직업·주거 및 체포의 일시·장소·사유를 청취하여 현행범인인수서를 작성하여야 한다. <개정 1996.12.31>

③ 사법경찰관리가 현행범인을 체포하거나 현행범인을 인도받은 경우에는 특히 인권의 침해가 없도록 신중을 기하여야 한다. <신설 1988.4.2, 1996.12.31>

④ 제23조제5항·제6항 및 제23조의2의 규정은 현행범인을 체포 또는 인수하는 경우에 이를 준용한다. <신설 1996.12.31>

제32조 (현행범인의 조사 및 석방<개정 1996.12.31>) ① 사법경찰관리가 현행범인을 체포하거나 이를 인수하였을 때에는 지체 없이 조사하고 계속 구금할 필요가 없다고 인정할 때에는 즉시 석방하여야 한다.

② 사법경찰관은 제1항의 규정에 의하여 현행범인을 석방한 때에는 지체 없이 그 사실을 검사에게 보고하여야 하며, 석방일시와 석방사유를 기재한 서면을 작성하여 그 사건기록에 편철하여야 한다. <신설 1996.-12.31>

③ 체포한 현행범인을 석방하는 때에는 현행범인체포원부에 석방일시 및 석방사유를 기재하여야 한다. <신설 1996.12.31>

제7절 변사자의 검시

제33조 (변사자의 검시) ① 사법경찰관리는 변사자 또는 변사의 의심이 있는 시체가 있는 때에는 즉시 관할 지방검찰청 또는 지청의 검사에게 보고

하고 그 지휘를 받아야 한다.

② 검사의 명령을 받아 검시를 하였을 때에는 검시조서를 작성하여야 한다. ＜개정 1996.12.31＞

제34조 (검시의 주의사항) ① 사법경찰관리는 검시에 착수하기 전에 변사자의 위치, 상태 등이 변하지 아니하도록 현장을 보존하여야 한다.

② 변사자의 소지품이나 기타 유류한 물건으로서 수사에 필요가 있다고 인정할 때에는 이를 보존하는 데 유의하여야 한다.

③ 검시를 할 때에는 잠재지문 및 변사자 지문 채취에 유의하고 의사로 하여금 사체검안서를 작성하게 하여야 한다.

제35조 (검시와 참여자) 제34조의 경우에 사법경찰관리는 검시에 특별한 지장이 없다고 인정할 때에는 변사자의 가족・친족・이웃사람・친구, 시・군・구・읍・면・동의 공무원 그 밖에 필요하다고 인정하는 자를 참여시켜야 한다. ＜개정 2001.7.27＞

제36조 (자살자의 검시) 자살자를 검시할 때에는 교사자 또는 방조자의 유무, 유서가 있을 때에는 그 진위를 조사하여야 한다.

제8절 고소사건의 처리

제37조 (고소의 대리) 「형사소송법」 제236조의 소정의 대리인에 의한 고소 또는 그 취소가 있을 때에는 본인의 위임장을 제출하게 하여야 한다. ＜개정 2001.7.27, 2005.8.26＞

제38조 (고소사건에 대한 주의사항) 고소사건에 대하여서는 고소권의 유무, 친고죄에 있어서는 「형사소송법」 제230조 소정의 고소기간의 경과 여부, 간통죄에 있어서는 「형사소송법」 제229조 소정의 조건의 구비 여부, 피해자의 명시한 의사에 반하여 죄를 논할 수 없는 사건에 있어서는 처벌을 희망하는 여부를 각각 조사하여야 한다. ＜개정 2005.8.26＞

제39조 (고소사건의 수사기간) ① 사법경찰관이 고소 또는 고발에 의하여 범죄를 수사할 때에는 고소 또는 고발을 수리한 날로부터 2월 이내에 수사

를 완료하여야 한다.

② 제1항의 기간 내에 수사를 완료하지 못하였을 때에는 관할 지방검찰청 또는 지청의 검사의 지휘를 받아야 한다.

제40조 (고소 등의 취소) ① 고소 또는 고발의 취소가 있을 때에는 그 사유를 명백히 조사하여야 한다.

② 피해자의 명시한 의사에 반하여 죄를 논할 수 없는 사건에 있어서 처벌을 희망하는 의사표시의 철회가 있을 때에도 제1항과 같다.

제9절 소년사건에관한특칙

제41조 (소년사건 수사의 기본) 소년사건은 보호처분 또는 형사처분에 대한 특별한 심리자료를 제공할 것을 염두에 두어야 하며, 소년의 건전한 육성을 도모하는 정신으로 수사하여야 한다.

제42조 (소년의 특성의 고려) 소년사건을 수사함에 있어서는 소년의 특성에 비추어 되도록 다른 사람의 이목을 끌지 아니하는 장소에서 온정과 이해를 가지고 부드러운 어조로 조사하여야 하며, 그 심정을 상하지 아니하도록 유의하여야 한다.

제43조 (범죄의 원인 등과 환경조사) ① 소년사건을 수사함에 있어서는 범죄의 원인 및 동기와 그 소년의 성격·행상·경력·교육정도·가정상황·교우관계 기타 환경 등을 상세히 조사하여 환경조사서를 작성하여야 한다.

② 심신에 이상이 있다고 인정할 때에는 지체 없이 의사로 하여금 진단하게 하여야 한다.

제44조 (구속에 관한 주의) 소년에 대하여는 되도록 구속을 피하고 부득이 구속 또는 동행하는 경우에는 그 시기와 방법에 관하여 특히 주의를 하여야 한다.

제45조 (보도상의 주의) 소년범죄는 「소년법」의 취지에 따라 신속히 처리하고 소년의 주거·성명·연령·직업·용모 등에 의하여 그자를 당해본인으로 추지할 수 있는 정도의 사실이나 사진이 보도되지 아니하도록 특히

주의하여야 한다. <개정 2005.8.26>

제46조 (학생범죄) 소년이 아니더라도 학생의 범죄사건에 관하여는 제41조 내지 제45조의 규정을 준용한다.

제47조 (여성범죄) 피의자가 여자인 경우에는 제42조와 제44조의 규정을 준용한다.

제9절의2 가정폭력범죄에 관한 특칙 <신설 1998.7.3>

제47조의2 (가정폭력범죄수사 시 유의사항) 가정폭력범죄를 수사함에 있어서는 보호처분 또는 형사처분의 심리를 위한 특별자료를 제공할 것을 염두에 두어야 하며, 가정폭력범죄로 파괴된 가정의 평화와 안정을 회복하고 건강한 가정의 육성을 도모하려는 자세로 임하여야 한다.

[본조신설 1998.7.3]

제47조의3 (환경조사서의 작성) 가정폭력범죄를 수사함에 있어서는 범죄의 원인 및 동기와 행위자의 성격·행상·경력·교육정도·가정상황 기타 환경 등을 상세히 조사하여 환경조사서를 작성하여야 한다.

[본조신설 1998.7.3]

제47조의4 (가정폭력범죄에 관한 응급조치) 사법경찰관리가 「가정폭력범죄의 처벌 등에 관한 특례법」 제5조의 규정에 의하여 응급조치를 취한 때에는 가정폭력 행위자의 성명, 주소, 생년월일, 직업, 피해자와의 관계, 범죄사실의 요지, 가정상황, 피해자와 신고자의 성명, 응급조치의 내용 등을 상세히 기재한 응급조치보고서를 작성하여 사건기록에 편철하여야 한다. <개정 2005.8.26>

[본조신설 1998.7.3]

제47조의5 (가정폭력범죄에 관한 임시조치) ① 사법경찰관은 제47조의4의 규정에 의한 응급조치에 불구하고 가정폭력범죄가 재발될 우려가 있다고 인정하는 때에는 「가정폭력범죄의 처벌 등에 관한 특례법」 제8조제1항에 따라 검사에게 같은 법 제29조제1항제1호, 제2호 또는 제3호의 임시조

치를 법원에 청구할 것을 신청할 수 있다. <개정 2003.3.28, 2005.8.26, 2007.12.31>

② 사법경찰관은 가정폭력 행위자가 제1항의 규정에 의한 임시조치를 위반하여 가정폭력범죄가 재발될 우려가 있다고 인정하는 때에는「가정폭력범죄의 처벌 등에 관한 특례법」제8조제2항에 따라 검사에게 같은 법 제29조제1항제5호의 임시조치를 법원에 청구할 것을 신청할 수 있다. <신설 2003.3.28, 2005.8.26, 2007.12.31>

③ 사법경찰관리는 제1항 및 제2항의 신청이 있는 때에는 임시조치신청부에 소정의 사항을 기재하여야 한다. <개정 2003.3.28>

④ 사법경찰관리가 임시조치의 결정을 집행한 때에는 집행일시 및 집행방법을 기재한 서면을 사건기록에 편철하여야 한다.

⑤ 임시조치 결정에 대하여 항고가 제기되어 법원으로부터 수사기록등본의 제출을 요구받은 경우, 사법경찰관리는 항고심 재판에 필요한 범위 내의 수사기록등본을 관할 검찰청으로 송부하여야 한다.

[본조신설 1998.7.3]

제47조의6 (동행영장의 집행) ① 사법경찰관리는「가정폭력범죄의 처벌 등에 관한 특례법」제27조제1항의 규정에 의한 법원의 요청이 있는 경우 동행영장을 집행하여야 한다. <개정 2005.8.26>

② 동행영장을 집행하는 때에는 피동행자에게 동행영장을 제시하고 신속히 지정된 장소로 동행하여야 한다.

③ 동행영장을 소지하지 아니한 경우 급속을 요하는 때에는 피동행자에게 범죄사실과 동행영장이 발부되었음을 고지하고 집행할 수 있다. 이 경우에는 집행을 완료한 후 신속히 동행영장을 제시하여야 한다.

④ 동행영장을 집행한 때에는 동행영장에 집행일시와 장소를, 집행할 수 없는 때에는 그 사유를 각각 기재하고 서명날인하여야 한다.

[본조신설 1998.7.3]

제47조의7 (보호처분결정의 집행) 사법경찰관리는「가정폭력범죄의 처벌 등에 관한 특례법」제43조제1항의 규정에 의한 법원의 요청이 있는 경우에는

보호처분의 결정을 집행하여야 한다. <개정 2005.8.26>

[본조신설 1998.7.3]

제10절 증거

제48조 (증거보전의 신청) 사법경찰관은 미리 증거를 보전하지 아니하면 그 증거를 사용하기 곤란한 사정이 있는 때에는 그 사유를 소명하여 검사에게 증거보전의 청구를 신청하여야 한다.

제49조 (실황조사) ① 수사상 필요하다고 인정할 때에는 범죄 현장 또는 기타 장소에 임하여 실황을 조사하여야 한다.

② 제1항의 조사를 할 때에는 실황조사서를 작성하여야 한다.

제50조 (압수조서 등) ① 증거물 또는 몰수할 물건을 압수하였을 때에는 압수조서 및 압수목록을 작성하여야 한다.

② 압수조서에는 압수경위를, 압수목록에는 물건의 특징을 각각 구체적으로 기재하여야 한다.

③ 제1항의 경우에는 피의자 신문조서, 진술조서, 검증조서 또는 실황조사서에 압수의 취지를 기재하여 압수조서에 갈음할 수 있다.

제51조 (증거물 등의 보전) ① 혈흔, 지문, 족적 기타 멸실할 염려가 있는 증거물은 특히 그 보전에 유의하고 검증조서 또는 다른 조서에 그 성질·형상을 상세히 기재하거나 사진을 촬영하여야 한다.

② 시체해부 또는 증거물의 훼손 기타 원상의 변경을 요할 검증 또는 감정을 위촉할 때에는 제1항에 준하여 변경전의 형상을 알 수 있도록 특히 유의하여야 한다.

제52조 (압수물의 보관 등) ① 압수물을 다른 사람에게 보관시킬 때에는 보관자의 선정에 주의하여 성실하게 보관하도록 하고 압수물건보관증을 받아야 한다.

② 압수물을 「형사소송법」 제130조제2항의 규정에 의하여 폐기할 때에는 폐기조서를 작성하고 사진을 촬영하여 이에 첨부하여야 한다. <개정

2005.8.26>

③ 압수물에 대하여는 사건명, 피의자의 성명, 압수목록에 기재한 순위·번호를 기입한 견고한 표찰을 붙여야 한다.

④ 압수물의 환부·가환부 또는 압수장물의 피해자 환부에 관하여 검사의 지휘가 있을 때에는 지체 없이「형사소송법」제135조 소정의 자에게 통지를 한 후 신속히 환부하여야 한다. <개정 2005.8.26>

⑤ 압수물이 유가증권인 경우에는 지체 없이 원형보존 여부에 관하여 검사의 지휘를 받아야 하며, 원형을 보존할 필요가 없다는 내용의 검사의 지휘가 있는 때에는 지체 없이 이를 환금하여 보관하여야 한다. <신설 2001.7.27>

⑥「통신비밀보호법」에 의한 통신제한조치집행으로 취득한 물건은 통신제한조치허가서 및 집행조서와 함께 봉인한 후 허가번호 및 보존기간을 표기하여 별도로 보관하고, 수사담당자 외의 자가 열람할 수 없도록 하여야 한다. <신설 1994.12.31, 2005.8.26>

⑦ 통신제한조치를 집행하여 내사한 사건을 종결할 경우 그 집행으로 취득한 물건 등은 보존기간이 경과한 후 검사의 지휘를 받아 즉시 폐기하여야 한다. <신설 1994.12.31>

제53조 (압수물의 환부 및 가환부) 사법경찰관은 압수물에 관하여 소유자, 소지자, 보관자 또는 제출자로부터 환부 또는 가환부의 청구가 있을 때에는 지체 없이 검사의 지휘를 받아야 한다.

제53조의2 (긴급통신제한조치통보서 제출) 사법경찰관은「통신비밀보호법」제8조제5항의 규정에 의하여 긴급통신제한조치가 단시간 내에 종료되어 법원의 허가를 받을 필요가 없는 경우에는 지체 없이 긴급통신제한조치통보서를 작성하여 관할 지방검찰청 검사장 또는 지청장에게 제출하여야 한다. <개정 2005.8.26>

[본조신설 2002.3.30]

제53조의3 (통신제한조치 등 집행사실통지 보고 <개정 2005.8.26>) 사법경찰관은「통신비밀보호법」제9조의2제6항(동법 제13조의3제2항의 규정에 의하여

준용되는 경우를 포함한다)의 규정에 의하여 우편물의 검열, 전기통신의 감청 등 통신제한조치를 집행한 사실 또는 통신사실 확인자료를 제공받은 사실과 집행·제공요청기관 및 그 기간 등을 그 통지대상자에게 통지한 경우에는 지체 없이 관할 지방검찰청검사장 또는 지청장에게 보고하여야 한다. <개정 2005.8.26>

[본조신설 2002.3.30]

제11절 사건송치

제54조 (사건송치) 사법경찰관이 수사를 종결하였을 때에는 이를 모두 관할 지방검찰청 검사장 또는 지청장에게 송치하여야 한다.

제55조 (송치서류) ① 사건을 송치할 때에는 수사서류에 사건송치서·압수물총목록·기록목록·의견서·범죄경력조회회보서 및 수사경력조회회보서 등 필요한 서류를 첨부하여야 한다. 다만, 「형의실효등에관한법률」 제5조제1항제2호에 해당하는 경우로서 「지문을채취할형사피의자의범위에관한규칙」 제2조제2항제1호·제2호 또는 제4호의 1에 해당하지 아니하는 피의자에 대하여 다음 각 호의 1의 의견으로 송치할 때에는 범죄경력조회회보서 및 수사경력조회회보서를 첨부하지 아니한다. <개정 1993.12.31, 1995.6.24, 1999.3.30, 2001.7.27, 2002.3.30, 2003.3.28, 2005.8.26>

  1. 혐의 없음
  2. 공소권 없음
  3. 죄가 안 됨
  4. 각하
  5. 참고인중지

② 사건송치 전에 범죄경력조회회보 및 수사경력조회회보를 받지 못하였을 때에는 사건송치서(비고란)에 그 사유를 기재하고, 송치 후에 범죄경력 및 수사경력을 발견하였을 때에는 즉시 주임검사에게 보고하여야 한다. <개정 2001.7.27, 2002.3.30, 2003.3.28>

③ 송치서류는 다음 순서에 따라 편철하여야 한다.

  1. 사건송치서

  2. 압수물 총목록

  3. 기록목록

  4. 의견서

  5. 기타서류

④ 제3항제2호 내지 제4호의 서류에는 송치인이 직접 간인을 하여야 한다. <개정 2002.3.30>

⑤ 제3항제4호의 서류에는 각 장마다 면수를 기입하되, 1장으로 이루어진 때에는 1로 표시하고, 2장 이상으로 이루어진 때에는 1－1, 1－2, 1－3 등으로 표시하여야 한다. <신설 2002.3.30>

⑥ 제3항제5호의 서류는 접수 또는 작성한 순서에 따라 편철하고, 각 장마다 면수를 표시하되, 2부터 시작하여 순서대로 부여하여야 한다. <신설 2002.3.30>

⑦ 사법경찰관이 검찰압수물사무규칙 제2조제4호의 규정에 의한 귀중품(통화 및 유가증권을 제외한다)을 송치하는 경우에는 감정서 3부를 첨부하여야 한다. <신설 2001.7.27>

⑧ 통신제한조치를 집행한 사건의 송치 시에는 수사기록표지 증거품란에 '통신제한조치'라고 표기하고 통신제한조치집행으로 취득한 물건은 수사담당 경찰관이 직접 압수물송치에 준하여 송치하여야 한다. <신설 1994.12.31, 2001.7.27>

⑨ 제3항 내지 제6항의 규정은 사건송치 전 수사진행단계에서 구속영장, 압수·수색·검증영장, 통신제한조치허가를 신청하거나 신병지휘건의 등을 하는 경우에 영장신청서류 또는 신병지휘건의서류 등에 관하여 준용한다. <신설 2002.3.30>

제55조의2 (영상녹화물의 송치) ① 사법경찰관은 사건송치 시 봉인된 영상녹화물을 기록과 함께 송치하여야 한다.

② 영상녹화물 송치 시 사법경찰관은 송치서 표지 비고란에 영상녹화물

의 종류와 개수를 표시하여야 한다.

[본조신설 2007.12.31]

제56조 (송치인 및 의견서 작성인) ① 제54조의 규정에 의하여 사건을 송치할 때에는 소속 관서의 장인 사법경찰관의 명의로 하여야 한다. 다만, 소속 관서의 장이 사법경찰관이 아닌 경우에는 수사주무과장인 사법경찰관명의로 하여야 한다.

② 제55조제1항의 의견서는 사법경찰관이 작성하여야 한다.

제57조 (소재불명자의 처리) 제11조 소정의 죄에 해당하는 사건을 송치할 때에는 소재불명 피의자의 지명수배 내용과 사진 기타 인상서 등을 첨부하여야 한다.

제57조의2 (참고인 등의 소재수사) ① 사법경찰관이 참고인중지의견으로 사건을 송치할 때에는 참고인등소재수사지휘부를 작성하고 그 사본 1부를 수사기록에 편철하여야 한다.

② 사법경찰관리는 제1항의 규정에 의하여 작성된 참고인등소재수사지휘부를 편철하여 관리하고 매 분기 1회 이상 참고인 등에 대한 소재수사를 행하여야 한다. 다만, 검사가 송치의견과 다른 결정을 한 때에는 참고인등소재수사지휘부에 그 취지를 기재하고 소재수사를 행하지 아니한다.

[본조신설 1996.5.1]

제58조 (추송) 사법경찰관이 사건송치 후에 다시 서류 또는 물건을 추송할 때에는 앞서 송치한 사건명, 그 연월일·피의자의 성명과 추송하는 서류 및 증거물 등을 기재한 추송서를 첨부하여야 한다.

제59조 (송치 후의 수사 등) ① 사법경찰관리가 사건을 송치한 후에 수사를 속행하려 할 때에는 미리 주임검사의 지휘를 받아야 한다.

② 사건의 송치 후에 당해사건에 속하는 피의자의 여죄를 발견하였을 때에는 즉시 주임검사에게 보고하고 그 지휘를 받아야 한다.

③ 사법경찰관이 고소·고발사건을 기소·기소중지 또는 참고인중지의 의견으로 송치한 후에 관할지방검찰청 또는 지청의 사건사무담당직원으

로부터 그 사건에 대한 혐의 없음·공소권 없음·죄가 안 됨·각하의 처분결과와 함께 피의자에 대한 수사자료표를 폐기하도록 통보받은 때에는 그 수사자료표가 지체 없이 폐기될 수 있도록 조치하여야 한다. <신설 1993.12.31, 1995.6.24, 1996.5.1>

제60조 (기소중지·참고인중지처분된 자에 대한 수사<개정 1996.5.1>) ① 사법경찰관은 검사가 피의자소재불명의 사유로 기소중지한 자를 발견하였을 때에는 즉시 수사에 착수하고 관할지방검찰청 또는 지청의 검사에게 보고하여야 한다. <개정 1996.5.1>

② 기소중지가 특정증거의 불명으로 인한 것인 경우에 이를 발견한 때 또는 참고인중지의 경우에 참고인 등을 발견한 때에도 제1항과 같다. <개정 1996.5.1>

③ 사법경찰관이 제1항의 사유로 수사에 착수한 때에는 피의자소재발견 처리부에 기재하여야 한다. <신설 2001.7.27>

제60조의2 (증언 준비) 사법경찰관리는 그 직무와 관련한 형사재판에서 증언할 경우에는 공판에 관여하는 검사와 면담하는 등 사전에 필요한 준비를 하여야 한다.

[본조신설 2007.12.31]

제3장 장부와 비치서류

제61조 (장부와 비치서류) ① 사법 경찰사무를 처리하는 관서에는 다음의 장부 및 서류를 비치하여야 한다. <개정 1983.4.14, 1994.12.31, 1996.-12.31, 1998.7.3, 2001.7.27, 2002.3.30, 2005.8.26, 2007.12.31>

  1. 범죄사건부

  2. 삭제 <1983.4.14>

  3. 압수부

  4. 구속영장신청부

  4의2. 체포영장신청부

4의3. 체포·구속영장집행원부

4의4. 긴급체포원부

4의5. 현행범인체포원부

4의6. 피의자소재발견처리부

5. 압수, 수색, 검증영장신청부

6. 출석요구통지부

7. 체포·구속인접견부

7의2. 체포·구속인교통부

7의3. 물품차입부

7의4. 체포·구속인수진부

8. 체포·구속인명부

9. 수사관계예규철

10. 수사종결사건(송치사건)철

11. 내사종결사건철

11의2. 변사사건종결철

12. 수사미제사건 기록철

13. 통계철

14. 처분결과 통지서철

15. 검시조서철

16. 잡서류철

17. 통신제한조치허가신청부

18. 통신제한조치집행대장

18의2. 긴급통신제한조치대장

18의3. 긴급통신제한조치통보서발송부

18의4. 통신제한조치집행사실통지부

18의5. 통신제한조치집행사실통지유예승인신청부

18의6. 통신사실 확인자료 제공 요청허가신청부

18의7. 긴급 통신사실 확인자료 제공 요청대장

18의8. 통신사실 확인자료 제공 요청집행대장

18의9. 통신사실 확인자료 회신대장

18의10. 통신사실 확인자료 제공 요청 집행사실통지부

18의11. 통신사실 확인자료 제공 요청 집행사실통지유예 승인신청부

18의12. 영상녹화물 관리대장

19. 특례조치 등 신청부

20. 몰수·부대보전 신청부

② 제1항제1호의 범죄사건부 및 제8호의 체포·구속인명부는 미리 면마다 관할지방검찰청검사장 또는 지청장의 간인을 받아야 한다. <개정 1983.4.14, 2001.7.27>

제62조 (수사관계예규철) 수사관계 예규철에는 검찰청 기타 감독관청이 발한 훈령·통첩·지령 등 관계서류를 편철하여야 한다.

제63조 (수사종결사건철) 수사종결사건(송치사건)철에는 검사에게 송치한 사건 송치서기록목록 및 의견서의 사본을 편철하여야 한다.

제64조 (내사 종결사건철<개정 2001.7.27>) 내사 종결사건철에는 범죄를 내사한 결과 입건의 필요가 없다고 인정되어 완결된 기록을 편철하여야 한다. <개정 2001.7.27>

제65조 (수사미제 사건기록철) 수사미제 사건기록철에는 장차 검거할 가망이 없는 도난 기타 피해신고 사건 등의 기록을 편철하여야 한다.

제66조 (통계철) 통계철에는 사법경찰업무에 관한 각종 통계서류를 편철하여야 한다.

제67조 (처분결과 통지서철) 처분결과 통지서철에는 검사의 기소·불기소(기소유예·혐의 없음·공소권 없음·죄가 안 됨·각하)·기소중지·참고인중지·이송 등 결정 및 각급 심의 재판결과에 관한 통지서를 편철하여야 한다. <개정 1993.12.31, 1995.6.24, 1996.5.1>

제68조 (잡서류철) 잡서류철에는 제62조 내지 제67조에 해당하지 아니하는 모든 서류를 편철하여야 한다.

제69조 (서류철의 색인목록) ① 서류철에는 색인목록을 붙여야 한다.

② 서류편철 후 그 일부를 빼낼 때에는 색인목록 비고란에 그 연월일 및 사유를 기재하고 담당 사법경찰관이 날인하여야 한다.

제70조 (임의장부 등) 사법경찰관은 필요하다고 인정할 때에는 제4조 및 제61조 소정의 장부 및 서류 이외에 필요한 장부 또는 서류철을 비치할 수 있다.

제71조 (장부 등의 갱신) ① 사법경찰사무에 관한 장부 및 서류철은 매년 이를 갱신하여야 한다. 다만, 필요에 따라서는 계속 사용할 수 있다.

② 제1항 단서의 경우에는 그 연도를 구분하기 위하여 분계지 등을 삽입하여 분명히 하여야 한다.

제72조 (장부 및 서류의 보존기간) 장부 및 서류는 다음의 기간 이를 보존하여야 한다. <개정 1983.4.14, 1994.12.31, 1996.12.31, 2001.7.27, 2002.-3.30, 2005.8.26, 2007.12.31>

1. 범죄 사건부 25년

2. 삭제 <1983.4.14>

3. 압수부 25년

4. 구속영장신청부 2년

4의2. 체포영장신청부 2년

4의3. 체포·구속영장집행원부 2년

4의4. 긴급체포원부 2년

4의5. 현행범인체포원부 2년

4의6. 피의자소재발견처리부 25년

5. 압수·수색·검증영장신청부 2년

6. 출석요구통지부 2년

7. 체포·구속인접견부 2년

7의2. 체포·구속인교통부 2년

7의3. 물품차입부 2년

7의4. 체포·구속인수진부 2년

8. 체포·구속인명부 25년

9. 수사관계예규철 영구

10. 수사종결사건(송치사건)철 25년

11. 내사종결사건철 25년

11의2. 변사사건종결철 25년

12. 수사미제사건기록철 25년

13. 통계철 5년

14. 처분결과통지서철 2년

15. 검시조서철 2년

16. 잡서류철 2년

17. 통신제한조치허가신청부 3년

18. 통신제한조치집행대장 3년

18의2. 긴급통신제한조치대장 3년

18의3. 긴급통신제한조치통보서발송부 3년

18의4. 통신제한조치집행사실통지부 3년

18의5. 통신제한조치집행사실통지유예승인신청부 3년

18의6. 통신사실 확인자료 제공 요청허가신청부 3년

18의7. 긴급 통신사실 확인자료 제공 요청대장 3년

18의8. 통신사실 확인자료 제공 요청집행대장 3년

18의9. 통신사실 확인자료 회신대장 3년

18의10. 통신사실 확인자료 제공 요청 집행사실통지부 3년

18의11. 통신사실 확인자료 제공 요청 집행사실통지유예 승인신청부 3년

18의12. 영상녹화물 관리대장 25년

19. 특례조치 등 신청부 2년

20. 몰수·부대보전신청부 10년

제73조 (보존기간의 기산 등) ① 제72조의 보존기간은 사건처리를 완결하거나 또는 최종절차를 마친 익년 1월 1일부터 기산한다.

② 보존기간이 경과한 장부 및 서류철은 폐기목록을 작성한 후 폐기하여야 한다.

제4장 마약류범죄 관련보전절차 등 〈신설 1998.7.3〉

제74조 (마약류범죄수사 관련 입국·상륙절차 특례 등의 신청) ① 사법경찰관이 「마약류불법거래방지에관한특례법」 제3조제5항 또는 제4조제3항의 규정에 의하여 검사에게 입국·상륙절차의 특례, 체류부적당 통보, 반출·반입 특례 등을 신청하는 경우에는 입국·상륙절차특례신청서, 체류부적당통보신청서, 세관절차특례신청서 등을 제출하여야 한다. <개정 2005.-8.26>

② 사법경찰관이 제1항의 규정에 의하여 신청을 한 경우에는 특례조치 등 신청부를 작성하고, 필요한 사항을 기재하여야 한다.

[본조신설 1998.7.3]

제75조 (마약류범죄수사 관련 몰수·부대보전신청) ① 사법경찰관이 「마약류불법거래방지에관한특례법」 제34조제1항의 규정에 의하여 검사에게 몰수·부대보전을 신청하는 경우에는 몰수·부대보전신청서를 제출하여야 한다. <개정 2005.8.26>

② 사법경찰관이 제1항의 규정에 의하여 신청을 한 경우에는 몰수·부대보전신청부를 작성하고, 필요한 사항을 기재하여야 한다.

[본조신설 1998.7.3]

부칙 〈제196호, 1975.10.28〉

이 영은 공포한 날로부터 시행한다.

부칙 〈제215호, 1980.1.21〉

이 영은 1980년 2월 1일부터 시행한다.

부칙 〈제256호, 1983.4.14〉

이 규칙은 공포한 날로부터 시행한다.

부칙 〈제310호, 1988.4.2〉

이 규칙은 공포한 날로부터 시행한다.

부칙 〈제339호, 1990.2.8〉

이 규칙은 공포한 날부터 시행한다.

부칙 〈제380호, 1993.12.31〉

이 규칙은 1994년 1월 1일부터 시행한다.

부칙 〈제394호, 1994.12.31〉

이 규칙은 공포한 날부터 시행한다.

부칙 〈제405호, 1995.6.24〉

이 규칙은 1995년 7월 1일부터 시행한다.

부칙 〈제427호, 1996.5.1〉

이 규칙은 1996년 5월 1일부터 시행한다.

부칙 〈제441호, 1996.12.31〉

이 규칙은 1997년 1월 1일부터 시행한다.

부칙 〈제464호, 1998.7.3〉

　이 규칙은 공포한 날부터 시행한다.

부칙 〈제476호, 1999.3.30〉

　이 규칙은 공포한 날부터 시행한다.

부칙 〈제507호, 2001.7.27〉

　이 규칙은 2001년 8월 1일부터 시행한다.

부칙 〈제514호, 2002.3.30〉

　이 규칙은 공포한 날로부터 시행한다.

부칙 〈제529호, 2003.3.28〉

　① (시행일) 이 규칙은 공포한 날부터 시행한다.
　② (서식에 관한 경과조치) 이 규칙 시행 당시 종전의 규정에 의하여 작성되어 사용 중인 서식은 계속하여 사용하되, 이 규칙에 의한 개정내용을 반영하여 사용하여야 한다.

부칙 〈제550호, 2004.4.26〉 (특별사법경찰관리집무규칙)

　① (시행일) 이 규칙은 2004년 5월 1일부터 시행한다.
　② (다른 법령의 개정) 사법경찰관리집무규칙 중 다음과 같이 개정한다.
제5조를 삭제한다.

부칙 〈제577호, 2005.8.26〉

이 규칙은 2005년 8월 27일부터 시행한다.

부칙 〈제629호, 2007.12.31〉

제1조 (시행일) 이 규칙은 2008년 1월 1일부터 시행한다.
제2조 (일반적 적용례) 이 규칙은 이 규칙 시행 당시 수사 중이거나 법원에
계속 중인 사건에도 적용한다. 다만, 이 규칙 시행 전에 종전의 규정에
따라 행한 행위의 효력에는 영향을 미치지 아니한다.

25. 전투경찰대설치법

[시행 2006.7.1] [법률 제7849호, 2006.2.21, 타법개정]

경찰청 (경비과), 02 - 313 - 0590

제1조 (설치 및 임무) ① 간첩(무장공비를 포함한다)의 침투거부·포착·섬멸
기타의 대간첩작전을 수행하고 치안업무를 보조하기 위하여 지방경찰청
장 및 대통령령이 정하는 국가경찰기관의 장 또는 해양경찰기관의 장
소속하에 전투경찰대를 둔다. <개정 1975.12.31, 1980.12.22, 1981.12.-
31, 1982.12.31, 1991.5.31, 1996.8.8, 2006.2.21>
② 경찰청장 또는 해양경찰청장은 필요한 때에는 그 소속하에 따로 전
투경찰대를 두거나 대통령령이 정하는 바에 따라 전투경찰대의 통할기
관을 둘 수 있다. <개정 1991.5.31, 1996.8.8>
제2조 (조직) 전투경찰대의 대원은 제2조의3의 규정에 의하여 임용된 전투경
찰순경과 「경찰공무원법」의 규정에 의한 국가경찰공무원으로 구성하고

전투경찰대의 편성 기타 조직에 관하여 필요한 사항은 경찰청장 또는 해양경찰청장이 정한다. <개정 1981.12.31, 1991.5.31, 1996.8.8, 2006.-2.21>

제2조의2 (전투경찰순경의 검문) 전투경찰순경은 임무수행상 필요하다고 인정할 때에는 경비지역 안에서 검문을 할 수 있다.

[본조신설 1975.12.31]

제2조의3 (전투경찰순경의 임용 및 전환복무된 경찰대학졸업자의 전투경찰대 복무<개정 1999.2.5>) ① 대간첩작전의 수행을 임무로 하는 전투경찰순경은 병역법 제24조제2항의 규정에 의하여 전환복무된 자 중에서 이를 임용한다. <개정 1983.12.31, 1989.12.30, 1993.12.31, 1999.2.5, 2001.8.14>

② 치안업무의 보조를 임무로 하는 전투경찰순경은 병역법 제25조제1항의 규정에 의하여 전환복무된 자 중에서 이를 임용한다. <개정 1983.-12.31, 1989.12.30, 1993.12.31, 1999.2.5, 2001.8.14>

③ 병역법 제25조제1항의 규정에 의하여 전환복무된 자 중 경찰대학을 졸업하고 경위로 임용된 자는 전환복무기간 중 전투경찰대의 대원으로 복무하여야 한다. <개정 1983.12.31, 1989.12.30, 1993.12.31, 1999.2.5, 2001.8.14>

[전문개정 1982.12.31]

제3조 (전환복무대상자의 요청 및 추천<개정 1999.2.5>) ① 병역법 제24조제2항의 규정에 의하여 전환복무대상자가 될 대간첩작전의 수행을 임무로 하는 전투경찰순경 임용예정 소요인원은 대통령령이 정하는 바에 의하여 경찰청장 또는 해양경찰청장이 국방부장관에게 그 배정을 요청한다. <개정 1983.12.31, 1989.12.30, 1991.5.31, 1993.12.31, 1996.8.8, 1999.2.5, 2001.8.14>

② 병역법 제25조제1항의 규정에 의하여 전환복무대상자가 될 치안업무의 보조를 임무로 하는 전투경찰순경 임용예정자는 18세 이상인 자(현역병으로 징집이 결정된 자를 제외한다) 중에서 대통령령이 정하는 바에 의하여 경찰청장 또는 해양경찰청장이 국방부장관에게 추천한다. <개정

1983.12.31, 1989.12.30, 1991.5.31, 1993.12.31, 1996.8.8, 1999.2.5, 2001.-
8.14>

③ 경찰대학을 졸업하고 경위로 임용되어 전투경찰대의 대원으로 복무
할 자로서 병역법 제25조제1항의 규정에 의하여 전환복무대상자가 될
자는 경찰대학 졸업예정자(징병검사결과 현역병 입영대상자 및 병역법
제26조제1항제1호의 규정에 의한 공익근무요원소집대상자에 한한다) 중
에서 대통령령이 정하는 바에 의하여 경찰청장이 국방부장관에게 추천
한다. <개정 1983.12.31, 1989.12.30, 1991.5.31, 1993.12.31, 1999.2.5,
2001.8.14>

[전문개정 1982.12.31]

제4조 (경찰공무원법 등의 준용 및 특례) ① 경찰공무원법 제10조·제16조·제
21조·제22조 및 제24조와 국가경찰공무원에게 적용되는 국가공무원법
중 제46조·제68조·제71조 내지 제73조의2 및 제77조의 규정을 제외
하고는 경찰공무원법(국가경찰공무원에게 적용되는 국가공무원법을 포함
한다)을 전투경찰순경에게 준용한다. <개정 1982.12.31, 1997.12.13, 2006.-
2.21>

② 전투경찰순경의 보수·복무·퇴직·면직·휴직 및 직위해제에 관하
여 필요한 사항은 대통령령으로 정한다. <개정 1975.12.31>

③ 전투경찰대의 대원 중 국가경찰공무원의 복무 및 승진임용에 관하여
는 대통령령으로 특례를 정할 수 있다. <개정 1975.12.31, 2006.2.21>

제5조 (징계) ① 전투경찰대의 대원 중 경사·경장 또는 순경(전투경찰순경
을 포함한다)에 대한 징계는 파면·해임·정직·감봉·견책·영창 및
근신으로 한다. <개정 1982.12.31>

② 영창은 전투경찰대 또는 함정 기타의 구금장에 구금함을 말하며 그
기간은 15일 이내로 한다.

③ 근신은 훈련 또는 교육을 받는 경우를 제외하고는 평상근무에 복무
함을 금하고 일정한 장소에서 비행을 반성함을 말하며 그 기간은 15일
이내로 한다.

제6조 (소청) ① 제5조의 징계처분을 받고 처분에 불복하는 자의 소청은 각기 소속에 따라 당해 전투경찰대가 소속된 기관에 설치된 경찰공무원 징계위원회에서 이를 심사한다. <개정 1982.12.31>

② 제1항의 규정에 의한 심사를 청구한 때에도 이에 대한 결정이 있을 때까지는 당해 징계처분에 따라야 한다. <개정 1975.12.31>

제7조 (전사상급여금) 전투경찰순경이 전투 또는 공무수행 중 상이를 입고 퇴직하거나 사망(상이로 인하여 사망한 경우를 포함한다)하였을 때에는 군인에 준하여 대통령령으로 정하는 급여금을 지급한다. <개정 1975.12.-31>

제8조 (보상 및 가료) ① 전투경찰대의 대원으로서 전투 또는 공무수행 중 상이를 입고 퇴직한 자와 사망(상이로 인하여 사망한 경우를 포함한다)한 자의 유족은 대통령령이 정하는 바에 따라 국가유공자등예우및지원에관한법률에 의한 보상대상자로 한다. <개정 1997.1.13>

② 전투경찰대의 대원이 전투 또는 공무수행 중 부상하거나 질병에 이환되었을 때에는 대통령령이 정하는 바에 따라 국가 또는 지방자치단체의 의료시설에서 무상으로 치료를 받을 수 있다.

[본조신설 1975.12.31][종전 제8조는 제12조로 이동 <1975.12.31>]

제9조 (벌칙) ① 근무를 기피할 목적으로 근무지를 이탈한 자나 근무지에서 이탈된 자로서 정당한 사유 없이 상당한 기간 내에 복귀하지 아니한 자는 3년 이상 10년 이하의 징역에 처한다. 다만, 전시·사변 또는 간첩의 출현으로 작전에 동원된 경우에는 5년 이상의 유기징역에 처한다. <개정 1982.12.31>

② 직무상 공격하여야 할 적에 대하여 정당한 사유 없이 이를 공격하지 아니하거나 직무상 당면하여야 할 위난으로부터 이탈한 자는 무기 또는 1년 이상의 징역에 처한다. <개정 1982.12.31>

③ 정당한 사유 없이 초소를 이탈한 자는 2년 이하의 징역에 처한다. 다만, 전시·사변 또는 간첩의 출현으로 작전에 동원된 경우에는 1년 이상의 유기징역에 처한다. <개정 1982.12.31>

④ 정당한 사유 없이 근무수칙을 위배하여 직무를 태만히 한 자는 1년 이하의 징역에 처한다. 다만, 전시·사변 또는 간첩의 출현으로 작전에 동원된 경우에는 5년 이하의 징역에 처한다.

⑤ 근무를 기피할 목적으로 신체를 상해한 자는 3년 이하의 징역에 처한다. 다만, 적전인 경우에는 사형·무기 또는 5년 이상의 징역에 처한다. <개정 1982.12.31>

⑥ 근무를 기피할 목적으로 가병 기타 위계를 한 자는 1년 이하의 징역에 처한다. 다만, 적전인 경우에는 10년 이하의 징역에 처한다. <개정 1982.12.31>

⑦ 직무에 관하여 허위의 통보 또는 보고를 한 자는 1년 이하의 징역에 처한다. 다만, 전시·사변 또는 간첩의 출현으로 작전에 동원된 경우에는 7년 이하의 징역에 처한다. <개정 1982.12.31>

[본조신설 1975.12.31]

제10조 (벌칙) ① 상관의 정당한 명령에 반항하거나 복종하지 아니한 자는 2년 이하의 징역에 처한다. 다만, 전시·사변 또는 간첩의 출현으로 작전에 동원된 경우에는 1년 이상 7년 이하의 징역에 처한다. <개정 1982.-12.31>

② 집단을 이루어 제1항의 죄를 범한 자는 다음의 구별에 의하여 처벌한다. <개정 1982.12.31>

 1. 전시·사변 또는 간첩의 출현으로 작전에 동원된 경우에는 주모자 또는 주동자는 무기 또는 7년 이상의 징역에 처하고, 기타의 자는 1년 이상의 유기징역에 처한다.

 2. 평시에는 주모자 또는 주동자는 3년 이상의 유기징역에 처하고, 기타의 자는 7년 이하의 징역에 처한다.

③ 상관에 대하여 폭행 또는 협박을 한 자는 5년 이하의 징역에 처한다. 다만, 적전인 경우에는 1년 이상 10년 이하의 징역에 처한다. <개정 1982.12.31>

④ 상관을 모욕하거나 그 명예를 훼손한 자는 다음의 구별에 의하여 처

벌한다. <개정 1982.12.31>

   1. 상관을 그 면전에서 모욕한 자는 2년 이하의 징역이나 금고에 처한다.

   2. 문서·도화 또는 우상을 공시하거나 연설 기타 공연한 방법으로 상관을 모욕한 자는 3년 이하의 징역이나 금고에 처한다.

   3. 공연히 사실을 적시하여 상관의 명예를 훼손한 자는 2년 이하의 징역이나 금고에 처한다.

   4. 공연히 허위의 사실을 적시하여 상관의 명예를 훼손한 자는 5년 이하의 징역이나 금고에 처한다.

⑤ 병기 또는 작전장비를 보관할 책임이 있는 자로서 이를 분실한 자는 5년 이하의 징역이나 금고에 처한다. <개정 1982.12.31>

⑥ 작전상의 기밀을 누설한 자는 10년 이하의 징역이나 금고에 처한다. <개정 1982.12.31>

⑦ 작전지역에서 위력 또는 전투의 공포를 이용하여 주민의 재물을 약취한 자는 무기 또는 3년 이상의 징역에 처한다. <개정 1982.12.31>

[본조신설 1975.12.31]

제11조 (벌칙적용대상자 등) ① 제9조 및 제10조의 벌칙규정은 전투경찰순경에게 적용한다.

② 제9조 및 제10조의 규정은 지휘관의 고발이 있어야 논한다.

③ 제2항에 규정한 지휘관의 범위와 고발에 관하여 필요한 사항은 대통령령으로 정한다.

[본조신설 1975.12.31]

제12조 (시행령) 이 법 시행에 관하여 필요한 사항은 대통령령으로 정한다.

[제8조에서 이동 <1975.12.31>]

부칙 〈제2248호, 1970.12.31〉

이 법은 공포한 날로부터 시행한다.

부칙 〈제2806호, 1975.12.31〉

이 법은 공포한 날로부터 시행한다. 다만, 제9조 내지 제11조의 규정은 공포 후 30일이 경과한 날로부터 시행한다.

부칙 〈제3288호, 1980.12.22〉

이 법은 공포한 날로부터 시행한다.

부칙 〈제3486호, 1981.12.31〉

이 법은 공포한 날로부터 시행한다.

부칙 〈제3629호, 1982.12.31〉

① (시행일) 이 법은 공포한 날로부터 시행한다.
② (경과조치) 이 법 시행 당시 종전의 규정에 의하여 임용된 전투경찰순경은 이 법에 의하여 임용된 것으로 본다.

부칙 〈제3696호, 1983.12.31〉 (병역법)

제1조 (시행일) 이 법은 공포 후 2월이 경과한 날로부터 시행한다.
제2조 생략
제3조 생략
제4조 생략
제5조 생략
제6조 생략
제7조 생략
제8조 생략
제9조 생략

제10조 생략

제11조 생략

제12조 생략

제13조 (다른 법률의 개정) ① 전투경찰대설치법 중 다음과 같이 개정한다.

    1. 제2조의3의 제목 중 '귀휴된'을 '전임된'으로 하고, 동조제1항 중 '병역법 제39조제1항의 규정에 의하여 귀휴된 자'를 '병역법 제41조제1항의 규정에 의하여 전임된 자'로 하며, 동조제2항 및 제3항 중 '병역법 제39조제2항의 규정에 의하여 귀휴된 자'를 각각 '병역법 제41조제2항의 규정에 의하여 전임된 자'로 하고, 동조제3항 중 '귀휴기간'을 '전임기간'으로 한다.

    2. 제3조의 제목 중 '귀휴대상자'를 '전임대상자'로 하고, 동조제1항 중 '병역법 제39조제1항의 규정에 의하여 귀휴대상자'를 '병역법 제41조제1항의 규정에 의하여 전임대상자'로 하며, 동조제2항 및 제3항 중 '병역법 제39조제2항의 규정에 의하여 귀휴대상자'를 '병역법 제41조제2항의 규정에 의하여 전임대상자'로 한다.

  ② 내지 ⑨ 생략

부칙 〈제4157호, 1989.12.30〉 (병역의무의특례규제에관한법률)

제1조 (시행일) 이 법은 1990년 4월 1일부터 시행한다.

제2조 생략

제3조 생략

제4조 생략

제5조 생략

제6조 생략

제7조 생략

제8조 생략

제9조 생략

제10조 생략

제11조 생략

제12조 (다른 법률의 개정) ① 전투경찰대설치법 중 다음과 같이 개정한다.

제2조의3제1항 중 '병역법 제41조제1항'을 '병역의무의특례규제에관한법률 제5조제1항'으로 하고, 동조제2항 및 제3항 중 '병역법 제41조제2항'을 각각 '병역의무의특례규제에관한법률 제5조제2항'으로 한다.

제3조제1항 중 '병역법 제41조제1항'을 '병역의무의특례규제에관한법률 제5조제1항'으로 하고, 동조제2항 및 제3항 중 '병역법 제41조제2항'을 각각 '병역의무의특례규제에관한법률 제5조제2항'으로 한다.

② 내지 ⑤ 생략

부칙 〈제4369호, 1991.5.31〉 (경찰법)

제1조 (시행일) 이 법은 공포 후 60일이 경과한 날부터 시행한다.

제2조 생략

제3조 생략

제4조 (다른 법률의 개정) ① 및 ② 생략

③ 전투경찰대설치법 중 다음과 같이 개정한다.

제1조제1항 중 '서울특별시장·직할시장·도지사'를 '지방경찰청장'으로 한다.

제1조제2항, 제2조 및 제3조 중 '내무부장관'을 각각 '경찰청장'으로 한다.

④ 내지 <19> 생략

제5조 생략

제6조 생략

부칙 〈제4685호, 1993.12.31〉 (병역법)

제1조 (시행일) 이 법은 1994년 1월 1일부터 시행한다. <단서 생략>

제2조 생략

제3조 생략

제4조 생략

제5조 생략

제6조 생략

제7조 생략

제8조 생략

제9조 생략

제10조 생략

제11조 생략

제12조 생략

제13조 생략

제14조 생략

제15조 생략

제16조 생략

제17조 (다른 법률의 개정) ① 전투경찰대설치법 중 다음과 같이 개정한다.

1. 제2조의3제1항 중 '병역의무의특례규제에관한법률 제5조제1항'을 '병역법 제24조제1항'으로 하고, 동조제2항 및 제3항 중 '병역의무의특례규제에관한법률 제5조제2항'을 각각 '병역법 제24조제2항'으로 한다.

2. 제3조제1항 중 '병역의무의특례규제에관한법률 제5조제1항'을 '병역법 제24조제1항'으로 하고, 동조제2항 중 '병역의무의특례규제에관한법률 제5조제2항'을 '병역법 제24조제2항'으로 하며, 동조제3항 중 '병역의무의특례규제에관한법률 제5조제2항'을 '병역법 제24조제2항'으로, '방위소집대상자'를 '병역법 제26조제1항제1호의 규정에 의한 공익근무요원소집대상자'로 한다.

② 내지 ⑩ 생략

제18조 (다른 법률 개정에 따른 경과조치) ① 전투경찰대설치법 제3조제3항의 개정규정에 불구하고 방위소집대상자에 대하여는 1994년 12월 31일까

지는 종전의 규정에 의한다.

② 및 ③ 생략

제19조 생략

부칙 〈제5153호, 1996.8.8〉 (정부조직법)

제1조 (시행일) 이 법은 공포 후 30일 이내에 제41조의 개정규정에 의한 해
   양수산부와 해양경찰청의 조직에 관한 대통령령의 시행일부터 시행한다.

제2조 생략

제3조 (다른 법률의 개정) ① 내지 ⑤ 생략

⑥ 전투경찰대설치법 중 다음과 같이 개정한다.

제1조제1항 중 '경찰기관의 장'을 '경찰기관의 장 또는 해양경찰기관의
장'으로 한다.

제1조제2항, 제2조 및 제3조제1항·제2항 중 '경찰청장'을 각각 '경찰청
장 또는 해양경찰청장'으로 한다.

⑦ 내지 〈69〉 생략

제4조 생략

부칙 〈제5291호, 1997.1.13〉 (국가유공자등예우및지원에관한법률)

제1조 (시행일) 이 법은 공포 후 6월이 경과한 날부터 시행한다.

제2조 생략

제3조 생략

제4조 (다른 법률의 개정) ① 내지 〈16〉 생략

〈17〉 전투경찰대설치법 중 다음과 같이 개정한다.

제8조의 제목 '(원호 및 가료)'를 '(보상 및 가료)'로 하고, 동조제1항 중
'군사원호보상법'을 '국가유공자등예우및지원에관한법률'로, '원호대상
자'를 '보상대상자'로 한다.

〈18〉 내지 〈21〉 생략

제5조 생략

부칙 〈제5454호, 1997.12.13〉 (정부부처명칭등의변경에따른건축법등의정비에관한법률)

이 법은 1998년 1월 1일부터 시행한다. <단서 생략>

부칙 〈제5757호, 1999.2.5〉 (병역법)

제1조 (시행일) 이 법은 공포한 날부터 시행한다. 다만, 제2조제1항제6호·제9조·제10조·제11조제1항 및 제69조의 개정규정은 1999년 7월 1일부터 시행한다.
제2조 내지 제6조 생략
제7조 (다른 법률의 개정) ① 및 ② 생략
③ 전투경찰대설치법 중 다음과 같이 개정한다.
　제2조의3의 제목 중 '전임'을 '전환복무'로 하며, 동조제1항 내지 제3항 중 '전임'을 각각 '전환복무'로 한다.
　제3조의 제목 '(전임대상자의 요청 및 추천)'을 '(전환복무대상자의 요청 및 추천)'으로 하며, 동조제1항 내지 제3항 중 '전임대상자'를 각각 '전환복무대상자'로 한다.
제8조 생략

부칙 〈제6502호, 2001.8.14〉 (병역법)

제1조 (시행일) 이 법은 공포 후 1월이 경고한 날부터 시행한다.
제2조 (다른 법률의 개정) ① 생략
② 전투경찰대설치법 중 다음과 같이 개정한다.
　제2조의3제1항 중 '병역법 제24조제1항'을 '병역법 제24조제2항'으로 하고, 동조제2항 및 제3항 중 '병역법 제24조제2항'을 각각 '병역법 제25

조제1항'으로 한다.

제3조제1항 중 '병역법 제24조제1항'을 '병역법 제24조제2항'으로 하고, 동조제2항 및 제3항 중 '병역법 제24조제2항'을 각각 '병역법 제25조제1항'으로 한다.

부칙 〈제7849호, 2006.2.21〉 (제주특별자치도 설치 및 국제자유도시 조성을 위한 특별법)

제1조 (시행일) 이 법은 2006년 7월 1일부터 시행한다. <단서 생략>

제2조 내지 제39조 생략

제40조 (다른 법령의 개정) ① 내지 <24> 생략

<25> 전투경찰대설치법 일부를 다음과 같이 개정한다.

제1조 중 '경찰기관'을 '국가경찰기관'으로 한다.

제2조 중 '경찰공무원법의 규정에 의한 경찰공무원'을 '「경찰공무원법」의 규정에 의한 국가경찰공무원'으로 하고, 제4조제1항 및 제3항 중 '경찰공무원'을 각각 '국가경찰공무원'으로 한다.

<26> 내지 <47> 생략

제41조 생략

26. 청원경찰법

[시행 2008.2.29] [법률 제8852호, 2008.2.29, 타법개정]

경찰청 (경비과), 02 - 313 - 0682

제1조 (목적) 이 법은 청원경찰의 직무·임용·배치·보수·사회보장 기타 필요한 사항을 규정함으로써 청원경찰의 원활한 운영을 기함을 목적으

로 한다.

제2조 (정의) 이 법에서 '청원경찰'이라 함은 다음 각 호의 1에 해당하는 기관의 장 또는 시설·사업장 등의 경영자가 소요경비(이하 '청원경찰경비'라 한다)를 부담할 것을 조건으로 경찰의 배치를 신청하는 경우에 그 기관·시설 또는 사업장 등의 경비를 담당하게 하기 위하여 배치하는 경찰을 말한다. <개정 1980.1.4, 1999.3.31, 2008.2.29>

1. 국가기관 또는 공공단체와 그 관리하에 있는 중요시설 또는 사업장

2. 국내주재 외국기관

3. 기타 행정안전부령으로 정하는 중요시설·사업장 또는 장소

제3조 (청원경찰의 직무) 청원경찰은 제4조제2항의 규정에 의하여 청원경찰의 배치결정을 받은 자(이하 '청원주'라 한다)와 배치된 기관·시설 또는 사업장 등의 구역을 관할하는 경찰서장의 감독을 받아 그 경비구역 안에 한하여 경비목적을 위하여 필요한 범위 안에서 경찰관직무집행법에 의한 경찰관의 직무를 행한다. <개정 1980.1.4, 2001.4.7>

제4조 (청원경찰의 배치) ① 청원경찰의 배치를 받고자 하는 자는 대통령령이 정하는 바에 의하여 관할지방경찰청장에게 신청하여야 한다. <개정 1983.-12.30, 1991.5.31>

② 지방경찰청장은 제1항의 청원경찰의 배치 신청을 받은 때에는 지체 없이 그 배치 여부를 결정하여 신청인에게 통지하여야 한다. <개정 1991.-5.31>

③ 지방경찰청장은 청원경찰의 배치가 필요하다고 인정되는 기관의 장 또는 시설·사업장의 경영자에게 청원경찰을 배치할 것을 요청할 수 있다. <신설 1976.12.31, 1991.5.31>

제5조 (청원경찰의 임용 등〈개정 2001.4.7〉) ① 청원경찰은 제4조제2항의 규정에 의한 청원경찰의 배치결정을 받은 자(이하 '청원주'라 한다)가 임용하되, 그 임용에 있어서는 미리 지방경찰청장의 승인을 얻어야 한다. <개정 1980.1.4, 1991.5.31>

② 국가공무원법 제33조 각 호의 1에 해당하는 자는 청원경찰로 임용될

수 없다. <개정 2001.4.7>

③ 청원경찰의 임용자격·임용방법·교육·보수 및 징계에 관하여는 대통령령으로 정한다.

④ 청원경찰의 복무에 관하여는 국가공무원법 제57조·제58조제1항·제60조·제66조제1항 및 경찰공무원법 제18조의 규정을 준용한다. <개정 2001.4.7>

제6조 (청원경찰경비) ① 청원주는 다음 각 호의 청원경찰경비를 부담하여야 한다. <개정 1980.1.4>

  1. 청원경찰에게 지급할 봉급 및 제 수당

  2. 청원경찰의 피복비

  3. 청원경찰의 교육비

  4. 제7조의 규정에 의한 보상금 및 제7조의2의 규정에 의한 퇴직금

② 제1항제1호의 최저부담기준액과 동항제2호 및 제3호의 부담기준액은 경찰청장이 정하여 고시한다. <개정 1991.5.31>

제7조 (보상금) 청원주는 청원경찰이 다음 각 호의 1에 해당하게 된 때에는 대통령령으로 정하는 바에 의하여 본인 또는 그 유족에게 보상금을 지급하여야 한다. <개정 1980.1.4>

  1. 직무수행으로 인하여 부상을 입거나, 질병에 걸리거나 또는 사망한 때

  2. 직무상의 부상·질병으로 인하여 퇴직하거나, 퇴직 후 2년 이내에 사망한 때

제7조의2 (퇴직금) 청원주는 청원경찰이 퇴직한 때에는 근로기준법의 규정에 의한 퇴직금을 지급하여야 한다. 다만, 국가기관 또는 지방자치단체에 근무하는 청원경찰의 퇴직금에 관하여는 따로 대통령령으로 정한다.

[본조신설 1980.1.4]

제8조 (제복착용과 무기휴대) ① 청원경찰은 근무 중 제복을 착용하여야 한다.

② 지방경찰청장은 청원경찰이 직무수행을 위하여 필요하다고 인정할 때에는 청원주의 신청에 의하여 관할경찰서장으로 하여금 무기를 대여하여 휴대하게 할 수 있다. <개정 1980.1.4, 1991.5.31>

③ 청원경찰의 복제와 무기휴대에 관하여 필요한 사항은 대통령령으로 정한다.

제9조 삭제 <1999.3.31>

제9조의2 삭제 <2001.4.7>

제9조의3 (감독) ① 청원주는 항시 소속 청원경찰의 근무수행상황을 감독하고 필요한 교양을 실시하여야 한다.

② 지방경찰청장은 청원경찰의 효율적인 운영을 위하여 청원주를 지도하며 감독상 필요한 명령을 발할 수 있다. <개정 1991.5.31>

[본조신설 1980.1.4]

제10조 (직권남용 금지 등) ① 청원경찰이 직무를 수행함에 있어서 직권을 남용하여 국민에게 해를 끼친 경우에는 6월 이하의 징역이나 금고에 처한다. <개정 1983.12.30>

② 청원경찰업무에 종사하는 자는 형법 기타 법령에 의한 벌칙의 적용에 있어서는 공무원으로 본다.

제10조의2 (청원경찰의 불법행위에 대한 배상책임) 청원경찰(국가기관 또는 지방자치단체에 근무하는 청원경찰을 제외한다)의 직무상 불법행위에 대한 배상책임에 관하여는 민법의 규정에 의한다.

[본조신설 1980.1.4]

제10조의3 (권한의 위임) 이 법에 의한 지방경찰청장의 권한은 그 일부를 대통령령이 정하는 바에 의하여 관할경찰서장에게 위임할 수 있다. <개정 1991.5.31, 1999.3.31, 2001.4.7>

[본조신설 1981.2.14]

제10조의4 (의사에 반한 면직) ① 청원경찰은 형의 선고·징계처분 또는 신체·정신상의 이상으로 직무를 감당하지 못할 때를 제외하고는 그 의사에 반하여 면직되지 아니한다.

② 청원주가 제1항의 규정에 의하여 청원경찰을 면직시킨 때에는 그 사실을 관할경찰서장을 거쳐 지방경찰청장에게 보고하여야 한다.

[본조신설 2001.4.7]

제10조의5 (배치의 폐지 등) ① 청원주는 청원경찰이 배치된 시설이 폐쇄 또는 축소되어 청원경찰의 배치를 폐지하거나 배치인원을 감축할 필요가 있다고 인정될 때에는 청원경찰의 배치를 폐지하거나 배치인원을 감축할 수 있다. 다만, 청원주가 경비업법에 의한 특수경비원을 배치할 목적으로 청원경찰의 배치를 폐지하거나 배치인원을 감축할 수 없다.

② 제1항의 규정에 의하여 청원주가 청원경찰을 폐지 또는 감축한 때에는 이를 청원경찰의 배치결정을 한 경찰관서의 장에게 통보하여야 한다. 이 경우 그 사업장이 제4조제3항의 규정에 의하여 지방경찰청장이 청원경찰의 배치를 요청한 사업장인 때에는 그 폐지 또는 감축사유를 구체적으로 명시하여야 한다.

[본조신설 2001.4.7]

제10조의6 (당연퇴직) 청원경찰이 다음 각 호의 1에 해당할 때에는 당연퇴직된다.

1. 제5조제2항의 규정에 의한 임용결격 사유에 해당된 때

2. 제10조의5의 규정에 의하여 청원경찰의 배치가 폐지된 때

3. 59세에 달한 때

[본조신설 2001.4.7]

제10조의7 (휴직 및 명예퇴직) 국가기관 또는 지방자치단체에 근무하는 청원경찰의 휴직 및 명예퇴직에 관하여는 「국가공무원법」 제71조 내지 제73조, 제74조의2의 규정을 준용한다.

[본조신설 2005.8.4]

제11조 (벌칙) 청원경찰로서 국가공무원법 제66조제1항의 규정에 위반한 자는 1년 이하의 징역 또는 200만 원 이하의 벌금에 처한다.

[전문개정 2001.4.7]

제12조 (과태료) ① 다음 각 호의 1에 해당하는 자는 500만 원 이하의 과태료에 처한다. <개정 1991.5.31, 2001.4.7>

1. 제4조제2항의 규정에 의한 지방경찰청장의 배치결정을 받지 아니하고 청원경찰을 배치하거나 제5조제1항의 규정에 의한 지방경찰

청장의 승인을 얻지 아니하고 청원경찰을 임용한 자

2. 정당한 이유 없이 제6조제2항의 규정에 의하여 경찰청장이 고시한 최저부담기준액 이상의 보수를 지급하지 아니한 자

3. 삭제 <1999.3.31>

4. 삭제 <2001.4.7>

5. 제9조의3제2항의 규정에 의한 감독상 필요한 명령을 정당한 이유 없이 이행하지 아니한 자

② 제1항의 규정에 의한 과태료는 대통령령이 정하는 바에 의하여 지방경찰청장이 부과·징수한다. <신설 2001.4.7>

③ 제2항의 규정에 의한 과태료처분에 불복이 있는 자는 그 처분의 고지를 받은 날부터 30일 이내에 지방경찰청장에게 이의를 제기할 수 있다. <신설 2001.4.7>

④ 제2항의 규정에 의한 과태료처분을 받은 자가 제3항의 규정에 의하여 이의를 제기한 때에는 지방경찰청장은 지체 없이 관할법원에 그 사실을 통보하여야 하며, 그 통보를 받은 관할법원은 비송사건절차법에 의한 과태료의 재판을 한다. <신설 2001.4.7>

⑤ 제3항의 규정에 의한 기간 이내에 이의를 제기하지 아니하고 과태료를 납부하지 아니한 때에는 국세체납처분의 예에 의하여 이를 징수한다. <신설 2001.4.7>

[본조신설 1980.1.4]

부칙 〈제2666호, 1973.12.31〉

① (시행일) 이 법은 공포한 날로부터 시행한다.

② (경과조치) 이 법의 시행 당시에 종전의 규정에 의하여 임명된 청원경찰은 이 법에 의하여 임명된 것으로 본다.

③ (동전) 이 법의 시행 당시 종전의 규정에 의하여 국고에 납입한 청원경찰경비에 관하여는 종전의 예에 의한다.

부칙 〈제2949호, 1976.12.31〉

이 법은 공포 후 1월이 경과한 날로부터 시행한다.

부칙 〈제3228호, 1980.1.4〉

① (시행일) 이 법은 공포 후 3월이 경과한 날로부터 시행한다.
② (경과조치) 이 법 시행 당시 종전의 규정에 의하여 임용된 청원경찰은 이 법에 의하여 임용된 것으로 본다.

부칙 〈제3371호, 1981.2.14〉

이 법은 공포한 날로부터 시행한다.

부칙 〈제3677호, 1983.12.30〉

이 법은 공포 후 1월이 경과한 날로부터 시행한다.

부칙 〈제4369호, 1991.5.31〉 (경찰법)

제1조 (시행일) 이 법은 공포 후 60일이 경과한 날부터 시행한다.
제2조 및 제3조 생략
제4조 (다른 법률의 개정) ① 내지 ⑩ 생략
⑪ 청원경찰법 중 다음과 같이 개정한다.
제4조제1항 중 '서울특별시장・직할시장 또는 도지사(이하 '도지사'라 한다)'를 '지방경찰청장'으로 한다.
제4조제2항・제3항, 제8조제2항 및 제9조 본문 중 '도지사는'과 제9조의2제1항, 제9조의3제2항 및 제10조의3 중 '도지사는'을 각각 '지방경찰청장은'으로 한다.
제5조제1항, 제9조의2제2항 및 제12조제1호 중 '도지사'를 각각 '지방경

찰청장'으로 한다.

제6조제2항 중 '내무부장관'을 '경찰청장'으로 한다.

제12조제2호 중 '내무부장관'을 '경찰청장'으로 한다.

⑫ 내지 <19> 생략

제5조 및 제6조 생략

부칙 〈제5937호, 1999.3.31〉

① (시행일) 이 법은 공포 후 6월이 경과한 날부터 시행한다.

② (과태료에 관한 경과조치) 이 법 시행 전의 행위에 대한 과태료의 적용에 있어서는 종전의 규정에 의한다.

부칙 〈제6466호, 2001.4.7〉

① (시행일) 이 법은 공포 후 3월이 경과한 날부터 시행한다. 다만, 제10조의4 내지 제10조의6의 개정규정은 공포한 날부터 시행한다.

② (복무에 관한 경과조치) 이 법 시행 전에 종전의 제5조제4항의 규정에 위반한 행위에 대하여는 종전의 규정에 의한다.

③ (과태료에 관한 경과조치) 이 법 시행 전의 행위에 대한 과태료의 적용에 있어서는 종전의 규정에 의한다.

부칙 〈제7662호, 2005.8.4〉

이 법은 공포 후 3월이 경과한 날부터 시행한다.

부칙 〈제8852호, 2008.2.29〉 (정부조직법)

제1조 (시행일) 이 법은 공포한 날부터 시행한다. 다만, ……<생략>…… 부칙 제6조에 따라 개정되는 법률 중 이 법의 시행 전에 공포되었으나 시행일이 도래하지 아니한 법률을 개정한 부분은 각각 해당 법률의 시행

일부터 시행한다.

제2조부터 제5조까지 생략

제6조 (다른 법률의 개정) ①부터 <711>까지 생략

<712> 청원경찰법 일부를 다음과 같이 개정한다.

제2조제3호 중 '행정자치부령'을 '행정안전부령'으로 한다.

<713>부터 <760>까지 생략

제7조 생략

27. 특별사법경찰관리 집무규칙

[시행 2008.1.1] [법무부령 제630호, 2007.12.31, 일부개정]

법무부 (형사기획과), 02 - 503 - 7052

제1장 총 칙

제1조 (목적) 이 규칙은 「사법경찰관리의직무를행할자와그직무범위에관한법률」에 의하여 사법경찰관리의 직무를 행하는 자의 범죄수사에 관한 집무상의 준칙을 명시하여 수사의 효율성을 높이고 인권침해를 방지함을 목적으로 한다. <개정 2005.8.26>

제2조 (특별사법경찰관리의 직무) ① 「사법경찰관리의직무를행할자와그직무범위에관한법률」(이하 '법'이라 한다)에 의하여 사법경찰관의 직무를 행하는 자(이하 '특별사법경찰관'이라 한다)는 법에 의한 직무의 범위 안에서 범인과 범죄사실을 수사하고 그에 관한 증거를 수집함을 그 직무로 한다. <개정 2005.8.26>

② 법에 의하여 사법경찰리의 직무를 행하는 자(이하 '특별사법경찰리'라 한다)는 검사와 특별사법경찰관의 수사를 보조함을 그 직무로 한다.

③ 특별사법경찰관 및 특별사법경찰리(이하 '특별사법경찰관리'라 한다)
는 범죄를 수사하거나 그 수사를 보조하는 때에는 검사의 지휘를 받아
야 한다.

제3조 (특별사법경찰관리의 신조) 특별사법경찰관리는 다음 각 호의 사항을 특
히 명심하여야 한다.

1. 특별사법경찰관리는 항상 엄정하고 공명정대한 자세로 직무를 수행하
고 수사과정에서 국민의 인권을 침해하는 일이 없도록 하여야 한다.

2. 특별사법경찰관리는 항상 소관 업무분야의 전문지식을 함양하고 사회
현상의 변화와 직무관련 범죄의 동향을 철저히 연구하여 적정한 수사를
할 수 있도록 노력하여야 한다.

3. 특별사법경찰관리는 법령에 따라 소관 업무와 관련된 범죄를 수사함
을 기본적 사명으로 하므로 항상 관계법령을 연구하고 이를 솔선하여
준수하도록 노력하여야 한다.

제2장 수 사

제1절 통 칙

제4조 (관할) ① 특별사법경찰관리는 법령에 의하여 정하여진 관할구역 안에
서 직무를 행한다. 다만, 관할구역 안의 사건과 관련성이 있는 사실을
발견하기 위하여 필요한 때에는 관할구역 바깥에서도 그 직무를 행할
수 있다.

② 특별사법경찰관리는 관할구역 밖에서 수사하는 때에는 수사를 행하
는 지역을 관할하는 지방검찰청 검사장 또는 지청장에게 보고하여야 한다.

제5조 (비밀의 엄수) 특별사법경찰관리는 범죄를 수사하는 때에는 기밀을 엄
수하여 수사에 지장을 초래하지 아니하도록 하여야 하며, 피의자·피해
자 그 밖의 사건관계인의 명예를 훼손하지 아니하도록 하여야 한다.

제6조 (수사의 협조) 특별사법경찰관리는 직무를 수행하는 때에는 다른 사법
경찰관리와 상호 성실하게 협조하여야 한다.

제7조 (수사의 회피) 특별사법경찰관리는 피의자·피해자 그 밖의 사건관계인
과의 친족관계 또는 그에 준하는 특별한 관계로 인하여 수사의 공정성
을 의심받을 염려가 있는 사건에 대하여는 소속 행정기관의 장이나 소
속 부서의 장의 허가를 받아 그 수사를 담당하지 아니하도록 하여야 한다.

제8조 (사건의 단위) 다음 각 호의 1에 해당하는 범죄사건은 1건으로 처리한
다. <개정 2005.8.26>

1. 「형사소송법」 제11조의 규정에 의한 관련사건. 이미 검찰청 또는 이
에 상응하는 관서에 송치하거나 이송한 후에 수리한 사건도 또한 같다.

2. 불기소처분이 내려진 사건과 그 처분이 내려진 후 검사의 지휘에 따
라 다시 수사를 개시한 사건

3. 검사의 수사지휘를 받은 사건

4. 다른 기관이나 다른 관서로부터 1건으로 이송된 사건

제9조 (지명서 휴대의무) 법 제5조의 규정에 의하여 지명된 특별사법경찰관리
는 압수수색·조사 등 수사업무를 행하는 때에는 항상 지명된 자임을
증명하는 서류를 소지하여야 한다.

제10조 (합동단속반의 설치·운영 등) ① 지방검찰청 검사장이나 지청장은 특정
사범을 중점적으로 단속할 필요가 있거나 특정사범에 대한 일반사법경
찰관리와 특별사법경찰관리의 중복단속을 피하기 위하여 필요한 때에는
관계행정기관의 장과 협의하여 특정사범에 대한 합동단속반을 설치·운
영할 수 있다. 다만, 법 제8조 및 제9조의 규정에 의한 사법경찰관리의
직무범위에 속하는 범죄에 대하여는 그러하지 아니하다.

② 지방검찰청 검사장 또는 지청장은 합동단속 또는 실태조사, 특별사
법경찰관리의 전문지식과 인권의식 함양 등을 위하여 필요한 때에는 특
별사법경찰관리가 소속된 행정기관의 장에게 특별사법경찰관리의 파견,
일정 기간의 소관부서에의 근무, 수사실무·법률 및 인권에 관한 교육
의 수강 등 필요한 사항의 협조를 요청할 수 있다.

제11조 (수사사무 보고) 특별사법경찰관은 법 제6조의 규정에 의하여 부여된 직무범위 안에서 다음 각 호의 1에 해당하는 범죄를 발견한 때에는 즉시 관할지방검찰청 검사장 또는 지청장에게 보고하여야 한다. 다만, 비상사태 또는 이에 준하는 사태하에서는 아직 범죄가 발생하지 아니한 경우에도 범죄 발생의 우려가 있는 때에는 그 동태를 보고하여야 한다. <개정 2005.8.26>

1. 내란의 죄
2. 외환의 죄
3. 공안을 해하는 죄
4. 폭발물에 관한 죄
5. 방화, 중실화 및 업무상 실화의 죄
6. 교통방해의 죄
7. 살인의 죄
8. 상해치사·폭행치사죄
9. 「국가보안법」 위반범죄
10. 중요한 「관세법」 위반범죄
11. 중요한 「조세범처벌법」 위반범죄
12. 중요한 「출입국관리법」 위반범죄
13. 중요한 「철도법」 위반범죄
14. 공무원의 직무에 관한 죄 및 공무방해에 관한 죄
15. 「군형법」 중 반란의 죄, 암호부정사용죄, 「군사기밀보호법」 위반 범죄, 「군용물등범죄에관한특별조치법」 위반 범죄
16. 외국인 관련 범죄
17. 사회의 이목을 끌 만하거나 정부시책에 중대한 영향을 미치는 범죄
18. 지방검찰청 검사장 또는 지청장이 특별히 지시한 사항

제12조 (정보보고) 특별사법경찰관은 소관 업무와 관련하여 다음 각 호의 1

에 해당하는 사실이 있는 때에는 그 사실과 이에 관한 조치를 관할 지
방검찰청 검사장 또는 지청장에게 지체 없이 보고하여야 한다. 다만, 법
제8조의 규정에 의한 특별사법경찰관에 대하여는 제3호의 규정을 적용
하지 아니한다.

1. 소요의 발생, 그 밖의 사유로 사회적 불안을 조성할 우려가 있는 때
2. 정당 또는 사회단체의 동향이 사회질서에 영향을 미칠 우려가 있는 때
3. 일반사법경찰관리 또는 다른 기관의 특별사법경찰관리와 업무권한의
충돌이나 분쟁이 생겨 기관간의 업무 조정이 필요한 때

제13조 (직무범위 외의 범죄발생에 대한 보고) 특별사법경찰관은 그 직무범위에
속하지 아니하는 범죄나 이에 대한 증거자료를 발견한 경우에도 다음 각
호의 1에 해당하는 때에는 이를 관할지방검찰청 검사장 또는 지청장에
게 지체 없이 보고하여야 한다.

1. 당해 범죄가 진행 중에 있는 등으로 시급한 조치가 필요한 때
2. 당해 범죄의 법정형에 징역형이 포함되어 있는 때

제14조 (단속계획 등 보고) 특별사법경찰관은 반기별로 단속계획과 단속실적을
관할 지방검찰청 검사장 또는 지청장에게 보고하여야 한다. 다만, 법 제
3조제1항 내지 제4항 및 제8조의 규정에 의한 특별사법경찰관의 경우에
는 그러하지 아니하다.

제15조 (범죄통계 보고) 특별사법경찰관은 사건마다 범죄통계원표를 작성하여
검찰총장이나 관할 지방검찰청 검사장 또는 지청장에게 제출하여야 한다.

제3절 수사서류

제16조 (수사서류의 작성) 특별사법경찰관리는 수사서류를 작성하는 때에는
내용의 정확성과 진술의 임의성을 확보하기 위하여 특히 다음 사항에
유의하여야 한다. <개정 2007.12.31>

1. 일상용어로 된 쉬운 문구를 사용할 것
2. 복잡한 사항은 항목을 나누어 기술할 것

3. 사투리·약어·은어 등은 그다음에 괄호를 하고 간단한 설명을 붙일 것

4. 외국어 또는 학술용어는 그다음에 괄호를 하고 간단한 설명을 붙일 것

5. 지명·인명 등을 혼동할 우려가 있거나 그 밖에 특히 필요하다고 인정되는 때에는 그다음에 괄호를 하고 한자·로마자 등을 기입하거나 설명을 붙일 것

6. 각 서류마다 작성연월일을 기재하고 진술자로 하여금 간인하고 기명날인 또는 서명하도록 할 것

제17조 (외국어로 된 서면) 외국어로 기재한 서류가 있는 때에는 번역문을 첨부하여야 한다.

제4절 출석요구와 조사

제18조 (출석요구) ① 특별사법경찰관이 피의자 또는 참고인에게 출석을 요구하는 때에는 출석요구서를 발부하여야 한다. 이 경우 출석요구서에는 출석요구의 취지를 명백하게 기재하여야 한다. <개정 2007.12.31>

② 특별사법경찰관은 신속한 출석요구 등을 위하여 필요한 경우에는 전화, 모사전송, 그 밖의 상당한 방법으로 출석요구를 할 수 있다. <개정 2007.12.31>

③ 피의자나 참고인이 출석한 때에는 지체 없이 진술을 들어야 하며, 오랫동안 기다리게 하는 일이 없도록 하여야 한다.

④ 외국인을 조사하는 때에는 국제법과 국제조약에 위배되는 일이 없도록 하여야 한다.

제18조의2 (변호인의 피의자신문 참여) ① 특별사법경찰관은 「형사소송법」 제243조의2제1항에 규정된 자의 신청이 있는 경우 정당한 사유가 없는 한 변호인을 피의자에 대한 신문에 참여하게 하여야 한다. 이 경우 정당한 사유란 변호인의 참여로 인하여 신문 방해, 수사기밀 누설 등 수사에 현저한 지장을 초래할 우려가 있다고 인정되는 때를 말한다.

② 특별사법경찰관은 제1항의 신청이 있는 경우 신청인으로 하여금 변

호인 참여 전에 변호인선임에 관한 서면을 제출하도록 하여야 한다.

③ 제1항의 변호인 참여 신청이 있는 경우에도 변호인이 상당한 시간 내에 출석하지 아니하거나 출석할 수 없는 경우에는 변호인의 참여 없이 피의자를 신문할 수 있다.

④ 특별사법경찰관은 변호인의 참여로 인하여 다음 각 호 중 어느 하나의 사유가 발생하여 신문 방해, 수사기밀 누설 등 수사에 현저한 지장이 초래되는 경우에는 피의자신문 중이라도 변호인의 참여를 제한할 수 있다.

  1. 사법경찰관의 승인 없이 부당하게 신문에 개입하거나 모욕적인 언동 등을 하는 경우
  2. 피의자를 대신하여 답변하거나 특정한 답변 또는 진술 번복을 유도하는 경우
  3. 「형사소송법」 제243조의2제3항 단서에 반하여 부당하게 이의를 제기하는 경우
  4. 피의자신문 내용을 촬영·녹음·기록하는 경우. 다만, 기록의 경우 피의자에 대한 법적 조언을 위하여 변호인이 기억환기용으로 간략히 메모를 하는 것은 제외한다.

[본조신설 2007.12.31]

제18조의3 (피의자의 신뢰관계자 동석) ① 「형사소송법」 제244조의5에 따라 피의자와 동석할 수 있는 신뢰관계에 있는 자는 피의자의 직계친족, 형제자매, 배우자, 가족, 동거인, 보호시설 또는 교육시설의 보호 또는 교육 담당자 등 피의자의 심리적 안정과 원활한 의사소통에 도움을 줄 수 있는 자(이하 '신뢰관계자'라 한다)를 말한다.

② 피의자 또는 법정대리인이 신뢰관계자의 동석신청을 한 때에는 특별사법경찰관은 신청인으로부터 동석 신청서 및 동석대상자와 피의자와의 관계를 소명할 수 있는 자료를 제출받아 기록에 편철하여야 한다. 다만, 동석 신청서를 작성할 시간적 여유가 없는 경우 등에는 이를 작성하게 하지 아니하고 수사보고서나 조서에 그 취지를 기재하는 것으로 갈음할 수 있으며, 조사의 긴급성 또는 동석의 필요성 등이 현저한 경우에는 예

외적으로 동석 조사 이후에 신뢰관계자와 피의자와의 관계를 소명할 자료를 제출받아 기록에 편철할 수 있다.

③ 특별사법경찰관은 제2항에 따른 신청이 없더라도 동석의 필요성이 있다고 인정되는 경우에는 피의자와의 신뢰관계 유무를 확인한 후 직권으로 신뢰관계자를 동석하게 할 수 있다. 이 경우 그 취지를 수사보고서나 조서에 기재하여야 한다.

④ 특별사법경찰관은 수사기밀 누설이나 신문 방해 등으로 수사에 부당한 지장이 초래될 우려가 있다고 인정할 만한 상당한 이유가 있는 경우에는 신뢰관계자의 동석을 거부할 수 있다.

⑤ 피의자신문에 동석하는 신뢰관계자는 피의자의 심리적 안정과 원활한 의사소통에 도움을 주는 행위 외의 불필요한 행위를 하여서는 아니 되며, 특별사법경찰관은 수사기밀 누설이나 신문 방해 등으로 수사에 부당한 지장이 초래될 우려가 있다고 인정할 만한 상당한 이유가 있거나 신뢰관계자가 부당하게 수사의 진행을 방해하는 경우에는 피의자신문 도중에 동석을 중지시킬 수 있다.

[본조신설 2007.12.31]

제18조의4 (피해자의 신뢰관계자 동석) ① 「형사소송법」 제221조제3항 및 제163조의2에 따라 피해자와 동석할 수 있는 신뢰관계에 있는 자는 피해자의 직계친족, 형제자매, 배우자, 가족, 동거인, 보호시설 또는 교육시설의 보호 또는 교육담당자 등 피해자의 심리적 안정과 원활한 의사소통에 도움을 줄 수 있는 자를 말한다.

② 피해자와 신뢰관계에 있는 자의 동석에 대하여는 제18조의3제2항부터 제5항까지의 규정을 준용한다. 이 경우 '피의자'는 '피해자'로, '신문'은 '조사'로 각각 본다.

[본조신설 2007.12.31]

제19조 (피의자에 대한 조사사항) 특별사법경찰관리는 피의자를 상대로 조사를 하면서 다음 각 호의 사항에 유의하여야 한다. <개정 2005.8.26, 2007.-12.31>

1. 피의자의 성명·연령·주민등록번호·등록기준지·주거·직업(피의자
가 법인 또는 단체인 경우에는 그 명칭·설립목적·소재지 및 기구와
대표자의 성명 및 주거)

2. 피의자가 외국인인 경우에는 국적·주거·출생지·입국연월일·입국
목적 및 외국인등록번호

3. 피의자의 전과 유무와 기소유예·선고유예 등의 처분을 받은 사실의
유무

4. 피의자가 자수하거나 자복한 때에는 그 동기와 경위

5. 피의자의 훈장·기장·포장·연금의 유무

6. 피의자의 병역관계

7. 피의자의 환경·교육·경력·가족상황·재산 정도와 생활수준 및 종
교관계

8. 범죄의 동기·원인·성질·일시·장소·방법·결과

9. 피해자의 주거·직업·성명·연령

10. 피의자와 피해자가 친족관계이거나 그 밖의 특수한 관계인 때에는
죄가 성립하는지의 여부, 형의 경중이 있는 사건에 대하여는 그 사항

11. 피의자의 처벌로 그 가정에 미치는 영향

12. 범죄로 피해자와 사회에 미치는 영향

13. 피해의 상태, 손해액, 피해 회복의 여부와 처벌희망의 유무

14. 피의자의 이익이 될 만한 사항

15. 제1호 내지 제14호의 사항을 증명할 수 있는 사항

제20조 (참고인의 진술) ① 특별사법경찰관리는 참고인의 진술을 듣는 때에는
진술의 임의성에 관한 「형사소송법」 제317조의 규정을 준수하여야 하
며, 참고인에게 진술을 강요하여서는 아니 된다. <개정 2005.8.26>

② 참고인의 진술은 조서에 기재하여야 한다.

③ 진술사항이 복잡하거나 참고인이 서면진술을 원하는 때에는 진술서
를 작성하여 제출하게 할 수 있다. 이 경우 참고인에게 자필로 진술서를
작성하도록 권고하여야 하며, 수사담당 특별사법경찰관리가 대신 진술서

를 작성하지 아니하도록 하여야 한다.

제20조의2 (수사과정의 기록) ① 「형사소송법」 제244조의4에 따라 특별사법경찰관은 피의자나 참고인을 조사하면서 수사과정확인서에 수사과정을 기록하고, 이를 조서의 끝부분에 편철하여 조서와 함께 간인함으로써 조서의 일부로 하거나, 별도의 서면으로 기록에 편철하여야 한다.

② 수사과정을 기록할 경우 조사장소의 도착시각, 조사의 시작 및 종료 시각 등을 기재하고, 조사장소의 도착시각과 조사의 시작 시각에 상당한 시간적 차이가 있으면 그 구체적인 이유 등을 기재하며, 조사가 중단되었다가 재개되면 그 이유와 중단 시각 및 재개 시각 등을 구체적으로 기재하는 등 조사과정의 진행 경과를 확인하기 위하여 필요한 사항을 기재하여야 한다.

[본조신설 2007.12.31]

제20조의3 (영상녹화) ① 특별사법경찰관은 피의자 또는 참고인에 대한 조서를 작성하는 때에는 필요한 경우 그 조사과정을 영상녹화할 수 있다.

② 특별사법경찰관은 조사과정을 영상녹화하는 경우 해당 조사의 시작부터 조서에 기명날인 또는 서명을 마치는 시점까지의 전 과정을 영상녹화하여야 하며, 조사 도중 영상녹화의 필요성이 발생한 경우에는 그 시점에서 진행 중인 조사를 종료하고, 그다음 조사의 시작부터 조서에 서명날인 또는 서명을 마치는 시점까지의 전 과정을 영상녹화하여야 한다.

③ 특별사법경찰관은 조사를 마친 후 조서 정리에 장시간을 요하는 경우에는 조서정리과정을 영상녹화하지 아니하고, 조서 열람 시부터 영상녹화를 재개할 수 있다.

④ 특별사법경찰관은 피의자에 대한 조사과정을 영상녹화하는 경우 피의자에게 다음 각 호의 사항을 고지하여야 한다.

　1. 조사자 및 참여자의 성명과 직책

　2. 영상녹화 사실 및 장소, 시작 및 종료 시각

　3. 「형사소송법」 제244조의3에 따른 진술거부권 등

　4. 조사를 중단·재개하는 경우 중단 이유와 중단 시각, 중단 후 재개

하는 시각

⑤ 특별사법경찰관은 참고인에 대한 조사과정을 영상녹화하는 경우 서면으로 영상녹화에 대한 동의 여부를 확인하고, 제4항제1호, 제2호 및 제4호의 사항을 고지하여야 한다.

⑥ 특별사법경찰관은 영상녹화를 함에 있어 조사실 전체가 확인가능하고 피조사자의 얼굴과 음성이 식별가능하도록 하여야 한다.

⑦ 특별사법경찰관은 피의자에 대한 조사과정을 영상녹화하는 경우 「형사소송법」의 제243조의 참여 규정을 준수하여야 하며, 이때 참여자는 반드시 조사실에 동석하여야 한다.

[본조신설 2007.12.31]

제20조의4 (영상녹화물의 제작 등) ① 특별사법경찰관은 영상녹화를 실시한 경우 영상녹화용 컴퓨터에 저장된 영상녹화파일을 이용하여 영상녹화물(CD, DVD 등) 2개를 제작하고, 그중 하나는 피조사자의 기명날인 또는 서명을 받아 피조사자 또는 변호인의 면전에서 봉인하여 보관하고, 나머지 하나는 수사기록에 편철한다.

② 특별사법경찰관은 영상녹화물을 제작한 후 영상녹화용 컴퓨터에 저장되어 있는 영상녹화파일을 데이터베이스 서버에 전송하여 보관할 수 있다.

③ 특별사법경찰관은 제1항의 영상녹화물이 손상 또는 분실 등으로 인하여 사용될 수 없는 경우에는 데이터베이스 서버에 저장되어 있는 영상녹화파일을 이용하여 다시 영상녹화물을 제작할 수 있다.

④ 특별사법경찰관은 영상녹화물을 생성한 후 이를 영상녹화물 관리대장에 등재하여야 한다.

[본조신설 2007.12.31]

제21조 (임상조사) 특별사법경찰관리는 치료 중인 피의자나 참고인을 상대로 임상신문을 하는 때에는 상대방의 건강상태를 충분히 고려하여야 하며, 수사에 중대한 지장이 없는 한 가족·의사 그 밖의 적당한 사람을 참여시켜야 한다.

제22조 (범죄의 내사) ① 특별사법경찰관은 직무범위에 속하는 범죄에 관한 신문·방송 그 밖의 보도매체의 기사, 익명의 신고 또는 풍문이 있는 경우에는 특히 출처에 주의하여 진상을 내사한 후 범죄의 혐의가 있다고 인정되는 때에는 즉시 수사에 착수하여야 한다.

② 특별사법경찰관리는 내사 결과 범죄의 혐의가 없다고 인정되는 때에는 즉시 내사를 종결하여야 한다.

③ 익명 또는 허무인 명의의 진정·탄원 및 투서에 대하여는 그 내용을 정확히 판단하여 수사단서로서의 가치가 없다고 인정되는 때에는 내사하지 아니할 수 있다.

④ 실존인물의 진정·탄원 및 투서라도 그 내용이 소관 형벌법규에 저촉되지 아니함이 명백하다고 인정되는 때에는 진정인·탄원인 및 투서인에게 그 뜻을 통지하고 제3항의 규정에 준하여 처리할 수 있다.

제23조 (범죄인지보고서) ① 특별사법경찰관이 수사에 착수하는 때에는 범죄인지보고서를 작성하여야 한다.

② 제1항의 보고서에는 피의자의 성명·주민등록번호·직업·주거·범죄경력 및 수사경력·죄명·범죄사실과 적용될 법조문을 기재하며, 범죄사실에는 범죄의 일시·장소·방법 등을 명시하고 특히 수사의 단서와 인지하게 된 경위를 구체적으로 기재하여야 한다.

제5절 피의자의 체포·구속 등

제24조 (구속영장의 신청) ① 특별사법경찰관이 체포한 피의자에 대하여 구속영장을 신청하는 때에는 체포영장·긴급체포서·현행범인체포서 또는 현행범인인수서를 제출하여야 한다.

② 특별사법경찰관은 피의자에 대하여 구속영장을 신청함에 있어서 「형사소송법」 제209조에 따라 준용되는 같은 법 제70조제2항의 필요적 고려사항이 있는 경우에는 구속영장 신청서에 이를 기재한다. <개정 2007.-12.31>

③ 특별사법경찰관은 검사로부터 「형사소송법」 제201조의2제3항에 따른 심문기일과 장소를 통지받은 때에는 검사의 지휘를 받아 지정된 기일과 장소에 체포된 피의자를 출석시켜야 한다. <개정 2007.12.31>

④ 삭제 <2007.12.31>

⑤ 삭제 <2007.12.31>

⑥ 삭제 <2007.12.31>

⑦ 삭제 <2007.12.31>

⑧ 삭제 <2007.12.31>

⑨ 삭제 <2007.12.31>

제25조 (영장의 재신청) 특별사법경찰관은 다음 각 호의 1에 해당하는 경우 동일한 범죄사실로 다시 체포·구속·압수·수색 또는 검증영장의 발부를 신청하는 때에는 그 취지를 검사에게 보고하여야 한다.

1. 영장의 유효기간이 경과된 경우

2. 영장을 신청하였으나 발부받지 못한 경우

3. 피의자가 체포되거나 구속되었다가 석방된 경우

제26조 (영장의 집행) ① 특별사법경찰관리는 영장을 신속하고 정확하게 집행하여야 한다.

② 특별사법경찰관리가 영장을 집행하는 때에는 피의자나 관계인의 신체와 명예를 보전하는 데 유의하여야 한다.

③ 영장은 검사의 서명·날인 또는 집행지휘서에 의하여 집행한다.

④ 특별사법경찰관리는 「형사소송법」 제81조제1항 단서의 규정에 의하여 재판장·수명법관 또는 수탁판사로부터 구속영장의 집행을 지휘받은 때에는 즉시 구속영장을 집행하여야 한다. <개정 2005.8.26>

⑤ 특별사법경찰관리는 피의자를 체포하거나 구속하는 때에는 「형사소송법」 제200조의5(같은 법 제209조에 따라 준용되는 경우를 포함한다)에 따라 피의자에게 피의사실의 요지, 체포·구속의 이유와 변호인을 선임할 수 있음을 알려 주고 변명할 기회를 준 후 피의자로부터 확인서를 받아 수사기록에 편철하여야 한다. 다만, 피의자가 확인서에 기명날

인 또는 서명하기를 거부하는 때에는 확인서의 끝부분에 그 사유를 기재하고 기명날인 또는 서명하여야 한다. <개정 2005.8.26, 2007.12.31>

⑥ 특별사법경찰관리는 영장을 집행하는 때에는 「형사소송법」 제89조 및 제90조의 규정을 준수하여야 한다. <개정 2005.8.26>

제27조 (체포·구속의 통지 등 〈개정 2007.12.31〉) ① 특별사법경찰관은 피의자를 체포·구속한 경우 「형사소송법」 제200조의6 또는 제209조의 규정에 의하여 준용되는 동법 제87조의 규정에 의하여 변호인이 있는 때에는 변호인에게, 변호인이 없는 때에는 동법 제30조제2항에 규정된 자 중 피의자가 지정한 자에게 체포·구속한 때부터 늦어도 24시간 내에 서면으로 체포·구속의 통지를 하여야 한다. 다만, 「형사소송법」 제30조제2항에 규정된 자가 없어 체포·구속의 통지를 하지 못하는 때에는 그 취지를 기재한 서면을 수사기록에 편철하여야 한다. <개정 2005.8.26, 2007.12.31>

② 특별사법경찰관은 긴급을 요하는 때에는 전화·모사전송 또는 이에 상응하는 방법으로 체포·구속의 통지를 할 수 있다. 이 경우 다시 서면으로 체포·구속의 통지를 하여야 한다.

③ 체포·구속의 통지서 사본은 수사기록에 편철하여야 한다.

④ 「형사소송법」 제214조의2제2항에 따라 같은 법 제214조의2제1항에 규정된 자 중에서 피의자가 지정한 자에게 적부심사를 청구할 수 있음을 통지하는 경우 제1항부터 제3항까지의 규정을 준용한다. <신설 2007.12.31>

제28조 (구금과 건강상태) 특별사법경찰관은 피의자를 구금하는 때에는 그의 건강상태를 조사하고 체포·구속으로 인하여 현저하게 건강을 해할 염려가 있다고 인정되는 때에는 그 사유를 검사에게 보고하여야 한다.

제29조 (체포·구속영장등본의 교부) 사법경찰관은 「형사소송법」 제214조의2제1항에 규정된 자가 체포·구속영장의 등본을 교부하여 줄 것을 청구하는 때에는 그 등본을 교부하여야 한다. <개정 2005.8.26>

제30조 (영장 등의 반환) ① 특별사법경찰관은 「형사소송법」 제200조의5 또

는 제209조의 규정에 의하여 준용되는 동법 제75조의 규정에 의하여 체
포·구속영장을 반환하는 때에는 영장과 영장반환보고서의 사본을 수사
기록에 편철하여야 한다. <개정 2005.8.26>

② 제1항의 규정에 의하여 체포·구속영장을 반환하는 경우「형사소송
법」제82조의 규정에 의하여 체포·구속영장이 여러 통 발부된 때에는
이를 전부 반환하여야 한다. <개정 2005.8.26>

③ 영장반환보고서에는 발행통수와 집행불능의 사유를 기재하여야 한다.

④ 통신제한조치의 집행이 불가능하거나 필요 없게 된 때에는 통신제한
조치허가서를 법원에 반환하여야 한다. 이 경우 제1항 내지 제3항의 규
정을 준용한다.

제31조 (피의자의 석방) ① 특별사법경찰관은 체포한 피의자나 긴급체포한 피
의자 또는 구속한 피의자를 석방하는 때에는 미리 검사의 지휘를 받아
야 한다.

② 제1항의 경우 검사의 석방지휘가 있는 때에는 즉시 석방하여야 한다.

③ 특별사법경찰관은 제2항의 규정에 의하여 체포한 피의자나 긴급체포
한 피의자 또는 구속한 피의자를 석방한 때에는 그 사실을 검사에게 지
체 없이 보고하여야 하며, 석방일시와 석방사유를 기재한 서면을 작성하
여 수사기록에 편철하여야 한다.

④ 제1항의 규정에 의한 석방건의는 서면으로 하여야 한다. 다만, 긴급
을 요하는 경우에는 전화, 모사전송, 전자우편, 그 밖의 상당한 방법으
로 석방을 건의할 수 있다. <개정 2007.12.31>

제32조 (긴급체포) ① 특별사법경찰관이「형사소송법」제200조의3제1항의 규
정에 의한 긴급체포를 하는 때에는 피의자의 연령·경력·범죄성향, 범
죄의 경중·양상, 그 밖의 여러 사정을 고려하여 인권의 침해가 없도록
신중을 기하여야 한다. <개정 2005.8.26>

② 특별사법경찰관이 피의자를 긴급체포한 때에는 즉시 긴급체포서를
작성하고 긴급체포원부에 그 내용을 기재하여야 한다.

③ 특별사법경찰관은 긴급체포 후 12시간 내에 관할 지방검찰청 또는

지청의 검사에게 긴급체포를 승인하여 달라는 건의를 하여야 한다. 다만, 기소중지된 피의자를 해당 기관 또는 관서가 위치하는 특별시·광역시 또는 도 외의 지역에서 긴급체포한 때에는 24시간 내에 긴급체포에 대한 승인건의를 할 수 있다.

④ 제3항의 규정에 의한 긴급체포에 대한 승인건의는 서면으로 하여야한다. 다만, 긴급을 요하는 때에는 긴급체포한 사유와 체포를 계속하여야 하는 사유를 상세히 기재하여 모사전송으로 승인건의를 할 수 있다.

⑤ 특별사법경찰관은 긴급체포한 피의자를 석방하는 때에는 긴급체포원부에 석방일시와 석방사유를 기재하여야 한다.

⑥ 제26조제5항 및 제6항과 제27조의 규정은 긴급체포의 경우에 관하여 이를 준용한다.

제33조 (피의자의 접견 등) ① 특별사법경찰관리는 변호인 또는 변호인이 되려는 자가 체포·구속된 피의자와의 접견, 서류·물건의 접수 또는 수진을 요청하는 때에는 친절하게 응하여야 한다.

② 변호인 또는 변호인이 되려는 자가 아닌 자로부터 제1항의 요청이 있는 경우 「형사소송법」 제91조에 규정된 사유가 없는 때에는 제1항의 규정에 준하여 처리하여야 한다. <개정 2005.8.26>

③ 제1항 및 제2항의 규정에 의한 접견 등의 장소는 될 수 있는 대로 유치장 외의 방실에서 하도록 하여야 한다.

제34조 (대표변호인 지정 등 건의) 특별사법경찰관은 변호인이 여럿 있는 때에는 대표변호인의 지정, 지정의 철회 또는 변경을 검사에게 건의할 수 있다.

제35조 (구금된 피의자의 처우) 특별사법경찰관리는 구금된 피의자에 대하여는 구금생활에 필요한 의류·침구 그 밖의 생활용품과 식량 등을 지급하여야 하며, 위생·의료 등에 있어서 상당한 처우를 하여야 한다.

제36조 (체포·구속장소감찰에 따른 조치) 검사가 「형사소송법」 제198조의2의 규정에 의하여 체포·구속장소를 감찰한 후 인치 또는 구금된 자의 석방을 명하거나 사건을 송치할 것을 명한 때에는 특별사법경찰관은 즉시 피의자를 석방하거나 사건을 송치하여야 한다. 이 경우 피의자석방명령

서 또는 사건송치명령서를 수사기록에 편철하여야 한다. <개정 2005.-8.26>

제37조 (피의자의 도주 등) 특별사법경찰관은 체포 중이거나 구속 중에 있는 피의자가 도주 또는 사망하거나, 그 밖의 이상이 발생한 때에는 즉시 관할 지방검찰청 또는 지청의 검사에게 보고하여야 한다.

제6절 현행범인

제38조 (현행범인의 체포) ① 특별사법경찰관리가 현행범인을 체포한 때에는 체포의 경위를 상세히 기재한 현행범인체포서를 작성하여야 한다.

② 특별사법경찰관리가 현행범인을 인도받는 때에는 현행범인을 체포한 자로부터 그의 성명·주민등록번호·직업·주거, 체포의 일시·장소·사유를 청취하여 현행범인인수서를 작성하여야 한다.

③ 특별사법경찰관리가 현행범인을 체포하거나 현행범인을 인도받는 때에는 특히 인권의 침해가 없도록 신중을 기하여야 한다.

④ 제26조제5항·제6항과 제27조의 규정은 현행범인을 체포하거나 인수하는 경우에 관하여 이를 준용한다.

제39조 (현행범인의 조사와 석방) ① 특별사법경찰관리가 현행범인을 체포하거나 인수한 때에는 지체 없이 조사하고, 계속 체포할 필요가 없다고 인정되는 때에는 즉시 석방하여야 한다.

② 특별사법경찰관은 제1항의 규정에 의하여 현행범인을 석방한 때에는 지체 없이 검사에게 보고하고, 석방일시와 석방사유를 기재한 서면을 작성하여 수사기록에 편철하여야 한다.

③ 체포한 현행범인을 석방하는 때에는 현행범인체포원부에 석방일시와 석방사유를 기재하여야 한다.

제7절 변사자의 검시

제40조 (변사자의 검시) ① 특별사법경찰관리는 변사자 또는 변사의 의심이

있는 시체가 있는 때에는 즉시 관할 지방검찰청 또는 지청의 검사에게
보고하고 지휘를 받아야 한다.

② 검사의 명령을 받아 검시를 한 때에는 검시조서를 작성하여야 한다.

제41조 (검시의 주의사항) ① 특별사법경찰관리는 검시에 착수하기 전에 변사
자의 위치·상태 등이 변하지 아니하도록 현장을 보존하여야 한다.

② 변사자의 소지품 그 밖에 변사자가 남겨 놓은 물건이 수사에 필요하
다고 인정되는 때에는 이를 보존하는 데에 유의하여야 한다.

③ 검시를 하는 때에는 잠재지문과 변사자의 지문을 채취하는 데에 유
의하고 의사로 하여금 사체검안서를 작성하게 하여야 한다.

제42조 (검시와 참여자) 특별사법경찰관리는 검시에 특별한 지장이 없다고 인
정하는 때에는 변사자의 가족·친족·이웃사람·친구·공무원 그 밖에
필요하다고 인정하는 자를 검시에 참여시켜야 한다.

제43조 (자살자의 검시) 특별사법경찰관리는 자살한 사람을 검시하는 때에는
자살을 교사하거나 방조한 자가 있는지 여부를 조사하여야 하며, 유서가
있는 때에는 그 진위를 조사하여야 한다.

제8절 고소사건의 처리

제44조 (고소의 대리) 특별사법경찰관은 「형사소송법」 제236조의 규정에 의
한 대리인이 고소를 하거나 고소를 취소하는 때에는 본인의 위임장을
제출받아야 한다. <개정 2005.8.26>

제45조 (고소사건의 수사기간) ① 특별사법경찰관이 고소나 고발에 의하여 범
죄를 수사하는 때에는 고소나 고발이 있은 날부터 2월 이내에 수사를
완료하여야 한다.

② 제1항의 규정에 의한 기간 내에 수사를 완료하지 못한 때에는 관할
지방검찰청 또는 지청의 검사의 지휘를 받아야 한다.

제46조 (고소 등의 취소) ① 특별사법경찰관은 고소나 고발의 취소가 있는 때
에는 그 사유를 명백히 조사하여야 한다.

② 피해자의 명시한 의사에 반하여 죄를 논할 수 없는 사건의 경우 피
해자가 처벌을 희망하는 의사표시를 철회한 때에도 제1항과 같다.

제9절 소년사건에 관한 특칙

제47조 (소년사건수사의 기본원칙) 소년사건을 수사하는 때에는 보호처분 또는
형사처분에 대한 특별한 심리자료를 제공하기 위한 것이라는 점에 유의
하여야 하며, 소년의 건전한 성장을 도모하는 자세로 수사하여야 한다.

제48조 (소년의 특성의 고려) 소년사건을 수사하는 때에는 소년의 특성에 비추
어 되도록 다른 사람의 이목을 끌지 아니하는 조용한 장소에서 온정과
이해를 가지고 부드러운 어조로 조사하여야 하며, 그 소년의 심정을 충
분히 배려하여야 한다.

제49조 (범죄의 원인 등과 환경조사) ① 소년사건을 수사하는 때에는 범죄의 원
인 및 동기와 그 소년의 성격, 경력, 교육정도, 가정상황, 교우관계 그
밖의 환경 등을 상세히 조사하여 환경조사서를 작성하여야 한다.
② 소년의 심신에 이상이 있다고 인정되는 때에는 지체 없이 의사로 하
여금 진단하게 하여야 한다.

제50조 (구속에 관한 주의) 소년에 대하여는 되도록 구속을 피하여야 하며, 부
득이 구속 또는 동행하는 때에는 그 시기와 방법에 관하여 특히 주의를
하여야 한다.

제51조 (보도상의 주의) 소년범죄에 대해서는 「소년법」의 취지에 따라 신속히
처리하여야 하며, 주거·성명·연령·직업·용모 등에 의하여 본인을
알 수 있는 정도의 사실이나 사진이 보도되지 아니하도록 특히 주의하
여야 한다. <개정 2005.8.26>

제52조 (학생범죄) 제47조 내지 제51조의 규정은 피의자가 소년이 아닌 학생
의 범죄사건에 관하여 이를 준용한다.

제53조 (여성범죄) 제48조 및 제50조의 규정은 피의자가 여자인 범죄사건에
관하여 이를 준용한다.

제54조 (증거보전의 신청) 특별사법경찰관은 미리 증거를 보전하지 아니하면 그 증거를 사용하기 곤란한 사정이 있는 때에는 그 사유를 소명하여 검사에게 증거보전의 청구를 신청하여야 한다.

제55조 (실황조사) ① 특별사법경찰관은 수사상 필요하다고 인정되는 때에는 범죄현장이나 그 밖의 장소에 가서 실황을 조사하여야 한다.

② 제1항의 규정에 의한 조사를 하는 때에는 실황조사서를 작성하여야 한다.

제56조 (압수조서 등) ① 특별사법경찰관은 증거물이나 몰수할 물건을 압수한 때에는 압수조서와 압수목록을 작성하여야 한다.

② 압수조서에는 압수경위를, 압수목록에는 물건의 특징을 각각 구체적으로 기재하여야 한다.

③ 제1항의 경우 피의자신문조서·진술조서·검증조서 또는 실황조사서에 압수의 취지를 기재함으로써 압수조서를 갈음할 수 있다.

제57조 (증거물 등의 보전) ① 특별사법경찰관리는 멸실할 우려가 있는 증거물은 특히 보전에 유의하여야 하며, 검증조서 또는 다른 조서에 그 성질과 형상을 상세히 기재하거나 촬영하여야 한다.

② 증거물이 훼손되거나 형상이 변경될 우려가 있는 검증이나 감정을 위촉하는 때에는 제1항의 규정에 준하여 변경 전의 형상을 알 수 있도록 특히 유의하여야 한다.

제58조 (압수물의 보관 등) ① 특별사법경찰관리는 압수물을 다른 사람에게 보관시키는 때에는 보관자의 선정에 주의하여 성실하게 보관하도록 하고 압수물건보관증을 받아야 한다.

② 압수물을 「형사소송법」 제130조제2항의 규정에 의하여 폐기하는 때에는 폐기조서를 작성하고 사진을 촬영하여 이에 첨부하여야 한다. <개정 2005.8.26>

③ 압수물에는 사건명, 피의자의 성명과 압수목록에 기재한 순위 및 번

호를 기입한 표찰을 견고하게 붙여야 한다.

④ 압수물의 환부 또는 가환부나 압수장물의 피해자 환부에 관하여 검사의 지휘가 있는 때에는 「형사소송법」 제135조에 규정된 자에게 지체 없이 통지한 후 신속히 환부하여야 한다. <개정 2005.8.26>

⑤ 압수물이 유가증권인 때에는 원형보존 여부에 관하여 지체 없이 검사의 지휘를 받아야 하며, 원형을 보존할 필요가 없다는 내용의 지휘가 있는 때에는 지체 없이 환전하여 보관하여야 한다.

⑥ 「통신비밀보호법」에 따른 통신제한조치의 집행으로 취득한 물건은 통신제한조치허가서 및 집행조서와 함께 봉인한 후 허가번호와 보존기간을 표기하여 별도로 보관하고, 수사담당자 외의 자가 열람할 수 없도록 하여야 한다. <개정 2005.8.26>

⑦ 통신제한조치를 집행하여 내사한 사건을 종결하는 경우 그 집행으로 취득한 물건·자료 등은 보존기간이 경과한 후 검사의 지휘를 받아 즉시 폐기하여야 한다.

제59조 (압수물의 환부와 가환부) 특별사법경찰관은 압수물에 관하여 소유자·소지자·보관자 또는 제출자로부터 환부 또는 가환부의 청구가 있는 때에는 지체 없이 검사의 지휘를 받아야 한다.

제60조 (긴급통신제한조치통보서 제출) 특별사법경찰관은 「통신비밀보호법」 제8조제5항의 규정에 의하여 긴급통신제한조치가 단시간 내에 종료되어 법원의 허가를 받을 필요가 없는 때에는 지체 없이 긴급 통신제한조치통보서를 작성하여 관할 지방검찰청 검사장 또는 지청장에게 제출하여야 한다. <개정 2005.8.26>

제61조 (통신제한조치 등 집행사실통지 보고 <개정 2005.8.26>) 특별사법경찰관은 「통신비밀보호법」 제9조의2제6항(동법 제13조의3제2항의 규정에 의하여 준용되는 경우를 포함한다)의 규정에 의하여 우편물의 검열, 전기통신의 감청 등 통신제한조치를 집행한 사실 또는 통신사실 확인자료를 제공받은 사실과 집행·제공요청기관 및 그 기간 등을 그 통지대상자에게 통지한 경우에는 지체 없이 관할지방검찰청 검사장 또는 지청장에게 보고

하여야 한다. <개정 2005.8.26>

제11절 사건송치 등

제62조 (사건송치) 특별사법경찰관이 수사를 종결한 때에는 관할 지방검찰청 검사장 또는 지청장에게 사건을 송치하여야 한다. 다만, 통고처분을 하거나 검사의 지휘를 받아 입건하지 아니한 사건은 그러하지 아니하다.

제63조 (송치 전 지휘 등) ① 특별사법경찰관은 관할 지방검찰청 검사장 또는 지청장이 지정하는 사건에 대하여는 사건을 송치하기 전에 증거 판단과 법령의 해석·적용의 적정 여부에 관하여 관할 지방검찰청 또는 지청의 검사에게 지휘를 받아야 한다.

② 「출입국관리법」 및 「관세법」 위반범죄 등 관계 행정기관의 장의 고발이 공소제기 요건이 되는 범죄를 수사하는 특별사법경찰관은 고발 또는 사건종결 등 송치에 준하는 처분을 하기 전에 당해 사건의 증거 판단과 법령의 해석·적용 등에 관하여 검사의 지휘를 받아야 한다. 다만, 관계 행정기관의 장이 법무부장관이나 검찰총장, 관할 지방검찰청 검사장 또는 지청장과 미리 협의하여 정한 일반적 처리기준에 따라 처리하는 때에는 그러하지 아니하다. <개정 2005.8.26>

③ 검사는 제1항 및 제2항의 규정에 의한 지휘 건의가 있는 때에는 7일 이내에 의견을 제시하여야 한다. 다만, 사안이 복잡하거나 장시간의 검토를 필요로 하는 등의 특별한 사정이 있는 때에는 14일 이내에 의견을 제시할 수 있다.

④ 제1항 및 제2항의 규정에 의한 검사의 지휘를 받은 특별사법경찰관은 사건송치서 등 수사기록 표지의 비고란에 지휘검사의 성명 및 지휘 일자를 기재하고, 수사기록에 수사지휘서 또는 수사지휘내용을 기재한 수사보고서를 편철하여야 한다.

제64조 (송치서류) ① 특별사법경찰관은 사건을 송치하는 때에는 수사기록에 사건송치서·압수물 총목록·기록목록·의견서·범죄·수사경력조회회

보서 등 필요한 서류를 첨부하여야 한다. 다만, 「형의실효등에관한법률」 제5조제1항제2호에 해당하는 경우로서 「지문을채취할형사피의자의범위에관한규칙」 제2조제2항제1호·제2호 또는 제4호에 해당하지 아니하는 피의자에 대하여 다음 각 호의 1에 해당하는 의견으로 송치하는 때에는 범죄경력조회회보서 및 수사경력조회회보서를 첨부하지 아니한다. <개정 2005.8.26>

  1. 혐의 없음

  2. 공소권 없음

  3. 죄가 안 됨

  4. 각하

  5. 참고인중지

② 사건을 송치하기 전에 범죄경력조회회보 및 수사경력조회회보를 받지 못한 때에는 사건송치서에 그 사유를 기재하고, 송치 후에 범죄 및 수사경력을 발견한 때에는 즉시 주임검사에게 보고하여야 한다.

③ 송치서류는 다음 순서에 따라 편철하여야 한다.

  1. 사건송치서

  2. 압수물 총목록

  3. 기록목록

  4. 의견서

  5. 그 밖의 서류

④ 제3항제2호 내지 제4호의 서류에는 송치인이 직접 간인을 하여야 한다.

⑤ 제3항제4호의 서류에는 각 장마다 면수를 기입하되, 1장으로 이루어진 때에는 1로 표시하고, 2장 이상으로 이루어진 때에는 1-1, 1-2, 1-3 등으로 표시하여야 한다.

⑥ 제3항제5호의 서류는 접수하거나 작성한 순서에 따라 편철하고 각 장마다 면수를 표시하되, 2부터 시작하여 순서대로 부여하여야 한다.

⑦ 특별사법경찰관이 「검찰압수물사무규칙」 제2조제4호의 규정에 의한 특수압수물(통화와 유가증권을 제외한다)을 송치하는 때에는 감정서 3부

를 첨부하여야 한다. <개정 2005.8.26>

⑧ 통신제한조치를 집행한 사건을 송치하는 때에는 수사기록표지의 증거품란에 '통신제한조치'라고 표기하고 통신제한조치집행으로 취득한 물건은 수사담당 특별사법경찰관이 직접 압수물 송치에 준하여 송치하여야 한다.

⑨ 제3항·제4항 및 제6항의 규정은 사건송치 전 수사진행단계에서 구속영장, 압수·수색·검증영장 또는 통신제한조치허가를 신청하거나 신병지휘건의 등을 하는 경우의 영장신청서류 또는 신병지휘건의서류 등에 관하여 준용한다.

제64조의2 (영상녹화물의 송치) ① 특별사법경찰관은 영상녹화를 실시한 경우 사건송치 시 봉인된 영상녹화물을 기록과 함께 송치하여야 한다.

② 영상녹화물 송치 시 특별사법경찰관은 송치서 표지 비고란에 영상녹화물의 종류와 개수를 표시하여야 한다.

[본조신설 2007.12.31]

제65조 (송치 및 의견서작성) ① 제62조의 규정에 의하여 사건을 송치하는 때에는 소속 관서의 장인 특별사법경찰관의 명의로 하여야 한다. 다만, 소속 관서의 장이 특별사법경찰관이 아닌 때에는 수사주무과장인 특별사법경찰관의 명의로 하여야 하고, 주무과장이 특별사법경찰관이 아닌 때에는 수사를 담당한 특별사법경찰관의 명의로 하여야 한다.

② 제64조제1항의 규정에 의한 의견서는 특별사법경찰관이 작성하여야 한다.

제66조 (참고인 등의 소재수사) ① 특별사법경찰관이 참고인중지의견으로 사건을 송치하는 때에는 참고인등소재수사지휘부를 작성하고 그 사본 1부를 수사기록에 편철하여야 한다.

② 특별사법경찰관리는 제1항의 규정에 의하여 작성된 참고인등소재수사지휘부를 편철하여 관리하고 매 분기 1회 이상 참고인 등에 대한 소재수사를 행하여야 한다. 다만, 검사가 송치의견과 달리 결정한 때에는 참고인등소재수사지휘부에 그 취지를 기재하고 소재수사를 하지 아니한다.

제67조 (추송) 특별사법경찰관이 사건송치 후에 서류 또는 물건을 추송(추송)하는 때에는 앞서 송치한 사건명, 송치 연월일·피의자의 성명, 추송하는 서류 및 증거물 등을 기재한 추송서를 첨부하여야 한다.

제68조 (송치 후의 수사 등) ① 특별사법경찰관리가 사건을 송치한 후에 수사를 계속하고자 하는 때에는 미리 주임검사의 지휘를 받아야 한다.

② 사건을 송치한 후에 해당 사건 피의자의 다른 범죄혐의를 발견한 때에는 즉시 주임검사에게 보고하고 지휘를 받아야 한다.

③ 특별사법경찰관이 고소·고발사건을 기소·기소중지 또는 참고인중지의 의견으로 송치한 후 관할 지방검찰청 또는 지청의 사건사무담당직원으로부터 그 사건에 대한 혐의 없음, 공소권 없음, 죄가 안 됨, 각하의 처분결과와 함께 피의자에 대한 수사자료표를 폐기하도록 통보받은 때에는 이를 지체 없이 폐기할 수 있도록 조치하여야 한다.

제69조 (기소중지·참고인중지 처분된 자에 대한 수사) ① 특별사법경찰관은 검사가 피의자소재불명의 사유로 기소중지한 자를 발견한 때에는 즉시 수사에 착수하고 관할 지방검찰청 또는 지청의 검사에게 그 사실을 보고하여야 한다.

② 특별사법경찰관은 기소중지된 피의자가 다른 기관에서 검거된 때에는 즉시 그 피의자에 대한 체포영장의 집행·호송 등 필요한 조치를 취하여야 한다.

③ 특정증거가 불분명하여 기소중지된 경우 그 증거를 발견하거나 참고인중지의 경우 그 참고인을 발견한 때에도 제1항과 같다.

④ 특별사법경찰관은 참고인중지의 경우 그 참고인이 교도소, 구치소 등에 구금되어 있는 것으로 확인된 때에는 즉시 검사의 지휘를 받아 출장조사, 공조수사 촉탁 등 필요한 조치를 하여야 한다.

⑤ 특별사법경찰관은 제1항 또는 제3항의 규정에 의하여 수사에 착수한 때에는 피의자소재발견처리부에 이를 기재하여야 한다.

제70조 (행정고발사건의 수사기관) 특별사법경찰관리가 소속된 행정기관의 장이 고발한 사건은 해당 기관의 특별사법경찰관이 검사의 지휘를 받아 수사

함을 원칙으로 한다. 다만, 검사가 직접 또는 다른 기관에서 수사함이 상당하다고 판단한 때에는 그러하지 아니하다.

제70조의2 (증언 준비) 특별사법경찰관리는 그 직무와 관련한 형사재판에서 증언할 경우에는 공판에 관여하는 검사와 면담하는 등 사전에 필요한 준비를 하여야 한다.

[본조신설 2007.12.31]

제3장 장부와 비치서류

제71조 (장부와 비치서류) ① 특별사법경찰사무를 처리하는 행정기관에는 다음 각 호의 장부와 서류를 비치하여야 한다. 다만, 제25호 내지 제36호의 장부와 서류는 「통신비밀보호법」 제5조의 규정에 의한 범죄의 수사를 직무로 하는 기관에 한하여 비치한다. <개정 2005.8.26, 2007.12.31>

  1. 범죄사건부
  2. 압수부
  3. 구속영장신청부
  4. 체포영장신청부
  5. 체포·구속영장집행원부
  6. 긴급체포원부
  7. 현행범인체포원부
  8. 피의자소재발견처리부
  9. 압수·수색·검증영장신청부
  10. 출석요구통지부
  11. 체포·구속인명부
  12. 체포·구속인 접견부
  13. 체포·구속인 교통부
  14. 체포·구속인 수진부
  15. 물품차입부

16. 수사관계예규철

17. 수사종결사건(송치사건)철

18. 내사종결사건철

19. 변사사건종결철

20. 수사미제사건기록철

21. 통계철

22. 처분결과통지서철

23. 검시조서철

24. 잡서류철

25. 통신제한조치허가신청부

26. 통신제한조치집행대장

27. 긴급통신제한조치대장

28. 긴급통신제한조치통보서발송부

29. 통신제한조치집행사실통지부

30. 통신제한조치집행사실통지유예승인신청부

31. 통신사실 확인자료 제공 요청허가신청부

32. 긴급 통신사실 확인자료 제공 요청대장

33. 통신사실 확인자료 제공 요청집행대장

34. 통신사실 확인자료 회신대장

35. 통신사실 확인자료 제공 요청 집행사실통지부

36. 통신사실 확인자료 제공 요청 집행사실통지유예 승인신청부

37. 영상녹화물 관리대장

② 제1항제1호의 범죄사건부와 동항제11호의 체포·구속인명부는 미리 장마다 관할 지방검찰청 검사장 또는 지청장의 간인을 받아야 한다.

제72조 (수사관계예규철) 제71조제1항제16호의 수사관계예규철에는 검찰청 그 밖의 감독관청이 발한 훈령·통첩·지령 등 관계서류를 편철하여야 한다.

제73조 (수사종결사건철) 제71조제1항제17호의 수사종결사건(송치사건)철에는 검사에게 송치한 사건송치서, 기록목록 및 의견서의 사본을 편철하여야

한다.

제74조 (내사종결사건철) 제71조제1항제18호의 내사종결사건철에는 범죄를 내사한 결과 입건의 필요가 없다고 인정되어 완결된 기록을 편철하여야 한다.

제75조 (수사미제사건기록철) 제71조제1항제20호의 수사미제사건기록철에는 장차 검거할 가망이 없는 피해신고 사건 등의 기록을 편철하여야 한다.

제76조 (통계철) 제71조제1항제21호의 통계철에는 특별사법경찰업무에 관한 각종 통계서류를 편철하여야 한다.

제77조 (처분결과통지서철) 제71조제1항제22호의 처분결과통지서철에는 검사의 기소·불기소(기소유예, 혐의 없음, 공소권 없음, 죄가 안 됨, 각하)·기소중지·참고인중지·이송 등 결정과 각급 심의 재판결과에 관한 통지서를 편철하여야 한다.

제78조 (잡서류철) 제71조제1항제24호의 잡서류철에는 동조동항제16호 내지 제23호의 서류철에 편철되지 아니하는 모든 서류를 편철하여야 한다.

제79조 (서류철의 색인목록) ① 서류철에는 색인목록을 붙여야 한다.

② 서류를 철한 후 일부를 뺄낼 때에는 그 색인목록의 비고란에 그 연월일과 사유를 기재하고 담당 특별사법경찰관이 날인하여야 한다.

제80조 (임의장부 등) 특별사법경찰관은 필요하다고 인정되는 때에는 제71조제1항 각 호의 장부와 서류 외에 필요한 장부나 서류철을 비치할 수 있다.

제81조 (장부 등의 갱신) ① 특별사법경찰사무에 관한 장부와 서류철은 매년 갱신하여야 한다. 다만, 필요에 따라서는 계속 사용할 수 있다.

② 제1항 단서의 경우에는 연도 구분을 명백히 표시하여야 한다.

제82조 (장부와 서류의 보존기간) 제71조제1항 각 호의 장부와 서류는 다음의 기간 동안 이를 보존하여야 한다. <개정 2005.8.26, 2007.12.31>

1. 수사관계예규철: 영구

2. 범죄사건부, 압수부, 피의자소재발견처리부, 체포·구속인명부, 수사종결사건(송치사건)철, 내사종결사건철, 변사사건종결철, 수사미제사건기록철, 영상녹화물 관리대장: 25년

3. 통계철: 5년

4. 통신제한조치 허가신청부, 통신제한조치 집행대장, 긴급 통신제한조치 대장, 긴급 통신제한조치 통보서발송부, 통신제한조치 집행사실통지부, 통신제한조치 집행사실통지유예 승인신청부, 통신사실 확인자료 제공 요청허가신청부, 긴급 통신사실 확인자료 제공 요청대장, 통신사실 확인자료 제공 요청집행대장, 통신사실 확인자료 회신대장, 통신사실 확인자료 제공 요청 집행사실통지부, 통신사실 확인자료 제공 요청 집행사실통지유예 승인신청부: 3년

5. 구속영장신청부, 체포영장신청부, 체포·구속영장집행원부, 긴급체포원부, 현행범인체포원부, 압수·수색·검증·영장신청부, 출석요구통지부, 체포·구속인 접견부, 체포·구속인 교통부, 체포·구속인 수진부, 물품차입부, 처분결과통지서철, 검시조서철, 잡서류철: 2년

제83조 (보존기간의 기산 등) ① 제82조의 규정에 의한 보존기간은 사건처리를 완결하거나 최종절차를 마친 다음 해 1월 1일부터 기산한다.

② 보존기간이 경과한 장부와 서류철은 폐기목록을 작성한 후 폐기하여야 한다.

제84조 (지방검찰청별 수사지휘지침의 시행) 특별사법경찰관리의 직무 집행과 관련하여 이 규칙에 규정하지 아니한 사항에 대하여는 지방검찰청 검사장이 관할지역의 실정이나 특별사법경찰관리의 업무실태 등을 고려하여 세부지침을 정하여 시행할 수 있다. 이 경우 검사장은 법무부장관과 검찰총장에게 세부지침의 시행내용을 보고하여야 한다.

제85조 (문서의 서식) 특별사법경찰관리가 범죄수사와 관련하여 사용하는 문서와 장부의 서식은 다음과 같다. <개정 2005.8.26, 2007.12.31>

1. 범죄수사보고서: 별지 제1호서식

2. 피의자출석요구서: 별지 제2호서식

3. 참고인출석요구서: 별지 제3호서식

3의2. 피의자의 신뢰관계자 동석 신청서: 별지 제3호의2서식

3의3. 피해자의 신뢰관계자 동석 신청서: 별지 제3호의3서식

4. 신문조서(갑): 별지 제4호서식

5. 신문조서(을): 별지 제5호서식

6. 진술조서(갑): 별지 제6호서식

7. 진술조서(을): 별지 제7호서식

7의2. 수사과정 확인서: 별지 제7호의2 서식

8. 간이진술서: 별지 제8호서식

9. 진술자확인란(갑): 별지 제9호서식

10. 진술자확인란(을): 별지 제10호서식

11. 사전구속영장신청서: 별지 제11호서식

12. 구속영장신청서: 별지 제12호서식

13. 체포영장신청서: 별지 제13호서식

14. 체포·구속이유 고지확인서: 별지 제14호서식

15. 체포·구속영장 집행원부: 별지 제15호서식

16. 체포·구속영장 등본교부대장: 별지 제16호서식

17. 긴급체포피의자 구속영장신청서: 별지 제17호서식

18. 현행범인 구속영장신청서: 별지 제18호서식

19. 긴급체포서: 별지 제19호서식

20. 긴급체포원부: 별지 제20호서식

21. 긴급체포승인건의서: 별지 제21호서식

21의2. 피긴급체포자 석방보고서: 별지 제21호의2서식

22. 압수·수색·검증영장신청서: 별지 제22호서식

23. 긴급압수·수색·검증영장신청서: 별지 제23호서식

24. 구속 전 심문신청 등 통지서: 별지 제24호서식

25. 영장반환보고서: 별지 제25호서식

26. 대표변호인지정 등 건의서: 별지 제26호서식

27. 피의자석방건의서: 별지 제27호서식

28. 현행범인체포서: 별지 제28호서식

29. 현행범인인수서: 별지 제29호서식

30. 현행범인체포원부: 별지 제30호서식

31. 체포·구속인 접견부: 별지 제31호서식

32. 체포·구속인 교통부: 별지 제32호서식

33. 체포·구속인 수진부: 별지 제33호서식

34. 물품차입부: 별지 제34호서식

35. 검시조서: 별지 제35호서식

36. 검증조서: 별지 제36호서식

37. 실황조사서: 별지 제37호서식

38. 촉탁서: 별지 제38호서식

39. 회답서: 별지 제39호서식

40. 증거보전신청서: 별지 제40호서식

41. 증인신문신청서: 별지 제41호서식

42. 감정유치장 신청서: 별지 제42호서식

43. 감정처분허가장 신청서: 별지 제43호서식

44. 감정위촉서(갑): 별지 제44호서식

45. 감정위촉서(을): 별지 제45호서식

46. 압수조서: 별지 제46호서식

47. 수색조서: 별지 제47호서식

48. 물건제출요청서: 별지 제48호서식

49. 수색결과증명서: 별지 제49호서식

50. 압수물건 보관서: 별지 제50호서식

51. 폐기조서: 별지 제51호서식

52. 압수물환부(가환부) 지휘건의서: 별지 제52호서식

53. 압수물 대가 보관 지휘건의서: 별지 제53호서식

54. 유가증권 원형보존 요·부 지휘건의서: 별지 제54호서식

55. 압수물 폐기처분 지휘건의서: 별지 제55호서식

56. 압수증명서: 별지 제56호서식

57. 사건송치서: 별지 제57호서식

제113호서식

114. 통신사실 확인자료 제공 요청 집행사실통지유예 승인신청부: 별지
제114호서식

115. 통신사실 확인자료 제공 요청 집행사실통지보고서: 별지 제115호
서식

116. 영상녹화물 관리대장: 별지 제116호서식

부칙 〈제550호, 2004.4.26〉

① (시행일) 이 규칙은 2004년 5월 1일부터 시행한다.
② (다른 법령의 개정) 사법경찰관리집무규칙 중 다음과 같이 개정한다.
제5조를 삭제한다.

부칙 〈제578호, 2005.8.26〉

이 규칙은 2005년 8월 27일부터 시행한다.

부칙 〈제630호, 2007.12.31〉

제1조 (시행일) 이 규칙은 2008년 1월 1일부터 시행한다.
제2조 (일반적 적용례) 이 규칙은 이 규칙 시행 당시 수사 중이거나 법원에
계속 중인 사건에도 적용한다. 다만, 이 규칙 시행 전에 종전의 규정에
따라 행한 행위의 효력에는 영향을 미치지 아니한다.

28. 해양경찰청과그소속기관직제

[시행 2009.4.1] [대통령령 제21392호, 2009.3.31, 타법개정]

국토해양부 (해양경찰청 조직관리팀), 032 – 835 – 2327

제1장 총칙

제1조 (목적) 이 영은 해양경찰청과 그 소속 기관의 조직과 직무범위, 그 밖에 필요한 사항을 규정함을 목적으로 한다.

제2조 (소속 기관) ① 해양경찰청장의 관장사무를 지원하기 위하여 해양경찰청장 소속으로 해양경찰학교 및 해양경찰연구개발센터를 둔다.

② 해양경찰청장의 관장사무를 분장하기 위하여 해양경찰청장 소속으로 지방해양경찰청 및 직할해양경찰서를 두고, 지방해양경찰청장 소속으로 해양경찰서를 둔다.

③ 해양경찰청장의 관장사무를 지원하기 위하여 「책임운영기관의설치·운영에관한법률」 제4조제1항, 같은 법 시행령 제2조제1항 및 같은 법 시행령 별표 1에 따라 해양경찰청장 소속의 책임운영기관으로 해양경찰정비창을 둔다.

제2장 해양경찰청

제3조 (직무) 해양경찰청은 해양에서의 경찰 및 오염방제에 관한 사무를 관장한다.

제4조 (청장) 해양경찰청장은 치안총감으로 보한다.

제5조 (차장) 해양경찰청 차장은 치안정감으로 보한다.

제6조 (하부조직) ① 해양경찰청에 운영지원과·경비구난국·정보수사국·장비기술국 및 해양오염방제국을 둔다.

② 청장 밑에 대변인 1명을 두고, 차장 밑에 기획조정관 및 감사담당관 각 1명을 둔다.

제7조 (대변인) ① 대변인은 4급 또는 총경으로 보한다.

② 대변인은 다음 사항에 관하여 청장을 보좌한다.

1. 주요정책에 관한 대국민 홍보계획의 수립·조정 및 협의·지원
2. 해양경찰업무에 관한 홍보 및 언론보도 내용의 확인·정정보도 등에 관한 사항
3. 정책홍보와 관련된 각종 정보 및 상황관리
4. 청 내 업무의 대외 정책발표사항 관리 및 브리핑에 관한 사항
5. 전자브리핑 운영 및 지원에 관한 사항

제8조 (기획조정관) ① 기획조정관 밑에 국제협력관 1명을 둔다.

② 기획조정관은 치안감으로, 국제협력관은 경무관으로 보한다.

③ 기획조정관은 다음 사항에 관하여 차장을 보좌한다. <개정 2008.8.7>

1. 주요정책과 업무계획의 수립 및 종합·조정
2. 행정제도개선계획의 수립·집행
3. 조직진단 및 평가를 통한 조직과 정원의 관리
4. 민원(국민제안을 포함한다)과 관련된 제도의 개선
5. 제안제도의 운영
6. 법령안의 심사 등 법제업무
7. 소송업무 및 행정심판에 관한 사항
8. 규제개혁에 관한 사항
9. 주요정책 및 사업의 진도파악과 그 결과의 심사평가
10. 해양경찰정비창의 사업성과 평가
11. 업무처리절차의 개선, 조직문화의 창의혁신 등 청 내 행정창의혁신업무의 총괄·지원
12. 성과관리 기본계획의 수립 및 총괄·조정
13. 성과관리제도의 개발·운영
14. 업무 및 정책·현안관리 시스템의 운영

15. 공무원의 교육훈련 등 능력발전에 관한 사항

16. 해양경찰학교의 운영·감독

17. 예산(국유재산관리특별회계에 속하는 예산을 포함한다)의 편성과 집행의 조정 및 결산

18. 예산편성에 대한 분석·평가

19. 재정성과관리제도의 운영

20. 국유재산관리계획의 수립·집행

21. 해양경찰 업무와 관련된 국제 교류협력에 관한 계획의 수립·조정 및 총괄

22. 외국의 해상치안기관과의 교류·협력

23. 해양경찰과 관련된 국제협약의 채택 및 외국정부기관과의 약정(협정) 체결에 관한 사항

24. 해양경찰 업무의 발전을 위한 외국의 법령·제도·기술 등 정보의 수집·연구 및 자료보급

25. 해양경찰 분야의 대외 기술지원에 관한 기획·조정

26. 소속 직원의 해외훈련 및 연수

27. 해양경찰 업무와 관련된 국제협력을 위한 자문기구의 운영

28. 해외주재관의 파견 및 운영업무의 총괄·기획

29. 해양경찰 업무와 관련된 국제해사기구 및 주한 외국공관의 대응업무에 관한 사항

30. 해양경찰 분야의 국제 홍보업무(영문 홈페이지 운영 등)에 관한 사항

31. 공무국외여행 등에 관한 사항

32. 공무원의 임용·상훈 및 그 밖에 인사에 관한 사항

33. 청 내 다면평가제도의 운영 등 인사혁신방안의 추진

④ 국제협력관은 제3항제21호부터 제31호까지의 사항에 관하여 기획조정관을 보좌한다.

제9조 (감사담당관) ① 감사담당관은 총경으로 보한다.

② 감사담당관은 다음 사항에 관하여 차장을 보좌한다.

  1. 해양경찰청 및 그 소속 기관에 대한 감사

  2. 다른 기관에 의한 해양경찰청 및 그 소속 기관에 대한 감사결과의 처리

  3. 진정·민원 및 비위사항의 조사·처리

  4. 사정업무에 관한 사항

  5. 징계위원회의 운영에 관한 사항

  6. 소속 공무원의 재산등록 및 심사에 관한 업무

  7. 그 밖에 청장이 감사에 관하여 지시한 사항의 처리

제10조 (운영지원과) ① 운영지원과장은 총경으로 보한다.

② 운영지원과장은 다음 사항을 분장한다. <개정 2008.8.7>

  1. 보안 및 관인의 관리

  2. 소속 공무원의 복무·연금·급여 및 보훈

  3. 문서의 분류·수발·보존 등 문서관리

  4. 물품의 구매 및 조달

  5. 자금의 운용 및 회계

  6. 전투경찰순경의 인사 및 정원에 관한 사항

  7. 삭제 <2008.8.7>

  8. 삭제 <2008.8.7>

  9. 그 밖에 다른 국 및 담당관의 주관에 속하지 아니하는 사항

제11조 (경비구난국) ① 경비구난국에 국장 1명을 둔다.

② 국장은 치안감 또는 경무관으로 보한다.

③ 국장은 다음 사항을 분장한다.

  1. 해상경비에 관한 계획의 수립·조정 및 지도

  2. 경비구난함정 및 항공기의 운용 지도

  3. 해상에서의 경호, 테러예방 및 진압과 해적대응에 관한 사항

  4. 대형 해양안전사고에 대비한 계획의 수립 및 대응

  5. 해상수색·구조·구난업무에 관한 계획의 수립·조정 및 지도

6. 해상수색ㆍ구조ㆍ구난작업에 동원된 세력의 지휘ㆍ통제 및 조정

7. 해양안전사고에 대비한 교육ㆍ훈련의 실시

8. 해양안전사고에 대비한 대응과 관련된 협력 및 정보의 수집ㆍ연구

9. 광역 수색ㆍ구조대의 운영 지도

10. 위성조난통신실ㆍ해상교통문자방송실ㆍ구난무선국의 운영 기획 및 지도

11. 선박 위치통보제도의 운영

12. 해상상황의 파악ㆍ분석 및 유지

13. 유ㆍ도선의 안전관리 및 사업면허ㆍ신고에 관한 사항

14. 여객 및 화물수송의 안전에 관한 사항

15. 한국해운조합의 안전운항 관리ㆍ지도

16. 파출소 및 출장소의 운영 지도

17. 선박 출ㆍ입항 신고에 관한 사항

18. 즉결심판 및 통고처분에 관한 사항

19. 「해상교통안전법」에 따른 특정해역의 설정 및 관리에 관한 사항

20. 수상레저활동 안전관리에 관한 정책의 수립ㆍ조정 및 지도

21. 수상레저안전문화의 조성 및 진흥

22. 수상레저안전과 관련된 국내외 법령ㆍ제도의 연구 및 개선

23. 수상레저기구의 안전검사 및 형식승인 업무의 지도에 관한 사항

24. 수상레저사업의 등록 및 지도ㆍ감독

25. 동력수상레저기구의 조종면허시험제도 운영

26. 조종면허시험 대행기관의 지정 및 지도ㆍ감독

27. 항공지원업무에 관한 계획의 수립ㆍ조정

28. 격납고 등 항공시설 부지 구매ㆍ신축 및 유지ㆍ보수ㆍ관리

29. 항공기의 안전관리 및 교육훈련

제12조 (정보수사국) ① 정보수사국에 국장 1명을 둔다.

② 국장은 치안감 또는 경무관으로 보한다.

③ 국장은 다음 사항을 분장한다.

1. 수사업무에 관한 기획·지도 및 조정

2. 범죄 통계 및 수사자료의 분석

3. 기획수사에 관한 사항

4. 범죄감식 및 범죄기록의 수집·관리

5. 형사업무와 관련된 사항

6. 광역수사업무와 그 기획·지도 및 조정

7. 정보업무에 관한 기획·지도 및 조정

8. 치안정보의 수집·종합·분석·작성 및 배포

9. 정책정보의 수집·종합·분석·작성 및 배포

10. 해상집회·시위 등 집단사태의 관리에 관한 지도·조정

11. 보안경찰업무에 관한 기획·지도 및 조정

12. 보안사범에 관한 수사의 기획·지도 및 조정

13. 보안과 관련된 정보의 수집·분석

14. 해양경찰통역센터의 운영

15. 외사수사 및 외사정보에 관한 기획 및 지도·조정

16. 밀입·출국, 밀수·마약 등 외사사범의 수사

17. 외사방첩업무에 관한 사항

18. 외사정보의 수집·분석 및 관리

19. 국제형사경찰기구에 관한 사항

20. 국제형사업무 공조에 관한 사항

21. 국제해항 보안활동에 관한 계획의 수립 및 지도

제13조 (장비기술국) ① 장비기술국에 국장 1명을 둔다.

② 국장은 치안감 또는 경무관으로 보한다.

③ 국장은 다음 사항을 분장한다.

1. 장비(함정·항공기·무기 등) 개선사업의 총괄

2. 함정건조 기본계획의 수립·조정

3. 함정건조의 감독 및 공정관리

4. 함정 건조기술에 관한 연구개발 및 도입

5. 항공기 및 탑재장비의 도입·구매

6. 함정 무기체계의 연구·개발 및 도입·개선

7. 함정정비 기본계획의 수립·조정 및 정비업무의 심사평가

8. 함정정비기술의 연구·개발 및 도입

9. 함정장비의 고장 복구 및 개선

10. 해양경찰정비창에 대한 지도·감독

11. 항공기 정비 및 유지 관리

12. 물품의 수급·보관·출납 및 관리

13. 함정유류의 확보 및 관리에 관한 사항

14. 무기·탄약·화학장비의 관리

15. 차량 및 중장비의 운영·관리

16. 경찰복제 및 피복의 보급·개선

17. 정보통신과 관련된 주요업무계획의 수립·조정 및 지도

18. 정보통신과 관련된 설비·장비의 운용 지원·관리

19. 정보통신과 관련된 교육 및 보안업무에 관한 사항

20. 정보통신기술의 연구·개발 및 도입

21. 광역위성 통신망의 구축·관리 및 운용 지원

제14조 (해양오염방제국) ① 해양오염방제국에 국장 1명을 둔다.

② 국장은 고위공무원단에 속하는 일반직 공무원으로 보한다.

③ 국장은 다음 사항을 분장한다.

1. 국가긴급방제계획 및 지역긴급방제실행계획의 수립·시행에 관한
사항

2. 선박해양오염비상계획서의 검인 및 대행자의 지정에 관한 사항

3. 해양시설오염비상계획서의 검인에 관한 사항

4. 해양오염방지를 위한 관계행정기관과의 협조에 관한 사항

5. 해양오염 관련 국제협력에 관한 사항

6. 해양오염방제업 및 유창청소업의 등록 및 지도

7. 해양오염 방제조치에 관한 사항

　　8. 오염물질 배출신고 처리에 관한 사항

　　9. 방제작업에 동원된 인력·장비의 지휘·통제

　　10. 방제교육 및 훈련에 관한 사항

　　11. 해양환경관리공단의 방제업무 지도

　　12. 방제선 등의 배치 및 방제조치 명령 등에 관한 사항

　　13. 방제대책본부 및 방제기술지원협의회의 구성·운영

　　14. 해양오염방제를 위한 조사·연구 및 기술개발

　　15. 방제자재·약제의 형식승인·검정·인정

　　16. 행정기관의 방제조치와 비용부담에 관한 사항

　　17. 해양오염방지를 위한 감시·단속

　　18. 선박 및 해양시설 등에 대한 출입검사·보고 및 전산망의 구성·
　　　　운영

　　19. 해양환경감시원의 임명 및 운영

　　20. 「해양환경관리법」에 따른 과태료의 부과·징수에 관한 사항

　　21. 행정처분을 위한 청문실시에 관한 사항

　　22. 위탁폐기물 등의 처리명령 등에 관한 사항

　　23. 폐기물배출해역의 지정에 관한 사항

　　24. 전문검사기관의 지정·고시에 관한 사항

제15조 (위임규정) 「행정기관의조직과정원에관한통칙」 제12조제3항 및 제14
　　조제4항에 따라 해양경찰청에 두는 보좌기관 또는 보조기관은 해양경찰
　　청에 두는 정원의 범위에서 국토해양부령으로 정한다.

제3장 해양경찰학교

제16조 (직무) 해양경찰학교는 소속 공무원(전투경찰순경을 포함한다. 이하
　　이 장에서 같다)의 교육훈련 및 해양경찰업무와 관련된 기관·단체가
　　위탁하는 교육훈련을 관장한다.

제17조 (교장) ① 해양경찰학교에 교장 1명을 둔다.

② 교장은 치안감으로 보한다.

③ 교장은 해양경찰청장의 명을 받아 소관사무를 통할하고, 소속 공무원을 지휘·감독한다.

제18조 (하부조직) 「행정기관의조직과정원에관한통칙」 제12조제3항 및 제14조제4항에 따라 해양경찰학교에 두는 보좌기관 또는 보조기관은 해양경찰청의 소속 기관(해양경찰정비창은 제외한다)에 두는 정원의 범위에서 국토해양부령으로 정한다.

제4장 해양경찰연구개발센터

제19조 (직무) 해양경찰연구개발센터(이하 '연구개발센터'라 한다)는 다음 사무를 관장한다.

1. 해양치안에 관한 이론 및 정책 연구
2. 함정, 항공기 등 치안장비에 관한 연구 및 개발
3. 해양 관련 범죄 및 사고에 대한 과학적 조사·연구·분석 및 감정
4. 해양오염에 관한 시험·연구·감식 및 분석
5. 방제자재 및 약제의 성능시험에 관한 사항
6. 해양환경오염도의 조사

제20조 (센터장) ① 연구개발센터에 센터장 1명을 둔다.

② 센터장은 4급으로 보한다.

③ 센터장은 해양경찰청장의 명을 받아 소관사무를 통할하고, 소속 공무원을 지휘·감독한다.

제21조 (하부조직) 「행정기관의 조직 및 정원에 관한 통칙」 제19조제3항 및 제12조제3항·제14조제4항에 따라 연구개발센터에 두는 보좌기관 또는 보조기관은 해양경찰청의 소속 기관(해양경찰정비창은 제외한다)에 두는 정원의 범위에서 국토해양부령으로 정한다.

제22조 (직무) 지방해양경찰청 및 직할해양경찰서는 관할해양에서의 경찰 및 오염방제에 관한 사무를 수행한다.

제23조 (명칭 등) 지방해양경찰청의 명칭 및 위치는 별표 1과 같고, 그 관할 구역은 국토해양부령으로 정한다.

제24조 (지방해양경찰청장) ① 지방해양경찰청에 청장 1명을 둔다.

② 청장은 경무관으로 보한다.

③ 지방해양경찰청장은 해양경찰청장의 명을 받아 소관사무를 통할하고, 소속 공무원을 지휘·감독한다.

제25조 (하부조직) 「행정기관의 조직 및 정원에 관한 통칙」 제12조제3항 및 제14조제4항에 따라 지방해양경찰청에 두는 보좌기관 또는 보조기관은 해양경찰청의 소속 기관(해양경찰정비창은 제외한다)에 두는 정원의 범위에서 국토해양부령으로 정한다.

제26조 (해양경찰청 직할해양경찰서) ① 직할해양경찰서에 서장 1명을 둔다.

② 서장은 총경으로 보한다.

③ 직할해양경찰서장은 해양경찰청장의 명을 받아 소관사무를 통할하고, 소속 공무원을 지휘·감독한다.

④ 직할해양경찰서의 명칭 및 위치는 별표 2와 같고, 하부조직·관할구역, 그 밖의 필요한 사항은 국토해양부령으로 정한다.

제27조 (해양경찰서) ① 해양경찰서에 서장 1명을 둔다.

② 서장은 총경으로 보한다.

③ 서장은 지방해양경찰청장의 명을 받아 소관사무를 통할하고, 소속 공무원을 지휘·감독한다.

④ 지방해양경찰청에 두는 해양경찰서의 명칭 및 위치는 별표 3과 같고, 해양경찰서의 하부조직·관할구역, 그 밖의 필요한 사항은 국토해양부령으로 정한다.

제28조 (파출소 등) ① 해양경찰서장의 소관사무를 분장하기 위하여 해양경

찰서장 소속으로 파출소를 둔다.

② 해양경찰청장은 임시로 필요한 때에는 출장소를 둘 수 있다.

③ 파출소 및 출장소의 명칭·위치와 관할구역, 그 밖의 필요한 사항은 해양경찰청장이 정한다.

제6장 해양경찰정비창

제29조 (직무) 해양경찰정비창은 함정의 정비 및 수리에 관한 사무를 관장한다.

제30조 (하부조직의 설치 등) ① 해양경찰정비창의 하부조직의 설치와 분장사무는 「책임운영기관의설치·운영에관한법률」 제15조제2항에 따라 같은 법 제10조에 따른 기본운영규정으로 정한다.

② 「책임운영기관의설치·운영에관한법률」 제16조제1항 후단에 따라 해양경찰정비창에 두는 공무원의 종류별·계급별 정원은 이를 종류별 정원으로 통합하여 국토해양부령으로 정하고, 직급별 정원은 같은 법 시행령 제16조제2항에 따라 같은 법 제10조에 따른 기본운영규정으로 정한다. <개정 2009.3.31>

제7장 공무원의 정원

제31조 (해양경찰청에 두는 공무원의 정원) ① 해양경찰청에 두는 공무원의 정원은 별표 4와 같다. 다만, 필요한 경우에는 별표 4에 따른 총 정원의 3퍼센트를 넘지 아니하는 범위에서 국토해양부령으로 정원을 따로 정할 수 있다.

② 해양경찰청에 두는 공무원의 직급별 정원은 국토해양부령으로 정하되, 총경의 정원은 15명을 그 상한으로 하고, 4급 공무원의 정원(3급 또는 4급 공무원의 정원을 포함한다)은 3명을, 3급 또는 4급의 정원은 4급 공무원 정원의 3분의 1을 각각 그 상한으로 하며, 4급 또는 5급 공무원의 정원은 5급 공무원 정원(4급 또는 5급 공무원의 정원을 포함한다)의 3분의 1을 그 상한으로 한다.

③ 해양경찰청에 두는 공무원의 정원 중 19명(4급 또는 총경 2명, 4급 또는 5급 1명, 5급 또는 경정 3명, 6급 또는 경감·경위 5명, 7급 또는 경사 5명, 8급 또는 경장 3명)의 범위에서 필요한 인원은 「국가공무원법」 제2조제3항제3호에 따른 계약직공무원으로 대체할 수 있다.

제32조 (소속 기관에 두는 공무원의 정원) ① 해양경찰청의 소속 기관(해양경찰 정비창은 제외한다)에 두는 공무원의 정원은 별표 5와 같다. 다만, 필요한 경우에는 별표 5에 따른 총 정원의 3퍼센트를 넘지 아니하는 범위에서 국토해양부령으로 정원을 따로 정할 수 있다.

② 해양경찰청의 소속 기관(해양경찰정비창은 제외한다)에 두는 공무원의 소속 기관별·직급별 정원은 국토해양부령으로 정하되, 총경의 정원은 23명을 그 상한으로 하고, 4급 공무원의 정원(3급 또는 4급 공무원의 정원을 포함한다)은 3명을, 3급 또는 4급 공무원의 정원은 4급 공무원 정원(연구개발센터장은 제외한다)의 100분의 15를 각각 그 상한으로 하며, 4급 또는 5급 공무원의 정원은 5급 공무원 정원(4급 또는 5급 공무원의 정원을 포함한다)의 100분의 15를 그 상한으로 한다.

③ 해양경찰학교에 두는 「공무원교육훈련법」 제5조제1항에 따른 교수요원의 정원 중 5분의 1의 범위에서 필요한 인원은 「국가공무원법」 제2조제3항제3호에 따른 계약직공무원으로 대체할 수 있다.

④ 연구개발센터에 두는 공무원의 정원 중 7명(5급 또는 경정 2명, 6급 또는 경감·경위 2명, 7급 또는 경사 2명, 8급 또는 경장 1명)의 범위에서 필요한 인원은 「국가공무원법」 제2조제3항제3호에 따른 계약직공무원으로 대체할 수 있다.

부칙 〈제20699호, 2008.2.29〉

제1조 (시행일) 이 영은 공포한 날부터 시행한다.

제2조 (다른 법령의 개정) ① 수난구호법 시행령 일부를 다음과 같이 개정한다.
제6조제8항 중 '해양수산부령'을 '국토해양부령'으로 한다.

제8조제3항제1호를 다음과 같이 한다.

1. 외교통상부·통일부·법무부·국방부·행정안전부·국토해양부·소방방재청·기상청 소속 공무원

제9조제9호 및 제11조제1항·제4항 중 '해양수산부장관'을 각각 '국토해양부장관'으로 한다.

제24조제2항 중 '정보통신부장관'을 '방송통신위원회 위원장'으로 한다.

제33조제4항 중 '행정자치부령 또는 해양수산부령'을 '행정안전부령 또는 국토해양부령'으로 한다.

② 수상레저안전법 시행령 일부를 다음과 같이 개정한다.

제2조제1항제16호, 제3조의3제3항, 제4조제1항·제2항, 제6조제6항, 제9조제3항·제4항, 제10조제4항, 제11조제1항제2호·제3항, 제12조제2항·제3항, 제14조제5항, 제16조제2항, 제23조제1항·제3항, 제24조제3항, 제26조제2항·제3항, 제27조제2항·제3항, 제31조제1항·제2항, 제32조제2항·제3항, 제33조제3항, 제34조제1항제4호·제3항, 제36조제2항·제3항 및 제40조제4항 중 '해양수산부령'을 각각 '국토해양부령'으로 한다.

제35조제1호 중 '산업자원부장관'을 '지식경제부장관'으로 한다.

부칙 〈제20963호, 2008.8.7〉

제1조 (시행일) 이 영은 공포한 날부터 시행한다.

제2조 (정원에 관한 적용례) 해양경찰청의 소속 기관에 두는 공무원의 정원에 관하여 2008년 11월 30일까지는 별표 5의 개정규정에도 불구하고 별표 5의2를 적용한다.

부칙 〈제21392호, 2009.3.31〉 (책임운영기관의설치·운영에관한법률 시행령)

제1조 (시행일) 이 영은 2009년 4월 1일부터 시행한다.

제2조 (다른 법령의 개정) ①부터 ⑩까지 생략

⑪ 해양경찰청과그소속기관직제 일부를 다음과 같이 개정한다.

제30조제2항 중 '「책임운영기관의설치ㆍ운영에관한법률」 제16조제1항 단서'를 '「책임운영기관의설치ㆍ운영에관한법률」 제16조제1항 후단'으로 한다.

제3조 생략

29. 해양경찰청소속경찰공무원승진임용규정시행규칙

[시행 2009.3.16] [국토해양부령 제105호, 2009.3.16, 일부개정]

해양경찰청 (운영지원과), 032 - 835 - 2023

제1장 총칙

제1조 (목적) 이 규칙은 해양경찰청 소속의 경찰공무원에 대한 「경찰공무원 승진임용규정」의 시행에 관하여 필요한 사항을 규정함을 목적으로 한다. <개정 2005.11.9>

제2조 (승진임용예정인원) 해양경찰청장이 「경찰공무원승진임용규정」(이하 '영' 이라 한다) 제4조의 규정에 의하여 승진예정인원수를 책정함에 있어서 는 계급별ㆍ경과별ㆍ 직무분야별 및 승진구분별로 정하여야 한다. <개 정 2005.11.9>

제3조 (승진소요최저근무연수의 계산) ① 영 제5조제1항의 규정에 의한 해양경 찰청 소속의 경찰공무원(이하 '해양경찰공무원'이라 한다)의 승진소요최저 근무연수는 영 제11조제6항의 규정에 의한 승진대상자명부의 작성기준 일(특별승진의 경우에는 승진임용예정일을 말한다)을 기준으로 계산한다. ② 퇴직한 경찰공무원이 퇴직 당시의 계급 또는 그 이하의 계급에 재임 용된 경우에는 재임용된 계급 이상에 해당되는 퇴직 전의 재직기간은

현 계급의 재직연수로 통산하여 승진소요최저근무연수에 산입한다. 이 경우 재직연수에 산입되는 퇴직 전의 재직기간은 제1항의 기준일부터 10년 이전까지로 한다. <개정 2006.10.31>

제2장 근무성적 등의 평정

제4조 (근무성적평정 등의 시기) 영 제7조·영 제9조 및 영 제10조의 규정에 의한 근무성적·경력 및 교육훈련성적의 평정은 연 1회 실시하되, 근무성적평정은 10월 말일, 경력 및 교육훈련성적의 평정은 12월 말일을 기준으로 한다. 다만, 총경의 경력 및 교육훈련성적의 평정은 10월 말일을 기준으로 한다.

제5조 (근무성적평정표) 총경인 해양경찰공무원의 근무성적은 별지 제1호서식의 근무성적평정표에 의하여, 경정 이하의 해양경찰공무원의 근무성적은 별지제2호서식의 근무성적평정표에 의하여 각각 평정한다.

제6조 (근무성적평정자) ① 근무성적의 평정자(이하 '근무성적평정자'라 한다)는 3인으로 하되, 제1차근무성적평정자는 피평정자의 직근상급감독자가, 제2차근무성적평정자는 제1차근무성적평정자의 직근상급감독자가, 제3차근무성적평정자는 제2차근무성적평정자의 직근상급감독자가 된다. 다만, 해양경찰청장은 근무성적평정자를 특정하기가 곤란하다고 인정할 경우에는 따로 근무성적평정자를 지정할 수 있다.

② 해양경찰청장은 근무성적평정자를 3인으로 할 수 없는 경우에는 제1항의 규정에 불구하고 제1차근무성적평정자 및 제2차근무성적평정자 또는 제2차근무성적평정자 및 제3차근무성적평정자를 동일인으로 지정할 수 있다.

제7조 (근무성적의 평정점) ① 총경인 해양경찰공무원의 근무성적의 총평정점은50점을 만점으로 하되, 제1차근무성적평정자와 제2차근무성적평정자는 각각 15점을, 제3차근무성적평정자는 20점을 최고점으로 하여 이를 평정한다.

② 경정 이하 해양경찰공무원의 근무성적을 평정함에 있어서 총평정점은 50점을 만점으로 하되, 제1평정요소에 의한 평정점을 30점으로 하고, 제2평정요소에 의한 평정점을 20점으로 하며, 제2평정요소에 의한 평정에 있어서 제1차근무성적평정자와 제2차근무성적평정자는 각각 7.5점을, 제3차근무성적평정자는 5점을 최고점으로 하여 평정한다.

제8조 (적성·발전성 등의 평가) 피평정자가 총경인 경우 제6조의 규정에 의한 제1차근무성적평정자 및 제2차근무성적평정자는 피평정자의 성격·적성 및 발전성 기타 필요한 사항을 평가하여 근무성적평정표의 소정란에 기재하여야 한다.

제9조 (근무성적평정점의 분포비율) ① 영 제7조제3항의 규정에 의한 수·우·양·가의 구분은 다음표와 같은 평정점에 따라 정한다.

등급＼계급	총 경	경정이하
수	47점 이상	19점 이상
우	40점 이상 47점 미만	16점 이상 19점 미만
양	25점 이상 40점 미만	10점 이상 16점 미만
가	25점 미만	10점 미만

② 삭제 <2006.10.31>

제10조 (경력의 기간계산) ① 경력평정대상기간 중에 휴직·정직 또는 직위해제기간이 있는 때에는 그 기간은 평정에서 제외한다. 다만, 국외유학으로 휴직한 자의기본경력의 평정은 그 휴직기간을 제외한 최근 4년간을 대상으로 행한다.

② 다음 각 호의 기간은 당해 계급의 경력평정대상기간에 이를 산입한다. <개정 2006.10.31>

　1. 영 제5조제2항제1호의 규정에 의한 휴직기간

　2. 영 제5조제2항제2호의 규정에 의한 직위해제기간

　3. 퇴직한 경찰공무원으로서 퇴직 당시의 계급 또는 그 이하의 계급

에 재임용된자의 전 재직기간

  4. 시보임용기간

  5. 영 제5조제3항 및 제4항의 규정에 의하여 승진소요연수에 산입되는 기간

③ 경력평정대상기간은 경력월수를 단위로 하여 계산하되, 15일 이상은 1월로 하고 15일 미만은 경력에 산입하지 아니한다.

제11조 (평정자와 확인자) 경력평정과 교육훈련성적평정을 하는 경우 평정자는 피평정자의 소속 기관의 인사담당해양경찰공무원이 되고, 확인자는 평정자의 직근상급감독자가 된다.

제12조 (재평정) 경력평정을 실시한 후에 평정된 사실과 다른 사실이 발견된 때에는 이를 재평정하여야 한다.

제13조 (경력의 평정점) ① 경력평정은 별지 제3호서식의 평정표에 의하여 평정하되, 총평정점은 기본경력평정점과 초과경력평정점을 합한 것으로 한다.

② 기본경력평정점은 별표 1, 초과경력평정점은 별표 2의 기준에 의한다. 다만, 경정의 초과경력평정점은 별표 4의 기준에 의한다. <개정 2006.-10.31>

제14조 (교육훈련성적평정의 기준) ① 영 제10조제1항의 규정에 의한 경찰공무원교육훈련기관에서 실시하는 교육훈련의 성적은 총경의 경우에는 「경찰공무원교육훈련규정」 제8조제3항의 규정에 의한 치안정책교육과정의 성적을, 경정 이하의 경우에는 「경찰공무원교육훈련규정」 제8조제1항 또는 제2항의 규정에 의한 신임교육과정 또는 당해 계급에 해당하는 필수교육과정의 성적으로 한다. <개정 2000.10.27, 2006.10.31>

② 교육훈련성적은 총경 이하 해양경찰공무원에 대하여는 100분의 15를 평정점으로 한다.

③ 제2항의 평정점 계산에 있어서 소수점 이하가 되는 경우에는 소수점 이하 세 자리에서 반올림한다.

④ 제2항의 규정에 의한 교육훈련성적의 평점은 별지 제3호서식의 평정표에 의하여 산정한다.

⑤ 이 규칙에서 정하는 사항 외에 교육훈련성적의 평정과 관련하여 필요한 사항은 해양경찰청장이 정한다. <신설 2000.10.27>

제15조 (가점평정) ① 해양경찰공무원이 외국어능력 또는 국외연수경력이 있거나 자격증을 소지한 경우 또는 별표 7에 따른 직무전문화교육을 이수하거나 학위를 취득한 경우에는 영 제11조제2항에 따라 별표 5부터 별표 7까지에 규정된 점수를 가점으로 평정한다.

② 제1항에 따른 가점은 1.5점을 초과할 수 없으며, 해당 계급에서 취득하거나 이수한 경우로 한정한다. 다만, 승진후보자명부에 등재된 기간에 취득하거나 이수한 경우에는 승진임용예정계급의 가점에 포함한다.

③ 별표 7에 규정된 자격증을 둘 이상 소지한 경우에는 그중 해당 공무원에게 유리한 것 하나만을 가점으로 평정한다.

④ 제1항에 따른 가점평정은 별지 제3호서식의 평정표에 따른다.

[전문개정 2007.12.3]

제16조 (근무성적평정표 등의 제출 등) ① 해양경찰학교장·해양경찰연구개발센터장·지방해양경찰청장·해양경찰서장 및 정비창장은 소속 해양경찰공무원에 대한 근무성적평정표, 경력평정표 및 교육훈련성적평정표를 평정일부터 20일 이내에 해양경찰청장에게 제출하여야 한다. <개정 2004.10.29, 2007.12.3>

② 해양경찰청장·해양경찰학교장·해양경찰연구개발센터장·지방해양경찰청장·해양경찰서장 또는 정비창장은 피평정자의 요구가 있는 때에는 경력평정결과와 교육훈련성적평정결과를 본인에게 알려 주어야 한다. <개정 2004.10.29, 2007.12.3>

제3장 승진대상자명부

제17조 (승진대상자명부의 작성) ① 승진대상자명부는 승진에 필요한 요건을 갖춘 총경 이하 해양경찰공무원에 대하여 100점을 총평정점의 만점으로 하여 영 제11조제6항의 규정에 의한 승진대상자명부작성기준일부터 20

일 이내에 별지제4호서식에 의하여 작성하여야 한다. 다만, 제15조의 규정에 의하여 가점평정을 한 경우에는 3점의 범위 안에서 그 가점을 합산한 점수를 명부의 총평정점으로 한다.

② 영 제11조제1항의 근무성적평정점은 명부작성기준일부터 최근 3년 이내에 당해 계급에서 평정한 평정점을 대상으로 하여 제1호의 계산방식에 의하여 산정한다. 다만, 경장 및 순경은 최근 2년 이내에 당해 계급에서 평정한 평정점을 대상으로 하여 제2호의 계산방식에 의하여 산정한다. <개정 2005.11.9>

  1. (최근 1년 이내에 평정한 평정점 × 50/100) + (최근 1년 전 2년 이내에 평정한 평정점 × 30/100) + (최근 2년 전 3년 이내에 평정한 평정점 × 20/100)

  2. (최근 1년 이내에 평정한 평정점 × 60/100) + (최근 1년 전 2년 이내에 평정한 평정점 × 40/100)

③ 제2항의 규정에 따라 근무성적평정점을 산정함에 있어 평정단위연도 중 평정점이 없는 연도가 있는 때에는 제2항의 평정대상기간에 불구하고 당해 경찰공무원의 전회 평정점 또는 전후에 평정한 평정점의 평균 중 높은 점수를 그 평정단위연도의 평정점으로 한다. 다만, 평정점이 없는 연도의 전 또는 후의 평정점이 없는 때에는 그 전 또는 후의 평정점은 37.5점으로 한다. <신설 2005.11.9>

④ 제2항에 따라 근무성적평정점을 산정함에 있어 퇴직한 경찰공무원이 퇴직 당시 계급으로 재임용되어 평정단위연도 중 평정점이 없는 연도가 있는 때에는 제2항의 평정대상기간에 불구하고 퇴직 당시 계급에서 평정한 평정점 중 최근에 평정한 평정점 순으로 그 평정단위연도의 평정점으로 한다. <신설 2006.10.31>

⑤ 승진대상자명부 작성일 현재 영 제6조의 규정에 의한 승진임용의 제한사유에 해당되는 자가 있거나 영 제24조의 규정에 의한 심사승진후보자명부 또는 영 제36조의 규정에 의한 시험승진후보자명부에 등재된 자가 있는 경우에는 이에 해당되는 자를 승진대상자명부에서 삭제하고 명

부의 난 외에 그 사유와 사유발생일을 붉은 글자로 기재한다. <개정 2006.10.31>

⑥ 영 제14조제2항 단서의 규정에 의하여 추가로 승진심사를 하는 경우 영 제24조의규정에 의한 심사승진후보자명부에 등재된 자가 있는 때에는 이에 해당되는 자를 승진대상자명부에서 삭제하고 명부의 난 외에 그 사유와 사유발생일을 붉은 글자로 기재한다. <개정 2006.10.31>

제18조 (승진대상자명부의 조정) 영 제13조의 규정에 의한 승진대상자명부의 조정은 승진심사 착수일 전까지 조정사유가 확인된 경우에 한하여 다음 각 호에 의하여 행한다.

1. 전출입자가 있는 경우에는 전출기관은 승진대상자명부에서 전출자를 삭제하고 그 전출자의 평정관계서류를 전입기관에 이관하며, 전입기관은 이관받은 평정관계서류에 따라 승진대상자명부의 해당 순위에 전입자를 기재한다.

2. 교육훈련을 받은 자가 있는 경우에는 그 교육훈련성적의 평정결과에 따라 승진대상자명부의 순위를 조정한다.

3. 영 제6조의 규정에 의한 승진임용의 제한사유에 해당되는 자가 있는 경우에는 이를 승진대상자명부에서 삭제하고 승진대상자명부의 난 외에 제한사유와 제한사유발생연월일을 붉은 글자로 기재한다.

4. 경력평정을 재평정한 경우에는 정정인을 찍고 난 외에 정정사유를 기재한다.

5. 퇴직자가 있는 경우에는 승진대상자명부에서 이를 삭제하고 난 외에 퇴직연월일과 그 사유를 붉은 글자로 기재한다.

제19조 (승진대상자명부의 효력) ① 승진대상자명부는 그 작성기준일 다음 날부터 효력을 가진다.

② 제17조제4항 및 제18조의 규정에 의하여 승진대상자명부에 등재된 자를 삭제 또는 조정한 경우에는 제1항의 규정에 불구하고 삭제 또는 조정한 날부터 효력을 가진다.

제20조 (승진대상자명부의 제출) 해양경찰학교장·해양경찰연구개발센터장·지

방해양경찰청장·해양경찰서장 및 정비창장은 영 제17조 단서에 따라 승진심사가 있는 때에는 소속 해양경찰공무원 중 경사 이하에 대한 승진대상자명부 사본을 해양경찰청장에게 작성기준일부터 25일 이내에 제출하여야 한다. <개정 1999.10.11, 2004.10.29, 2006.10.31, 2007.12.3>

제4장 승진심사

제21조 (승진심사자료) 승진심사는 다음 각 호의 서류에 의하여야 한다.

1. 승진심사계획서
2. 승진대상자명부
3. 개인별 인사기록
4. 근무성적평정표
5. 승진심사표
6. 기타 승진심사에 필요한 서류

제22조 (승진심사장소) 승진심사는 비밀이 보장되는 장소에서 실시하여야 하며, 그 장소에는 관계해양경찰공무원 외의 자가 접근하지 아니하도록 하여야 한다.

제23조 (승진심의위원회의 회의 등) 영 제15조제4항의 규정에 의한 승진심의위원회의 운영에 관하여는 영 제18조 및 영 제19조의 규정을 준용한다. 이 경우 '승진심사위원회'는 '승진심의위원회'로 본다.

제24조 (승진심사위원 등의 준수사항 등) ① 영 제15조·영 제16조·영 제18조·영 제19조 및 제23조 규정에 의하여 임명·소집된 승진심사위원·승진심의위원·간사 및 서기는 회의개시와 동시에 별지 제5호서식의 서약서를 해양경찰청장·해양경찰학교장·해양경찰연구개발센터장·지방해양경찰청장·해양경찰서장 또는 정비창장에게 제출하여야 한다. <개정 2004.10.29, 2007.12.3>

② 승진심사위원·승진심의위원·간사 및 서기는 승진심사를 종료할 때까지 심사장소 외의 장소에 출입하거나 외부와 연락을 하여서는 아니

된다.

③ 간사는 승진심사개시 전에 별표 8의 승진심사수칙을 심사위원 또는 심의위원에게 배부하여 이를 주지시켜야 한다.

④ 간사와 서기는 당해승진심사위원회 및 승진심의위원회의 의결에 영향을 미치는 행위나 발언을 하여서는 아니 된다.

제25조 (승진심사의 절차 및 방법) ① 승진심사위원회의 승진심사는 제21조의 규정에 의한 심사자료를 기초로 하여 3단계로 구분하여 실시하되, 단계별 심사기준은 해양경찰청장이 따로 정한다. 다만, 단계별 심사기준을 적용함이 부적당하다고 인정되는 때에는 승진심사위원회의 의결에 따라 심사기준을 조정하여 적용할 수 있다.

② 제1단계 심사에서는 승진심사대상자에 대하여 제1단계 심사기준에 따라 부적격자를 배제한다.

③ 제2단계 심사에서는 제2항의 규정에 의하여 부적격자로 배제된 자를 제외한 승진심사대상자에 대하여 제2단계 심사기준에 따라 별지 제6호서식의 승진심사표에 수·우·양·가의 4등급으로 평가하고, 그 평가 결과에 따라 개인별 성적을 집계하여 고득점자순으로 별지 제7호서식의 승진심사종합평가서를 작성하여 심사승진임용예정인원의 2배수 범위 안의 인원수를 제3단계 심사에 회부한다.

④ 제3단계 심사에서는 제3항의 규정에 의하여 회부된 자를 대상으로 하여 제3단계심사기준에 따라 승진심사위원 전원의 합의에 의하되, 합의에 이르지 못한 경우에는 무기명투표에 의하여 최종심사승진임용예정자를 선발한다.

제26조 (승진심의위원회의 승진심의절차 및 방법) ① 제25조의 규정은 영 제15조 제2항의 규정에 의한 승진심의위원회의 사전심의에 관하여 이를 준용한다. 이 경우 '승진심사위원회'는 '승진심의위원회'로, '승진심사'는 '승진심의'로, '승진심사위원'은 '승진심의위원'으로 본다.

② 제1항의 규정에 의하여 승진심의위원회의 사전심의를 거친 경우에 있어서 승진심사위원회는 각 승진심의위원회에서 중복선발한 자를 최종

심사승진임용예정자로 선발한다. 이 경우 중복선발된 자가 심사승진임용
예정인원수에 미달한 때에는 각 승진심의위원회에서 선발된 자 중 나머
지 인원 중에서 제25조제4항의 선발방법에 준하여 이를 선발한다.

제27조 (승진임용예정자명부 등의 작성) ① 영 제23조제1항제1호의 승진심사의
결서는 별지 제8호서식에 의하여 작성한다.

② 영 제23조제1항제3호의 규정에 의한 승진임용예정자로 선발된 자의
명부는 별지 제9호서식, 승진임용예정자로 선발되지 아니한 자(이하 '탈
락자'라 한다)의 명부는 별지 제10호서식에 의하여 각각 작성한다.

제28조 (승진심사결과보고) ① 영 제23조제1항의 규정에 의한 승진심사결과보
고에는 다음 각 호의 서류를 첨부한다.

　　1. 제25조의 규정에 의한 승진심사방법 및 기준

　　2. 별지 제11호서식의 승진심사대상자 및 승진임용예정자선발통계표

② 해양경찰학교장·해양경찰연구개발센터장·지방해양경찰청장·해양경
찰서장 및 정비창장은 영 제23조제1항의 규정에 의한 승진심사결과의
보고를 받은 때에는 영 제23조제1항 각 호의 서류에 제1항의 서류를 첨
부하여 해양경찰청장에게 이를 보고하여야 한다. <개정 2004.10.29, 2007.-
12.3>

제5장 승진시험

제29조 (승진시험과목 및 배점비율) 영 제31조의 규정에 의한 승진시험의 과목
(동조제1항제2호 단서의 규정에 의한 실기시험과목을 포함한다) 및 영
제31조의2의 규정에 의한 승진시험의 과목과 그 과목별 배점비율은 별
표 9와 같다.

제30조 (실기시험의 평가내용 등) 영 제31조제1항제2호 단서의 규정에 의한 실
기시험의 평가내용 및 평가방법은 해양경찰청장이 정하는 바에 의한다.

제31조 (동점자의 합격결정) 영 제33조제3항 및 영 제33조의2제2항의 규정에
의하여 최종합격자를 결정함에 있어서 동점자가 있는 경우에는 다음 각

호의 순위에 따라 선순위자를 합격자로 한다.

1. 당해 계급에서 장기근무한 자

2. 바로 하위계급에서 장기근무한 자

3. 근무성적이 우수한 자

제32조 (시험위원명단의 비공개) 시험위원으로 임명 또는 위촉된 자의 명단은 이를 공개하지 아니한다.

제6장 특별승진

제33조 (특별공적자의 특별승진) ① 삭제 <2004.10.29>

② 영 제38조제6호 단서에서 특별승진의 계급범위가 경감 이하인 '국토해양부령이 정하는 공적자'라 함은 해양경찰청장이 공약한 주요사범을 검거한 자, 사회의 이목을 집중시킨 중한 범죄의 범인검거에 공적이 특히 뚜렷한 자 또는 다음 각 호의 1의 실적이 뛰어나 전국단위 평가에서 우수자로 선발된 자를 말한다. <개정 2008.3.10>

1. 중요첩보 제출

2. 밀입국자·영해침범자·밀수자 등 검거

3. 해난구조

③ 삭제 <2004.10.29>

[전문개정 2000.10.27]

제34조 삭제 <2004.10.29>

제35조 (특별승진심사절차) ① 해양경찰학교장·해양경찰연구개발센터장·지방해양경찰청장·해양경찰서장 또는 정비창장은 영 제41조의 규정에 의하여 소속 해양경찰공무원에 대하여 특별승진심사를 받게 하고자 할 때에는 당해해양경찰공무원의 공적조서와 인사기록카드를 해양경찰청장에게 제출하여야 한다. 이 경우 해양경찰청장은 승진심사에 필요하다고 인정되는 공적의 내용을 현지확인하게 하거나 그 공적을 증명할 수 있는 자료를 제출하게 할 수 있다. <개정 2004.10.29, 2007.12.3>

② 특별승진심사에 의한 승진임용예정자의 결정은 찬·반투표로써 행한다.

③ 승진심사위원회는 제2항의 심사가 끝난 때에는 다음 각 호의 서류를 해양경찰청장에게 보고하여야 한다.

  1. 승진심사의결서

  2. 별지 제12호서식의 특별승진임용예정자명부 및 특별승진심사탈락자명부

제36조 (경사 이하 해양경찰공무원의 특별승진심사 〈개정 2000.10.27〉) 영 제41조제1항 단서의 규정에 의한 경사 이하 해양경찰공무원의 특별승진심사는 해양경찰청 보통승진심사위원회에서 행한다. 다만, 다음 각 호의 1에 해당하는 경우에는 중앙승진심사위원회에서 이를 행한다. 〈개정 2000.-10.27〉

1. 해양경찰청장이 특별승진을 공약한 사항에 관하여 공을 세운 자에 대한 특별승진임용의 경우

2. 해양경찰청장이 연례적으로 행하는 유공자의 특별승진임용의 경우

3. 기타 해양경찰청장이 중앙승진심사위원회의 심사를 거쳐 특별승진임용을 하기로 결정한 경우

제7장 대우공무원 〈신설 2009.3.16〉

제37조 (대우공무원 선발을 위한 근무기간) ① 영 제43조제1항에 따라 대우공무원으로 선발되기 위해서는 영 제5조제1항에 따른 승진소요최저근무연수를 경과한 경위 이하 경찰공무원으로서 해당 계급에서 5년 이상 근무하여야 한다.

② 제1항에 따른 근무기간의 산정은 영 제5조제2항부터 제5항까지 및 이 규칙 제3조제2항에 따른다. 이 경우 제3조제2항에 따라 근무기간을 산정하는 때에는 재임용된 계급 이상에 해당하는 퇴직 전의 재직기간은 현 계급의 재직기간에 합하여 근무기간에 산입하되, 제38조제1항에 따른 대우공무원 발령 기준일(매분기 첫 달의 1일을 말한다) 전 10년 이내

의 재직기간으로 한정한다.

[본조신설 2009.3.16]

제38조 (대우공무원의 선발 절차 및 시기) ① 임용권자 또는 임용제청권자는 매 분기말 5일 전까지 대우공무원 발령일을 기준으로 하여 대우공무원 선발요건에 적합한 대상자를 결정하여야 하고, 그다음 분기 첫 달 1일(1월 1일, 4월 1일, 7월 1일, 10월 1일)에 일괄하여 대우공무원으로 발령하여야 한다.

② 제1항에 따른 대우공무원의 발령사항은 인사기록카드에 기재하여야 한다.

[본조신설 2009.3.16]

제39조 (대우공무원수당의 지급) ① 대우공무원으로 선발된 경찰공무원에 대하여는 「공무원수당등에관한규정」에 따라 대우공무원수당을 지급한다.

② 대우공무원이 징계 또는 직위해제 처분을 받거나 휴직하여도 대우공무원수당은 계속 지급한다. 다만, 「공무원수당등에관한규정」으로 정하는 바에 따라 대우공무원수당을 감액하여 지급한다.

③ 대우공무원의 선발 또는 수당 지급에 중대한 착오가 발생한 경우에는 임용권자 또는 임용제청권자는 이를 정정하고 대우공무원수당을 소급하여 지급할 수 있다.

[본조신설 2009.3.16]

제40조 (대우공무원의 자격 상실) 대우공무원이 상위계급으로 승진임용되는 경우 승진임용일자에 대우공무원의 자격은 당연히 상실된다.

[본조신설 2009.3.16]

부칙 〈제1호, 1996.11.28〉

① (시행일 등) 이 규칙은 공포한 날부터 시행하되, 1996년 8월 8일부터 적용한다.

② (기본경력 및 초과경력평정에 관한 경과조치) 이 규칙 시행 당시 기

본경력평정점 및 초과경력평정점은 이 규칙 시행 후 최초로 경력평정을
할 때까지는 별표 1 내지 별표 4의 규정에 불구하고 내무부령인 경찰공
무원승진임용규정시행규칙에 의한다.
③ (가점평정에 관한 경과조치) 이 규칙 시행 당시 특수지근무경력의 가
점은 이 규칙시행 후 최초로 경력평정을 할 때까지는 제15조제1항 및
별표 7의 규정에 불구하고 내무부령인 경찰공무원승진임용규정시행규칙
에 의한다.

부칙 〈제25호, 1997.7.25〉

이 규칙은 공포한 날부터 시행한다.

부칙 〈제145호, 1999.10.11〉

이 규칙은 공포한 날부터 시행한다. 다만, 별표 9의 개정규정은 2000년
1월 1일부터 시행한다.

부칙 〈제178호, 2000.10.27〉

이 규칙은 공포한 날부터 시행한다.

부칙 〈제195호, 2001.7.25〉

① (시행일) 이 규칙은 공포한 날부터 시행한다.
② (표창의 점수가점에 관한 경과조치) 이 규칙 시행 전에 수여된 표창
의 점수가점은 종전의 규정에 의한다.

부칙 〈제238호, 2002.10.16〉

이 규칙은 2004년 1월 1일부터 시행한다.

부칙 〈제281호, 2004.10.29〉

① (시행일) 이 규칙은 공포한 날부터 시행한다. 다만, 별지 제2호서식
부표 2 중 해양경찰학교장의 상·벌 점수에 관한 개정규정은 2004년도
5월 6일부터 적용한다.
② (포상평가기준에 관한 경과조치) 이 규칙 시행 전에 받은 상·벌(해
양경찰학교장으로부터 받은 상·벌은 제외한다)에 관한 점수 가감점은
별지 제2호서식 부표 2의 개정규정에 불구하고 종전의 규정에 의한다.
③ (근무성적 및 경력·가산점평정 등에 관한 경과조치) 이 규칙 시행
당시 종전의 규정에 의하여 평정된 근무성적 및 경력·가산점평정은 별
표 1 내지 별표 4, 별표 7 및 별지 제2호서식 부표 2의 개정규정에 불
구하고 이 규칙 시행 후 최초로 평정할 때까지 효력을 가지며, 종전의
규정에 의하여 작성된 승진대상자명부는 이 규칙 시행 후 최초로 승진
대상자명부가 작성될 때까지 효력을 가진다.

부칙 〈제316호, 2005.11.9〉

① (시행일) 이 규칙은 공포한 날부터 시행한다. 다만, 제15조제1항 및
별지 제3호서식의 개정규정은 2006년 4월 1일부터 시행한다.
② (적용례) 제17조의 개정규정, 별표 1·별표 5·별표 6·별표 7의 개
정규정 및 별지 제2호서식은 2005년도 근무성적평정분부터 이를 적용한다.

부칙 〈제345호, 2006.10.31〉

이 규칙은 공포한 날부터 시행한다.

부칙 〈제393호, 2007.12.3〉

제1조 (시행일) 이 규칙은 공포한 날부터 시행한다.
제2조 (가점평정 및 포상에 관한 경과조치) 이 규칙 시행 당시 차하위 계급 승진

후보자명부에 등재된 기간 중 가점 및 포상을 취득한 경우 현 계급에서 취득한 것으로 본다.

제3조 (다른 법령의 개정) 해양경찰청 소속 경찰공무원임용령 시행규칙 일부를 다음과 같이 개정한다.

제8조제1항제1호의3 중 '지방해양경찰본부'를 '지방해양경찰청'으로 하고, 같은 항에 제1호의4를 다음과 같이 신설한다.

1의4. 해양경찰연구개발센터

제14조제2항 각 호 외의 부분 중 '지방해양경찰본부장'을 '해양경찰연구개발센터장·지방해양경찰청장'으로 한다.

제32조제1항 중 '지방해양경찰본부'를 '지방해양경찰청'으로 한다.

부칙 〈제3호, 2008.3.10〉 (해양경찰청과그소속기관직제시행규칙)

제1조 (시행일) 이 규칙은 공포한 날부터 시행한다.

제2조 (다른 법령의 개정) ① 및 ② 생략

③ 해양경찰청 소속 경찰공무원승진임용규정시행규칙 일부를 다음과 같이 개정한다.

제33조제2항 각 호 외의 부분 중 '해양수산부령'을 '국토해양부령'으로 한다.

④ 생략

부칙 〈제41호, 2008.8.12〉

이 규칙은 공포한 날부터 시행한다. 다만, 별표 제2호서식 부표 3의 개정규정은 2008년 11월 1일부터 시행한다.

부칙 〈제105호, 2009.3.16〉

이 규칙은 공포한 날부터 시행한다.

경찰의 역사

1. 경찰 용어(영어표현)

abduction: 부녀자 유괴 accessory: 종범자 accomplice: 공범자 addict: (마약) 상용자 adultery: 간통 alcoholic: 알콜 중독자 alias: 가명, 통칭

Smith ～ Johnson 별명이 존슨인 스미스 arson: 방화 , arsonist, firebug assassin: 암살자 assault: 폭행 attempted murder: 살인미수 bandit: 강도 battery: 구타

bogus note: 위조지폐 bribery: 뇌물(주는 행위) bugging: 도청 burglar: 밤도둑, 강도 cache: 은닉장소, hide－out: 은신처 complainant: 원고, 고소인 con game: 신용사기 (con은 confidence의 약어), scam－신용사기 con man: 사기꾼 convict: 유죄선고를 받은 자 cover－up: 은폐 crackdown: 대대적인 단속 dope: 마약 drug: 마약 drive－by－대부 같은 영화에서 보면 나온다. drunken driving: 음주운전 drunkometer: 음주 측정기 breathalyzer / breath analyzer embezzlement: 횡령

ex－convict: 전과자 ex－con eyewitness: 목격자　fake note: 위조지폐, forged note Federal Bureau of Investigation(FBI): (미) 연방수사국　fine: 벌금 fingerprint: 지문　firebug: 방화범　fix: 매수하다. to do something dishonest to make certain that a competition, race, or election is won by a particular person: Several jockeys were arrested on suspicion of fixing the race. It sounds like the election was fixed. The result was a fix!: dishonest activity to make certain that a competition, race or election is won by a particular person: Seven jockeys were arrested and charged with race－fixing. After several days of questioning, he admitted to match－fixing

forcible entry: 불법침입　forfeiture: 몰수 forged note: 위조지폐 fraud: 사기

fugitive: 도망자 gun control: 총기휴대규제 hallucinogenic drug: 환각제 handcuff: 수갑 put handcuffs on somebody hideout: 도피처, 은닉처 hijacking: 공중납치 hired killer: 청부살인업자 hit－and－run: 뺑소니(범) hitman: 암살자

homicide: 살인 hoodlum: 불량배 hooligan: 깡패 hostage: 인질 housebreaker: 가택 침입 강도 identikit 몽타주 identity: 신원 imposter: 사기꾼, 협잡꾼 International Criminal Police Organization(Interpol): 국제형사경찰기구

interrogation: 심문 intimidation: 협박 investigation: 취조, 조사 kidnap: 유괴하다 law enforcement officer: 경관 lead: 단서 lethal weapon: 흉기 libel: 명예훼손 (문서), slander 는 언어에 의한 것, defamation Mafia: 마피아 manslaughter: 과실치사 misdemeanor: 경범죄 felony 중범죄 commit a missing: 행방불명

molester: 치한 mug shot: 얼굴 사진, 현상 수배 사진 Beware of the muggers. 노상강도를 조심하세요. You might be mugged.

murder: 살인 narcotic: 마약 narcotics ring: 마약 밀매 조직 offender: 범죄자 opium: 아편 outlaw: 무법자 parole: 가석방 petty theft: 좀도둑 우리가 집을 비운 동안에 좀도둑이 들었다 The house was broken into while we were away.

pickpocket: 소매치기 pilferage: 좀도둑 , sneak theft, petty theft도 비슷한 의미임. plainclothesman: 사복형사 postmortem examination: 검시 autopsy pot: 마리화나 prowler: 빈집털이 pusher: 마약상인, FENCE (장물아비), stolen goods[articles, property], FENCING − 장물 취득 questioning: 심문 racket: 공갈협박 ransom: 몸값 rape: 강간 red − handed: 현행범으로 roundup: 일제검거 safecracker: 금고털이 search: 수배 He is wanted/soughted by the police on suspicion of burglary. sex(sexual) pervert: 성욕 도착자 sexual harassment: 성적인 학대 sheriff: 군 보안관 shoplifting: 들치기 slander: 명예훼손 smuggle: 밀수하다 snatcher: 날치기 sneak thief: 좀도둑 speedcop: 자동차 속도위반 단속 경관

squatter: 무단 점거자 stickup: 권총 강도 sting operation: 함정수사 stowaway: 밀항자 strangulation: 교살 suffocate: 질식시키다 suicide: 자살 tapping: 도청

theft: 도난 threat: 협박 thug: 흉악범, 살인청부업자 time bomb: 시한폭탄

torso murder: 토막살인 traffic accident: 교통사고 traffic ticket: 교통위반

딱지

traffic violation: 교통위반 Treasury man(T - man): 탈세 감시관 tresspass: 불법 침입하다 trooper: 주 경찰관, 기마 경관 underworld: 암흑가 unlawful assembly with dangerous weapons 흉기불법소지죄 vagrant: 부랑자, 실업자 vested rights: 기득권 victim: 희생자 wanted: 수배 중인 wiretrap: 도청 withdrawal symptom: (마약 중독의) 금단증상[2]

2. 경찰의 역사

경무부시대

1945년 08.15 해방과 더불어 미군정 실시

　　　　 10.21 미군정청에 경무국을, 각 도에 경찰부 창설

1945년 01.16 경무국을 경무부로 승격시켜 총무, 공안, 수사, 통신, 교육
　　　　　　　등 5국으로 편성하고 경찰계급을 경무부차장, 총경, 감찰관,
　　　　　　　경감, 경위, 경사, 순경으로 개정

　　　　 03.05 철도 관구경찰청 발족(1949년 폐지)

　　　　 04.01 각 도의 경찰부를 관구경찰청으로 개편

1948년 05.15 1급경찰서(서장:총경), 2급경찰서(서장:경감)으로 분류 등급제
　　　　　　　실시(1972년 폐지)

　　　　 09.03 국립경찰지휘권 인수, 경찰계급을 경무관, 총경, 경감, 경위,
　　　　　　　경사, 순경으로 개정

---

2) http://blog.naver.com/irri016?Redirect=Log&logNo=11434108

치안국시대

1948년 11.04 내무부장관 산하에 치안국 설치
(경무, 보안, 경제, 사찰, 수사지도, 감식, 통신, 소방, 여자경
찰관)
11.18 각 시, 도에 경찰국 설치(경무, 보안, 수사, 사찰, 통
신, 소방)
1949년 04.22 철도 경찰대 설치(1953년 폐지)
10.18 경찰병원 설치
1950년 03.31 치안국의 「여자경찰과」, 「소방과」를 폐지하고 수사지도과를
수사과로 개칭
12.16 태백산 및 지리산 경찰전투사령부 설치(1952년 해체)
1953년 05.01 서남지구 전투경찰대 발족(동년 7월 1일 해체)
12.23 해양경찰대 발족, 1955년 6월 7일 해무청으로 이관되었다가
1961년 10월 2일 다시 경찰로 복귀
12.14 경찰관 직무 집행법 제령공포
1954년 10.02 치안국 경비과 산하에 경찰항공대 설치
1955년 01.05 경찰관 직무집행법 시행령 제정 공포
03.25 국립과학수사연구소 설치
07.01 서남지구 전투경찰대 해체 경찰기동대 신설
1960년 06.01 치안국 특수정보과와 각도 경찰국 사찰과를 정보과로, 경찰
서 사찰계를 정보계로 각각 개칭
1962년 04.03 해양경찰대 설치법, 청원경찰법 공포
12.06 소방행정심의회 설치
12.31 집회 및 시위에 관한 법률제정
1966년 11.21 경남경찰국에서 부산시 경찰국 분리 발족
1967년 09.01 시, 도에 전투경찰대 발족

1969년 01.07 1·7 경정, 경장2계급을 증설하고 2급 서장을 경감에서 경
정으로 격상
06.02 6·2 전국 주요 도시 및 취약지 지서, 파출소 1,000개소 경
위소장으로 승격
1971년 07.14 해양경찰대 교육대 신설
1972년 02.22 경찰전문학교를 경찰대학으로 승격
03.31 시 소재지 54개 경찰서에 방범순찰대 설치
05.06 해양경찰대, 기지대를 지구해양경찰대로 개칭
05.30 경찰서장 직급을 총경으로 통일
06.29 치안국 보안과 외근담당, 교통과 고속도로 순찰대, 경비과
종합상황실, 수사지도과 특수수사대, 통신과 '경찰 마이크로
웨이브 통신대' 설치
10.05 전북, 전남, 경남도에 '경찰 레이더 운용대' 설치
12.05 서울 경찰서에 330수사대 설치
1973년 02.12 김포, 수영, 제주에 '공항경비대' 창설
1974년 10.13 서울시 경찰국에 22특별경비대 설치

치안본부시대

1974년 12.24 내부부 치안국을 치안본부로 개편(정부조직법 개정), 치안본
부장을 별정직으로 승격하고 부장을 정부위원으로 함
12.31 <치안본부 기구 개편>
공안 및 방위담당관을 폐지하고 제1, 제2, 제3부 설치(부장:
치안감)
치안감사담당관을 폐지하고 인사교육과 신설
기획과를 기획감사과로 개칭하고 전자계산소 설치
<서울시경>

경찰국장 밑에 제1, 제2담당관 설치(경무관)

1975년 08.28 서울경찰국 방위과를 폐지하고 작전과 신설

경찰대학 부속 종합학교장 직급을 총경에서 경무관으로 격상

서울 경찰서 수사과 330수사대 폐지

1976년 04.15 치안본부, 시·도 경찰국(제주 제외), 시·도청 소재 44개 경찰서에 정보1과와 정보 2과 설치

1977년 04.09 치안본부 제2부 해경과 설치

12.02 경찰병원에서 제1내과, 제2내과, 제3내과, 일반외과, 정형외과, 마취과 신설

1978년 07.27 부산시경찰국장 직급을 경무관에서 치안감을 격상하고, 경무관급담당관 1인을 둠

08.09 해양경찰대에 관리부, 경비부 해양오염관리관 설치, 교육대 폐지, 치안본부 해경과를 해상보안과로 개칭하고 해상공해 업무 관장

1979년 12.28 경찰대학설치법 제정 공포로 경찰대학장 치안감을 치안정감으로, 부학장 및 교수부장을 경무관으로 직제개편

1980년 03.22 부속종합학교장은 경무관에서 치안감으로, 교학과장은 총경에서 경무관으로 직급격상

04.10 경찰대학의조직과학사운영에관한규정 공포(대통령령 제9478호)

1981년 07.01 대구직할시 경찰국 신설

치안본부 제4부와 치안감사담당관실 증설(제4부 1담당관 18과 1전산소)

1982년 02.24 강원, 충북, 충남, 경북 경찰국에 작전과 설치

전국 경찰서 경비계를 경비작전으로 개칭

03.30 시도청 소재 49개 경찰서에 도보방범순찰대 설치

04.30 통금해제에 따른 경찰보안인력 3,929명 증원

경찰대학 부학장제를 폐지하고 교수부장 경무관 배치

05.14 해경충무지구 해양경찰대 신설

06.01 경기도 제2종합청사 경비대 창설

12.28 치안본부 통신과 유선계를 기술계, 수사과 특수수사대를 수사1대, 수사대를 수사2대로 개칭

1983년 06.04 치안본부: 경비과 대테러 업무(경찰특공대), 수사2과 수사지도관실 신설

12.30 경기도 경찰국장 치안감 격상, 경무관 담당관 1인 설치

1984년 01.21 12개 전경대 창설요원 확보

88고속도로요원 확보

경찰항공기 조종사 확보

시도 작전과 전경관리계 신설

도보방범순찰대장 경감 배정

05.24 부산시경찰국 경무과 공보계 소속 '경찰악대' 신설(40인조)

1985년 12.31 서울시 경찰국장 직급을 치안감에서 치안정감으로 격상

1986년 01.28 치안본부조직을 4부 19과에서 4조정관 9부 4관 26과 4담당관으로 개편

해양경찰대 및 서울특별시경찰국장의 직급을 치안정감으로 격상

06.14 치안본부 경무부에 청사관리담당관 설치, 제주도 경찰국과 전국 47개 경찰서에 대공과 설치

서울특별시, 부산 및 대구직할시, 경기도, 충청남도, 전라북도, 전라남도, 경상남도 경찰국에 형사기동대 12개 중대 신설

치안본부 26개 담당을 경감에서 경정으로, 경찰서 과장직급을 경정과 경감으로, 6대도시 파출소장을 경위로 각각 조정

10.27 치안본부에 제5조정관 설치

전라남도 경찰국장의 직급을 치안감으로 격상, 국장 밑에 담당관 인을 두고 경무관으로 보함.

서울특별시, 부산,대구직할시, 경기도, 전라남도경찰국 대공과와 서울특별시, 부산, 대구, 인천, 광주직할시 지역 45개

경찰서 대공과에 대공3계 설치

경찰대학에 부설 대공간부연구소를, 경찰종합학교에 대공학
과 설치

11.20 김포 및 제주공항 경비대를 각각 국제공항경찰대로 증편

1987년 02.27 인천직할시 경찰국 신설(대통령령 제12080호)

경기도 경찰국장의 직급을 경무관에서 치안감으로 조정(시
행일자 '89.1.1)

04.01 형사기동대 5, 기동대 2, 공항경비 1개 중대 증편(대통령령
12108호)

05.23 경찰병원 정신과 신설

국립과학수사연구소 법의학과 이화학과를 법의학 1, 2와 및
이화학 1, 2, 3과로 확대 개편

08.15 올림픽경비대 30개 중대 조기증편에 따른 전투경찰순경(작
전전경) 5,070명 증원

충남천안경찰서에 독립기념관출장소 신설

09.03 중앙경찰학교 신설 9. 18개교(대통령령 제12241호)

서울시경찰국에 올림픽경비대 30개 중대 증설(대통령령 제
12243호)

1988년 10.20 경찰대학의조직과학사운영 개정(대통령령 제12539호)

공안문제연구소 설치(좌경이념문제 전문적 연구)

경찰대학 입학자격을 여자에게도 부여(여경간부 모집근거규정)

12.20 해양경찰대 직제 개정(대통령령 제12556호)

안흥지구 해양경찰대 신설

12.31 경기도 경찰국장 직급을 경무관에서 치안감으로 격상(대통
령령 제12579호)

'89.1.1부터 충남 경찰국장 직급을 경무관에서 치안감으로
격상(대통령령 제12578호)

1990년 02.20 경찰서 인력보강(대통령령 제12931호)

C3순찰차 요원 1,256명 등 2,133명 증원

경찰청시대

1991년 07.24 경찰청과그소속기관등직제 제정(대통령령 제13431호)

치안본부 → 경찰청으로 명칭 변경('91.8.1)

지방경찰국 → 지방경찰청으로 명칭 변경('91.8.1)

해양경찰대 → 해양경찰청으로 명칭 변경 등

07.26 경찰기구, 정원 조정 [정부조직법 개정(법률 제4268호), 경찰법 제정(법률 제4369호), 경찰청과그소속기관등직제 제정(대통령령 제13431호), 경찰위원회 운영 규정(대통령령 제13432호)에 의거]

경찰청: 1차장 4관 7국 5심의관 9담당관 11과

해양경찰청: 4부 1창, 1담당관 11과

서울지방경찰청: 1차장 7부 2담당관 17과 7직할대 직할시, 도 지방경찰청

- 차장제 신설: 부산 경기 2인, 대구, 충남, 경남, 전남 1인

- 2담당관 신설: 공보, 감사

- 보안과를 방범과로, 대공과를 보안과로 명칭 변경

1992년 10.17 경찰청과그소속기관등직제 개정(대통령령 제13740호)

경찰청 보안국 외사심의관 폐지, 외사관리관 신설

경찰청 형사국 형사과 국제형사기구업무(인터폴)를 외사관리관 업무로 조정

충주, 포항, 제주 면허시험장 신설

1993년 08.09 경찰청과그소속기관등직제 개정(대통령령 제13952호)

지파출소의 명칭, 위치, 관할구역 결정에 관한 경찰청장의 승인제도 폐지

1994년 01.22 경찰청과그소속기관등직제 개정(대통령령 제14148호)

파출소 15개소 개소(3,389→3,404)

- 서울 4, 대구 1, 인천 1, 경기 7. 충남 1, 전남 1

서울서부면허시험장 신설

고물상영업 지도, 단속업무 폐지

05.04 경찰청과그소속기관등직제 개정(대통령령 제14250호)

지휘부 인력감축, 일선 치안력 보강

- 본 청: 306

- 지방청: 1,052

경찰특공대 소속을 서울청으로 이관(80인)

1995년 01.01 지, 파출소 명칭을 「파출소」로 단일화 추진

- 파출소 2,103, 지서 1,301

12.07 경찰청과그소속기관등직제 개정(대통령령 제14823호)

지방청장 직급 격상

- 대상: 5개 지방청(인천, 강원, 충북, 전북, 경북)

- 5개 지방청 차장에 신설 및 부산, 경기지방청 차장 2인을 1인으로 조정

1996년 08.08 경찰청과그소속기관등직제 개정(대통령령 제15136) 해경청의 해양수산부로의 이관에 따른 직제개정

· 기구이관

- 해경청과 하부조직 이관(내무부 경찰청 → 해양수산부)

· 관할구역조정

- 해양경찰서 관할구역 이관(내무부 경찰청 → 해양수산부)

· 사무분장조정

- 경찰청의 「해양경찰에 관한 사무」 폐지(직제 제3조)

- 경찰청 경비국 「해양경찰청의 업무 중 해상경비, 해난구조 및 해양오염 방지의 지도, 감독」 폐지(직제 제14조 제3항 제9호)

- 해양경찰관서관련 조문삭제(직제 제6장 제45조 내지 제55조)

1998년 02.28 경찰청과그소속기관등직제 개정(대통령령 제15716호)

기구개편

<경찰청>

局단위

- 교통지도국과 경비국을 → 「경비교통국」으로 통합하고, 「교통심의관」 신설

- 형사, 보안심의관 폐지, 정보심의관을 기획정보심의관으로 명칭 조정

課단위

- 통신기획담당과 통신관리담당을 → 「통신담당관」으로 통합

- 경비2과와 항공과를 → 「경비 2과」로 통합

<경기지방경찰청>

지방청 차장을 폐지, 제1, 2, 3부장(경무관) 신설

각부별 업무분장

- 제1부: 경무과, 전산통신과, 교통과, 경비과

- 제2부: 방범과, 수사과, 형사과

- 제3부: 정보과, 보안과

<기타지방청>

지방청 전산통신과(총경)를 → 「전산통신담당관」(경정)으로 조정

- 부산, 대구, 인천, 강원, 충북, 충남, 전북, 전남, 경북, 경남

- 서울, 경기, 제주지방청은 현행 「課」 체제 유지

08.01 경찰청과그소속기관등직제 개정(대통령령 제15856호)

기구개편

<지방청>

· 「係」 통합 (11)

- 강력계 + 감식계 → 강력계(강원, 충북, 전북, 경북, 제주)

- 경비계 + 경호계 → 경비계(대구, 강원, 전북, 경북, 경남)
- 지하철수사대 출장소 운영업무 경찰서로 이관(대구)
· 「係」 신설 (10)
- 보안수사대: 5개대(강원동해, 충남서산, 전북정읍, 전남광양, 경남통영)
- 면허계 2(경기, 강원), 안전계(경기), 관제계(전남), 형기대(충북)
<경찰서>
· 「課」 통합 및 조정
- 분당경찰서 형사과 등 25개 경찰서 과통합
- 고양경찰서 등 3개 경찰서 교통과 신설
- 장비계 + 경리계 → 경리계(40개서 통합) 등 65개 경찰서 일부계 통합
- 10개 경찰서에 「계」 신설(소년계 9, 조사계 1)
· 파출소 통폐합 및 신설
통폐합: 총 233개(전국 3,422개의 6.8%)
신 설: 30개소

1999년 05.24 경찰청과그소속기관등직제 개정(대통령령 제16342호)
경찰청과그소속기관등직제시행규칙개정(행정자치부령 제52호)
기구개편
<경찰청>
경무국 + 기획관리관 → 「경무기획국」(1국 감축)
형사국 → 「수사국」, 전산통신관리관 → 「정보통신관리관」 명칭변경
<지방청>
서울청 형사부 → 「수사부」 명칭 변경
직급조정
- 감사담당관 (경정 → 총경): 부산, 대구 등 9개 청

<경찰서>

과통합

- 경비 + 교통과 → 「경비교통과」(53개서)

- 수사 + 형사과 → 「수사과」(29개서)

- 정보 + 보안과 → 「정보보안과」(60개서)

계장제 폐지

- 총 3,666계장 중 1,866계장 감축, 폐지되는 계장은 직원
과 같은 업무담당자로 직무수행

「청문관제」 도입

- 1등급 경찰서: 청문관(경정·경감), 부청문관(경위 1명)

- 2등급 경찰서: 청문관(경감), 부청문관(경위·경사 1명)

- 3등급 경찰서: 청문관(경위)

관서신설

<울산광역시지방경찰청 개청>

- 기구: 1차장·3담당관·6과

- 인력: 204명

- 개청일자: 1999.7.2.

<경찰서 신설>

- 부산사상(1999.7.2), 경남 창원서부(1999.7.15) 경찰서 개서

- 6개과 체제, 1개 서당 140명

12.28 경찰청과그소속기관등직제 개정(대통령령 제16620호)

시행규칙개정 (행정자치부령 제77호)

· 운전면허시험관리단 신설

「책임운영기관의설치운영에관한법률」에 의거 전국 26개 면
허시험장을 책임운영기관화하여 청장 직속의 「운전면허시험
관리단」 신설

2000년 05.24 <파출소통폐합>

총 3,229개 → 2,912개 (감축 317개: 폐지 100, 초소 56, 분

소 161)

지방청별 폐지 개소

－서울61, 부산32, 대구14, 인천2, 경기8, 강원22, 충북24, 충남22, 전북23, 전남 47, 경북23, 경남33, 제주6)

09.29 경찰청과그소속기관등직제개정 (대통령령 제16975호)

＜기구신설＞

사이버테러대응센터 신설

－협력운영팀, 신고경보팀, 수사대, 기법개발팀

제주해안경비단 신설(2개 대대, 8개 중대, 153명)

＜ 경찰서등급조정 ＞

경기 용인·화성 경찰서를 2급지에서 1급지로 조정

12.30 외교통상부와그소속기관직제개정(대통령령 제14692호)

외교통상부 외사분야 주재관 정원(경정·경감) 1인 증원, 경찰청 정원 중 경감 1인 감축

2001년 03.27 경찰청과그소속기관등직제개정 (대통령령 제17168호)

경찰청과그소속기관등직제시행규칙개정 (행정자치부령 제128호)

·인천청에 인천국제공항경찰대 신설 (3과 138명)

·서울청 김포국제공항경찰대를개정 김포공항경찰대로 명칭 변경

12.27 경찰청과그소속기관등직제 (대통령령 제17436호)

경찰청과그소속기관등직제시행규칙개정(행정자치부령 제152호)

기구신설

－경비교통국을 경비국과 교통관리관으로 개편

－울산청에 울산서부 경찰서 신설: 1청문감사관 6과

－전북청 경비교통과에 서해안고속도로순찰대(12지구대) 신설

기타

－지방청 '감사담당관'을 '청문감사담당관'으로 명칭 변경

－경기 광주경찰서를 2급지에서 1급지로 등급 조정

2002년 01.21 경찰청과그소속기관등직제개정개정(대통령령 제17521호)

경찰청과그소속기관등직제시행규칙개정개정 　(행정자치부령
제161호)

파출소 3교대 인력증원 등을 위한 직제 개정

- 파출소 3교대 정착을 위해 경찰서 인력 320명 증원

- 인천, 강원, 충북, 제주청 여성청소년계 신설

- 서울청 교통관리과 종합교통정보센터 신설 9명 증원

- 서울지하철수사대 6·7호선 4개 출장소 운영 인력증원

02.25 경찰청과그소속기관등직제(대통령령제17521호)

경찰청과그소속기관등직제시행규칙(행자부령제161호)

- 인력증원 391명(경찰관365, 일반직26, 고용직△391)

- 기능직 직렬변경: 전기원2, 난방원3, 건축원2, 통신원△2,
사무원△4, 기계원△1

05.24 부산시경찰국 경무과 공보계 소속 '경찰악대' 신설(40인조)

05.06 행정자치부와그소속기관직제(대통령령제17595호)

경찰청과그소속기관등직제(대통령령제17596호)

- 행정자치부소속 국립과학수사연구소 인력증원(의무사무관
3, 보건연구사2, 공업연구관 또는 문서감정관1)을 위해 고용
직 4인 감축

06.26 경찰청과그소속기관등직제시행규칙(행자부령제171호)

- 직제시행규칙으로 정하던 운전면허시험관리단 및 그 소속
기관의 하부조직 설치와 분장사무를 관리단 기본운영규정으
로 정하도록 함

- 직제시행규칙의 직급인 운전면허시험관리단의 정원표를
종류별·계급별 정원표로 변경

- 부산청 경찰서 하부조직 개편

· 부산 해운대서 경비교통과를 경비과와 교통과로 분과

· 부산 사상경찰서 정보과와 보안과를 정보보안과로 통합

　10.02　경찰청과그소속기관등직제(대통령령제17754호)

　　　　　경찰청과그소속기관등직제시행규칙(행자부령제181호)

　　　　　- 수사국 마약지능과를 지능범죄수사과와 마약수사과로 분리 개편(2002.10.5)

　　　　　- 인력증원 408명(경찰관408, 기능직△100, 고용직△322)

　　　　　- 경사 파출소장 209인의 직급을 경위로 상향조정

　　　　　- 본청 정보통신2담당관의 직종을 전산서기관에서 전산서기관 또는 총경으로 변경

　　　　　- 경찰대학 박물관소속 사무관 1인을 사무관 또는 학예연구관으로 직렬변경하여 전문화 추진

2003년 12.28　경찰청과그소속기관등직제(대통령령제18162호)

　　　　　경찰청과그소속기관등직제시행규칙(행자부령제211호)

　　　　　- 직급조정: ±3,500명(치안정감1, 치안감-1, 총경6, 경정40, 경감887, 경위306, 경사2,260, 경장-887, 순경-2,612)

　　　　　· 치안정감 1: 경기지방경찰청장(치안감 → 치안정감)

　　　　　· 총경 6: 부산·대구청 정보통신담당관, 강원·충북·전북·경북청 청문감사당관

　　　　　· 경정 40: 1급서 과장(경기광주 5, 서귀포 2) 7, 2급서 방범과장 33

　　　　　· 경감 927: 순찰지구대장 863, 1급서 계장 64(서울 강력계장 31, 울산·강원·충북·전북·경북·경남·제주 사이버수사대장 각 1등)

　　　　　※ 경정 직급조정으로 인한 잉여경감 40명 포함

　　　　　· 경위 306: 순찰지구대 사무소장요원 배정

　　　　　· 경사 2,260: 근속승진으로 인한 경사정원 현실화

　　　　　- 경기 구리·양주경찰서 신설

　　　　　- 인력증원

　　　　　· 구리·양주경찰서 신설 인력 242명

・파출소 3교대 근무인력 320명(경사)

2004년 03.22 ◆ 교육인적자원부와그소속기관직제등중개정령(대통령령제
18275호)

◆ 재정경제부와그소속기관직제등중개정령(대통령령제18328호)

◆ 경찰청과그소속기관등직제시행규칙(행자부령제225호)

○ 혁신전담부서 신설

- 본청「기획과」를「혁신기획과」로 명칭 변경

- 혁신기획과에서 청 내 행정혁신업무를 총괄?지원

○ 일반직 공무원 직급조정

○ 혁신전담부서 신설

- 본청: 5급 ＋4, 6급 －1, 7급 －3

- 소속 기관: 6급 ＋5, 7급－5

○ 직렬변경

- 일반직 1: 행정・전산서기 ＋1, 행정서기 －1

- 기능직(10등급) 6: 보건원 ＋6, 교환원 －1, 간호조무원
－2, 사무원 －3

05.24 ◆ 경찰청과그소속기관등직제(대통령령제18399호)

◆ 경찰청과그소속기관등직제시행규칙(행자부령제231호)

○ 2교대 부서 3교대 전환 등 민생치안 인력 증원(경사 203
명, 경장 414명, 순경 483명)

- 유치장 3교대 전환: 899명(경사 167명, 경장 359명, 순경
373명)

- 전산실 의무경찰 대체: 165명(경장 55명, 순경 110명)

- 지방청 장기미아 전담반 등: 36명

○ 직렬변경

- 일반직(강원청) ±4: 7급(건축・전기・전산 ＋2, 건축・전
기 －1, 전산 －1)

8급(건축・전산 ＋2, 전산 －2)

- 기능직(10등급) ±12: 전기원 ＋1, 기계원 ＋1, 난방원 ＋8, 사무원 ＋3, 교환원 －6, 위생원 －6

12.31 ◆ 경찰청과그소속기관등직제(대통령령제18653호)

◆ 경찰청과그소속기관등직제시행규칙(행자부령제262호)

○ 경기청 차장(치안감) 및 제4부(3課) 신설

- 증원인력 6명: 치안감1, 경무관1, 총경3, 경정1

- 제4부 하부조직: 생활안전과, 수사과, 경비교통과

- 제4부 관할범위: 한수이북 10개 경찰서

○ 직급조정: ±3,500명(총경6, 경정68, 경감159, 경위997, 경사2,270, 경장－706, 순경－2,794)

- 총경 6: 울산·제주청 청문감사담당관, 충남·전남·경남·경북청 정보통신담당관

- 경정 68: 1급서 과장(경기 2), 2급서 생활안전과장 (경북 1), 3급서 생활안전과장(34), 1급서 형사과 신설요원(8), 기타 수사부서 보강(29)

- 경감 159: 3급서 청문감사관 40, 1급지 주요계장 108, 수사부서 팀장요원 79

- 경위 997: 2.3급서 계장(291), 교통사고조사요원(268), 외사요원(40), 지방청 실무요원(119), 수사부서 팀제요원(438)

- 경사 2,270: 근속승진으로 인한 경사정원 현실화

○ 수사경과제 시행에 따른 수사부서 개편

- 본청 과학수사과를 「과학수사센터」로 명칭 변경

- 1급서 형사과 신설(8개서)

- 3급서 생활안전수사과를 생활안전교통과와 수사과로 분리, 개편

○ 지구대와 파출소의 설치기준 마련

○ 기능직 89인 증원(서울5, 부산3, 대구1, 울산3, 강원10, 충북6, 충남5, 전북10, 전남15, 경북16, 경남15)

○ 고용직 89명 감축(전남29, 경북30, 경남30)

○ 경찰청에 혁신전담인력 경정 1인 증원

○ 경찰대학 별정직 예비군담당(5급 상당) 1인을 경찰악대 담당(5급 상당, 일반계약직)으로 변경

○ 120경비대를 제주청에서 경기청으로 이관함에 따라 정원 14인(경감1, 경위2, 경사5, 경장6)을 이체

2005년 04.19 ○ 홍보관리관 설치

- 「공보관」을 「홍보관리관」으로 명칭 변경

- 1課 신설(홍보담당관) 및 총경 1인 증원

- 경무기획국 혁신기획과 내 경찰청방송국(PBN) 업무, 「홍보관리관」으로 이관

○ 경찰청 「예산과」 명칭 변경 및 실무인력 보강

- 「예산과」 명칭을 「재정과」로 변경

- 재정분석 실무인력 1인(경정) 증원

07.05 ○ 경찰청 여성청소년과 신설

○ 경찰청 항공과 신설 및 대테러 인력 증원

○ 제주청 경찰특공대 신설

○ 경찰특공대를 차장 소속 직할대로 개편

○ 경기청 제3부대 3외사과 신설

○ 치안정책연구소 개편 - 치안연구소와 공안문제연구소를 「치안정책연구소」로 통합

11.09 ○ 경찰 계급구소의 합리적 개선을 위한 직급조정(±3,364명)

○ 경찰서 관할구역 조정 및 명칭 변경

○ 대구 성서경찰서 신설 및 인력증원(162명)

- 기구: 1청문관, 5課(경무·생활안전·수사·경비교통·정보보안과)

- 인력: 162명(총경1, 경정5, 경감7, 경위26, 경사34, 경장68, 순경18, 전산주사보1, 기능10급2) - 관할: 대구 달서경찰

서 일부를 분할

  ○ 「사이버경찰청 운영기획계」를 지식관리계로 명칭 변경

2007년 03.30 ◆ 경찰청과그소속기관직제 (대통령령 제19432호)

◆ 경찰청과그소속기관직제시행규칙 (행자부령 제325호)

○ 본청 생활안전국장·외사관리관 직급조정

○ 본청 외사관리관을 '외사국'으로 확대개편

※ 課단위 명칭변경: 외사1·2.3담당관→외사기획·외사정보·외사수사

○ 과학수사 및 본청 기획전담 인력 등 인력증원 81명

06.30 ◆ 경찰청과그소속기관직제(대통령령 제19588호)

◆ 경찰청과그소속기관직제시행규칙(행자부령 제338호)

○ 제주 자치경찰 이관인력(38명) 감축

○ 「제주특별자치도법」 시행에 따른 지방청 명칭 변경

※ 정식명칭은 '제주특별자치도지방경찰청'이며, 현행과 같이 '제주지방경찰청'으로 약칭사용 가능

10.31 ◆ 경찰청과그소속기관직제(대통령령 제19721호)

◆ 경찰청과그소속기관직제시행규칙 (행자부령 제354호)

○ 「안산상록경찰서」(1청문감사관 6課) 신설(114명 증원) 및 現 안산경찰서의 명칭변경(안산→안산단원)

○ 인권보호, 범죄피해자 보호, 유치관리 등을 위해 경찰청 수사국 內「인권보호센터」 신설

○ 인천지역 외사수요 증가에 따른 「인천청 외사과」 신설

○ 의무경찰 감축에 따른 대체인력(일반직 290명)을 경찰서 교통내근, 종합조회처리실 등 현장 치안부서에 배치

○ 경기청 제4부 인력(31명), 수사연수소(4명), 청사관리인력(22명) 등 기능별 필요인력 173명 증원

12.01 ◆ 경찰청과그소속기관직제(대통령령 제19742호)

◆ 경찰청과그소속기관직제시행규칙(행자부령 제358호)

○ 인천청 관할구역 조정 및 인천남부서 개서(시행일:'06.12.4)

※ 인천청 3개 경찰서(중부·동부·연수)의 관할구역을 행정구역과 일치시키고, 동부서를 폐지하는 대신 남구에 남부서를 개서

2008년 03.30 ◆ 경찰청과그소속기관직제 (대통령령 제19983호)

◆ 경찰청과그소속기관직제시행규칙 (행자부령 제378호)

○ 본청「혁신기획단」신설

○ 경찰대학 부설기관인「수사보안연수소」를 본청 소속 기관으로 분리하면서,「경찰수사연수원」으로 명칭 변경

○ 경남청 외사과 신설

○ 지방청 홍보담당관 직급조정

○ 경찰병원 진료인력 증원(85명)

07.02 ◆ 경찰청과그소속기관직제(대통령령 제20121호)

◆ 경찰청과그소속기관직제시행규칙(행자부령 제386호)

○「광주·대전지방청」 및「수원서부경찰서」 신설

○ 경찰서 여성청소년계(59명) 및 원스톱지원센터 인력증원(27명)

○ 고속도로순찰대(15명) 및 경찰항공대 인력증원(15명)

11.30 ◆ 경찰청과그소속기관직제(대통령령 제20409호)

◆ 경찰청과그소속기관직제시행규칙(행자부령 제404호)

○「인천삼산·제주서부경찰서」 신설

○ 정부통합전산센터 인력 이체

○ 대전청 경찰서 관할구역 조정 및 명칭변경

02.29 ◆ 경찰청과그소속기관직제 (대통령령 제20692호)

◆ 경찰청과그소속기관직제시행규칙 (행안부령 제4호)

○ 명칭변경: 본청 홍보관리관 → 대변인, 총무과 → 운영지원과, 혁신기획과 → 창의혁신과, 재정과 → 기획재정과, 법무과 → 규제개혁법무과

○ 운전면허시험관리단의 관리업무 민간이양

04.03 ◆ 경찰청과그소속기관직제(대통령령 제20760호)

◆ 경찰청과그소속기관직제시행규칙(행안부령 제12호)

○ 「화성서부경찰서」 신설(기존 '화성' → '화성동부' 경찰서로 명칭 변경

07.07 ◆ 경찰청과그소속기관직제시행규칙(행안부령 제23호)

○ 「정보과」, 「보안과」를 「정보보안과」로 통합(22개서)

○ 경찰서 「청문감사관」, 「경무과」 통합(38개서)

○ 명칭변경: 교육기관 총무과 → 운영지원과

08.07 ◆ 경찰청과그소속기관직제(대통령령 제20960호)

◆ 경찰청과그소속기관직제시행규칙(행안부령 제29호)

○ 본청 수사국 「지능범죄수사과」, 「마약수사과」 통합 「마약지능수사과」 신설, 경무기획국에 「복지정책과」 신설

※ 명칭변경: 본청 「창의혁신과」 → 「기획조정과」, 「기획재정과」 → 「재정과」

○ 전의경 대체인력 증원(1,408명)

○ 2급지 경찰서 여청계 신설 및 불법사금융 단속인력 직급조정

○ 천안동남·김해서부경찰서 신설('08.12.30 개서예정)

10.15 ◆ 경찰청과그소속기관직제(대통령령 제21085호)

◆ 경찰청과그소속기관직제시행규칙(행안부령 제38호)

○ 경기도 내 한강 이북 10개 경찰서를 담당하는 경기청 제2차장 신설

좀 더 구체적으로 설명을 통하여 알아보면 다음과 같다.

○ **고대국가 형성 이전**

외적이나 맹수를 저지하기 위한 일련의 자체방어적인 경찰기능으로 병농일치, 정경일치로서의 경찰이었다.

○ **삼국시대~고려시대**

  고려시대에 이르기까지 경찰은 다른 국가작용으로부터 분화되지 아니하고 각 행정부문에 포괄되어 다 기능적으로 행정의 일부분으로 수행되었다.

○ **조선시대**

  포도청의 설치(영조 20년, 1744년)로 행정기관에서 경찰기능이 분리되었으며, 우리나라의 독특한 전근대적 경찰제도로서 의의가 있다.

○ **갑오개혁(1894)**

  포도청의 폐지와 동시에 경무청을 발족하면서 '경찰'이란 용어를 처음 사용하였으며, 우리나라 최초의 서구식 경찰제도이다.

○ **일제시대**

  조선총독부 경무국(1910)을 설치하여 식민통치를 위한 수단으로 활용하였다. 우리의 고유한 경찰제도는 단절되었을 뿐만 아니라 국민에게 경찰에 대한 미움과 불신을 초래하게 되어 광복 후 창설된 우리 경찰이 일제가 남긴 경찰불신의 유산을 안게 된 원인이 된다.

○ **경무부시대**

  1945년 8월 15일 제2차 세계대전의 종결과 함께 조국은 광복되었으나 혼란과 무질서 그리고 혼돈상태에 빠져 있었을 뿐 조국의 치안을 조직적으로 수행할 뚜렷한 대책이나 기구가 없는 가운데 미군정 사령관 하지 중장은 일본경찰의 부정적인 면을 인정하면서도 공산주의자들이 좌익폭동을 일으킬 것을 염려하여 이를 예방하고 법과 질서를 유지하기 위해 당분간 조선총독부의 기관들을 활용하기로 함으로써 우리 경찰이 일제경찰의 불신과 나쁜 이미지를 안게 되었다.

○ **1945.10.21 경찰의 창설**

 - 미군정청에 경무국 창설

여기에서의 경찰은 진정한 의미의 국립경찰은 아니었으나 일제 압제에서 벗어나 진실로 민족의 발전을 위할 수 있는 터전을 마련하고 훗날 정부수립과 함께 국립경찰로의 발굴림을 할 발판이 되었을 뿐만 아니라 조국건설의 초석이 되었기에 경찰은 1945년 10월 21일 경무국 창설일을 경찰 출범의 기원으로 삼고 있다.

○ 1948년 8월 15일 대한민국 정부 수립을 선포한 신생정부는 9월 13일 미군정으로부터 행정권을 완전히 인수하였으나, 경찰조직은 독립된 하나의 부로서 존속하지 못하고 내무부의 1개국으로 축소되었다. 이는 좌우익 이념상의 대립 및 일제 이후 경찰불신과 미군정시대에 갑자기 늘어난 질이 우수하지 못한 일부 경찰관의 횡포를 막기 위해 그들의 질적 향상과 근무조건을 개선하는 방법보다는 예산과, 기구의 축소를 통해 이를 해결해야 한다는 인식이 지배적이었기 때문이다.

○ 정부조직법(대한민국 법률 제1호) 제15조 [내무부장관은 지방행정·선거·치안·소방·도로·교량·하천·수도·건축과 통계에 관한 사무를 장리하고 지방치안단체를 감독한다]고 하여 내무부 예속 근거규정 마련. 1971년 4월의 대통령선거에서 3선개헌에 따라 재출마가 가능해진 공화당의 박정희 대통령은 40대기수론을 들고 나온 김대중 신민당후보와의 선거에서 94만 표의 차이로 승리. 1972년 10월 17일 국회를 해산하고 비상계엄령을 선포하면서 이른바 한국적 민주주의로 포장된 '10월 유신'단행. 1974년 8월 15일 광복절 기념행사에서 육영수 여사 저격사건이 발생하였는데 당시의 경호원칙이 국민에게 위화감을 주지 않는 경호, 즉 경호를 하지 않는 것처럼 경호하라는 것이었기에 사건의 주범 문세광은 몸수색도 제대로 받지 않았으며 주요 인사들과 뒤섞여 기념식장에 입장. 정부는 육영수 여사 저격사건을 계기로 경찰고유의 직능을 살리기 위해 경찰기구 자체에 대한 연구를 시작하였고, 마침내 내무부 치안국을 [치안본부]로 격상하고, 치안국장도

치안본부장으로 명칭을 바꾸면서 차관급대우로 격상하였다. 경찰이 봉사와
질서라는 본연의 임무에 충실하고 국민의 경찰, 국민을 위한 경찰로 거듭나
기 위해서는 정치적 중립 또는 독립성이 확보되어야 한다는 명제는 정부조
직법이 제정된 이래 40여 차례에 걸친 개정 때마다 조직 내외를 막론하고
끊임없이 논의되어 왔으며, 유신 이후 계속된 정부불신, 정권의 정당성 상
실, 정책의 신뢰성 저하는 매년 학생과 재야세력을 중심으로 사회적 소요를
야기했으나 정부, 여당의 대응은 경찰력에 의한 방어에만 급급했을 뿐 사회
적 요구의 수용 등 근본적인 치유책은 마련치 못하였다. 경찰은 이의 극복
을 위해 1985년에 '2000년대를 향한 경찰발전방향'의 연구로 경찰의 정치
적 중립화를 모색하고, 1989년 3월에 국무총리 소속하에 국가경찰위원회를
설치하고 그 산하에 경찰청을 두도록 하는 위원회형을 기본으로 하는 법안
제출 등 내외의 중립화노력은 계속되었다

○ **1990년대의 경찰**

　1991년 8월 1일 '경찰청'이 발족되어 한국 경찰사의 새로운 장이 열리고
우리 경찰은 사회안정과 민생치안에 더욱 전념할 수 있는 토대를 마련했다.
문민정부가 출범하면서 우리 경찰은 변화와 개혁을 통하여 '깨끗한 경찰',
'공정한 경찰', '친절한 경찰'로 새롭게 태어나 책임치안, 능률치안, 봉사치
안에 전력하고 있다. 우리 경찰은 '정부의 얼굴'이며 경찰관 한 사람 한 사
람이 '움직이는 작은 정부'라는 자긍심을 갖고 '국민의 경찰', '국민을 위한
경찰'이 되기 위해 부단히 노력하고 있다.

1990.4.10	112순찰대 발대
1990.7.19	서울 한강순찰대 설치
1991.7.31	경찰위원회 출범
1991.8.1	경찰청 발족 (1차장, 4관 7국 5 심의관 9 담당관 41과로 조정)치안본부를 경찰청으로, 경찰국은 지방경찰청으로, 해양경찰대는 해양경찰청으로 명칭 변경, 보안과를 방범과

	로 대공과를 보안과로 변경
1992.10.17	경찰청 외사관리관실 신설
1993.7.15	대전엑스포 경비단 발대
1994.5.4	통신관리관실과 전산담당관실을 통합, 전산통신관리관실로 개편
1995.1.1	지, 파출소 명칭을 파출소로 단일화

○ 2000년대의 경찰

2000년대의 우리 경찰은 자유롭고 정의로우며 안정된 선진사회 구현에 기여하고 국민 모두가 안락하고 안전한 일상생활을 누릴 수 있도록 '삶의 질'을 향상시키며 국민의 이해와 협력을 바탕으로 신뢰받는 민주경찰이 될 것이다.

미래를 향한 경찰

경찰을 육성하는 교육기관으로는 '경찰대학', '경찰종합학교', '중앙경찰학교'와 전문 연수기관인 '경찰수사연수소'가 설치되어 있다.

경찰대학에서는 4년제 대학교육과 관리자 및 고급간부과정 보수 교육을 전담하고 있으며, 종합학교는 1년제 간부후보생과 초급 간부 기본교육, 기능별 전문화 직무교육을 맡고 있으며, 신임경찰관 양성과 전, 의경 교육은 중앙 경찰학교에서, 전문 수사요원양성은 경찰수사연수소에서 전담하고 있다. 2년제 대학에서도 경찰행정학과가 경찰에 대한 전반적인 교육을 한다. 21세기 경찰의 주역들은 젊은이들이다. 경찰의 꿈을 실현하기 위해 많은 젊은이들이 땀을 쏟고 있다. 급변하는 시대적 상황에 적응하면서 끊임없는 정신교육과 자질 향상에도 최선을 다한다. 그리고 '나'보다 '우리'를 먼저 배움으로써 사회에 봉사하는 자세를 연마한다. 경찰들은 감정적으로 일하는 것이 아니라 법을 집행하고 법질서를 수호하는 입장에서 일을 한다. 그리고 그것은 국민의 인권과 평안을 위한 것이고, 주민의 안전을 위한 일인 것이다. 법은 경찰에 있어서 가장 중요한 준거의 틀이 된다.

▌약력

1994. U.S.A. Midwest University(M.Div 교역학 석사)
2002. 고려대학교(교육정책학 석사 – 수석장학생)
2002. Midwestern Graduate school(D.Th. Hon)
2005. 성균관대학교 대학원 박사 Cand(교육행정학 전공)
1991. 한국세무신문사 전문취재부 기자
1995. 한국어린이선교원신학교 캠퍼스 분교장
2002. 고려교육정책학회 상임회장(학진 학회검색 가능)
2002. 몬테쏘리학회 상임회장(학진 학회검색 가능)
2002. 고구려대학교 설립추진위원회 법인이사
2003. 한주신학 학술원 설립이사(신학원 교수)
2003. U.S.A. Glenford University 교육학과 교수 역임
2004. U.S.A. Cohen University 정책학과 외래교수
2004. 한국복지상담학술재단 이사 겸 홍보처장
2005. U.S.A Holy People University Campus 유학담당 지도교수
2005. PHILIPPINE PRESBYTERIAN THEOLOGICAL COLLEGE 객원교수
2005. 대통령직속기관 사법개혁추진위원회 모의재판 배우 활동(광주법원, 서울 공연)
2005. 혜전대학 adjunct professor 역임
2006. 고위직 직무교육 콘텐츠 연기자 활동(기아, 현대, 대우 자동차)
2006. 장애인복지시설 행복한재단 이사 활동
2008. 혜전대학 초빙교수
2008. 지방분권신문사 사장(대표이사)
2009. Korea Entertainment institute 대표이사
2009. 고려신학대학원, 고려사이버신학대학 원격평생교육원 기획처장

▌주요논문

우리나라의 복지행정제도에 관한 고찰 연구(1988)
Kal Barth의 신관 연구(1988)
한국 민중문화와 민중 신학 연구(1992)
Rein hold Niebuhr & Marx에 대한 상관관계 연구(1993)
A CHRONOLOGICAL HARMONY OF THE RESURRECTION
APPEARANCES OF JESUS THE MESSIAH(1994)
북한종교의 변화 전망 연구(2002)
교육위원회와 지방의회간의 갈등 현상에 관한 연구(2001)
조선조 과거시험 방식의 정책적 분석(공동, 2005)
조선의 과거제도에 대한 정책적 연구(공동, 2005)
조선왕조 과거제도 인사정책 연구(공동, 2005)
조선왕조 과거시험주기 정책적 주장 분석연구(공동, 2005)
조선왕조 과거제도가 현대 정책에 주는 의미(공동, 2005)
과거제도 시험주기의 정책 분석연구(공동, 2005)
북한 종교지형 변천 정책 분석연구(공동, 2005)

❚ 저서

1. 『대학생활영어』(공저)
2. 『행정경제교육』(저술)
3. 『행정정책기획론』(저술)
4. 『의원학』(저술)
5. 『국회의원학』(저술)
6. 『교육정책학 상』(저술)
7. 『교육정책학 하』(저술)
8. 『산학협동교육학』(저술)
9. 『현대교육학실기론』(저술)
10. 『현대환경행정론』(공저)
11. 『행정사무관리론』(공저)
12. 『영재교육심리』(저술)
13. 『인사행정학』(저술)
14. 『행정복지론』(저술)
15. 『조직신학』(공저)
16. 『아다르마 성공비법』(저술)
17. 『동양환경행정』(저술)
18. 『교육학과 비서행정』(저술)
19. 『7만교인 교육론』(저술)
20. 『지방자치발전론』(저술)
21. 『CEO 지도자론』(공저)
22. 『NGO 행정론』(공저)
23. 『경영행정학』(저)
24. 『직업과경제』(저)
25. 『실기교육방법론』(저)
26. 『전산실무』(저)
27. 『사회복지행정론』(공저)
28. 『대박마케팅』(공저)
29. 『행정학』(저)
30. 『멘 토』(저)
31. 『모세오경의 교육론』(공저)
32. 『사회복지정책론』(공저)
33. 『금융재테크 성공론』(공저)
34. 『사회복지법제』(저)
35. 『리더십 성공론』(저)
36. 『사회복지상담』(저)
37. 『경찰행정법』(공저)
38. 『무역법과 상거래』(공저)

외 다수

이필호 ───────────────────────────────────

▌약 력

건국대학교 행정학과(행정학사)
건국대학교 행정대학원(행정학 석사)
선문대학교 일반대학원 박사 Cand(행정학 전공)
국토연구원 토지·주택연구실 연구원 역임
한국지방공기업학회 간사 역임
선문대학교 21세기지역발전연구소 연구원 역임
현, 대진대학교 출강
현, 선문대학교 출강
현, 혜전대학 출강

▌주요논문 및 저서

율곡의 행정개혁사상에 관한 연구
용인시 서북부지역 종합계획수립 연구(공동)
토공과 주공의 통합방안 연구(공동)
대전광역시 새주소 부여체계에 관한 연구(공동)
고속도로접도구역 지정범위조정 및 매수 청구제도(공동)
『NGO 행정론』, 한국학술정보(주) (공저)
『CEO 지도자』, 한국학술정보(주) (공저)
『대박마케팅』, 한국학술정보(주) (공저)
『사회복지정책론』, 한국학술정보(주) (공저)
『경찰행정법』, 한국학술정보(주) (공저)
외 다수

고일한 ───────────────────────────────────

▌약 력

전북대학교 법학사
전북대학교 대학원 법학석사
한양대학교 대학원 법학전공 박사 Cand
국제디지털대학교 객원교수
서남대학교 경찰행정학과 출강
서해대학교 경찰행정학과 출강
익산대학 출강
혜전대학 행정전산과 출강

경찰행정법

초판인쇄 | 2009년 7월 1일
초판발행 | 2009년 7월 1일

지은이 | 한만봉·이필호·고일한
펴낸이 | 채종준
펴낸곳 | 한국학술정보㈜
주 소 | 경기도 파주시 교하읍 문발리 파주출판문화정보산업단지 513-5
전 화 | 031) 908-3181(대표)
팩 스 | 031) 908-3189
홈페이지 | http://www.kstudy.com
 E-mail | 출판사업부 publish@kstudy.com

등 록 | 제일산-115호(2000. 6. 19)
가 격 44,000원

ISBN   (Paper Book)
       978-89-268-0133-8 98360 (e-Book)